Agricultural
Culture
Complex

農耕文化複合

形成の考古学 上

農耕のはじまり

設楽博己 編
Hiromi Shitara

雄山閣

農耕文化複合形成の考古学㊤　目次

序 ………………………………………………………… 設楽博己　1

第1章　東アジア・ロシアの初期農耕

東アジアの新石器時代と農業
　──東アジア新石器時代の学史的再考── ……………大貫静夫　33

朝鮮半島新石器時代晩期土器からのアワ圧痕の検出
　………………………………………………………庄田慎矢　63

ポリツェ文化の穀物利用と食生活
　………………………………… 福田正宏・國木田大・遠藤英子・
　　　　　　　　　ゴルシュコフ，M・那須浩郎・北野博司　71

第2章　日本列島の農耕のはじまり

北海道島におけるイネ科有用植物利用の諸相…高瀬克範　91

関東地方の弥生農耕 ……………………………遠藤英子　111

中部高地における縄文と弥生の栽培植物…………中山誠二　127

中国地方におけるイネ科穀物栽培の受容・試行・定着
　………………………………………………………濵田竜彦　141

第3章　圧痕法の諸問題

農耕受容期土器の圧痕法による潜在圧痕検出とその意義
—佐賀県嘉瀬川ダム関連縄文遺跡の分析成果から—
……………………………………………小畑弘己　161

レプリカ法の方法論に関する諸問題………………守屋　亮　176

第4章　日本列島における穀物栽培の起源を求めて
—レプリカ法による土器圧痕調査結果報告—
…… 設楽博己・守屋　亮・佐々木由香・百原　新・那須浩郎　191

表・図版編 ………………………………………………… 229

付表　植物種実圧痕の同定結果一覧(第4章提示資料を除く) …… 347

序

設楽博己

はじめに

本書は、設楽博己が 2013 年度〜2015 年度に独立行政法人日本学術振興会より交付を受けた科学研究費助成事業(科学研究費補助金) 基盤研究 (A)「植物・土器・人骨の分析を中心とした日本列島農耕文化複合の形成に関する基礎的研究」の成果をまとめたものである。まず、この研究の目的や意義と研究方法、研究組織を、申請書の内容に沿いつつ、研究を進めていくうちに加えられた点を含めて素描する。そのあと、3 年間の研究の経過と成果を簡単にまとめておく。

1 目的と意義

農耕文化複合へのアプローチ 弥生時代は本格的な農耕がはじまった時代というのが有力な定義である〔佐原真 1975「農業の発生と階級社会の形成」『岩波講座日本歴史』〕。しかし、本格的という言葉を考古学的にどのようにとらえればよいのという点になると、はなはだ曖昧であった。そこで縄文時代の農耕との違いが問題になるが、弥生文化の農耕は「農耕文化複合」の形態をとっていることが大きな違いとしてあげられよう〔設楽博己 2009「食糧生産の本格化と食糧獲得技術の伝統」『弥生時代の研究』5、同成社〕。つまり、弥生時代の農耕は様々な文化要素が農耕に収斂している可能性が考えられる。

この研究では、①植物の利用形態の変化、②土器の組成上の変化とあたらしい技術の獲得、③人骨や土器付着炭化物にみられる分子生物学的な変化の三点に焦点を絞って、穀物栽培の定着が土器組成や土器の製作技術、ヒトの変化とどのようにリンクしているのか、農耕文化複合の視点から探り、日本列島内の弥生農耕文化形成過程とその地域的な多様性を明らかにすることを研究目的とする。

植物利用形態の変化 イネの出現の時期をめぐっては重要な報告がなされている一方、そこに異論もある。縄文時代中期とされる熊本県本渡市大矢遺跡の圧痕がイネか否かは議論があり、岡山県総社市南溝手遺跡の縄文時代後期の籾

痕土器は晩期終末だという意見もある。青森県八戸市風張遺跡の縄文時代後期
とされる炭化米は、国立歴史民俗博物館（以下、歴博）の年代測定できわめて新
しい年代が提示された〔以上、設楽2009前掲を参照〕。

　設楽は、土器胎土中のプラント・オパール分析で、西日本と同時かさらにさ
かのぼる時期にイネが存在しているとされた神奈川県川崎市下原遺跡における
安行3c・3d式土器を観察し、圧痕をレプリカ法によって分析したが、穀物の
圧痕は一点も検出できなかった〔設楽博己・高瀬克範2014「西関東地方における穀物
栽培の開始」『国立歴史民俗博物館研究報告』185〕。このように、縄文時代晩期終末以
前にさかのぼるという既存のイネ関係資料はいずれも再検討の必要があること
とともに、レプリカ法による土器表面の圧痕の調査を全国レベルで組織的にお
こなう必要性を強く実感したのが、この研究を企画した第一の要因である。

　また、イネばかりでなくアワ・キビやオオムギなどの雑穀がどの段階に出現
しどのように定着したのかという農耕の複合性も重要な論点である。設楽と高
瀬克範が関東地方の縄文時代晩期終末〜弥生時代中期の土器の圧痕をレプリカ
法によって観察した結果、イネよりもアワ・キビのほうが多く検出された〔設楽・
高瀬2014前掲〕。同じ結果はすでに長野県域や山梨県域で提出されており〔遠藤英
子・高瀬克範2011「伊那盆地における縄文時代晩期の雑穀」『考古学研究』58−2〕、中部高
地・関東地方の弥生文化が雑穀栽培を主体に開始された可能性が高まった。

　この地域は、初期弥生時代にいわゆる弥生再葬墓が展開した地域である〔設
楽博己2008『弥生再葬墓と社会』塙書房〕。再葬墓と雑穀栽培とこの時期のこの地域
の分散居住が相関関係をもつというのが先行研究によって提示されている農耕
文化複合の多様性形成要因に踏み込んだ仮説であるが〔設楽2008に要約〕、それ
を検証する意味でも圧痕調査が浸透していない東関東地方や南東北地方を含め
て組織的調査を展開する必要があろう。

　雑穀栽培自体、縄文農耕からの延長線上で出現するのか、それとも朝鮮半島
における穀物栽培複合が北部九州を経由して西日本に広まり、それが東海地方
から東に拡散するのかという問題も未解決である。東北地方中・北部の弥生前
〜中期前半の土器にイネ籾の圧痕が検出される数は関東地方にくらべて圧倒的
に多いが、雑穀の圧痕を意識的に調査した例はまだ少ないであろう。したがっ
て、朝鮮半島から東北地方北部に至る前1000年紀の穀物栽培の複合性と地域性
の検討は、土器における植物種実圧痕の組織的調査にかかっているといっても

過言ではない。

　また、たんに栽培植物の推移を明らかにするだけでは一方的な議論に終わってしまうであろう。堅果類など縄文時代以来の植物利用体系の維持改変という問題のなかに栽培植物を位置づけていくのも、本研究の目指すところの一つに据える。

　これまでの縄文農耕論は、炭化種実の検討も大きな役割を果たしてきた。寺沢薫・寺沢知子による集成的研究〔寺沢薫・寺沢知子1981「弥生時代植物質食料の基礎的研究−初期農耕社会研究の前提として−」『考古学論攷』〕などには縄文時代後期にさかのぼる栽培穀物がいくつかあり、そうした資料は佐々木高明による縄文焼畑農耕論の根拠にも使われるなど、重視されてきた。しかし、風張遺跡の試料の分析結果などからすれば、炭素14年代測定を経ていない炭化種実は縄文農耕の根拠として積極的に使用することができない。そこで縄文時代の穀物の出現や縄文／弥生移行期の植物利用の推移を検討する際の資料の吟味という点から、問題となる既存の炭化種実の炭素14年代測定が課題になる。信頼できる資料とそうでない資料を慎重にふるい分け、有効な方法によって栽培植物の出現と展開をあとづける必要があろう。

　土器編年と組成と技術の検討　国立歴史民俗博物館は、炭素14年代測定とその較正による実年代比定で縄文／弥生移行期の年代問題に大きな成果を残したが、土器の相対編年も繰り返し吟味していかなくてはならない課題であり、本研究のような広域な範囲を扱う研究の基礎になるのは、土器の精緻な広域編年である。大洞編年と突帯文土器編年を基軸としてその間をつなぐ作業や中国、朝鮮半島という弥生農耕の起源となる地との併行関係を吟味する。

　また土器は、機能の面で生活のスタイルを反映している可能性が高い。大型の壺形土器が弥生文化の指標になるという理解もあり〔岡本勇1966「弥生文化の成立」『弥生時代』日本の考古学Ⅲ、河出書房新社、中村五郎1988『弥生文化の燭光』〕、それを含めた土器組成の比率の検討は縄文／弥生文化の移行の実態を各地で比較検討できるきわめて有効な手段である〔須藤隆1973「土器組成論」『考古学研究』19−4〕。設楽は北部九州、近畿地方、東海地方、関東地方とで比較をおこない、各器種、とくに壺形土器の組成比率の変化に一定のパターンと段階差をもった階梯のあることを確かめた〔設楽2005「東日本農耕文化の形成と北方文化」『稲作伝来』岩波書店〕が、これをさらにきめ細かく全国的に展開し、中国や朝鮮半島と比較し

たい。

　赤色塗彩技術が北部九州の夜臼式に現れ、東方に伝播する。山内清男が弥生
時代になって顕著になる技術だと喝破したように〔山内清男1964「縄文土器の製作
と用途」『縄文式土器』日本原始美術1、講談社〕、これは中国に端を発し、朝鮮半島を
経て伝えられた農耕文化の技術である。

　これら土器に関する組成・技術の変化をあとづけ、それと穀物の展開がどの
ように相関しているのか地域ごとに分析することにより、縄文／弥生移行期の
農耕文化複合の地域的特質を描くことを目的の一つとする。

　人骨の分析　人骨には食料の成分が蓄積され、およそ10年で新陳代謝によ
り更新されることが確認されている。炭素窒素同位体比は食料によって異な
り、人骨におけるその比率との比較により食性分析が進められている。本研究
では東日本の人骨資料や土器付着炭化物を中心にこの分析をおこない、穀物栽
培の展開や土器組成の変化および地域性とそれがどのようにリンクしているの
か、研究する。

　学術的な意義　農耕の起源や展開を明らかにする方法はいくつもあるが、レ
プリカ法により土器表面の種子圧痕の分析が最も有効である。その理由は方法
の項で述べるが、縄文・弥生時代の栽培植物の研究では、すでにこの方法を用
いて大きな成果があげられている。この方法を用いて日本列島の各地域で定点
的、通時的に分析を進めれば、どの時期に穀物が現れ、定着していくのか明ら
かにすることができるだろうが、全国展開した組織的な調査は未開拓であろう。

　その際に、レプリカを作成し、データ化する手順は少なくとも研究組織のな
かでできるかぎり統一をはかる必要がある。第4章で述べるように、設楽を
中心におこなったレプリカ調査ではそれをおこなったが、一つのモデルケース
として提示したい。

　レプリカ法による研究成果を他の文化要素をリンクさせて、農耕文化複合の
視点から縄文文化との違いを探る研究も未開拓である。こうした研究を大陸と
比較しながら日本列島の各地で展開させれば、弥生農耕文化の複合性、多様
性、地域性を明らかにし、その成立要因や独自性にせまることが期待できる。

2 研究方法

(1)植物の研究

　レプリカ法による土器の表面の種子圧痕の調査研究　土器に観察される圧痕を
シリコン樹脂によってレプリカ試料にし、それを顕微鏡観察して種実の種類を
同定する調査研究は、植物栽培の開始や展開の問題を研究するうえで、最も優
れた方法の一つといえよう。

　土器の表面に認められる圧痕を型取りして種を同定する方法は、デンマーク
で 1940 年代にさかんに実践されたが、日本では山内清男が 1920 年代に土器
表面の圧痕を粘土で型取りし、農学者によってそれがイネと同定された例が、
世界的に見ても先駆的な例であろう。この研究方法は丑野毅がシリコンを用い
たレプリカ法として再開したが〔丑野毅・田川裕美 1991「レプリカ法による土器圧痕
の研究」『考古学と自然科学』24〕、中沢道彦と共同でこれを植物圧痕に応用したこ
とにより、先史日本における植物利用の歴史的解明は新たな段階を迎えた〔中沢
道彦・丑野毅 1998「レプリカ法による縄文時代晩期土器の籾状圧痕の観察」『縄文時代』9、中
沢道彦・丑野毅・松谷暁子 2002「山梨県韮崎市生道遺跡出土の大麦圧痕土器に就いて－レプリ
カ法による縄文時代晩期土器の籾状圧痕の観察（2）－」『古代』111〕。その後、レプリカ法
を用いた先史時代の植物利用のあり方を探る分析は、地域や時期を問わず進展
が著しい〔中山 2010『植物考古学と日本の農耕の起源』同成社、小畑弘己 2011『東北アジア
古民族植物学と縄文農耕』同成社、中沢道彦 2014『日本海学研究叢書　先史時代の初期農耕を
考える－レプリカ法の実践から－』富山県観光・地域振興局国際・日本海政策課など〕。

　レプリカ法による分析を日本列島内の各地においておこなえば、農耕がどの
ように始まったのか見通しを得ることができるとともに、定着していく過程で
地域ごとにみられる複雑な状況を描き出すことも可能になることが予想され
る。こうした視点に対するレプリカ法による種子圧痕の分析は、①通時性、②
定点性、③定量性、④多様性を踏まえて戦略的に展開する必要がある。そのた
めに本研究では日本列島を東北、関東、北陸、東海、中部、近畿、中四国、九
州の八つの地域に区分し、韓半島と沿海州を加え、縄文後期末～弥生前期併行
期をおもな調査研究の対象時期とする。そして各地で重要な遺跡を選び、一つ
の遺跡で 1,000 点以上の土器、合計で 200,000 点以上の土器を観察することを
目標にする。

6　序

　弥生文化には、福岡市板付遺跡のような稲作に特化した選別型生業戦略を
とっている遺跡もあれば、佐賀県唐津市菜畑遺跡のように雑穀栽培も組み込ん
だ縄文的な網羅型生業戦略をとる遺跡があるように、植物利用や農耕類型は多
様性を帯びている〔甲元眞之2004『日本の初期農耕文化と社会』同成社〕。高知県域に
は南国市田村遺跡という平野の真ん中で灌漑稲作を大規模に推し進めて大陸系
の土器を含むような遺跡と、土佐市居徳遺跡のような台地の縁にあり縄文系の
土器を出土する遺跡が併存している。こうしたあり方は佐賀県域でも唐津市梅
白遺跡と唐津市大江前遺跡のように、各地でみることができる〔設楽博己・小林
青樹2007「板付Ⅰ式土器成立における亀ヶ岡系土器の関与」『縄文時代から弥生時代へ』雄山
閣〕。また近畿地方では遠賀川文化の遺跡と突帯文土器出土遺跡のように、類
型を異にした文化が併存している。こうした性格の異なる同時併存遺跡を各地
で選んで種子圧痕分析をおこなえば、植物利用のあり方や農耕形態の違いとそ
の意味にせまることができよう。

　このようにレプリカ法は、植物種実圧痕の付着した土器は圧痕が紛れ込んだ
というコンタミネーションは考えなくてもよいわけだから、土器がつくられた
時期にその植物が存在していたことは確実であり、土器型式さえ確実であり種
実の同定が正確であれば、穀物などの出現時期の上限を精度高く判定すること
のできる、優れた分析方法といえる。しかし、土器の型式認定と種実の同定の
正確さが求められ、そのうちの後者、すなわち同定の正確さを期すためには植
物学者をまじえた組織的な検討が必要になる。この科研では、一つの試料につ
き3次にわたる同定をおこない、2次同定までに確定できなかった試料は最終
的に複数の植物学者によって同定してその妥当性を担保する。

植物遺体の炭素14年代測定　前述の寺沢論文によると、炭化米は熊本市上ノ
原遺跡の縄文時代後期末の御領式期、大分県竹田市萩原遺跡や竹田市恵良原遺
跡の晩期の資料（萩原遺跡例は細別時期不明、恵良原遺跡は突帯文期を含む）があり、ム
ギ類では長崎県雲仙市筈遺跡の縄文時代後期のエンバクが、雑穀では鳥取県米
子市青木遺跡の縄文時代晩期後葉のキビ、大分県豊後大野市大石遺跡の縄文時
代晩期後葉のアワ、鳥取県米子市青木遺跡の縄文時代晩期後葉のヒエがあがっ
ている。中山誠二があげた炭化米には、いずれも疑問符つきだが縄文時代中期
の熊本県益城町古閑原遺跡、後期の福岡県うきは市法華原遺跡、京都府舞鶴市
桑飼下遺跡、青森県八戸市風張遺跡、晩期の長崎県島原市礫石原遺跡などがあ

り〔中山 2010 前掲〕、佐々木高明は疑問符付きながら埼玉県岩槻市上野遺跡の縄文時代中期のオオムギ、福岡市四箇遺跡の縄文時代後期のハダカムギを紹介している〔佐々木高明 1991『日本史誕生』集英社〕。さらに問題になる穀物は弥生時代前期の資料を含めて数多くある。まずはこれらのリストづくりをしたうえで、炭素 14 年代測定をおこなう必要がある。

　植物遺体のデータ収集　神奈川県中井町中屋敷遺跡では、イネ・アワ・キビとともにトチノキの種実が出土した〔佐々木由香 2009「縄文から弥生変動期の自然環境の変化と植物利用」『季刊東北学』19〕。これは、縄文時代以来の植物利用に穀物栽培が複合していった過程を如実に示している。網羅型という縄文的食糧獲得体系の維持改変とも考えられる適応スタイルであるが、縄文時代後期〜弥生時代中期の植物遺体データを報告書などの書物から集成していく作業は、植物利用形態と農耕化の多様性とその要因を解き明かすための基礎となるであろう。

（2）土器の研究

　土器の広域編年研究　弥生文化の農耕の起源が中国、朝鮮半島にあるので、とくにこの地域との編年の擦り合わせを欠くことはできない。近年、朝鮮半島から山東半島へと弥生農耕の故地が求められているが〔宮本一夫 2009『農耕の起源を探る イネの来た道』吉川弘文館〕、遼寧省を含めたこれらの地域は歴博による炭素 14 年代測定の高精度化に伴い、青銅器編年が大幅に見直されてきた。それに伴う土器の編年には、たとえば美松里型土器の編年の検討や突帯文土器と孔列文土器の沿海州地方との関係性を踏まえた考察、そして日本列島の孔列文土器や突帯文土器との関係など、歴博の研究ではほとんど触れられることのなかった重要な編年上の課題がある。

　また大阪府寝屋川市讃良郡条里遺跡のように、きわめて古い遠賀川式土器の遺跡が近畿地方で発掘され、長年の課題であった突帯文土器との編年的な関係性が改めて問題にされてきている。すなわち、遠賀川式土器と長原式土器の同時併存の問題をどのように考えるかという課題である。滋賀県近江八幡市竜ケ崎 A 遺跡の長原式土器には炭化したキビが多量に付着しており、先に示した遠賀川式の農耕形態との比較検討、さらには長原式土器としばしば共存する東海地方の馬見塚式土器や中部高地の離山式土器などの雑穀栽培の問題へとつながっていく（前述）。

東北地方では砂沢式土器に中部高地や関東地方とは異なるむしろ西日本の遠賀川文化－稲作文化への傾斜が強まっており、単純な農耕伝播論でかたづけるわけにはいかない。大洞諸式の変遷のなかでいつどのようにして農耕化が進行していくのかといった課題は、西日本の突帯文土器や遠賀川式土器との併行関係のなかで精緻な土器編年を構築したうえで分析していく必要があろう。

このように、土器の編年問題は農耕の地域間相互関係の検討にリンクしていく。したがって、農耕の受容や形態の多様性は、列島内各地の土器の併行関係や相互関係をたどりながら進めていくべきものであって、その基礎となる方法としては日本列島内各地の土器編年をそれに隣接する地域の土器編年と擦り合わせながら検討していく作業が必要になる。

土器組成の研究　土器組成の検討もレプリカ作成の遺跡と同じように、各地域で組成比率を割り出せる定量分析に耐えるような、また時期的にできるだけ単純な遺跡や一括資料、同一層位資料を選定して進める。この分野は各地で個々人がおこなった研究結果をつないだのでは、カウントの方法や器種の認定などで齟齬をきたす恐れがあり、満足な結果が出ない。共同研究の強みを活かして事前に綿密に打ち合わせ、確たる基準にもとづいた土器組成比率の検討をおこないたい。

赤色塗彩土器の研究　土器における赤色塗彩技術の中国－朝鮮半島－日本列島という技術伝播と各地での受容の問題は、ほとんど未知数といってよい研究であり、資料を収集するところから始めなくてはならない。この技術は、藁などをもちいた覆い焼きという大陸起源の技術によることから農耕文化的要素とされている。こうした技術的側面の検討もおこないたい。

人骨の検討　縄文、弥生時代の人骨のデータは、すでに大半は集成されている〔山田康弘 2006「人骨出土例からみた縄文時代墓制の概要」『縄文時代』17〕。本研究では最近事例の増えている近畿地方をはじめ、東海地方と関東地方の縄文・弥生人骨を取り上げて分析する。東海地方では弥生土器の付着炭化物の炭素 13 の値が C_4 植物の領域を示す事例があり、雑穀の利用が人骨で検証できないかが課題であり、関東・南東北地方では縄文時代の人骨と弥生再葬墓の人骨と比較研究する。

3　研究組織（役割分担）

研究代表者　設楽博己（総括）

土器研究

レプリカ調査研究

　丑野　　毅（土器圧痕レプリカ法の研究）

　遠藤英子（関東地方の土器圧痕レプリカ調査研究）

　小畑弘己（九州地方の土器圧痕レプリカ調査研究）

　庄田慎矢（韓国の土器圧痕レプリカ調査研究）

　高瀬克範（東北地方・沿海州の土器圧痕レプリカ調査研究）

　轟　　直行（南関東地方の土器圧痕レプリカ調査研究）：2014 年度より

　中沢道彦（長野県・北陸地方・近畿地方の土器圧痕レプリカ調査研究）

　中村　　豊（四国地方の土器圧痕レプリカ調査研究）

　中山誠二（山梨県・東海地方の土器圧痕レプリカ調査研究）

　濱田竜彦（山陰地方の土器圧痕レプリカ調査研究）

土器編年・土器組成・技術論研究

　石川岳彦（中国東北地方の土器編年・組成論・技術論の比較研究）

　石川日出志（東北地方と関東地方の土器編年・組成論・技術論の比較研究）

　大坂　　拓（東北地方大洞諸式の編年・組成論・技術論の研究）

　大貫静夫（朝鮮半島と沿海州の土器編年・組成論・技術論の比較研究）

　小林青樹（中部地方と東海地方土器の編年・組成論・技術論の比較研究）

　永井宏幸（東海地方土器の編年・組成論・技術論の比較研究）：2014 年度より

　中村大介（韓半島と日本列島の土器編年・組成論・技術論の比較研究）

　福田正宏（沿海州と日本列島の土器編年・組成論・技術論の比較研究）

　藤尾慎一郎（近畿、中四国、九州地方の土器編年・組成論・技術論の比較研究）

　宮本一夫（韓半島と中国の土器編年・組成論・技術論の比較研究）

　山口雄治（中国地方の土器編年・組成論・技術論の研究）：2015 年度より

　李　　亨源（韓半島の土器編年・組成論・技術論の研究）

自然科学

植物データの解析

　工藤雄一郎（植物利用の変化と環境変動のかかわりの研究・炭素 14 年代測定）

佐々木由香(土器圧痕レプリカ・植物遺体のデータの同定と分析)

　　那須浩郎(植物遺体の研究)

　　百原　新(植物遺体の研究)

　年代測定・人骨と土器付着炭化物の研究

　　國木田　大(土器付着炭化物の炭素窒素同位体比分析と年代の研究)：2015 年度より

　　近藤　修(人骨の形質学的分析)

　　坂本　稔(植物遺体の炭素 14 年代測定)

　　山田康弘(人骨の形質学的分析)

　　米田　穣(人骨の炭素窒素同位体比分析と年代の研究)

4　研究の経過と成果

　レプリカ法による調査分析研究は、ある場合はチームを組んで、またある場合は個別に従事したが、千葉大学大学院園芸学研究科の百原研究室にて第 3 次同定会を年 2 回催し、参加者によって同定をおこなうとともに問題点を出しあった。2013 年度と 2014 年度は、年度末に成果報告会を兼ねて研究旅行を催した。また、年度末と年度の中間には通信誌『SEEDS CONTACT』を発行し、研究の成果を報告しあった。以下、研究の経過と成果について述べる。

(1)経過

レプリカ同定会(第 3 次)

　—2013 年度—

　　2014 年 1 月 26 日　於)千葉大学大学院園芸学研究科百原研究室

　—2014 年度—

　　2014 年 7 月 26・27 日　於)千葉大学大学院園芸学研究科百原研究室

　—2015 年度—

　　2015 年 4 月 18・19 日　於)千葉大学大学院園芸学研究科百原研究室

　　2015 年 9 月 21 日　於)千葉大学大学院園芸学研究科百原研究室

　　2016 年 3 月 19 日　於)千葉大学大学院園芸学研究科百原研究室

成果報告会・研究旅行

　—2013 年度—

　2014 年 3 月 28 日〜30 日

　　3 月 28 日　研究発表・資料見学・展示見学(於　新潟県上越市文化財センター)

・湯尾和広（上越市教育委員会・ゲストスピーカー）「吹上遺跡調査概要」
・石川日出志「コメント」
・吹上遺跡・釜蓋遺跡出土遺物見学
・展示見学
・設楽博己「今年度の成果」
3月29日　研究発表（於　新潟県上越市文化財センター）
・中山誠二「朝日遺跡・目久美遺跡の圧痕分析」
・中村　豊「東部瀬戸内地域を中心とする初期農耕関連資料」
・佐々木由香・守屋　亮・那須浩郎
　　「土器圧痕レプリカの採集法と同定方法の効率化に向けて」
・中沢道彦「レプリカ法による上越市和泉A遺跡出土土器種実圧痕の調査」
・遠藤英子「栽培植物からみた関東地方の「弥生農耕」」
・守屋　亮「東京湾西岸の弥生時代栽培植物」
・大坂　拓「東北地方南部の大洞A'式土器と特殊工字文土器群－宮城・
　　　　　福島県域の資料を中心として－」
・石川岳彦「春秋戦国時代燕国と東北アジア」
30日　遺跡等見学
・ヒスイ海岸
・フォッサマグナミュージアム
・青海町博物館
・糸魚川市長者ヶ原遺跡
・長者ヶ原考古館
―2014年度―
2015年3月21日～23日
3月21日　研究発表（於　徳島大学埋蔵文化財調査室）
・大貫静夫「コメが先かアワが先か？土器が先か穀物が先か？」
・宮本一夫「韓国無文土器（灌漑農耕）文化の始まり－土器製作技法から見
　　　　　た検討－」
・小畑弘己「最近の九州地方の圧痕調査の成果より」
・遠藤英子「栽培穀物からみた関東地方の「弥生農耕」その2」
・米田　穣「古人骨と種実の炭素窒素同位体比から弥生時代の穀物利用

にせまる」

・中村　豊「東部瀬戸内地域における農耕開始期の様相－三谷遺跡を中心として－」

3月22日　博物館等見学

・阿波の土柱

・徳島市立考古資料館

・徳島県立博物館

・徳島県立鳥居龍蔵記念博物館

3月23日　研究発表(於　徳島大学埋蔵文化財調査室)・遺跡見学

・中山誠二・原田幹・永井宏幸

「朝日遺跡の弥生時代初期の植物圧痕分析」

・設楽博己「今年度の成果」

・佐々木由香・那須浩郎・守屋　亮・山下優介

「土器圧痕レプリカの採取法と同定方法の効率化にむけてⅡ」

・端野晋平・三阪一徳・脇山佳奈「庄・蔵本27次調査」

・庄・蔵本遺跡

―2015年度―

2015年10月3〜4日

10月3日　研究発表(於　八戸市埋蔵文化財センター 是川縄文館)

・遠藤英子「荒川中流域における弥生時代中期の穀物栽培」

・轟　直行「下総弥生時代研究の課題－中期末〜後期初頭を中心に－」

・西村広経(ゲストスピーカー)

「八戸地域における縄文／弥生移行期の様相」

・佐々木由香

「土器圧痕レプリカの採集法と同定方法の効率化に向けてⅢ」

・設楽博己・林　正之・守屋　亮・山下優介「今年度の成果」

10月4日　博物館・遺跡見学

・軽米町歴史民俗資料館

・八戸市立南郷歴史民俗資料館

・是川遺跡周辺(是川中居遺跡・一王寺遺跡・風張遺跡)

・八戸市博物館

(2)成果

　年度ごとの成果報告を、通信誌『SEEDS CONTACT 植物・土器・人骨を中心とした日本列島農耕文化複合の形成に関する基礎的研究』1〜3（設楽科研事務局発行）として刊行した。以下、各号の報告内容と、分担者・連携研究者・研究協力者の個別成果論文を掲載する（共著者、共発表者の場合は、代表者、分担者、連携研究者、研究協力者にアンダーラインを引いた）。

　　『SEEDS CONTACT』1（守屋　亮編集、2014 年 3 月 1 日発行）

　　　　丑野　毅「再会して考えた」(1〜2 頁)

　　　　<u>中村　豊</u>・<u>中沢道彦</u>「東部瀬戸内地域における縄文／弥生移行期の農耕について」(2〜4 頁)

　　　　遠藤英子「稲作に特化？－関東地方弥生時代の栽培穀物－」(4〜5 頁)

　　　　守屋　亮「神奈川県関耕地遺跡の種実圧痕」(5〜6 頁)

　　　　石川岳彦「中国吉林大学国際シンポジウム「文化交流與社会変遷－東北亜新石器時代至青銅器時代考古学術研討会」参加記」(7〜8 頁)

　　　　設楽博己「科研基盤 A「植物・土器・人骨を中心とした日本列島農耕文化複合の形成に関する基礎的研究」のスタート」(9〜10 頁)

　　　　編集者「活動報告　レプリカ同定会（千葉大学園芸学部）」(10 頁)

　　『SEEDS CONTACT』2（山下優介編集、2014 年 8 月 31 日発行）

　　　　<u>設楽博己</u>・守屋　亮「レプリカ法による縄文後期後半〜弥生前期の土器の種実圧痕調査」(2〜5 頁)

　　　　小畑弘己「圧痕種実の産状からみた土器混入雑穀の母集団の推定」(6〜8 頁)

　　　　濱田竜彦「山口県周防市・山口市所在遺跡における種実圧痕調査－縄文時代晩期中葉〜後期の土器を中心に－」(8〜10 頁)

　　　　<u>中村　豊</u>・<u>中沢道彦</u>「レプリカ法による徳島地域出土土器の種実圧痕調査報告」(10〜15 頁)

　　　　遠藤英子「栽培植物から見た、関東地方の「弥生農耕」」(16〜23 頁)

　　　　小林青樹「愛知県一宮市馬見塚遺跡出土土器付着炭化物の食性分析」(24〜25 頁)

　　　　<u>米田　穣</u>・山崎孔平・菊池有希子「安定同位体分析による水稲利用に関する研究」(26〜28 頁)

　　　　宮本一夫「遼東半島土器編年から弥生時代開始期の相対年代を考える」(28〜32 頁)

　　　　石川岳彦「燕国の青銅器と土器の編年」(33〜36 頁)

　　　　中村大介「突帯文土器の変遷」(37〜40 頁)

　　　　庄田慎矢「日韓の考古学における赤彩土器研究のこれから」(40〜41 頁)

　　『SEEDS CONTACT』3（守屋　亮編集、2016 年 3 月 1 日発行）

　　　　<u>設楽博己</u>・林　正之・守屋　亮・山下優介・周　嘉寧「2015 年度のレプリカ法による種子圧痕の調査」(2〜4 頁)

14　序

高瀬克範「レプリカ法からみた種子コンプレックスの「北海道的特徴」」(4〜5頁)
遠藤英子「再葬墓造営集団と穀物栽培」(6〜11頁)
轟　直行「千葉県域における弥生時代の栽培植物利用をめぐる問題と種子圧痕調査について」(12〜17頁)
金　恩瑩「水佳里文化の貼付文土器」(18〜19頁)
守屋　亮「種実圧痕の定量的分析のための補填材重量の検討」(20〜21頁)
設楽博己「展望」(22頁)

個別図書

阿子島香編・沢田　敦・鹿又喜隆・菅野智則・水沢教子・澤田純明・関根達人・福田正宏 2015『北の原始時代』東北の古代第1巻、吉川弘文館、254頁
小畑弘己 2016『タネをまく縄文人－最新科学が覆す農耕の起源』歴史文化ライブラリー416、吉川弘文館、217頁
加藤謙吉・仁藤敦史・設楽博己 2013『さかのぼり日本史10 飛鳥〜縄文』NHK出版、193頁
佐々木由香・那須浩郎ほか 2013『ここまでわかった！縄文人の植物利用』新泉社、226頁
設楽博己 2014『縄文社会と弥生社会』敬文舎、320頁
中沢道彦 2014『日本海学研究叢書　先史時代の初期農耕を考える－レプリカ法の実践から－』富山県観光・地域振興局国際・日本海政策課、76頁
中沢道彦編 2015『八ヶ岳山麓における縄文時代の終末と生業変化』私家版、56頁
藤尾慎一郎 編著 2014『平成26年度企画展示図録　弥生ってなに？！』国立歴史民俗博物館、128頁
藤尾慎一郎 2015『弥生時代の歴史』講談社現代新書2330、講談社、248頁
藤尾慎一郎 編著 2016『日韓古代人骨の分析化学・年代学的研究と三国時代の実年代』科学研究費基盤研究B成果報告書(2011 〜 2013)、152頁
宮本一夫編 2015『遼東半島上馬石貝塚の研究』九州大学出版会、377頁
山田康弘 2014『老人と子供の考古学』吉川弘文館、280頁
山田康弘 2015『つくられた縄文時代』新潮社、253頁

個別論文

安達　登・梅津和夫・米田　穣・鈴木敏彦・奈良貴史 2014「青森県尻労安部洞窟出土の2本の遊離歯についての理化学的個人識別」『Anthropological Science（Japanese Series)』122－2、157-166頁
石川岳彦 2016「東北アジア青銅器時代の年代」『季刊考古学』135、雄山閣、21-25頁
石川日出志 2013「杉原荘介の弥生時代研究－没後30年を経て－」『考古学集刊』9、93-110頁
石川日出志 2013「日本民族起源論における考古学と岡正雄の乖離」ヨーゼフ・クライナー編『日本民族学の戦前と戦後－岡正雄と日本民族学の草分け－』東京堂出版、

184-199 頁

石川日出志 2013「シンポジウム＜信州の弥生社会の在り方＞に向けて」『一般社団法人日本考古学協会 2013 年度長野大会研究発表資料集　文化の十字路　信州』328-333 頁

石川日出志 2014「弥生時代後期・佐久市北一本柳遺跡出土鉄斧の歴史的意義」『佐久考古学通信』113、佐久考古学会、13-15 頁

石川日出志 2014「古墳出現前夜の新潟とその周辺地域」『シンポジウム　蒲原平野の王墓　古津八幡山古墳を考える－1600 年の時を越えて－記録集』新潟市文化財センター、11-21 頁

石川日出志 2014「弥生時代史における新潟県北部域の重要性」『平成 25 年度　越後国域確定 1300 年記念事業　記録集』新潟県教育委員会、51-64 頁

石川日出志 2015「弥生時代」『日本発掘！ここまでわかった日本の歴史』朝日選書 930、朝日新聞出版、90-138 頁

石川日出志 2015「日本列島の弥生文化と南東北」『うきたむ考古』19、うきたむ考古の会、1-27 頁

石川日出志 2016「弥生時代研究と文京」文京ふるさと歴史館 編『文京むかしむかし－考古学的な思い出－』文京ふるさと歴史館、33-37 頁

石川日出志・松田　哲 2014「総論」『熊谷市前中西遺跡を語る－弥生時代の大規模集落－』考古学リーダー 23、六一書房、3-33 頁

石田糸絵・工藤雄一郎・百原　新 2016「日本の遺跡出土大型植物遺体データベース」『植生史研究』24、18-24 頁

遠藤英子 2016「和光市で農耕が始まった頃－レプリカ法による午王山遺跡・吹上遺跡の栽培穀物調査」『和光市デジタルミュージアム紀要』2、和光市教育委員会、23-34 頁 http://rekitama-wako.jp/museum/2016_wako_kiyo2_023-034.pdf

小畑弘己 2014「縄文農耕論」『週刊朝日百科　日本の歴史』50、朝日新聞出版、16-18 頁

小畑弘己 2014「土器圧痕とコクゾウムシが語る縄文時代の食と暮らし」『歴博』187、国立歴史民俗博物館、2-5 頁

小畑弘己 2014「脱穀・風選実験と現生果実の形態比較に基づくアワ土器圧痕の母集団の推定」『植生史研究』23－24、3-54 頁

小畑弘己 2015「上馬石貝塚出土土器圧痕調査の成果遼東半島」宮本一夫 編『遼東半島上馬石貝塚の研究』九州大学出版会、228-252 頁

小畑弘己 2015「植物考古学からみた九州縄文晩期農耕論の課題」『第 25 回九州縄文研究会研究発表要旨集』九州縄文研究会、8-17 頁

小畑弘己 2015「対馬島の朝鮮半島系土器出土遺跡における圧痕調査」『高野晋司氏追悼論文集』高野晋司氏追悼論文集刊行会、91-97 頁

小畑弘己 2015「総論　3D から 2D へ」『考古学ジャーナル』672、3-4 頁

小畑弘己 2015「レプリカ法から圧痕法へ」『考古学ジャーナル』672、24-26 頁

小畑弘己 2015「エゴマを混入した土器－軟 X 線による潜在圧痕の検出と同定」『日本考古学』40、日本考古学協会、33-52 頁

小畑弘己 2016「ムシと考古学」『本郷』121、吉川弘文館、8-10 頁

小畑弘己 2016「田螺山遺跡出土土器の圧痕調査報告」宇田津徹朗 編『長江下流域における基盤整備型水田の成立期に関する学際的研究』平成 24 年度～平成 27 年度科学研究費補助金基盤研究 B 国際学術調査研究成果報告書（課題番号 24401002）87-95 頁

小畑弘己・金三津道子 2015「軟 X 線による潜在圧痕の探査と圧痕法の確信－富山市平岡遺跡での実践－」『平成 26 年度埋蔵文化財年報』公益財団法人富山県文化振興財団埋蔵文化財調査課、30-39 頁

小畑弘己・真邉 彩・百原 新・那須浩郎・佐々木由香 2014「圧痕レプリカ法からみた下宅部遺跡の種実利用」『国立歴史民俗博物館研究報告』187、279-296 頁

覚張隆史・米田 穣 2014「加曽利貝塚出土イノシシ・シカの安定同位体分析」『貝塚博物館紀要』41、加曽利貝塚博物館、1-7 頁

片岡太郎・上條信彦・柴 正敏・伊藤由美子・小林和貴・鈴木三男・佐々木由香・鳥越俊行 2015「青森県板柳町土井(1)遺跡出土漆器類の材質同定と製作技術の解明」『考古学と自然科学』67、日本文化財科学会、7-27 頁

河野摩耶・南 武志・建石 徹・庄田慎矢・今津節生 2014「日本考古学における赤色顔料研究の現況と課題」『野外考古学』21、韓国文化財調査研究機関協会、104-121 頁

工藤雄一郎 2014「縄文時代草創期土器の煮炊きの内容物と植物利用」『国立歴史民俗博物館研究報告』187、83-102 頁

工藤雄一郎 2015「王子山遺跡の炭化植物遺体と南九州の縄文時代草創期土器群の年代」『国立歴史民俗博物館研究報告』196、5-22 頁

工藤雄一郎 2015「土器の出現とその意義」『季刊考古学』132、雄山閣、34-37 頁

工藤雄一郎・一木絵理 2014「縄文時代のアサ出土例集成」『国立歴史民俗博物館研究報告』187、425-440 頁

工藤雄一郎・四柳嘉章 2014「石川県三引遺跡および福井県鳥浜貝塚出土の縄文時代漆塗櫛の年代」『植生史研究』23－2、5-58 頁

國木田 大 2016「下布田遺跡出土資料の炭素・窒素同位体分析」『東京都調布市史跡下布田遺跡第 2・3・7・8 地点』調布市教育委員会、124-127 頁

小林和貴・鈴木三男・佐々木由香・能城修一 2015「三内丸山遺跡出土編組製品等の素材植物」『三内丸山遺跡 42－旧野球場建設予定地発掘調査報告書 15 北の谷(2)－』青森県埋蔵文化財調査報告書 557、青森県教育委員会、134-151 頁

小林和貴・能城修一・佐々木由香・鈴木三男・濱田竜彦 2015「高住井手添遺跡出土編組製品等の素材植物」鳥取県教育文化財団調査室 編『高住井手添遺跡第 2 分冊（本文編 2)』鳥取県教育委員会、192-199 頁

小林青樹 2013「回顧と展望(考古 弥生時代)」『史学雑誌』122－5、22-26 頁

小林青樹 2013「銅剣の起源」『栃木史学』28、14-37 頁、國學院大學栃木短期大學史学会

小林青樹 2014「ユーラシア東部の青銅器文化－弥生青銅器の起源をめぐって－」『国立歴史民俗博物館研究報告』185、213-238 頁

佐々木由香 2014「多角的な森林資源利用と縄文時代終末の気候」『週刊朝日百科 日本の歴史』50、19 頁

佐々木由香 2014「植生と植物資源利用の地域性」『季刊考古学別冊』21、雄山閣、107-114頁

佐々木由香 2014「中里貝塚の古植生と植物資源利用からみた古環境」『ハマ貝塚と縄文社会』雄山閣、81-97頁

佐々木由香 2015「押出遺跡における植物遺体 縄文時代前期の植物資源利用の視点から」『縄文時代前期遺跡シンポジウム資料集』縄文時代前期遺跡シンポジウム実行委員会、45-58頁

佐々木由香 2015「縄文弥生移行期の森林環境の変化と植物資源利用」『縄文文化の繁栄と衰退』2、明治大学日本先史文化研究所、17-20頁

佐々木由香 2015「縄文・弥生時代の編組製品製作技法の特徴と時代差」『縄文・弥生時代の編組製品研究の新展開要旨集』明治大学日本先史文化研究所、27-34頁

佐々木由香 2015「編組製品の技法と素材植物」『第98回歴博フォーラム「さらにわかった！縄文人の植物利用―その始まりと編みかご・縄利用―」』国立歴史民俗博物館、18-23頁

佐々木由香 2015「植物資源の開発」『季刊考古学』132、雄山閣、63-66頁

佐々木由香 2016「縄文時代早期・前期の植物資源利用を探る」『東京・神奈川・埼玉埋蔵文化財関係財団普及連携事業公開セミナー「定住までの長い道のり」―縄文時代早期・前期―』公益財団法人かながわ考古学財団、28-31頁

佐々木由香 2016「縄文人が栽培した植物はなに？」『日本学術振興会科学研究費補助金研究成果公開シンポジウム「いま、アッコンが面白い！―タネ・ムシ圧痕が語る先史・古代の農とくらし―」』熊本大学文学部小畑研究室、18-21頁

佐々木由香 2016「圧痕・炭化・生のタネのちがい」『日本学術振興会科学研究費補助金研究成果公開シンポジウム「いま、アッコンが面白い！―タネ・ムシ圧痕が語る先史・古代の農とくらし―」』熊本大学文学部小畑研究室、42-43頁

佐々木由香・会田 進 2016「和田・百草遺跡から出土した炭化種実」『東京都多摩市和田・百草遺跡、塚原古墳群―多摩第二小学校校舎建替工事に伴う埋蔵文化財発掘調査報告書―』多摩市教育委員会、130-134頁

佐々木由香・小林和貴・鈴木三男・能城修一 2014「下宅部遺跡の編組製品および素材束の素材からみた縄文時代の植物利用」『国立歴史民俗博物館研究報告』187、347-356頁

佐々木由香・本間一恵・高宮紀子・吉田雅子・小林和貴・能城修一・鈴木三男 2014「「縄文ポシェット」の復元製作実験」『特別史跡三内丸山遺跡年報』17、青森県教育委員会、54-60頁

佐々木由香・本間一恵・高宮紀子・吉田雅子・小林和貴・能城修一・鈴木三男 2015「三内丸山遺跡北の谷出土の編組製品・樹皮製品等の技法」『三内丸山遺跡42―旧野球場建設予定地発掘調査報告書15 北の谷（2）―』青森県埋蔵文化財調査報告書557、青森県教育委員会、152-159頁

佐々木由香・米田恭子 2014「土器の種実圧痕の同定」『里前遺跡』岡山市教育委員会、55-56頁

設楽博己 2013「縄文時代から弥生時代へ」『岩波講座日本歴史』1、63-99頁

設楽博己 2014「銅鐸文様の起源」『東京大学考古学研究室紀要』28、109-130頁

設楽博己 2014「農耕文化複合と弥生文化」『国立歴史民俗博物館研究報告』185、449-470頁

設楽博己 2014「弥生文化と農耕文化複合」『企画展示　弥生ってなに？！』国立歴史民俗博物館、108-109頁

設楽博己 2014「縄文農耕と弥生農耕」『学士会会報』907、東京大学出版会、16-20頁

設楽博己 2014「最近の弥生文化研究に思うこと」『栃木県考古学会誌』35、1-24頁

設楽博己 2015「縄文時代の再葬墓と弥生再葬墓」『季刊考古学』130、雄山閣、65-68頁

設楽博己 2015「浮線網状文土器の基準資料－静岡県御殿場市宮ノ下遺跡の土器をめぐって－」『駒澤考古』40、駒澤大学考古学研究室、45-57頁

設楽博己・佐々木由香・國木田大・米田　穣・山﨑孔平・大森貴之 2015「福岡県八女市岩崎出土の炭化米」『東京大学考古学研究室紀要』29、147-156頁

設楽博己・高瀬克範 2013「西関東地方における穀物栽培の開始」『国立歴史民俗博物館研究報告』185、511-530頁

設楽博己・西本豊弘・田中耕作 2013「新潟県新発田市村尻遺跡出土の穿孔人指骨と骨角器」『新潟県考古学談話会会報』35、29-38頁

高瀬克範 2014「続縄文文化の資源・土地利用」『国立歴史民俗博物館研究報告』185、15-62頁

高瀬克範 2014「北上川流域における続縄文系石器の使用痕分析」東北・関東前方後円墳研究会 編『古墳と続縄文文化』高志書院、195-210頁

高瀬克範 2015「稲作農耕の受容と農耕文化の形成」藤沢敦 編『東北の古代史2　倭国の形成と東北』吉川弘文館、11-43頁

高瀬克範 2015「小出館遺跡出土の炭化種子」『小出館遺跡　第1分冊　本文編』大船渡市教育委員会、55-68頁

高瀬克範 2015「K39遺跡大学病院ゼミナール棟地点出土石器の使用痕分析」『北大構内の遺跡 XXI』北海道大学、144-147頁

高瀬克範 2015「宮城県山元町中筋遺跡出土石器の使用痕分析」山田隆博・藤田　佑・佐伯奈弓 編『中筋遺跡―常磐自動車道(県境～山元間)建設工事に係る発掘調査報告書 V―』山本町教育委員会、235-244頁

高瀬克範 2015「宮城県山元町中筋遺跡出土土器の圧痕分析」山田隆博・藤田　佑・佐伯奈弓 編『中筋遺跡―常磐自動車道(県境～山元間)建設工事に係る発掘調査報告書 V―』山元町教育委員会、227-233頁

高瀬克範 2016「資源利用から見た縄文文化と続縄文文化」小林謙一 編『縄文時代の食と住まい』同成社、51-78頁

田辺　晋・堀　和明・百原　新・中島　礼 2016「利根川低地における「弥生の小海退」の検証」『地質学雑誌』122－4、135-153頁

永井宏幸 2015「中部」『弥生土器』考古調査ハンドブック 12、ニュー・サイエンス社、269-343頁

永井宏幸 2016「尾張平野における縄文文化より弥生文化への移行過程」『研究紀要』
　　17、愛知県埋蔵文化財センター、31－38頁
永井宏幸・加藤安信・宮腰健司 2016「農耕と弥生文化」『愛知県史』通史編1、愛知県、
　　72-155頁
中沢道彦 2014「日本列島における初期農耕の導入」『中四国地域における縄文時代晩期
　　後葉の歴史像』第25回中四国縄文研究会徳島大会、186頁
中沢道彦 2014「栽培植物利用の多様性と展開」『季刊考古学・別冊』21、雄山閣、115-
　　123頁
中沢道彦 2014「栽培植物の導入とその多様性」『縄文文化の繁栄と衰退』明治大学日本
　　先史文化研究所研究成果公開シンポジウム、19-24頁
中沢道彦 2014「瀬戸内地方における初期農耕文化の受容と生業変化に関する基礎的研
　　究」『平成25年度公益財団法人福武財団助成活動成果報告書』168-169頁
中沢道彦 2015「長野県域における縄文時代の終末と生業変化」『シンポジウム　八ヶ岳
　　山麓における縄文時代の終末と生業変化』中沢道彦、2-9頁
中沢道彦 2015「御社宮司遺跡のレプリカ法調査と派生する問題」『シンポジウム　八ヶ
　　岳山麓における縄文時代の終末と生業変化』中沢道彦、44-45頁
中沢道彦・中村　豊・増山禎之・丑野　毅 2013「レプリカ法による尾張・三河地お
　　ける土器の種実圧痕調査の概要とその展望」『論集　馬見塚』考古学フォーラム、
　　223-234頁
中沢道彦・畑山智史・黒白耐二 2013「レプリカ法による島根県三田谷I遺跡出土土器
　　の微小貝類刺突の観察」『古代文化』65－2、274-277頁
中沢道彦・日高広人・遠部　慎 2015「九州における縄文時代早期遺構出土の炭化球根
　　類について」『第10回九州古代種子研究会熊本大会　発表要旨集』41-44頁
中村大介 2014「支石墓にみる日韓交流」『支石墓の謎　墓地にみる日韓交流』3-9頁
中村大介 2015「日本の墳丘墓の起源と発展」『馬韓墳丘墓の起源と発展』47-62頁
中村大介 2015「楽浪郡以南における鉄とガラスの流通と技術移転」『物質文化』95、
　　4-19頁
中村大介 2015「日韓の石製玉類の流通とその変化」『玉の流通にあらわれた東アジアの
　　交渉』113-142頁
中村大介 2015「楽浪郡存続期の交易と競合」『交響する古代』明治大学古代学研究所、
　　35-42頁
中村大介 2015「朝鮮半島における石器から鉄器への転換」『埼玉大学紀要(教養学部)』
　　51－1、97-112頁
中村大介 2016「支石墓の多様性と交流」『長崎県埋蔵文化財センター研究紀要』6、
　　3-18頁
中村大介 2016「環日本海における石製装身具の変遷」『古代学研究所紀要』24、3-24頁
中村大介 2016「東端の遊牧民」『季刊考古学』135、雄山閣、44-48頁
中村大介・魚津知克・後藤　明 2014「特集にあたって：日本列島をとりまく海」『物質
　　文化』95、1-34頁

中村大介・藁科哲男・福辻　淳 2016「大和盆地東南部出土の石製玉類の産地同定」『纏向学研究』4、桜井市纏向学研究センター、89-115 頁

中村直子・小畑弘己 2016「上針谷・下針谷遺跡出土土器の圧痕」『上針谷・下針谷遺跡』都城市文化財調査報告書 126、宮崎県都城市教育委員会、73-75 頁

中村　豊 2014「中国・四国地方の縄文集落の信仰・祭祀」『シリーズ縄文集落の多様性 Ⅳ　信仰・祭祀』雄山閣、291-308 頁

中村　豊 2014「第 2 章旧石器時代・第 3 章縄文時代」『新修茨木市史第 7 巻　史料編考古』茨木市、15-62 頁

中村　豊 2014「中四国地域における縄文時代精神文化について－大型石棒・刀剣形石製品を中心に－」『山陰地方の縄文社会』島根県古代文化センター研究論集 13、23-42 頁

中村　豊 2015「近畿・四国地域における農耕導入期の様相」『シンポジウム八ヶ岳山麓における縄文時代の終末と生業変化』中沢道彦、10-11 頁

中村　豊 2016「徳島市三谷遺跡の研究 徳大 1・2 次調査成果から」『国立大学法人徳島大学埋蔵文化財調査室紀要』2、3-24 頁

中村　豊 2016「縄文晩期から弥生前期の農耕について 東部瀬戸内地域を中心に」『弥生研究の交差点－池田保信さん還暦記念－』みずほ別冊 2、大和弥生文化の会、191-200 頁

中村　豊・中沢道彦 2014「レプリカ法による徳島地域出土土器の種実圧痕の研究」『青藍』10、考古フォーラム蔵本、47-56 頁

中山誠二 2015「縄文時代のダイズの栽培化と種子の形態分化」『植生史研究』23－2、33-42 頁

中山誠二 2015「中部高地における縄文時代の栽培植物と 2 次植生の利用」『第四紀研究』54－5、285-298 頁

中山誠二・原田　幹・永井宏幸 2015「朝日遺跡における弥生時代初期の植物圧痕分析」『愛知県埋蔵文化財センター研究紀要』16、17-30 頁

那須浩郎 2013「イネの栽培化のはじまり」『月刊みんぱく』37－12、4-5 頁

那須浩郎・会田　進・佐々木由香・中沢道彦・山田武文・輿石　甫 2015「炭化種実資料から見た長野県諏訪地方における縄文時代中期のマメの利用」『資源環境と人類』5、明治大学黒耀石研究センター、37-52 頁

那須浩郎・会田　進・山田武文・輿石　甫・佐々木由香・中沢道彦 2014「土器種実圧痕の焼成実験報告」『資源環境と人類』5、明治大学黒耀石研究センター、108-114 頁

納屋内高史・中沢道彦 2014「富山市古岡遺跡出土土器にみられるシソ属種子圧痕」『大境』33、富山考古学会

能城修一・佐々木由香 2014「遺跡出土植物遺体からみた縄文時代の森林資源利用」『国立歴史民俗博物館研究報告』187、15-48 頁

能城修一・佐々木由香 2014「現生ウルシの成長解析からみた下宅部遺跡におけるウルシとクリの資源管理」『国立歴史民俗博物館研究報告』187、189-204 頁

濱田竜彦 2014「島根県飯南町森Ⅲ遺跡の突帯文土器と遠賀川式土器」『古代文化センタ

ー研究論集』13、93-112頁

濱田竜彦 2014「山陰地方の突帯文土器と縄文時代終末期の様相」『中四国地域における縄文時代晩期後葉の歴史像』中四国縄文研究会徳島大会事務局、1-2頁

濱田竜彦 2015「中国地方にみる縄文時代晩期のイネ科栽培植物」『八ヶ岳山麓における縄文時代の終末と生業変化』中沢道彦、1-2頁

濱田竜彦 2015「香川県林・坊城遺跡における縄文晩期後葉の種実圧痕と植物栽培」『弥生研究の交差点－池田保信さん還暦記念－』みずほ別冊2、大和弥生文化の会、227-236頁

濱田竜彦 2015「特輯『山陰弥生集落研究の論点－地域性、独自性、交易と手工業－』に寄せて」『古代文化』67－1、31-34頁

濱田竜彦 2015「高住井手添遺跡の発掘調査と編組製品」『縄文・弥生時代の編組製品研究の新展開－植物資源利用・技法・用途－要旨集』明治大学日本先史文化研究所、67-76頁

濱田竜彦・中沢道彦 2014「西日本―突帯文土器分布圏―における栽培植物の出現」『山梨県立博物館調査・研究報告書』9、318-323頁

濱田竜彦・中山　恵・松岡　藍・濱野浩美 2014「境内海道西遺跡出土の突帯文土器を対象とした種実圧痕調査」『境内海道西遺跡』一般財団法人米子市文化財団埋蔵文化財調査室、235-238頁

福田正宏 2014「現状とこれから　4 シベリア大陸部との関係」『オホーツク海沿岸の遺跡とアイヌ文化』北海道出版企画センター、189-198頁

福田正宏 2015「完新世日本列島北辺域における温帯性定着民の寒冷地適応史－北海道の縄文文化と「サハリン・ルート」－」『「サハリン・千島ルート」再考』北海道考古学会、3-33頁

藤尾慎一郎 2013『弥生文化像の新構築』吉川弘文館、275頁

藤尾慎一郎 2014「日本における農耕の起源」『「はじまり」を探る』東京大学出版会、141-154頁

藤尾慎一郎 2014「弥生鉄史観の見直し」『国立歴史民俗博物館研究報告』185、155-182頁

藤尾慎一郎・坂本　稔 2016「九州北部における晩期初頭の実年代―福岡市香椎A遺跡出土土器を中心に―」『広島大学院文学研究科考古学研究室50周年記念論文集』51-55頁

藤尾慎一郎・濱田竜彦・坂本　稔 2014「鳥取平野における水田稲作開始期の年代学的調査」『国立歴史民俗博物館研究報告』185、489-510頁

藤尾慎一郎・濱田竜彦・坂本　稔 2014「本高弓ノ木遺跡710溝出土土器の年代学的調査」『鳥取県鳥取市本高弓ノ木遺跡(5区)Ⅰ第3分冊【遺物(土器・石器・鉄器)・分析編】』一般国道9号(鳥取西道路)の改築に伴う埋蔵文化財発掘調査報告書Ⅷ、鳥取県教育委員会、199-214頁

藤尾慎一郎・山崎頼人・坂本　稔 2014「福岡県小郡市大保横枕遺跡の年代学的調査」『国立歴史民俗博物館研究報告』185、471-488頁

宮本一夫 2014「沖縄出土滑石混入系土器からみた東シナ海の対外交流」『史淵』151、63-84頁

宮本一夫 2014「韓半島遼寧式銅剣再考」『東アジア古文化論攷』1、中国書店、336-351頁

宮本一夫 2014「東アジアからみる韓国の先史考古学－青銅器時代の始まりを中心として－」『韓国考古学の新地平』韓国考古学会、85-105頁

宮本一夫 2015「沖縄出土燕系遺物の位置づけと対外交渉」『海洋交流の考古学』韓国考古学会、1-28頁

宮本一夫 2015「中国鉄器生産開始の諸問題」『中国考古学』15、25-40頁

宮本一夫 2015「長浜貝塚出土遺物の検討」『市史研究ふくおか』11、福岡市博物館市史編さん室、7-17頁

宮本一夫 2016「モンゴル高原における青銅器時代板石墓の変遷と展開」『史淵』153、31-58頁

百原　新 2016「むかしの植生を推測する－縄文・弥生時代～近世－」『市川市史自然編－都市化と生き物－』市川市、38-44頁

百原　新・工藤雄一郎・向山穂奈美 2016「道免き谷津遺跡第1地点(7)の大型植物遺体」『千葉県教育振興財団調査報東京外かく環状道路埋蔵文化財調査報告書10－市川市道免き谷津遺跡第1地点(7)～(9)』753、国土交通省関東地方整備局首都国道事務所、87-94頁

守屋　亮・那須浩郎・佐々木由香 2016「大島2遺跡の擦文文化竪穴住居跡から出土した植物遺体」『擦文文化期における環オホーツク海地域の交流と社会変動－大島2遺跡の研究(1)－』東京大学大学院人文社会系研究科附属北海文化研究常呂実習施設、73-79頁

山口雄治 2016「津島岡大遺跡出土打製石斧の基礎的検討」『岡山大学埋蔵文化財調査研究センター紀要 2014』岡山大学埋蔵文化財調査研究センター、5-9頁

山田康弘 2014「山陰地方における弥生時代前期の墓地構造」『国立歴史民俗博物館研究報告』185、111-138頁

山田康弘, 2015「縄文時代の葬墓制・社会・死生観」『季刊考古学』130、雄山閣、14-18頁

山田康弘 2015「土器棺墓(土器埋設遺構)」『季刊考古学』130、雄山閣、56-60頁

米田恭子・佐々木由香 2014「植物珪酸体分析による下宅部遺跡出土編組製品と素材束の素材同定」『国立歴史民俗博物館研究報告』187、347-356頁

米田　穣 2014「市川市で出土した縄文時代人骨の食生活」『市史研究いちかわ』5、市川市、3-8頁

李　亨源 2014「韓半島の初期青銅器文化と初期弥生文化」『国立歴史民俗博物館研究報告』185、63-92頁

藁科哲男・周東一也・渡部明美・設楽博己 2016「福島県金山町宮崎遺跡再葬墓出土弥生時代玉類の産地分析」『福島県立博物館紀要』30、29-61頁

藁科哲男・中村大介 2016「ポータブル蛍光X線分析装置を用いた碧玉製玉類の分析」『古代学研究所紀要』24、明治大学古代学研究所、25-42頁

Eda, M., Y. Kodama, E. Ishimaru and M. Yoneda, 2014 Lead concentration in archaeological animal remains from the Edo period, Japan: Is the lead concentration in archaeological goose bone a reliable indicator of domestic birds? *International Journal of Osteoarchaeology* 24: 265-271

Hiroo Nasu, Arata Momohara, 2016 The beginnings of rice and millet agriculture in prehistoric Japan. *Quaternary International* 397: 504-512

Itahashi, Y., Y. Chikaraishi, N. Ohkouchi, and M. Yoneda, 2014 Refinement of reconstructed ancient food webs based on the nitrogen isotopic compositions of amino acids from bone collagen: A case study of archaeological herbivores from Tell Ain el-Kerkh, Syria. *Geochemical Journal* 48: 15-19

Miyamoto,Kazuo, 2015 The Initial Spread of Agriculture into Northeast Asia. *Asian Archaeology* 3: 11-26

Nasu, H. and Momohara, A., 2015 The beginnings of rice and millet agriculture in prehistoric Japan . *Quaternary International* 397: 504-512

S. Noshiro & Y. Sasaki, 2014 Pre-agricultural management of plant resources during the Jomon period in Japan-a sophisticated subsistence system on plant resources. *Journal of Archaeological Science* 42: 93-106

Takahiro Nakahashi, Fan Wenquan,Kazuo Miyamoto et al., 2014 *Ancient People of the Central Plains in China*. Kyushu University Press, Fukuoka, Japan

Takezawa, Y., K. Kato, H. Oota, T. Caulfield, A. Fujimoto, S. Honda. N.Kamatani, S. Kawamura, S. K. Kawashima, R. Kimura, H. Matsumae, A. Saito,P.E. Savage, N. Seguchi, K. Shimizu, S. Terao, Y. Yamaguchi-Kabata, A.Yasukouchi, M. Yoneda, K. Tokunaga,2014 Human genetic research, race, ethnicity and the labeling of populations: recommendations based on an interdisciplinary workshop in Japan. *BMC Medical Ethics* 15: 33

Takigami, M.K., I. Shimada, R. Segura, H. Matsuzaki, F. Tokanai, K. Kato, H.Mukai, T. Omori, and M. Yoneda, 2014 Assessing the chronology and re-wrapping of funerary bundles at the Pre-Hispanic religious center of Pachacamac, Peru. *Latin American Antiquity* 25－3: 322-343

Tsutaya, T., T. Nagaoka, J. Sawada, K. Hirata, and M. Yoneda, 2014 Stable isotopic reconstructions of adult diets and infant feeding practices during urbanization of the city of Edo in seventeenth century Japan. *American Journal of Physical Anthropology* 153－4: 559-569

Tsutaya, T., A. Shimomi, T. Nagaoka, J. Sawada, K. Hirata, and M. Yoneda, 2015 Infant feeding practice in medieval Japan: carbon and nitrogen stable isotope analysis of human skeletons from Yuigahama-minami. *American Journal of Physical Anthropology* 156: 241-251

Tsutaya, T. and M. Yoneda, 2015 Reconstruction of breastfeeding and weaning practices using stable isotope and trace element analyses:a review. *Yearbook of Physical Anthropology* 156: 2-21

Tsutaya, T., Y.I. Naito, H. Ishida, M. Yoneda,2014 Carbon, nitrogen, and sulfur isotope analyses on human and dog diet in the Okhotsk culture:perspectives from the Moyoro, Japan. *Anthropological Science* 122－2: 89-99

個別研究発表

【国内】

石川日出志「弥生時代研究と前中西遺跡」『関東弥生文化研究会・埼玉弥生土器観会主

催〈シンポジウム熊谷市前中西遺跡を語る－弥生時代中・後期の大規模集落－〉』明治大学 L-1123 教室、2013 年 9 月

石川日出志「弥生時代の時空的変異」『文部科学省私立大学戦略的研究基盤形成支援事業・明治大学研究明治大学大学院文学研究科主催〈国際学術研究会 交響古代Ⅳ〉』明治大学 GF グローバルホール、2013 年 10 月

石川日出志「琉球弧の考古学が教えるもの－国家形成・境界・考古学者－」『駿台史学会 2013 年度大会』明治大学グローバルフロント 1 階多目的室、2013 年 12 月

石川日出志「天王山式土器研究の諸問題」『弥生時代研究会主催〈東北南部における弥生後期から古墳出現期前後の社会変動－福島県湯川村桜町遺跡資料見学・検討会〉』福島県文化センター白河館まほろん講堂、2013 年 12 月

遠藤英子「栽培植物からみた関東地方の「弥生農耕」」『考古学研究会第 60 回総会・研究集会』岡山大学、2014 年 4 月

遠藤英子「栽培穀物からみた関東地方の弥生農耕」『西相模考古学研究会例会』神奈川県埋蔵文化財センター、2104 年 11 月

遠藤英子「弥生農耕は稲作に特化したのか？－レプリカ法からみた穀物栽培の多様性－」『第 29 回日本植生史学会』鹿児島大学、2014 年 11 月

遠藤英子「農耕の開始をレプリカ法から探る－中部高地スタイル－」『飯田下伊那地方の考古学最前線』飯田市美術博物館、2015 年 10 月

遠藤英子「群馬県西部域における弥生時代前半の穀物栽培」『第 30 回日本植生史学会』北海道博物館、2015 年 11 月

遠部　慎・中沢道彦・金　姓旭「縄文時代における炭化球根類の炭素年代測定」『日本文化財科学会第 30 回大会』弘前大学、2013 年 7 月

小畑弘己「圧痕法のイノベーション」『日本考古学協会第 81 会総会』日本大学、2015 年 5 月

小畑弘己「縄文時代の定住集落とコクゾウムシ－宮崎県本野原遺跡の土器圧痕調査の成果から－」『平成 27 年度宮崎県考古学会総会記念講演』生目の杜遊古館、2015 年 6 月

小畑弘己「東アジアからみた星ヶ塔遺跡」『星ヶ塔黒曜石原産地遺跡国史跡指定記念シンポジウム』下諏訪総合文化センター、2015 年 11 月

小畑弘己「九州各地の種実出土状況(熊本県)」『第 11 回九州古代種子研究会福岡大会』福岡市博物館、2016 年 2 月

小畑弘己「アッコン(圧痕)とはなにか」『日本学術振興会科学研究費補助金研究成果公開シンポジウムいま、アッコンが面白い！－タネ・ムシ圧痕が語る先史・古代の農とくらし－』福岡市博物館、2016 年 2 月

小畑弘己「栽培の証拠とは」『日本学術振興会科学研究費補助金研究成果公開シンポジウムいま、アッコンが面白い！－タネ・ムシ圧痕が語る先史・古代の農とくらし－』福岡市博物館、2016 年 2 月

小畑弘己「縄文人の家に棲みついたムシたち」『日本学術振興会科学研究費補助金研究成果公開シンポジウムいま、アッコンが面白い！－タネ・ムシ圧痕が語る先史・古代の農とくらし－』福岡市博物館、2016 年 2 月

小畑弘己「先史時代の人類文化と交流」『日本学術振興会科学研究助成事業成果報告会　公開シンポジウム　東アジアと列島西端の旧石器文化－朝鮮半島・九州・南西諸島の対比から－』九州歴史資料館、2016 年 2 月

小畑弘己・浦井直幸「中津市法垣遺跡出土のカラスザンショウ果実について」『第 11 回九州古代種子研究会福岡大会』福岡市博物館、2016 年 2 月

小畑弘己・真邉　彩「サクランボを食べた？チンギス・カン－モンゴル・アウラガ遺跡 2015 年の調査成果－」『第 30 回日本植生史学会北海道大会』北海道博物館、2015 年 11 月

片岡太郎・上條信彦・佐々木由香・鹿納晴尚・佐々木　理「X 線 CT による籃胎漆器の製作技法と素材同定に関する研究」『日本植生史学会第 30 回大会』北海道博物館、2015 年 11 月

小林和貴・鈴木三男・佐々木由香・能城修一「北海道で出土した編組製品の素材植物」『日本植生史学会第 30 回大会』北海道博物館、2015 年 11 月

小林青樹・宮本一夫・伊藤慎二・新里貴之「沖縄諸島における弥生文化併行期の大陸系資料の再検討」『日本考古学協会第 79 回総会』駒澤大学、2013 年 5 月

佐々木由香「縄文時代前期の堅果類利用－堰口遺跡出土資料を中心に－」『縄文前期前葉の甲信地域－山梨からみた中越式期』帝京大学、2013 年 12 月

佐々木由香「縄文時代の植物利用の新知見」尖石縄文考古館、2013 年 12 月

佐々木由香「縄文人の鍋の底を探る－レプリカ法による土器圧痕同定」三鷹市教育センター、2014 年 1 月

佐々木由香「縄文時代の植物利用の新知見」『読売カルチャー』北千住、2014 年 3 月

佐々木由香「レプリカ法による種実圧痕の検出の成果とその意味」『『縄文農耕を問う』（中部山岳地域縄文時代マメ栽培化過程の解明）』長野県原村、2014 年 3 月

佐々木由香「縄文時代の編組製品の加工技術と素材の地域性」『日本第四紀学会　2014 年大会』東京大学柏キャンパス、2014 年 9 月

佐々木由香・菅野紀子・中市日女子・柴田　恵・高田和徳「縄文時代の敷物圧痕の素材同定と加工技術 岩手県一戸町御所野遺跡を中心に」『日本考古学協会第 81 回総会』帝京大学、2015 年 5 月

佐々木由香・小林和貴・鈴木三男・能城修一「縄文・弥生時代遺跡出土編組製品素材の考古植物学的研究－タケ・ササ類の加工」『日本文化財科学会第 31 回大会』奈良大学、2014 年 7 月

佐々木由香・松井　章・米田恭子・バンダリ スダルシャン・田中　彰「岐阜県垣内遺跡の土器種実圧痕と炭化種実からみた縄文時代中後期の植物資源利用」『日本文化財科学会第 32 回大会』東京学芸大学、2015 年 7 月

佐々木由香・米田恭子・小林和貴「遺跡出土鱗茎同定のための識別方法」『日本植生史学会第 29 回大会』鹿児島大学、2014 年 11 月

佐々木由香・米田恭子・小林和貴・安　在晧・鯵本眞友美「韓国新石器時代早期と縄文時代前期出土鱗茎の同定」『日本植生史学会第 30 回大会』北海道博物館、2015 年 11 月

設楽博己「丑野毅先生とレプリカ法」『丑野毅先生退官記念講演』東京大学総合研究博

物館、2013 年 6 月

設楽博己「東日本への弥生文化の波及」『新潟県立歴史博物館講演会』新潟県立歴史博
　物館、2013 年 9 月

設楽博己「馬見塚遺跡 H 地点の発掘調査－農耕のはじまりを求めて－」『一宮市博物館
　講演』一宮市妙興寺公民館、2013 年 11 月

設楽博己「弥生文化とはなにか」『科学研究費補助金基盤研究(B)完新世の気候変動と
　縄文文化の変化公開シンポジウムV　縄紋／弥生の画期－2.8ka イベントをめぐる考
　古学現象－』東北芸術工科大学東アジア民族文化アーカイブセンター、2013 年 12 月

設楽博己「縄文人と私たち」『東大文学部集英社公開講座』東京大学法文 2 号館、2013
　年 12 月

設楽博己「弥生文化とはなにか」『朝日カルチャーセンター新宿』朝日カルチャーセン
　ター新宿、2014 年 5 月～6 月

設楽博己「銅鐸と小銅鐸」『袖ヶ浦市遺跡発表会特別講演』袖ヶ浦市民会館大ホール、
　2015 年 6 月

設楽博己「松本の弥生時代の始まり」『第 37 回あがたの森考古学ゼミナール』あがたの
　森文化会館、2015 年 7 月

設楽博己「あたらしい弥生時代像」『日本考古史 10 講』朝日カルチャーセンター横浜、
　2015 年 9 月

設楽博己「縄文稲作はあったのか？」『文化の日特別講演会』大阪府立弥生文化博物館、
　2015 年 11 月

鈴木英里香・佐々木由香・山本暉久「山梨県諏訪原遺跡における土器圧痕にみる縄文
　時代中期の植物利用－昭和女子大学調査区について－」『日本文化財科学会第 32 回
　大会』東京学芸大学、2015 年 7 月

鈴木英里香・佐々木由香・山本暉久「土器圧痕からみる縄文時代中期の植物利用－山
　梨県諏訪原遺跡昭和女子大学調査区において－」『日本植生史学会第 30 回大会』北
　海道博物館、2015 年 11 月

鈴木三男・小林和貴・佐々木由香・能城修一「縄文の縄・紐類の素材植物」『日本植生
　史学会第 30 回大会』北海道博物館、2015 年 11 月

高瀬克範「レプリカ法からみた日本列島東部縄文晩期～弥生・続縄文文化期の栽培植
　物利用」『北海道考古学会 2013 年度研究大会　先史時代の植物利用戦略—栽培植
　物から見た考古学研究—』北海道大学学術交流会館、2013 年 5 月

高瀬克範「縄文文化の土地・資源利用の相対化」『中央大学学術シンポジウム　考古学
　の地平をのぞむ　縄文文化の食と居住～考古学と関連科学の研究成果から～』中央
　大学、2013 年 9 月

高瀬克範「宮城県山元町中筋遺跡における弥生稲作の検討—石器使用痕分析とレプリ
　カ法—」『北海道考古学会月例研究会』北海道大学、2015 年 7 月

中沢道彦「山陰からの初期農耕の拡散と交流－東日本の視点から－」『農耕社会成立期
　の山陰地方』第 41 回山陰考古学研究集会、鳥取大学、2013 年 9 月

中沢道彦「日本列島における初期農耕の伝播と受容－レプリカ法による土器の種実圧

痕の研究の成果から」『公開シンポジウムⅤ 『縄文／弥生』の画期－2.8ka イベントをめぐる考古学現象－』東北芸術工科大学東北文化研究センター、2013 年 12 月
中沢道彦「レプリカ法データから駒ケ根市荒神沢遺跡を考える」『縄文農耕を問う』第 3 回中部先史古代種子研究会、原村八ヶ岳自然文化園、2014 年 3 月
中沢道彦「縄文土器の種子圧痕から見えてくること」『第 17 回尖石縄文ゼミナール』茅野市尖石縄文考古館、2014 年 4 月
中沢道彦「先史時代の初期農耕を考える－レプリカ法の実践から－」『2014 年度第 1 回日本海学講座』富山県総合福祉会館サンシップ富山、2014 年 6 月
中沢道彦「縄文時代の植物利用」『平成 26 年度「春季」津南學講座』農と縄文の体験実習館「なじょもん」、2014 年 6 月
中沢道彦「日本列島における初期農耕の導入」『第 25 回中四国縄文研究会徳島大会 中四国地域における縄文時代晩期後葉の歴史像』中四国縄文研究会、2014 年 7 月
中沢道彦「栽培植物の導入とその多様性」『明治大学日本先史文化研究所研究成果公開シンポジウム 縄文文化の繁栄と衰退』明治大学日本先史文化研究所、2014 年 11 月
<u>中沢道彦</u>・中村 豊「レプリカ法による東海地方の種実圧痕調査の概要」『第 9 回九州古代種子研究会久留米大会』久留米市教育委員会、2014 年 2 月
<u>中沢道彦</u>・日高広人・遠部 慎「九州における縄文時代早期遺構出土の炭化球根類について」『第 10 回九州古代種子研究会』九州古代種子研究会熊本大学、2015 年 3 月
中村大介「弥生時代のガラス貿易と関東地方」『埼玉大学連続市民講座 part6』埼玉大学、2015 年 6 月
<u>中村 豊</u>・<u>中沢道彦</u>「徳島県吉野川下流域における縄文／弥生移行期の農耕関連資料」『第 30 回日本植生史学会』高知大学、2013 年 12 月
中山誠二「縄文時代のダイズ栽培と種子の形態分化」『日本考古学協会』帝京大学、2015 年 5 月
中山誠二「ツルマメを多量に混入した縄文土器」『日本植生史学会』北海道博物館、2015 年 11 月
那須浩郎「古代から近代までの水田雑草の多様性変化：茅ヶ崎市本村居村 B 遺跡での事例」『第 28 回日本植生史学会』高知大学、2013 年 12 月
那須浩郎「フローテーション法による炭化豆の検出の成果とその意味」『縄文農耕を問う（中部山岳地域縄文時代マメ栽培化過程の解明）』長野県原村、2014 年 3 月
<u>那須浩郎</u>・<u>佐々木由香</u>・会田 進・<u>中沢道彦</u>「縄文時代中期におけるダイズとアズキの野生種と栽培種の共存」『第 28 回日本植生史学会』高知大学、2013 年 12 月
濱田竜彦「山陰地方における初期遠賀川式土器の展開と栽培植物」『農耕社会成立期の山陰地方』第 41 回山陰考古学研究集会、鳥取大学地域学部、2013 年 8 月
濱田竜彦「山陰地方の突帯文土器と縄文時代終末期の様相」『中四国地域における縄文時代晩期後葉の歴史像』中四国縄文研究会徳島大会、徳島大学、2014 年 7 月
濱田竜彦「中国地方にみる縄文時代晩期のイネ科栽培植物」『八ヶ岳山麓における縄文時代の終末と生業変化』尖石縄文考古館ガイダンスルーム、2015 年 1 月
濱田竜彦「髙住井手添遺跡の発掘調査と編組製品」『縄文・弥生時代の編組製品研究の

新展開－植物資源利用・技法・用途－』明治大学日本先史文化研究所、明治大学、2015 年 11 月

濱田竜彦・中沢道彦「西日本－突帯文土器分布圏－における栽培植物の出現」『日韓共同シンポジウム「日韓における穀物栽培の開始と農耕技術」』山梨県立博物館、2013 年 8 月

福田正宏「縄文文化における北の範囲」『縄文時代・文化・社会をどのように捉えるか？』第 99 回歴博フォーラム、明治大学、2015 年 12 月

真邉　彩・小畑弘己「九州縄文時代のサンショウ属果実とその利用について」『第 30 回日本植生史学会北海道大会』北海道博物館、2015 年 11 月

真邉　彩・小畑弘己「九州地方における縄文時代のサンショウ属種実について」『第 11 回九州古代種子研究会福岡大会』福岡市博物館、2016 年 2 月

目黒まゆ美・佐々木由香「南関東地方における縄文時代のオニグルミ利用」『日本植生史学会第 30 回大会』北海道博物館、2015 年 11 月

山本　華・黒沼保子・佐々木由香・大網信良・亀田直美「東京都下野谷遺跡における縄文時代中期の炭化材・炭化種実・土器圧痕の組成比較」『日本植生史学会第 30 回大会』北海道博物館、2015 年 11 月

山本　華・佐々木由香・大網信良・亀田直美「土器圧痕と炭化種実からみた東京都下野谷遺跡の植物資源」『日本文化財科学会第 32 回大会』東京学芸大学、2015 年 7 月

米田恭子・佐々木由香「形状および細胞形態の比較による遺跡出土炭化鱗茎同定の可能性」『日本文化財科学会第 30 回大会』弘前大学、2013 年 7 月

米田恭子・佐々木由香「形状および細胞形態からみた縄文時代出土炭化鱗茎の同定法（予察）」『日本植生史学会第 28 回大会』高知大学、2013 年 12 月

米田　穣「同位体からみた縄文時代の食生態」『国立歴史民俗博物館共同研究「先史時代における社会複雑化・地域多様化の研究」研究会』国立歴史民俗博物館、2013 年 6 月 30 日

米田　穣「琉球諸島における狩猟採集民の食生態」『第 9 回琉球環境文化史研究会』沖縄県立博物館・美術館、2013 年 10 月 13 日

米田　穣「骨の同位体分析による日本海沿岸縄文人の食生態」『日本考古学協会第 80 回総会』日本大学、2014 年 5 月 18 日

米田　穣・山﨑孔平・菊地有希子「イネの炭化穎果における炭素・窒素同位体比」『第 68 回日本人類学会大会』アクトシティ浜松、2014 年 11 月 2 日

米田　穣「食性分析からみた縄文時代中期から後期への変化」『縄文文化の繁栄と衰退『縄文時代後晩期停滞説』の矛盾と展開』明治大学日本先史文化研究所研究成果公開シンポジウム、明治大学、2014 年 11 月 15 日

米田　穣「家畜化と日本人の食－同位体分析から－」『野生から家畜へ』味の素食の文化センター平成 26 年度食の文化フォーラム第 3 回「人間と動物の未来」、味の素食の文化センター、2015 年 3 月 14 日

米田　穣「食性分析から探る古墳時代の人びと」『古墳に埋葬された被葬者像を探る』明治大学日本先史文化研究所シンポジウム、明治大学、2015 年 8 月 22 日

米田　穣「寒冷化が縄文時代人の食生活に与えた影響：台方花輪貝塚出土人骨の同位体分析の考察」『縄文文化の繁栄と衰退『縄文時代後晩期停滞説』の矛盾と展開 II』明治大学日本先史文化研究所研究成果公開シンポジウム、明治大学 2015 年 11 月 29 日

【国際】

石川岳彦「東周時期燕国青銅容器和随葬陶器的編年研究」『文化交流與社会変遷－東北亜新石器時代至青銅時代考古学術研討会』吉林大学辺疆考古研究中心、2013 年 8 月

Nasu, H., Nakazawa, M., Nakamura, Y., Aida, S. Examining the utilization and domestication of Azuki bean in the prehistoric. *Japan XIX INQUA Congress*. Nagoya Congress Center, 2015.08.

Nasu, H., Mori, M. Changes in species diversity of rice paddy weeds from the 7th to 20th century: a case study at the Honson; Imura-B site, south8211;central Japan. *XIX INQUA Congress*. Nagoya Congress Center、2015.07.

Hitoki, E., Hattori, S., Okimatsu, N. Kudo, Y., Noshiro, S., Sasaki, Y., Nakamura, T. The chronology of the Kaminari-shita site during the initial Jomon period in the inner Tokyo bay, Japan. *XIX INQUA Congress*. Nagoya Congress Center, 2015.08.

Kobayashi, K., Suzuki, M., Sasaki, Y., Noshiro, S. Prehistoric plant materials for various types of weaving in Japan. *XIX INQUA Congress*. Nagoya Congress Center, 2015.08.

Kudo,Y., Yoshikawa, J. Sasaki, Y. Ajimoto, M. Amitani, K.,Noshiro, S. Absolute Dates for Human activities at the Torihama Shell Mound, Fukui, Japan. *XIX INQUA Congress*. Nagoya Congress Center, 2015.08.

Kudo, Y., Yoshikawa, J., Sasaki, Y., Ajimoto, M., Amitani, K.,Noshiro, S. Absolute dates for human activities at the Torihama Shell Mound, Fukui, Japan. *XIX INQUA Congress*. Nagoya Congress Center, 2015.08.

宮本一夫「從上馬石貝丘遺址看東北亞農業伝播」『農業起源与伝播国際学術討論会』中国山東大学、2013 年 10 月

宮本一夫「栽培稲与賈湖遺跡」『紀念賈湖遺跡発掘 30 周年暨賈湖文化国際検討会』中国河南省、2013 年 11 月

宮本一夫「小魯里遺跡出土の稲籾を東アジア的視点から見る」『清州小魯里の稲籾と生命文化都市清州』韓国清州芸術の殿堂大会議室、2015 年 10 月

Nakamura, D. Oka Masao and Sea People. The International symposium of *Origins of Oka Masao's anthropological scholarship*. Meiji University, Tokyo. 2015.11.

Nakamura D. Trade route of the glass beads around the Yellow Sea from 1st century BCE to 3rd century CE. *15th international conference of the European Assn of Southeast Asia Archaeologists*, University Paris Nanterre, Paris. 2015.07.

Sasaki, Y. Management of forest resources during the Jomon period in Japan dedused from excavated plant remains. *A Multidisciplinary Approach to the Use of Plant Resources in East Asian Prehistory*. National Research Institute of Cultural Heritage, Daejeon. 2014.11.

Sasaki, Y. Traces of human use deduced from plant remains of the Jomon period. *Japanese*

Archaeobotany Symposium. University of York, York. 2016.02.

<u>Sasaki, Y.</u>, Kobyahasi, K., Noshiro, S., Suzuki, M. Regional difference in the technique and material selection for weaved products during the Jomon period in Japan. *XIX INQUA Congress*. Nagoya Congress Center, 2015.08

Oami, S., Hirahara, N., <u>Sasaki, Y.</u> Plant use deduced from pottery impressions of the Jomon period in the Kanto district, central Japan. *XIX INQUA Congress*. Nagoya Congress Center, Nagoya. 2015.08.

<u>Yoneda, M.</u>, Naito, Y. I., Gakuhari, T., Katagiri, C., Doi, N. Island adaptation on the Ryukyu Islands from the Late Pleistocene to Early Holocene. 78th *Annual Meeting of Society for American Archaeology*. Hawaii Convention Center, Honolulu. 2013.04.

<u>Yoneda, M.</u>, Kusaka, S. Maritime adaptation of Jomon hunter-fisher-gatherer of prehistoric Japan. *The International Scientific Meeting of Radiocarbon and Diet: Aquatic Food Resources and Reservoir Effects*, University of Kiel. 2014.09.

<u>Yoneda, M.</u>, Nara, T., Sawada, J., Kusaka, S. Sustainability of Jomon subsistence and their feeding ecology in the Middle and Late Jomon periods. *The 2014/2015 General Meeting of the Small-Scale Economies Project*. Research Institute for Humanity and Nature, Kyoto. 2015.12.

おわりに

以上、科研費による研究の目的等に触れた。予定した研究のなかには、たとえば植物遺体の炭素14年代測定や植物遺体と圧痕のデータ集成、広域土器編年、土器組成研究の事前検討など、諸般の事情により研究が満足にすすめられなかったテーマもある。このうち、炭化種実の炭素14年代測定と東北地方における土器圧痕のレプリカ調査および過去の縄文時代から弥生時代移行期の植物種実データ収集は、この科研の承継研究である第2次科研「東日本における食糧生産の開始と展開の研究－レプリカ法を中心として－」において進めた。追って報告したい。また、赤色塗彩土器の研究にも着手できなかったが、いずれ本格的な研究をおこないたい。

　このように不備はあるものの、所期の目的を達成できたテーマもあるので、それ等を中心に本書を編集した。本書は上巻と下巻の2部からなる。上巻は「農耕のはじまり」であり、レプリカ法をはじめとする分析によって、日本列島の各地と海外の農耕開始問題および分析にかかわる問題を扱った。巻末のレプリカ法による調査結果は、同定会において分析した種実圧痕のデータをすべて掲げたが、データ項目の関係から設楽がおこなったレプリカ法による圧痕調査とそのほかの方々の調査を分けて掲載した。下巻は「農耕がもたらしたもの」として、おもに農耕開始期の土器組成の問題および自然科学的な分析結果で構成した。

本科研遂行にあたり、以下の方々と諸機関にお世話になった。記して感謝申し上げます(お名前は五十音順、敬称略)。

レプリカ調査

・群馬県千網谷戸遺跡(群馬県立歴史博物館)：新井　仁・外山和夫

・東京都下布田遺跡(調布市郷土博物館)：有村由美・桜井聖悟・立川明子

・長野県エリ穴遺跡(松本市教育委員会)：百瀬長秀

・長野県女鳥羽川遺跡・境窪遺跡(松本市考古博物館)：赤羽裕幸・千賀康孝

・長野県離山遺跡(安曇野市教育委員会)：山下泰永

・長野県トチガ原遺跡(大町市教育委員会)：島田哲男

・長野県福沢遺跡(塩尻市立平出博物館)：小松　学

・静岡県清水天王山遺跡(静岡市埋蔵文化財センター)：
　　　新井正樹・市原壽文・大川敬夫

・静岡県宮ノ台遺跡・大平遺跡(静岡県埋蔵文化財センター)：
　　　岩崎しのぶ・勝又直人

・大阪府馬場川遺跡(東大阪市埋蔵文化財センター)：奈良拓弥

・大阪府船橋遺跡(大阪府立弥生文化博物館)：
　　　秋山浩三・瀬尾晶太・塚本浩司・中尾智行

・大阪府讃良郡条里遺跡(大阪府文化財センター)：
　　　大野　薫・岡戸哲紀・中尾智行

・兵庫県篠原遺跡(神戸市埋蔵文化財センター)：斎木　巌

・青森県砂沢遺跡・岡山県福田貝塚(岡山理科大学)：徳澤啓一・富岡直人

・広島県中山貝塚・岩田遺跡・大分県大石遺跡(広島大学考古学研究室)：
　　　野島　永

・熊本県ワクド石遺跡・古閑遺跡(熊本県教育委員会)：水上公誠

・熊本県鳥井原遺跡(熊本市立熊本博物館)：美濃口紀子

・鹿児島県黒川洞穴・上加世田遺跡・榎木原遺跡
　　(鹿児島県立埋蔵文化財センター)：関　明恵・東　和幸

レプリカ調査員

　　　柳原麻子(大津市教育委員会)、大木美南(國學院大學)、櫻井まみ・鈴木英里香(昭和女子大学)、大出小夜子・周　嘉寧・弦本美菜子・林　正之・守屋　亮・山下優介(東京大学)、山本　華(早稲田大学)

第1章 東アジア・ロシアの初期農耕

東アジアの新石器時代と農業
―東アジア新石器時代の学史的再考―

大貫静夫

1 「新石器時代」の成立

　ヨーロッパで始まった本来の三時代区分法とは、トムセンが考案した石器時代→青銅器時代→鉄器時代（王立北方古文献委員会編 2006：原著 1836）であるが、19世紀後半には、ヨーロッパの石器時代は旧石器時代と新石器時代に分けられるようになり、その後に両者をつなぐ中石器時代が設定されるようになり、5時代区分になる（Trigger 2006）。

　そのようなヨーロッパにおける研究の進展がどのように日本に伝わっていたかを知るにはたとえば、1939 年に平凡社から刊行された『史前史―西洋考古学―』がある。この本の小林行雄、甲野勇による執筆とされた新石器時代の部分は、チャイルド（Childe 1925）の『ヨーロッパ文明の曙 (The Dawn of European Civilization)』（初版）をほぼ全訳、再構成したものである（山内 1969）。新石器時代は土器や磨製石器の他に農業を伴い、農業はヨーロッパ先史社会の変革の原動力であったというのがチャイルドの主張であった。

　しかしながら、石器時代を旧石器時代と新石器時代を最初に分けたのは、よく知られるようにチャイルドではない。「新石器時代 (Neolithic age)」を最初に用いたのは 1865 年に出版されたラボック（Lubbock 1865）の『先史時代 (Pre-historic times)』とされている。その頃、スイスの湖岸で新石器時代の集落が発見されており、植物、動物遺存体も多数発見されたため、新石器時代における農耕、牧畜からなる農業の存在をラボックは知っていた。ただし、当時はまだ中石器時代が設定されておらず、後にエルテベレ文化と呼ばれる、土器や磨製石器を伴うこともある北欧の貝塚遺跡も新石器時代とされていたため、新石器時代イコール農業の時代とまではラボックは見ていなかった。その後、北欧のこれらの農業を伴わない遺跡が中石器時代として分離されることで、新石器時代イ

コール農業の時代観が形成されていくのであるが、これ自体もチャイルドの創見ではない。チャイルドの研究の重要性はそれらを体系化した点にあろう。なお、翻訳された初版の段階ではイギリスの新石器時代に農業の証拠は乏しかったが、その後の発見により、第3版(1939)以降では新石器時代における農業の存在が記されるようになる(中沢2016)。ただし、その存在自体は確かとしても、依然としてイギリス新石器時代において農業の果たした役割の程度については、トーマス(Thomas 1999)が指摘するようにその後に問題を残すことになったことは後述する。

ヨーロッパでは、石器時代の細分が地質年代、生業、土器・石器の有無・変化という三つの基準の同期的変化で説明されるようなる。しかし、早くからそれらの条件のどれかを欠く例が世界中で多数知られるようになり、変化のタイミングがずれることが分かってきた。その場合、チャイルド(1981：112)は「旧石器時代が、洪積世と地質時代と同じ基準で規定され、したがってそれと同義あるとするならば、考古年代区分としては存在理由を失う」と述べ、両者に齟齬があるならば地質学的区分より考古学的区分を優先させるべきことを指摘していた。また、チャイルド(同：114)は農業、土器、磨製石器の出現も同時ではない例を多数挙げて、「新石器という用語をこのように地球的時間として使うことは不合理」であるとも述べる。チャイルドはヨーロッパで始まった時代区分を、無理に他の地域に拡大することは考えていなかったのである。また、適用範囲を拡大するための便法として、新石器時代の開始は農業ではなく土器の出現を標識とする考えにも、人間生活に与えた影響は小さいと見なし反対した。これは、チャイルドが見ていた西アジアで始まる土器は貯蔵用途であったからであろう。しかし、東アジアや北方ユーラシアでは主食を調理する煮沸具の出現は大変重要であった。土器出現を画期とする便法は、世界史のなかでの位置づけにはやはり便利であるということで、チャイルドの意に反して汎世界的な時代区分として「新石器時代」を使うというのが、北ユーラシアないし東アジアでの趨勢であり、筆者もそう考える。

2 二つの「新石器時代」観

東アジアでも、日本以外は新石器時代→青銅器時代→鉄器時代がヨーロッパと同様に一般的な時代区分である。ただし、日本列島もその例外ではないが、

青銅器時代以降は青銅器の無い青銅器時代の文化や、鉄器の無い鉄器時代の文化がしばしばあり、新石器時代ほど使われることは少ない。その新石器時代も、普通は新石器時代に複数の文化があり、日本のような文化名＝時代名とはならない。そして、一般に研究の対象は「時代」全般では無く、個別の「文化」である。

　東アジアでも多くの地域で「新石器時代」は定着しているが、より問題なのは「青銅器」、「鉄器時代」である。社会変化の画期が金属利器の変化と対応しない。ただし、東北アジア全体に於いて、そして韓国に於いても青銅器の無い青銅器時代や、青銅器が盛行し鉄器の無い鉄器時代という問題が生じている。私は新石器時代、あるいはそれにほぼ相当する「極東平底土器時代」の終焉を画期とし、それ以降の続極東平底土器社会と分ける時代区分を使っているが、青銅器、鉄器時代には代案はない（大貫1998）。

　日本でも、それまで石器時代という一括りの時代が、ヨーロッパにおけるその後の研究の進展から旧石器時代、新石器時代さらにはその中間の中石器時代という3区分が知られるようになると、縄文文化はそれまでは石器時代としていれば問題なかったのに、3区分をどのように日本の考古学に適用するかで問題が起きた。

　八幡一郎（1937）の「日本に於ける中石器文化的様相」では、「わが国の先史文化中の縄文式文化をもって、ヨーロッパの先史時代における新石器文化に比較せらるべきもの、またそれと同楷梯に置かるべきものなりとの考えは、いつの間にか常識化してきている。」しかし、農耕・牧畜、巨石墳墓を欠く点を挙げ、「縄文式文化をヨーロッパ文化編年に照らして位置付けしようとするならば、従来新石器時代文化に比定したことに対して一応の反省が必要になると思う」と述べられている。八幡の反省は上述の『史前史』に見られるような、農業を指標とするヨーロッパ的新石器時代観を世界中に適応させようとする見方への配慮を示すものであった。

　ヨーロッパでは戦後も、クラーク（1989）が農業を含む諸要素の複合としてのヨーロッパ的新石器観を重視し、西アジアですでに農耕の始まっていた「先土器新石器時代」を「中石器時代」と見なしていた。そして、日本語版の序文では日本の縄文時代は新石器時代ではなく、中石器時代であるとした。西アジアで農業、磨製石器、土器に代表される新石器文化複合がその後成立し、それが複

合としてヨーロッパに広がるという見方である。

山内清男 (1932b) は「日本遠古の文化　二」で、「縄紋土器の時代は新石器時代と云ってよい。しかし欧州の新石器時代とは違って農業が行われて居ない。」と述べ、上述したチャイルドに代表されるヨーロッパでの「新石器時代」との違いを認識した上で容認している。さらに後に、「欧州その他の地では新石器時代に農業牧畜があり、それもその時代の特徴の一つに考えられるのであるが、同じく土器、磨製石器を持っていても農耕を伴っていない部分が世界の隅々に認められる。日本の縄紋式はその仲間と考えられる」(山内 1964) と、より詳細に新石器時代の多様性を説明している。

この山内の理解の背景と関連するのは、上述の『史前史』と同じ『世界歴史大系』の第 2 巻に入る駒井、江上、後藤 (1934) による『東洋考古学』であろう。駒井・江上による東亜考古学の項では、農業とは無縁の北ユーラシアの新石器時代狩猟採集民について詳細に触れている。後藤による日本考古学の項では、日本列島の新石器時代に縄文式土器文化と弥生式土器文化の二つの文化を認めている。後藤による「新石器時代」の認定は、農業の有無をいまだ考慮していない設定当初の打製石器と磨製石器という判断基準に従ったもののようだ。しかし、駒井・江上による「新石器時代」は農業を伴うヨーロッパあるいは中国の新石器時代とは異なる、狩猟採集による新石器時代が北ユーラシアに広がっていたことを積極的に捉えていた。それ以前、宮坂 (1929) がヨーロッパの新石器時代を概説する中で、バルチック系新石器時代として、バルト海沿岸から西シベリアに農業を持たない狩猟、漁撈文化が広がっていたと述べていた。そして、そのバルト系文化の代表的土器である櫛目土器が日本にも及んだとの説のあることを紹介している。小林 (1937) も同様の説を紹介している。

このような狩猟採集民による新石器文化を認める理解は、その後の鈴木 (1984) や泉 (2002) に引き継がれている。

その北ユーラシアの狩猟採集新石器時代研究を戦前から牽引してきたのは、ソ連の考古学であった (フランツェフ監修 1959)。上述の江上等が古くから注意していた、このもう一つの「新石器時代」に西ヨーロッパの考古学者が目を向けるようになるのは、東西冷戦終了を待たねばならなかった (Jordan & Zvelebil 2009)。

ロシア、当時のソ連ではよく知られるように、モルガン (1961：原著 1877) の研究に基づくエンゲルス (1965：原著 1891) の社会発展段階論が歴史学の基本と

なり、ソ連の考古学が形成された(蒙蓋特 1963)。その発展段階論では

弓矢の出現	野蛮の上位段階	中石器時代
土器の出現	未開の下位段階	新石器時代
農業の出現	未開の中位段階	

とされ、ソ連では弓矢の盛行開始を中石器時代の、そして土器の出現を新石器時代開始の指標とした。西ヨーロッパの研究者にとっては土器を伴うが農業はないエルテベレ文化は取扱いに困ったが、辺疆における中石器文化の特殊な変容として新石器文化とは見なさなかった。しかし、ロシアでは土器を伴うが農業がない考古学文化が広がっており、エルテベレ文化はその西端に位置すると見る立場からはエルテベレ文化を含め、そのような例外的措置で中石器文化に組み入れ、切り抜けるわけにはいかなかったのである。そして、新石器時代の定義は、ラボックの磨製石器と土器による定義に戻っている。なぜならこのラボックの「新石器」には、エルテベレ文化も含まれていたからである。

　戦後、中国はソ連から考古学を学んだ。新石器時代は土器の出現とともに始まり、前半の狩猟採集段階と後半の農業段階に分けられた(尹達 1955)。

　八幡 (1953) は戦後 1953 年に、ふたたび日本における時代区分について再論している。結論としては、縄文文化を新石器時代と認めているが、その理由を見るかぎりヨーロッパ流新石器観から抜け切れていない、歯切れの悪いものである。八幡は上述の山内(1932b)の主張は元より受けいれていないから 1937 年の発言になっているわけだが、その山内が拠り所としていたはずの、江上波夫等による北ユーラシアの狩猟採集新石器時代を引き合いに出して、それに同調する形で新石器時代と認めるというのである。他方で、八幡が重視するヨーロッパ流新石器時代観と矛盾し、衝突するかに見えるが、それは表現上の相違に過ぎないという。なぜなら、八幡はヨーロッパでも北欧の高緯度では中石器時代に引き続き狩猟採集生活を主とする生活を営んでいたからであるという。狩猟採集を「主とする」という言葉で農業の有無に目をつぶる辺疆の例外的な事例と同類として、北ユーラシアの広域に及ぶ狩猟採集文化を理解しようとするのであった。一読すると対立は無くなったかのようだが、けっして無くなったわけではなかった。上述のヨーロッパ流の新石器時代観を重視しようとする方針は現在の日本でも根強く、日本に「新石器時代」はないとした研究者に佐原(1987：33)がいる。その後、八幡(1959) は 1959 年になると、ヨーロッパの基準

による新石器文化観では世界的な歴史の流れを説明できないので、新石器文化をいくつかの類型に分けて、ヨーロッパの新石器文化もその一つの類型に過ぎないとした。ここに至って、やっと八幡も、狩猟採集新石器文化を農業新石器文化と対等な別の類型として認めることになった。

確かに学史的にはヨーロッパでは農業重視の見方があったから、それが正しいと言えないことはない。とくに我が国ではチャイルドの翻訳も多く、農業による「新石器革命」論が強い影響力を持った。しかし、もしそれを採用するのであれば、日本の縄文時代、弥生時代と同様にヨーロッパ地域特有の時代区分として扱うだけである。なぜなら、世界中で新石器時代から中石器時代への変更を余儀なくされ、従来の無土器中石器と一緒になる地域や新石器との境界が不明な地域が続出し、さらには新石器時代が存在しない地域も出てくるからである。

狩猟採集社会とされてきた文化に、少しでも農業の初現的要素を見いだすことで「新石器時代」の適用範囲を拡張し、克服しようとするやり方も試みられているが、当該文化の全時期、全地域にあった保証もなく、それでも一部が救われるだけで大勢は変わらない。北ユーラシアを研究する筆者も含め、汎世界的な歴史の時代区分として延命させようとすれば、かつての山内と同じ立場に立つことになる。日本ではほとんど使われない「新石器時代」だが、そのような理解の上で東アジアの他の地域では重要な歴史的な枠組みとして機能しているのである。

ヨーロッパにおける「新石器時代」概念の見直しとしてトーマス（Thomas 1999）の仕事が知られているが、見直しはあくまでもヨーロッパ中心のそれまでの新石器概念の修正にとどまる。それに対し、東アジアを含めたユーラシア全体に視野を広げようとする研究者は土器の出現を重視し、農業の足かせを外している（Jordan & Zvelebil 2009）。

考古学文化もそうだが、時代区分も後世の研究者が歴史の流れを説明するために人為的に設定するものであり、自明、客観的なものなどない。またどの学説が正しいか否かと、どれが一般に受けいれられたのかは必ずしも同一でもない。最近、縄文文化の空間的広がりについて、一国一文化に近い日本では一国史考古学という批判（山田 1990 など）が以前からあり現在でもある。上で紹介した、鈴木や泉の縄文時代の定義では、日本列島の新石器時代を縄文時代とする

というような、国境考古学かのような誤解を招きやすい表現も一部に見られる。しかし、海に囲まれた日本列島の地理的特殊性に支えられた歴史のゆえであり、国境に従ってきたわけではないことは、たとえば戦前における当時の日本の国境と、山内（1939）が捉えた「縄紋土器」の範囲が一致していないことからも分かる。筆者（大貫1998など）が東北アジア環日本海地域の新石器時代の地域性を俯瞰する場合も、縄文文化を含めけっして現在の国境に従っているわけではない。

　縄文時代・文化の別の問題は、当初の想定とは違って、炭素14年代の登場により一万年以上にわたることになった継続期間の長さである。世界的に例外的な長命の考古学文化であるが、それはそのように決めたからに過ぎないという側面もある。実際、縄文時代を日本列島の新石器時代に置き換えれば、中国でも、ロシア極東でも土器の出現とともに始まる新石器時代は一万年以上続いているのであり、特異ではなくなる。ただ、大陸側の新石器時代には時間、地域を異にして多数の考古学文化があるという違いがあるだけである。既に定着している「縄文文化」は大陸側での一般的な考古学文化とは異なる枠組みであることを理解しておくことが必要である（大貫1998・2010a）。そのため、「縄紋」では「縄文」と表記する。これは用字上の問題ではなく「文化」の問題である。それに「新石器時代」を使わず、「縄文時代」ならば農業の問題に悩むこともない。また「文化」より「時代」を重視することで、空間的な範囲については目を向けなくてすんだ。

　弥生文化、続縄文文化の場合は「文化」の区分に生業を持ち込んでいる点で、時代区分が重視され、考古学文化の区分と一体化した日本考古学の特異性がよく表れている。もはやヨーロッパ考古学での時代、文化との整合性を放棄したと考えるべきであるから、あまりヨーロッパでの時代区分を日本に適用することに拘泥しても意味がないだろう。

3　新石器革命と農業

　チャイルドは『曙』で、新石器時代が現在のヨーロッパ文明の基礎をなしたという理解の下、その新石器文化が旧石器文化から大きく飛躍しえたのは、農耕と牧畜からなる農業がオリエントから広がったことがあるとした。そして、そのオリエントにおける農業の始まりを人類史上に起きた二つの重要な革命の

一つとして「新石器革命」と命名した（Childe 1936）。だからこそ、農業の始まり、拡散に重きをおいたのであるが、世界の別の地で異なる農業起源を探索する考古学者は社会の変革と農業の関係をどう考えているのであろうか。世界各地の考古学者が農業の起源を重視するのは、それが社会を大きく動かす原動力になると考えているからであろう。そして、その典型例をチャイルド（Childe 1925）の描き出したヨーロッパ先史社会における農業を中心とした新石器文化複合の広がりに見たのである。

人類学者のサーリンズ（1984：13）は『石器時代の経済学』の中で、「狩猟民は「生きるために、耕作民や牧畜民よりも、はるかにはげしく働かねばならない」と、ローウィはあからさまにいった。この点についてはとりわけ、進化論的な人類学が、例の調子で非難すべきだし、非難することが理論的に必要だとさえみとめたのである。民族学者と考古学者は、新石器革命論者だったのであり、この革命への熱狂的な支持から、旧制度（旧石器時代）を容赦なく責めたてたわけである。（中略）狩猟民をこのようにみさげることで、人類学は意のままに新石器時代の一大飛躍を賞讃できたのである」と揶揄して、狩猟民の再評価を試みている。

ただし、ローウィ（Lowie 1960）は生前未刊行のその後の論文では、アメリカ東部の初現段階の農民の人口密度はカリフォルニアの狩猟民より低かったと注意しており、最後まで熱狂的だったわけではなさそうだ。かなり早くから民族学者の間では高級狩猟民あるいは複雑狩猟民という捉え方があったのであるから辛辣に過ぎるように思われるが、狩猟民の再評価がおこなわれたことで知られる "Man the Hunter" というシンポジウムが 1966 年に開催され 1968 年に出版（Lee & DeVore ed. 1968）されていることからすれば、サーリンズが論難するような状況があったのであろう。

農学者（中尾 1966 など）を中心に、ヨーロッパ社会の都市・国家形成に寄与したコムギ、オオムギ栽培農耕、中国を中心とした東アジア社会の都市・国家形成に寄与したアワ・キビ栽培農耕、イネ栽培農耕以外に様々な農耕を設定することで、農耕の多様性を強調する見方がある。それに従い、ヨーロッパや東アジアに起きた歴史過程が世界全体で見ればきわめて狭い地域の例外的事例として、他の大多数の農業社会ではそのようなことは起こらなかったという、歴史の多様性とあわせた発展段階論批判が考古学者の間にも見られる。しかし、も

しも農耕というものがそのように多様なものであるならば、われわれはなぜ農業を重視してきたかを考え、等価に扱うべきでは無いと言う議論も当然出てこよう。安藤（2014）による「水田中心史観批判」の功罪論はこの点をついている。また、下にも述べるように、照葉樹林文化論も含めたかつての地理学、農学、民族学に基づいた東アジアの穀物農耕起源論は、考古学の進展とともに過去のものとなっている。

4 ヨーロッパにおける新石器時代と農業

山内（1934）が書いたという上述の『史前史』中の新石器時代序説では、「欧州に於ては新石器時代は文化躍進の時期であった。」「この時期には新しい生産手段としての農業及び牧畜が一般化し、聚落の状態も亦変化を来した」と述べ、ヨーロッパの新石器時代が農業と不可分の関係にあることを紹介していた。これらは、主にチャイルドの『ヨーロッパ文明の曙』を通じて理解されていた。その事情はヨーロッパでも同じであり、当初は農業、磨製石器、土器に代表される「新石器複合」の拡散では人の移動が重視されたが、その後在地中石器時代民による受容という見方による揺り戻しがあり、今に至るも議論が続いている（Price ed. 2000）。この点は弥生文化の形成と似たところがある。

中沢（2016）の指摘があるように、『史前史』に訳出された、1925 年の初版ではイギリスの新石器時代には家畜はいたが、農耕がおこなわれた証拠はないと記述されている。イギリスの新石器時代には巨石墓が盛行するし、ストーンヘンジのような大型祭祀構造物も発達していることから、それらを支えたのは農業でなければならないと考える研究者は農耕の存在した証拠を必死に探し求めることになる。この点は縄文中期農耕論の出発点とよく似ているが、違うのは縄文文化では大規模集落の存在であったが、イギリスでは大規模集落が判然とせず、大型墓や大型祭祀構造物の存在であった。そして、この初版の出た1925 年頃から、イギリスでの新石器時代遺跡の調査が進み農耕の存在が確かめられたことから、1939 年の第 3 版では大幅に書き換えられた。しかしながら、存在が認められたというレベルであり、やはりそれほど発達していた様子を植物遺体などで見て取ることはできなかったし、そしてブリテン島では定住集落の存在も判然としなかったのである。

トーマス（Thomas 1999）は『新石器再考（Rethinking Nelithic）』中でこのような農業

至上主義の辻褄合わせを否定し、農業とくに農耕が未発達でも大規模記念物、大型墓は出現するとした。新石器時代農業論の呪縛からの解放を唱え、新石器時代の見直しの必要性を説いた。それまで新石器文化複合の一体的出現こそが社会の変革を促したとしていたのに対し、すべての要素が一斉に揃って始まる必要は無いとして、それまでの新石器文化パッケージ論からレパートリー論への転換を主張したのである。そして、社会変化を引き起こす経済基盤としての農業の過大評価を批判した。縄文中期農耕論的に言えば、大規模遺構出現の背景としての経済基盤が必要であり、農業の過大評価を否定するのであれば、狩猟採集経済の発達を認めることになるはずであるが、それもない。トーマスは精神世界と生産力の連動を認めず、穀物、家畜は祭祀・儀礼のための非日常の特殊なものであったとした。日本の縄文中期農耕論では大型定住集落が農業の存在を必要と考えさせ、その論理と同じくイギリスの新石器時代では大規模記念物や大型墓は農業に支えられた大型定住集落の存在を予想させたはずであるが、トーマスは大型定住集落の存在を前提ともしない。しかし、そのトーマスの新石器時代の見直しはあくまでもヨーロッパ新石器文化複合論の見直しであり、汎世界的な新石器時代の見直しにいたるものではなかった。トーマスの見直し以前、イギリスの多くの考古学者は農業の発達の証拠を探すべく努力したが、よい成果が出なかった（藤尾 2003）。そのため頼ったのが自然科学的分析の成果であった。

　甲元（1986）やトーマス（Thomas 1999）の紹介するように、ヨーロッパでは花粉分析により、ニレの減少という植生変化が明らかにされ、それが農民による森林の開墾であり、焼畑農耕とされ、農業の急激な広がりを読み取っていた。そして、イギリスでも同様の変化が看取され、新石器時代における農業拡大の間接的な証拠とされた。しかし、その後、ニレのあまりに斉一的、広域的な減少は他の農業的要素との時間的ズレが指摘されるようになったりして、気候変動や病害など他の自然現象による可能性が指摘され、局地的な人為開墾の結果とするには無理があると考えられるようになっている（Brown 1997）。

　最近ではこれに代わって、米田ら（2017）が人骨の同位体分析による食性変化から、中石器時代から新石器時代にかけて海産食料から陸産食料への急激な転換が起きたとの論を紹介している。それは考古学者が理解するイメージとは大きく異なっていたため、多くの反論が出されていることも紹介されているとお

りである。イギリスにおける新石器時代生業論は農業の存在を前提としてその程度を争うものであり、陸産＝穀物、家畜とはならないし、海洋リザーバー効果による年代補正の問題もある。イギリス同様に、北欧でも生業上の変化は小さく、大型墓の出現に反映される精神文化上の大変化が新石器時代の画期とされる（Tilley 1996）。

ヨーロッパ大陸部アルプス以北に最初に現れた新石器文化である、ロングハウスを特徴とする線帯文土器文化もチャイルドの頃は焼畑農耕のため、頻繁に農地、集落の移動があったと考えられたが、現在ではここでも焼畑農耕には否定的であり、レス台地に適応した牧畜と常畑の混合農業とされる（トーマス 2012）。縄文農耕論でも陸稲などの焼畑農耕がかつて議論されたこともあるように、原初的な農耕として焼畑が引き合いに出されるのはどこでも同じである。

線帯文土器文化が斉一的な特徴をもちながら短期間に広域に広がった原因に急激な人口増が想定され、それを支えたのが農業であるという理解に導いたのがチャイルドの新石器農業革命論であった。これについても最近は広域に広がってはいるが疎らな分布で人口密度は低かったと想定されていて、急激な人口増は疑問視されている（Boguchi 2000）。

新石器革命に適合するかのように、ヨーロッパでは農業が始まると人口が急増するという所見もある（Timpson *et al.* 2014）。地域毎に、放射性炭素年代の測定年代の分布からのシミュレーションを根拠にしているらしいが、それが人口の増減とどの程度連動しているのかという点は筆者には理解が難しい。であるが、それには目をつぶり彼らが示した各地域の人口増減推定が正しいとしよう。その上で、その増減が農業と連動していることを示しているのかを検討しよう。先ず目につくのは確かに増減のピークが来る前に農業が開始していることである。スウェーデンでは 6000BP 頃から増加しているが、よく見ると、中南部は確かに農業出現以後に増加し始めている。他方、西部、中東部は出現以前からすでに増加を始めている。そして、いずれも地域も 5000BP 以後再び減少している。このような 6000 から 5000BP 頃にピークがあることを考えると、完新世のヒプシサーマルとの関係も当然考慮されるべきであろう。ヨーロッパでも北部では気候の温暖化はもちろん農業にとってプラスであったろうが、狩猟採集にとってもプラスになっていたはずである。

中国遼西地域の新石器時代の繁栄とその後の衰退のカーブはこれとよく似て

いる。そして、その繁栄を支えた主たるものが農業であるか、狩猟採集である
かで議論が分かれており、筆者も温暖化により農耕に適した環境になっていた
ことも重要であるが、いまだ農業が主たる段階ではなく採集経済にも適した環
境になっていたことが大きな要因であったと考えている(大貫1998)。

　したがって、縄文中期の人口増は農業でしか説明できないとするかつての縄
文中期農耕論と大差ないことになりかねず、この時期のピークの高さを農業の
開始、発展だけで説明するのがよいのか疑問である。

　スカンジナビア地域の中石器から新石器時代への移行を動植物相を含めた総
合的な生業分析をおこなったソーレンセン等(Sørensen & Karg 2014)によれば、農
業へ移行した集団、狩猟採集経済を継続した集団とが斑に分布し、移行はゆっ
くりしたものであった。スカンジナビア南部では、中石器時代の採集経済から
農業への急激な「新石器革命」は見ることはできない(Tilley 1996)。

　以上のように、チャイルドが構想した農業文化複合の拡散によるヨーロッパ
文明の曙については、一面ではかつての原初焼畑移動社会から複合農業社会観
へと変わったが、他方で、かつては外来の農民による急激な変革という理解か
ら在来の中石器狩猟採集民の果たした役割が重視されるようにより緩やかな変
化という理解に変わりつつある。

　スカンジナビア南部は、土器を持つ中石器時代文化とされたエルテベレ文化
が有名である。ヨーロッパの考古学では土器は農業とともに新石器時代の指標
であったから、新石器レパートリーの中、土器だけが隣接する農業新石器文化
から先に伝わったとの考えもあったが、その農業新石器文化の土器は平底の土
器であり、尖底の土器は単なる伝播では説明が難しかった(Tilley 1996)。エル
テベレ文化をヨーロッパ側の視点から見ることをやめ、北ユーラシアに広がっ
た狩猟採集新石器文化の西端に位置づけて見る視点が重要であろう。

5　縄文中期農耕論

　縄文中期農耕論についてはすでに諸氏による学史的まとめ(小林1971、戸沢
1994など)があり、それらを参照しながら述べる。

　民族例などから打製石斧が石鍬であり農耕に用いられたという見方はそれ以
前から漠然とあったが、その後の資料の増加に基づき、関東中部地方の縄文中
期社会の人口増を支えるには狩猟採集だけでは不可能で、農業があったはずで

あり、その証拠が土掘り具としての打製石斧だと大山柏(1927)は述べた。この時には何を栽培していたのかは具体的に言及していない。さらには、広義の原始農耕には有用植物の保護まで含むとも述べていた。

それに対して、1932年に山内(1932b)が「日本遠古之文化」で、縄文文化には農業の痕跡がなく、弥生文化になり大陸との著名な交渉を持ち、農業が一般化したと述べ、縄文文化と弥生文化の基本的な生業上の相違を指摘した。この山内を指してであろう「大胆にも縄紋民には農耕なしと論じた考古学者」への反論として、大山(1934)は再び論じるが、大規模定住集落は狩猟採集経済では支えられず、食物貯蔵がある程度できる必要があり、それには農耕が必要という。しかし、食物貯蔵は穀物だけに限らないはずであった。

森本六爾も1933年に「弥生式文化と原始農業問題」、1934年に「農業起源と農業社会」を書いて、縄文文化は農業と関係がないという点も含め追随する(田村1988)。ただし、田村の述べるごとく、森本は弥生文化を農業社会としたが、山内は弥生文化における農業の存在を過小評価していた。また、森本も山内同様に、縄文文化に農業の存在した確たる証拠はないとした上で、「農業のたとえ在り得たとしても甚だ副次的なもの」(森本1934)としたのは、「たとえ在り得たとしても」であり、下でも触れる論文中で山内(1937)が「将来如何なる新発見があるか予見し難いが、現在では縄文式に農作物の存在の証拠が無い」としたことと大差は無いように思われる。しかし、この後段の「副次的」を重視した藤森(1971)はこの時期の森本論文を、後に縄文農耕論のもう一つの原型とする。

山内は1937年「日本に於ける農業の起源」中で、再び縄文文化での農業の存在を否定する。1934年の大山の反論には丁寧に反駁して、多くの人口は農業がなくても高級狩猟民でもありうるとした。他方、森本等の仕事には信ずべき報道がないとして厳しく批判した。しかし、筆者には森本の二編の論文は田村の指摘するように、弥生期に出現する片刃石斧を鍬とする点や、狩猟漁撈経済の複雑化を含め縄文狩猟採集民対弥生農業民を説いた山内の研究に追随しているとしか思えない。森本は弥生文化より早く縄文文化に稲があったかを問題にしているのであり、それは明確に否定している。東北の縄文末期が著しく時代が下がると考えていたため、そこでの稲の存在の問題はミネルヴァ論争に関わるものであり、ここでの縄文中期農耕論とは関係が無い。なぜなら、藤森(1933)は枡形囲貝塚(宮城県)の稲圧痕のある土器と祝部土器が共伴していると

判断していた。山内のように、あたかも森本らが縄文文化稲作農耕説を展開していたかのような言説が出るのは理解に苦しむ。

6 食料採集民か食料生産民か

この段階でおおよその論点は出揃っていた。大規模定住集落は農民だけに可能で、狩猟採集民には不可能なのか。大山は狩猟採集民では不可能で、山内は可能とした。

農業だけが食料貯蔵を可能とするとした大山は、具体的に打製石斧と石皿を用いて何を栽培し、加工していたと想定していたのであろうか。大山は弥生と同じ稲と見る必要は無いとし、キビやムギなどの可能性を挙げていることからすると、穀物を想定していた。農業史研究の小野武夫（1942：33）は大山の考えを支持し、「人口繁殖して一定地に集落を形成する頃になれば、天然物たる果実とか、野草の根茎とか、又は野獣、河海魚等だけでは到底生活し得ない」として、焼畑式によるヒエ、アワ等の穀物栽培を主張した。狩猟採集民でも大きな集落を作ることがあるという知識が欠いていたための議論であり、農学的な議論とは全く関係が無い。この流れは考古学的な根拠が無くその後下火になる。

大山（1927：註9）は根拠が乏しいことは理解し、食用植物の保護までも農業の範疇で捉えようともしていた。これはその後の現在に至る、何を以て農業とするかという根本問題につながる。

山内（1937）は穀物、その他の栽培植物の存在した証拠はないとして否定し、遺跡で見つかる植物性食料として、クルミ、クリ、トチなどの堅果類を挙げている。

この頃登場してきた唯物史観に基づく渡部義通による石器時代・縄文時代生業論は、理論的研究が中心で具体性に乏しい1932年の「日本原始社会の生産及び生産力の発展」から1937年の「原始日本の社会」では大きく変わった。その背景として、この間に山内清男等の研究で縄文文化研究が急速に進歩したことがあり、それをよく取り込んでいたことは引用、参考文献を見れば分かる。

渡部（1937：68-71）は狩猟漁撈民と呼ばれる石器時代人でも食用植物こそ主食物であったことを強調した。ただし、当然当時の考古学的知識に従い穀物には否定的であった。そして、上述の大山の食用植物の保護に通じるが、若干の野生植物を人工的に「増産」していたと考え、それを「原始的な栽培」と呼んだ。ただし、それはあくまでの採取経済の範囲内であった。

戦後、酒詰仲男 (1956) は「日本原始農業試論」で、「稲耕作のみが農耕社会の条件となるものではない」、「栽培植物としては先ずクリをその対象として択ぶことが出来，クルミ，トチも多少は管理したことも考えられる」から、縄文文化は農耕経済であったとした。

　同じような行為を渡部は採集経済と見なし、酒詰は農耕経済と見なした。酒詰の見方は大山に連なり、渡部の見方は山内に連なる。それらしか植物質食料資源を挙げていないのであるから、それを農耕とみるか採集とみるかの違いはあるが、共通するのは、それら堅果類が大きな集落を支えることができたと考えていたことであろう。

　森本 (1934) は縄文中期以後に狩猟漁撈経済の複雑化が生じており、それが定着的生活を促進し農業発生の諸前提がすでに成熟していたと見ていた。農業起源で常に問題となる定住が先か農業が先かについての一つの所見である。森本がそこからいきなり農業発生に行かず、狩猟、漁撈に加えて植物採集の複雑化について考えが至っていれば山内の「高級狩猟民」構想 (中澤 2016) に一歩先んじることができたかもしれないが、それは民族学に対する造詣の差異が原因であったろうか。

　中沢 (2016) は、山内の「高級狩猟民」の典拠がエーベルトの『先史学事典』になく、戦中、戦後に翻訳も出ているシュミット、コッパース (1970　原著 1924) の『民族と文化』が典拠であろうする。彼らの「高級狩猟民」は、グローセ (Groose 1896) が最初に提唱したものを修正したものである。グローセは生業や居住形態という観点から、その適用範囲を北太平洋沿岸に止め、とくに定着的生活をおくる漁撈民のところでとくに発達していると見なした。シュミット等は、トーテミズムの有無や婚姻形態・父母権制という、より目に見えない基準を追加して、遊動的な生活を送るオーストラリア先住民が、そしてさらには上部旧石器時代人までがそれに加わることになり、逆に北太平洋沿岸の漁撈民の一部は適切ではないとなった。したがって、シュミット等が有名にした「高級狩猟民」はその基準を修正したことによって考古学への適用が難しくなり、遠ざかるものとなってしまった。グローセの元の理解の方が後の Man the Hunter や渡辺仁の研究 (1988) につながり、最近では「複雑狩猟採集民」と称せられる動きに連なるのである。

　石田英一郎 (1959) は『世界史大系 1』の中で、低級採取狩猟民と高級採取狩猟

民に分け、それらを遊動的生活か定住的生活かで分け、後期旧石器時代の狩猟民はトーテミズムが想定され高級の部類に入るというシュミット等の研究を紹介している。低級、高級の二分法での高級入りのハードルはかなり低かったのである。

　石川栄吉（1960）の紹介も似たようなものだが、シュミットによるトーテミズムの有無を別の研究者による批判があるとして判定基準から外している。それはよいが、「採取」あるいは「採集」が欠落した高級「狩猟」経済という名前に引きずられ、個体数の多い豊富な動物相が高級狩猟経済が発達する条件などと魚や植物を忘れた説明をしている。シュミット（1970：上、344）自身、「固定家屋は食用獣の特別な豊富を前提する」とし、グローセ（Groose 1896）の説明でも高級狩猟民を支えた生業では漁撈と狩猟しか出てこない。シュミットやグローセが植物食料に全く関心を示していない、ないしは重きをおいていなかったことは明らかである。とくに、グローセは元々植物質食料に乏しい北太平洋の漁撈民を中心に見ているので、植物質食料への視点が欠落しているのは当然といえば当然かもしれない。北太平洋沿岸の定住的食料採集民という枠組みの中では、両岸でもっとも南に位置し、植物質食料が豊富な日本列島やカリフォルニアは例外的な扱いにされてしまうのである。

　日本の民族学では戦後に至っても、シュミットなどウィーン学派の学説はかなりの影響力を持っていたことからすれば、この歴史民族学の分野での生業についての、狩猟民は狩猟、漁撈民は漁撈で主に生きており、それらが定住的生活を支えたというような言説が、その反動として、以下の藤森のような言説を引き起こしたことは否めないだろう。

　1972 年の『シンポジウム縄文時代の考古学』中で、藤森栄一（江坂編 1972：177）は定住大集落を支えた生業として、「農耕があったかどうかということは、さしたる大きな問題ではないと思います。これは、当然植物主食生活が極点に達したということですよ。」と述べ、農耕の有無が問題なのではなく、植物食が発達していたかどうかが問題なのだとする。上述の民族学者のような理解が前提にあり、それを正そうとしたのだというのであろう。当初の大山の提起の契機も近いものがあろう。

　これに対し、この座談会に参加した芹沢（同書：177）は「ぼくたちは、縄文人の主食は植物性のものだろうというようなことは以前から言っているんです。」

という。しかし、筆者（大貫 2010b）は考古学者の一部ではあれ所謂サケ・マス論をめぐって、縄文時代の主食についていかに誤った理解をしていたかを示したことがある。そして、最近に至っても、縄文文化を北太平洋沿岸文化圏の中で、あるいは北西海岸との比較で説明しようとする流れがあるように藤森の疑問はもっともなところがある（大貫 2010a・b）。

　民族学の世界では、前出の 1968 年に出版された Man the Hunter が大きな転換点になったようだ。トーテミズムや婚姻制度が中心で生業について深く考えなかったそれまでの「高級（Höheren）」から、植物質食料を含めた生業を重視した「複雑（Complex）」、「あふれる（affluent）」に代わり、誤解されやすい「狩猟民」も「食料採集民」に言い換えられることが多くなった。しかし、北太平洋沿岸の定着的狩猟民に着目した点では歴史民族学に先見性があると思うが、Man the Hunter にはグローセもシュミットも引用文献に出てこない。なかでも沿岸漁撈民に着目した点では歴史民族学を引き継いでおり、それが渡辺仁（1990）も含め、縄文文化と北西海岸との比較へと導き、さらには一部で奴隷の存在まで議論される背景となった。

　いち早く「高級狩猟民」という呼称を縄文文化に適用した山内は北太平洋沿岸漁撈民に引きずられることなく、カリフォルニアを重視していた。山内は戦前の当初から植物質食料を重視していたから、グローセやシュミットの単なる受け売りではない。ただし、自らそれを説明することはなかった。それが、筆者が山内の「高級狩猟民」が何を典拠としているのか長らく分からなかった所以であり、いまだに分からないところがある。

　さて、食料採集民の二分法に従う、その複雑狩猟採集民ないしは高級狩猟民の生業が一般（General）狩猟採集民ないしは低級狩猟採集民の生業とどのような差異があるのかという研究が進んでいる。それは農業の出現、発展という農業起源論を研究する上で出現過程が重視されるようになると、単純に食料採集民と食料生産民という二分法では分けられない段階、あるいは集団を考慮に入れざるをえなくなったからでもある（Smith 2001）。ただし、縄文農耕論でも当初から「農耕」とは何かをめぐる議論にもなっているように、その中間のグレーゾーンの生業をたとえ原初的という形容詞を付加するにしても農業の一部に含めるかでは意見が分かれる（同上）。つまり同じ生業を営む人々が生業の二分法に従う研究者によって、農民と呼ばれたりに狩猟民と呼ばれたりするのであ

る。縄文時代のある生業行為を農耕とするか採集とするかなど、その境界域の
どこまでを農耕と呼ぶかについては様々な研究者の発言があることは上でも一
部触れたが、ここではこれ以上立ち入らない。安藤（2014）も述べるように、弥
生時代に登場する外来の水田稲作農耕こそがやはり重要であると考えるので、
同じく「農耕」と呼ぶことで内在的連続性を強調することにあまり意義を感じな
いからでもある。

　狩猟、漁撈、採集をする農民は当然存在するが、農耕をする狩猟民はありう
るかという議論でもある。スミス（Smith 2001）は食料生産と農業をイコールと
せずに、農業と低位食料生産に分ける。低位食料採集民に複雑狩猟採集民ある
いは高級狩猟民として知られる集団が含まれる。さらにドメスティケーション
（植物の栽培、動物の飼育）の有無で、低位食料生産を二つに分ける。北西海岸や
カリフォルニア先住民族という複雑狩猟採集民の代表がドメスティケーション
無しの低位食料採集民に含められたのに対し、縄文文化はドメスティケーショ
ン有りの低位食料生産民に分類されている。これは当時クロフォード（Crawford
1992）らの研究で、縄文時代の東北、北海道でソバやコメなどの栽培が主張さ
れていたことが影響しているのであろう。多くは今日的にはその根拠を失って
いるが、ヒエだけは確かに縄文時代に食べられていたようであり、栽培あるい
は農耕と呼べる段階にあったか否かが問われるのみである。そのヒエについて
は、縄文中期に一時的に種実が大型化しているが、環境条件によるものであり
遺伝的な変化を伴うものではなかったことから、縄文時代にヒエの栽培化は起
きていなかったとの見方がある（那須 2017）。ただし、中期における一時的な大
型化に栽培行為を認め、その後の小型化からその栽培行為が継続していたかが
分からなくなるのでそこに断絶を認め、平安時代以降に再び始まり現在に至る
大型化こそが栽培化であるという（同上）。野生種子を食べること自体は世界中
にあり、その中である地域で特定の種子が選ばれそれが継続拡大し、大きく農
耕化への道を歩んだと言うことなのであろう。

　ある時期から、弥生稲作農耕を語る研究者によって「園耕（Horticulture）」と
いう呼び方が縄文農耕の代名詞として使われるようになった（藤尾 2003、宮本
2009）。かつて、山内（1932d・1937）が Hahn に従い、「園耕（Gartenbau）」と呼んだ
のは古墳時代の農業であった。ラテン語の hortus が英語の garden を意味する
ように、両者の「園耕」は同じ訳語である。しかし、最近使われている「園耕」

は「栽培活動が生業活動全体の補助的な位置」(藤尾 2003：57) にある場合に使われているが、そのような段階は山内が引用した Hahn に従うと、園耕の一段前の掘り棒、鍬による「耨耕(Hackbau)」に相当する。Hahn の「園耕」は耨耕の発達した段階の地域的類型で、中国南部の稲作や日本がその典型例とされている (ハーン 1994：原著 1909)。日本が典型例とされているのであるから、その用語を山内が採用したのは当然とも言えよう。このような Horticulture の理解は、その後サウアー (1970：原著 1952) の農業起源論にも引き継がれており、日本でも石田(1959)や石川(1960)が上述の高級狩猟民とともに紹介しているし、農学者(熊代 1969)によっても紹介されている。ついこの間まで、農業の類型について日本の考古学、民族学、農学では「園耕」はハーンの定義によっていたのである。しかし、Horticulture を Agriculture に先行する段階とする理解 (Leach 1997) が英語圏の農耕起源論では最近主流になっているようであり、藤尾等はそれに従っているようだが、大変紛らわしい。そのリーチの Horticulture の研究史にはハーンは出てこない。これはやはり、山内が引いたウィーン学派の「高級狩猟民」が忘れ去られているのと同じである。ハーン等の熱帯の根菜農耕を重視した農耕起源論が、現在考古学が明らかにした農耕起源の実態とは相容れない面があるので致し方ないのであろうが。

　日本の考古学に「園耕」が再び登場した頃は、穀物栽培が縄文時代に遡る可能性が積極的に考えられていたころであり、縄文時代の補助的な穀物栽培農耕から弥生時代の本格的穀物栽培農耕へと言う連続性を明示したかったのはではないかと見られる。しかし、土器圧痕研究の進展した現在では突帯文以前の穀物種子圧痕は明らかではなく、今では日本列島における栽培穀物の出現は上述の問題のヒエを除けば否定的である (設楽 2009、中沢 2009)。

　渡辺 (1990) は古くから言われている、食料採集社会の民族誌では Man the Hunter (男性＝狩猟)は対として Woman the Gatherer (女性＝採集)をも含意しており、両者を併せて狩猟採集民 (Hunter‐Gatherer) となることに着目した。農耕を、それまで採集活動に従事していた女性のみが農耕に関わる段階と、男性も農耕に関わる次の段階に区別した。前者は男性の生業には大きな変化はなく、女性の生業のみが変化した社会である。そして、後者の段階では男性までが主体的に参画し、農民になる。その女性のみが採集から農耕に移行する際には、社会構造には大きな変化はなく漸移的であるが、男性までが農業を主とするように

なる社会の構造変化は大きく不可逆的であり、それ以後が農業社会であるというのである。日本列島では弥生文化の穀物栽培は後者であり、そこからが農業社会であるというのが渡辺の主張である。このような捉え方で東北アジア先史社会を見ることができるかは後で触れる。

7 野焼き

　かつては後期旧石器時代レベルの狩猟採集民とされたこともあるが、トーテミズムを重視したシュミット等によりオーストラリア先住民は高級狩猟民の仲間入りをした。そして、その後、一部の研究者は自然を改変し管理する火棒農民 (Firestick farmer) (Jones 1969) と呼んだように農民として扱った。ただし、「狩猟採集民」が生業上の変化を経て「農民」になったわけではない。同じ生業行為が「狩猟採集」ではなく、「(野焼きによる) 農業」と説明されたことによる。定期的な野焼きが焼畑耕作に匹敵するくらい環境を巧妙に操作する手法と評価され、火棒農業 (fire-stick farming) であるとしたのである。林の中の見通しが良くなって獲物を見つけやすくなるので、狩猟の助けとなるという効果もあったと言われる。しかしながら、「農業」で何を栽培したというのか。薬草であった種子の大きなユーカリは、火による上昇気流で遠くに種子をとばすことができる。また、根元の植物が焼かれることによって、灰分が肥料となる。あるいは、芽生えが焼かれて単位面積あたりの植物量が減少し、栄養分を独占できる。これが「農耕」らしい。また、野焼きの規模は小さく、研究の結果明らかとなっている過去の大規模な植生変化とは連動しておらず、過大評価であるとの反論 (Horton 1982) が出ている。

　北米でも狩猟採集民の野焼きが注目されてきた (Stewart 1951)。北米の多くの先住民の間でも、野焼きにより野生動物、植物食料資源を増やすことがおこなわれていたのである。常緑性のコナラ属は耐火性があるが、落葉性のコナラ属も耐火性があるとされ、野焼きでも残った。この野焼き習俗を上述のオーストラリアで一部の研究者が農業と呼ぶことにならえば、北米から狩猟採集民がほとんどいなくなってしまう。

　かつては野焼きの主たる目的は野生動物資源を増やすこととされてきたが、植物食料資源を増やす効果に注目するのが最近の傾向である。

　カリフォルニアの(「高級」「複雑」)狩猟採集民による「自然の管理」には

野焼き：主に草原あるいは下草の管理・維持により、野生動植物資源を増
　　やすため。
　　ドングリとともに、草本系の野草種子が重要な食料資源。
　　ドングリに付くガの幼虫やゾウムシを駆除する目的も一つ。
　剪定：ドングリがよりたくさんなるように
　種まき：耕し、種を蒔き、土で覆う。
　除草：野焼きの役割でもある。
　移植：食料になる堅果類などの木や草を集落の近くに植える。
などが含まれる（Anderson 2005）。

　このような生業形態は「半農業段階」とも言えるが、主食はドングリであ
り、穀物が栽培されることはなかった。そして、食料に恵まれたカリフォル
ニアではそれ以上「農民」に近づくことはなかった（Anderson 2005、Shipek 1989、
Bean&Lawton 1993、Lewis 1993）。

　海産物に大きく依存する北西海岸の（「高級」「複雑」）狩猟採集民の地域でも、
一部で植物食料の管理手法として野焼きがおこなわれていた（エイムスほか 2016：
120-121）。

　クリ、ダイズが注目されている縄文文化の生業は、カリフォルニア先住民の
かつての生業に近いといえよう。ただし、農耕では主食が何かが重要となり、
豆類の中でもダイズは畑の肉とも呼ばれるように、タンパク質が多く、主食は
炭水化物という理解からは特殊な位置づけとなる。

　ヨーロッパ考古学での野焼き　かつてイギリスでは、新石器時代の炭化物と花
粉分析による植生変化は、人による森林から農地への改変を示す農業の発達の
証拠とされ、初期農耕は焼畑であったと想定された。現在では炭化物の増減
と植生変化が連動しないことから、新石器時代農業発達と連動する証拠とはな
らなくなった。

　かわりに、中石器時代に野生動植物食料のための野焼きが想定されるように
なった。森林を活用する狩猟採集民の野焼きという民族学的知識から、植物に
はドングリ、ハシバミを考えている（Mason 2000）。

　かつて、炭化物を野焼きと結びつけ、新石器時代の場合は焼畑を想定し、そ
れが否定された最近では中石器時代の動植物管理が想定されているが、いずれ
も上で見たような民族誌との比較、類推に大きく寄りかかった仮説である。し

かしながら、ヨーロッパだけではなく先史時代における炭化物の出現変動と植生変化の連動はデータにより多様であり、またそれが人為か自然かの判断が難しいというのが現状のようだ（Brown 1997、Horton 1982）。

縄文文化の野焼き　日本でも阪口豊（Sakaguchi 1987）が、先史時代の地層から出る炭化物に注目したことがある。ただし、林ではなく草原を焼いた結果のものであるとした点は重要である。その炭化物は旧石器時代に遡る 26000BP からずっとあり、旧石器時代から焼狩り狩猟をしていたが、縄文時代中期 4600BP 以降は焼狩り狩猟の他に、焼畑農耕が始まったとした。焼畑農業以前の目的が焼狩り狩猟だけで植物食料が出てこないのは、かつての民族誌が動物を重視した理解に基づいた結果であろう。縄文中期以降の焼畑農耕ではソバが作られていることになっているのは、自らソバ花粉を検出したのではなく上述のクロフォードらの研究が影響していたようだ。阪口はこの野焼きの文化を黒ボク土文化と呼んでいるが、先史時代の炭化物の形成要因が何であるかは上で見た外国での先史時代の炭化物の由来の究明と同様であり、かつては何でも人為で理解される傾向にあったが、現在では疑問視される傾向であることは上述した。もちろん逆に人為的なものを全く否定しているわけではない。その場合も必ずしも農業に結びつくわけではなく、かつかつては狩猟が主要な目的と見なされていたが、植物食料資源の管理が重要な目的にもなるという点が重要であろう。

縄文文化における植物食料を土器圧痕から研究を進めている中山（2015）は、「人間による伐採や火入れなどによるクリアランスにより、集落と一次植生の間に二次植生帯も言うべき空間が出現」していたという。この豊かな空間は、阪口による炭化物の由来に従えば常に木に覆われていたわけではない。中山の想定したこのような空間は、カリフォルニアにかつて存在していた管理された自然に近かったのではなかろうか。林を焼き払う縄文「焼畑」「陸稲」農耕論からの脱却を示唆しているように思われる。

8　東北アジアにおける穀物農耕の広がり

上で触れた縄文文化の生業を農耕とすると話は別の展開になるのであるが、ここでは穀物農耕を重視するので穀物農耕の広がりについて述べる。

ヨーロッパでそう考えられたように、かつては東アジアでも土器、金属器、

農耕はやはり西アジアに起源を有するという新石器文化のオリエント単一起源説が支配的な時期もあった。土器では、系統は大きく南回りの彩陶と北回りの櫛目文土器があり、南回りの彩陶新石器文化には農業が伴い、北回りの新石器文化は農業が伴っていなかった(駒井ほか1934)。

現在では穀物栽培農耕は、東アジアと西アジアでは別々に起源したことが分かっている。土器は東アジアでもっとも早く出現した。その東アジアでは農耕出現以前の食料採集民が土器を作り始め、その後農耕が始まった。土器の出現と農業の開始とは同期しておらず、西アジアでは農業が先であるが、東アジアでは土器が先であった。

その東アジアでも農業がもっとも早く始まる黄河、長江流域では、土器、磨製石器、農業という、ヨーロッパ的新石器文化複合がいち早く成立する。しかし、周辺地域への農業の広がりは遅れる。ただしその事情は地域により異なる。

東北アジア、環日本海地域への穀物農耕の広がりは大きく2回の波で理解することができよう。宮本(2009)は東北アジアの農耕化を4段階に分けているが、時間で水平に刻むイメージである段階よりも進むのに時間がかかる「波」の方が分かりやすい。道具の組成の推移からもそれがうかがえる(大貫1998:240表1)。

東アジアの農耕の起源地は、中国北部のアワ・キビ農耕と南部のイネ農耕の二つである。東北アジアの第1波に関与するのは、北部のアワ・キビ農耕である。この起源地を古い方に絞り込んでいくと燕山南麓周辺に絞り込まれる(秦2012)。ここは、東アジアにおけるいくつかの土器出現段階の核地域の一つでもある(大貫2010a)。そして、ここから土器も農耕も、南の黄河流域に広がり華北農業社会を形成するのと同時に、もう一つの農耕の流れは燕山を超えて遼西からさらに北へ向かう。この後者の流れこそ東北アジアの農耕化の第1波である。燕山以北の遼西と以南の黄河流域華北の農耕は兄弟関係であり、親子関係ではない。当初は気候の関係で以北ではキビ主体の農耕で、以南ではアワ主体であった。初期の段階では採集経済の比重が高かったので、より野生食料資源に恵まれた燕山以北の集落の方が大きかった。農耕があれば即採集社会より発達しているわけではない。このことは縄文大集落の経済基盤の評価とも関わる。その後、燕山南麓は華北農業社会に組み込まれ再編される。そして、ある程度発達してから、そこから再度北上することで以前の流れと重なる。その

ため、華北農業が北上するという単純なものではなく、筆者は環渤海初期雑穀
農耕の北上と捉えている（大貫 1995）。また、それまでの採集経済の中に農業が
取り込まれる過程は漸移的で不明瞭であった。東北アジアでも北方への広がり
は、とくに寒冷地域であることから制約があった。そのため、周辺地域ほどそ
の農耕開始期を捉えることが難しいし、その後の発達にも制約があった（大貫
1998）。

　南下した朝鮮半島でも、新石器時代後半までにはすべての地域で雑穀農耕が
始まっているし、北西部ではさらに早い。ただし、雑穀農耕が始まってはいる
が、特殊な遺構、遺物が目立たない。集落が目に見えて大型化するのは、東北
アジアの農耕化の第 2 波が広がる青銅器時代からである（大貫 2013）。定型化し
た収穫具（石包丁）の有無は重要な指標となるかも知れない。最近、韓国の考古
学者の中には新石器時代に農耕が始まっていることを認めた上で、農耕は補助
的に過ぎず縄文文化と同じく複雑狩猟採集民であると評価する見方がある（林
2015）。「農民」枠がどんどん広がり、狩猟採集民はますます少数派になる危機
の中で朝鮮半島では逆の動きが出ていることが注目される。

　朝鮮半島の新石器時代は採集の延長としての農耕であり、青銅器時代に入っ
て本格的な農業社会に入ったと見ることは、青銅器時代に入って集落の大規模
化、墓の階層化から認められよう。しかし、上述した渡辺（1990）の農耕化への
2 段階区分がこの第 1 波と第 2 波に対応するのか、朝鮮半島新石器時代弓山文
化ないし文化群の農耕には男性が主体的に関与していなかったかどうかを検証
するのは難しい。

　かつて、筆者は遼西の新石器時代の古い段階であるが、すでに雑穀栽培は始
まっていた興隆窪文化についてその性格を分析したことがある（大貫 1998）。竪
穴住居の空間分析から、土掘り具と男性、製粉具と女性という性別分業を示唆
する配置を見いだした。しかし、その屋内墓である成人男性の墓では副葬品は
狩猟具であった。同時期の華北の裴李崗文化の男性の墓の副葬品は、狩猟具で
はなく土掘り具であることの違いが注目された。華北ではいち早く渡辺（1990）
の言う農業社会に入ったのである。

　それに対して遼西の興隆窪文化でも耕具は男性が使うものであり、男性の農
耕への参画がうかがえるのであるが、他方で副葬品からうかがえる狩猟へのこ
だわりからは男性の墓に土掘り具を副葬する華北の農耕社会とは異なる、狩猟

採集社会的な性格が見てとれるのである。

　農耕の出現が即社会の大きな変革を引き起こしたわけではないことは、いち早く農耕社会の出現した温帯地域の黄河、長江流域でも同じであり、数千年の長いゆったりした連続した「革命」であった。そして、そこから離れた東北アジアの新石器社会あるいは極東平底土器社会の中では第1波は一挿話に過ぎなかった。そのため、筆者が環日本海の新石器時代に展開した諸文化を極東平底土器諸文化として一括した際には、一部にすでに第1波の波が及んでいるが、全体としては極東の定着的食料採集民の社会（大貫1998）として評価してきた。この点は、上述の林の評価と似たところがある。極東では黄河、長江地域と異なり、第2波と第1波の間が不連続なことが重要であった。

　この朝鮮半島を南下した東北アジア雑穀農耕の第1波が日本列島に入ったか否かが、これまで問題となってきたのであるが、上で見たように最近の研究では入らなかったようだ。

　社会を大きく変えるのは続く第2波であり、その末端の現象の一つに位置するのが日本列島への稲作農耕の拡散であった。この波こそがヨーロッパにおける新石器農業の拡散に近い。第1波が遼西台地を経由したのに対し、第2波の主要なルートは山東半島から遼東半島を経由した。現在でも沿海部では江蘇省から山東省では畑と水田が混在しており、南に行くほど水田の比率が上がり、北に行くほど畑の比率が上がる。龍山時代にはその水田の北限が膠東半島まで達していた。その膠東半島から北上することなく東に向かうことで、寒冷気候に阻まれずに広がることができた。それゆえ水田稲作が朝鮮半島側にわたることが可能であった。そして、まだオオムギ、コムギについては経由地の遼東がはっきりしないが、山東半島には龍山時代には入っており、その先の朝鮮半島や沿海州にも入っているので、おそらく第2波には水田のイネ、畑のオオムギ、コムギが含まれていて、それらは山東から遼東を経由してその後朝鮮半島を南下したが、イネは寒さゆえに北上できず、オオムギ、コムギだけが沿海州まで広がったのであろう。第2波は時期的には朝鮮半島では青銅器時代の開始と対応し、沿海州ではやはり新石器時代極東平底土器社会の終焉後の古金属器時代ないしは続極東平底土器時代の開始と対応する。ただし、第2波が極東平底土器社会を終わらせたのではなく、極東平底土器社会の終焉の理由は別に求めなければいけない。なかなか簡単な説明はできないが、大きく見れ

ば完新世の温暖化により出現した落葉広葉樹林帯への豊かな野生食料資源に依
拠して成立した定着的食料採集生活がその後の気候悪化の中で維持できなくな
り、人が減ったというのが大筋ではあろう。ただし、各地域個別の事情もあろ
う。第2波はその再生に大きな役割を果たしたのである。

　農具の木器化も華北は遼西より早く、龍山時代の第2波の時には華北では
すでに収穫具を除いて木器化していた。そして、遼東半島でも第2波の中で
急速に農具の木器化が起き、農具としての石器は石包丁だけになり、それが日
本列島にも入る（大貫1998、宮本2009）。この第2波こそが東北アジアの社会を
大きく変えたのである。第1波の経路であった遼西では牧畜、遊牧という別
の動きがあるが、これは内陸アジア史につながる問題なのでここでは触れない。

9　まとめ

　日本列島の新石器時代はたった一つの「縄文文化」からなるが、世界的に見て
非常に特殊な考古学文化である。そうなったのは、それはまだそんなに長期間
になるとは知らなかった戦前に「縄紋文化」として考古学者が括ったからであ
る。戦後、炭素14年代測定法の登場により一万年以上に及ぶことが分かった
時点でチャイルドに親しんだ日本の考古学者ならば見直しの契機があったはず
だが、そうはしなかった。その新石器時代の文化である条件に農業を含むヨー
ロッパ的新石器時代文化の枠組みがあるが、縄文文化はそれとは異なる北ユー
ラシアの狩猟採集新石器文化の一員である。農業のない「新石器時代」という齟
齬に悩んできた考古学者には、農業問題に悩まずに済む日本独自の時代区分で
ある一時代一文化の縄文時代＝縄文文化と考える方が便利であった。なお、縄
文文化の範囲を国境考古学の由縁という理解が一部にあるが、海に囲まれた日
本列島ゆえのまとまりがあることは確かである。

　実際に新石器革命が起きたとされるヨーロッパでも最近は時間的に緩やかな
「革命」であり、かつ「革命」に農業の発達が必須ではなく農業の存在を過度に重
視しない新石器時代観の見直しがおこなわれている。ヨーロッパの初期農耕時
代には民族学の知識から焼畑が想定されることがかつては普通であったが、現
在では否定的である。またかつての焼畑の根拠であった野焼きは、今ではこれ
また民族学の知識から中石器時代の狩猟採集民により野生動植物の管理の一環
としておこなわれていたという見方が出ている。狩猟採集民による野焼きはか

なり普遍的であったようだが、しかし、火災が人為的なものか自然によるものかの区別が難しく狩猟採集民による野焼きを過大評価してはいけない。また、狩猟採集民が食料を増やすために自然に手を加えるのは普通のことであるというのが最近の理解である。それを農業であり、農民であるというのであれば狩猟採集民がほとんどいなくなってしまう。

　かつての縄文階層化社会論でも絶対平等社会というものを前提としたかのような議論があったが、農業論でも自然に一切手を加えない食料採集形態を前提として、少しでも手を加えれば農業であるという議論もある。それへの反省として、渡辺 (1990) の 2 段階区分以外にも中間段階に別のカテゴリーを加える考え方もある。いくつかの段階に分けて説明するのは重要な仕事であるとは思うが、段階変遷が在地的漸移進化の場合とそうでない場合は分けて考えるべきであろう。東北アジアでは、穀物農耕の拡散は 2 波に分けて考えられる。その中で、朝鮮半島や日本列島の歴史を大きく動かしたのは第 2 波であった。

謝辞　2013 年セインズベリー日本藝術研究所に滞在中、ヨーロッパにおける最近の新石器時代研究に触れることができ、本稿執筆の大きな契機となった。貴重な機会を与えていただいたサイモン・ケイナー博士に感謝します。

引用・参考文献

安藤広道 2014「「水田中心史観批判」の功罪」『国立歴史民俗博物館研究報告』185、pp.405-448

石田英一郎 1959「未開民族」『世界史大系』1、誠文堂新光社、pp.404-427

石川栄吉 1960「経済」『現代文化人類学』4、pp.75-111

泉　拓良 2002「縄文文化論」『日本の時代史 1』pp.129-170

江坂輝弥編 1972『シンポジウム縄文時代の考古学』学生社

大貫静夫 1995「環渤海初期雑穀農耕文化の展開」『東北アジアの考古学研究』pp.144-172

大貫静夫 1998『東北アジアの考古学』同成社

大貫静夫 2010a「縄文文化と東北アジア」『縄文時代の考古学』1、pp.141-153

大貫静夫 2010b「サケ・マスと堅果類」『異貌』27、pp.2-42

大貫静夫 2013「朝鮮半島」『講座日本の考古学 3 縄文時代 (上)』pp.648-669

大貫静夫 2015「中国・朝鮮半島の土器出現期」『季刊考古学』132、pp.79-82

大山　柏 1927「打製石斧」『神奈川県新磯村字勝坂遺物包含地調査報告』(小林行雄編　1971『論集日本文化の起源　第一巻　考古学』所収)

大山　柏 1934「日本石器時代の生業生活」『改造』昭和 9 年 1 月号、pp.69-83

小野武夫 1942『日本農業起源論』日本評論社

熊代幸雄 1969「序説」『比較農法論』pp.3-26

甲元眞之 1986「弥生人の食料」『季刊考古学』14、pp.14-17

小林行雄 1937「欧州新石器時代」『原始文化の研究』pp.4-14

小林行雄 1971「解説　原始農耕と稲作起源」『論集日本文化の起源』1、pp.40-47

駒井和愛・江上波夫・後藤守一 1934『東洋考古学』平凡社世界歴史大系 2、pp.1-449

酒詰仲男 1956「日本原始農業試論」『考古学雑誌』42-2、pp.1-12

佐原　眞 1987『体系日本の歴史』1、小学館

庄田慎矢 2009「東北アジアの先史農耕と弥生農耕」『弥生時代の考古学』5、pp.39-54

設楽博己 2009「食糧生産の本格化と食糧獲得技術の伝統」『弥生時代の考古学』5、pp.3-22

鈴木公雄 1984「日本の新石器時代」『講座日本歴史 1』pp.75-116

田村晃一 1988「山内清男論」『弥生文化の研究』10、pp.112-113

戸沢充則 1994「縄文農耕論の段階と意義」『論争と考古学』pp.111-148

中沢道彦 2009「縄文農耕論をめぐって」『弥生時代の考古学』5、pp.228-246

中沢道彦 2016「縄文時代食料採集経済説の成立背景」『海と山と里の考古学』pp.139-150

中尾佐助 1966『栽培植物と農耕の起源』岩波新書

中山誠二 2015「中部高地における縄文時代の栽培植物と二次植生の利用」『第四紀研究』54-5、pp.285-298

那須浩郎 2017「縄文時代にヒエは栽培化されたのか？」『SEEDS CONTACT』4, pp27-29

藤尾慎一郎 2003『弥生変革期の考古学』同成社

藤森栄一（抄録者）1933「陸前桝形囲貝塚の籾痕を有する土器」『日本原始農業』pp.128-131

藤森栄一 1971「縄文中期農耕論とその展開」『考古学研究』10-2（1979『藤森栄一全集』9、学生社所収）

宮坂光次 1929「欧州新石器時代」『考古学講座』14、pp.1-108

宮本一夫 2009『農耕の起源を探る』吉川弘文館

森本六爾 1933a「弥生式文化と原始農業問題」『日本原始農業』東京考古学会

森本六爾 1933b「東日本の縄文式時代に於ける弥生式並に祝部式系文化の要素摘出の問題」『古代文化』4-1、pp.7-12

森本六爾 1934「農業起源と農業社会」『日本原始農業新論』pp.18-25

八幡一郎 1937「日本に於ける中石器文化的様相」『考古学雑誌』27-6、pp.355-368

八幡一郎 1953『日本史の黎明』有斐閣全書

八幡一郎 1959「新石器時代」『世界史大系』1、誠文堂新光社

山内清男 1932b「日本遠古の文化　二　縄紋土器の起源」『ドルメン』1-5、pp.85-90（1939『日本遠古之文化』収録）

山内清男 1932d「日本遠古の文化　五　一四、縄紋式以後（前）一」『ドルメン』1-8、pp.60-63（1939『日本遠古之文化』収録）

山内清男 1934「新石器時代序説」『史前史』世界歴史大系 1、pp.359-367

山内清男 1937「日本に於ける農業の起源」『歴史公論』6-1（原始文化の研究）、pp.266-278（『山内清男・先史考古学論文集・第四冊』1967 所収）

山内清男 1939『日本遠古之文化』先史考古学会

山内清男 1964「日本先史時代概説」『日本の原始美術』1、pp.135-147（『山内清男・先史考古学論文集・新第三集』1969 所収）

山内清男 1969「新石器時代序説」『先史考古学論文集』旧 11 集、pp.288-293

山田昌久 1990「『縄文文化』の構図(上)(下)」『古代文化』42－9・42－12、pp.13-25・pp.32-44

米田　穣・山崎孔平 2017「同位体分析からさぐる弥生時代の食料」『季刊考古学』138、pp.43-46

渡辺　仁 1988「北太平洋沿岸文化圏－狩猟採集民からの視点Ⅰ－」『国立民族学博物館研究報告』
　　　13－2、pp.297-356

渡辺　仁 1990『縄文式階層化社会』六興出版

渡部義通 1932「日本原始社会の生産及び生産力の発展」『日本母系時代の研究』pp.1-78

渡部義通 1937「原始日本の社会」『日本歴史教程 1 上』pp.59-131

中文

尹達 1955『新石器時代』北京

蒙蓋特 1963(中国科学院考古研究所資料室 訳)『蘇聯考古学』北京(原著 Монгаит1955)

秦嶺 2012「中国農業起源的植物考古研究与展望」『考古学研究(九)上冊』北京、pp.260-315

朝文

林尚澤 2015「韓半島新石器時代複合狩猟採集社会性格試論」『韓国新石器研究』30、pp.27-62

欧文(含日訳)

ケネス・M. エイムス, ハーバート・D.G. マシュナー(佐々木憲一 監訳・設楽博己訳)2016『複雑採
　　　集狩猟民とはなにか』雄山閣(Ames K. M. & Maschner H. D. 1999 *Peoples of the Northwest Coast*)

エンゲルス(戸原四郎 訳)1965『家族・私有財産・国家の起源』岩波文庫(原著 4 版は 1891)

王立北方古文献委員会編(星野達雄訳) 2006『北方古代学入門』レスキス企画(原著 1836)

クラーク、グレイアム(増田精一 監訳・小渕忠秋 訳) 1989『中石器時代』雄山閣(Clark G. 1980
　　　Mesolithic Prelude)

サウアー C.O. 1960『農業の起源』古今書院(原著 1952)。

マーシャル・サーリンズ(山内　昶訳) 1984　『石器時代の経済学』法政大学出版会。

ヴィルヘルム・シュミット / ヴィルヘルム・コッパース(大野俊一訳) 1970『民族と文化』

河出書房新社(1944『民族学の歴史と方法』、原著 1924 *Volker und Kulturen*)

チャイルド V. G. 1981『考古学の方法』河出書房新社(Childe V. G. 1956 *Piecing Together the Past*)

トーマス J. 2012『解釈考古学』同成社(Thomas J. 1996 *Time, Culture and Identity*, London)

エデュアルト・ハーン(川波剛毅・佐藤俊夫訳)1994『犂農業起源論』農林統計協会(原著 1909、
　　　1919)

フランツェフ. Yu. P. 監修 1959『ソビエト科学アカデミー版 世界史－古代 1』商工出版(原著 1955)

モルガン L. H.(青山道夫訳)1961『古代社会(上下)』岩波文庫(原著は 1877)

Andereson M.K. 2005 *Tending the Wild*, University of California Press

Bean L. J. & Lawton H. W. 1993 Some explanations for the rise of cultural complexity in native California
　　　with comments on proto-agriculture and agriculture, *Before the Wilderness*, pp.27-54

Boguchi P. 2000 How agriculture came to north-central Europe, *Europe's first farmers*, Cambridge,
　　　pp.197-218

Brown T. 1997 Clearances and Cleanings: Deforestation in Mesolithic/Neolithic Britain, *Oxford Journal of
　　　Archaeology* 16-2, pp.133-146

Childe V. G. 1925 *The Dawn of European Civilization*, London

Childe V. G. 1936 *Man makes himself*, London（ねずまさし訳 1957『文明の起源（上下）』岩波書店）

Crawford, G. 1992 The transitions to agriculture in Japan, *Transitions to Agriculture in Prehistory*, pp.117-132

Groose E. 1896 *Die Formen der Familieund die Formen der Wirthschaft*, Freiburg-Leipztig.

Horton D. R. 1982 *The Burning Question:Aborigines, Fire and Australian Ecosystems*, MANKIND13-3, pp.237-263.

Jones R. 1969 Fire-stick Farming, *Australian Natural History*16-7, pp.224-228.

Jordan P. & Zvelebil M. 2009 *Ceramics before farming: the dispersal of pottery among prehistoric Eurasian hunter-gatherers*, Left Coast Press

Lee R. B. & DeVore I. ed. 1968 *Man the Hunter*. Chicago

Leach H. M. 1997 The terminology of agricultural origins and food production systems-a horticultural perspective, *Antiquity* 271, p.135-138

Lewis H. T. 1993 Patterns of Indian Burning in California, *Before the Wilderness*, pp.55-116

Lowie R. H. 1960 Economic Factors and Culture, *LOWIE'S Selected Papers in Anthropology*, Berkeley and Los Angeles, pp.240-246

Lubbock J. 1865 *Pre-historic Times*, London

Mason, S. L. R. 2000 Fire and Mesolithic subsistence, *Palaeogeography, Palaeoclimatology, Palaeoecology* 164, pp.139-150

Price T.D. ed. 2000 *Europe's First Farmers*,Cambridge.

Sahlins M. D. 1972 *Stone Age Economics*.（山内　昶訳 1984『石器時代の経済学』法政大学出版局）

Sakaguchi, Y. 1987 Japanese prehistoric culture flourished in forest-grassland mixed areas, *Bulletin of the Department of Geography, University of Tokyo* 19, pp.1-19

Shipek F. C. 1989 Mission Indians and Indians of California Land Claims, *American Indian Quarterly*, 13-4, pp.409-420

Sørensen L., Karg S. 2014 The expansion of agrarian societies towards the north e new evidence for agriculture during the Mesolithic/Neolithic transition in Southern Scandinavia, *Journal of Archaeological Science* 51, pp.98-114

Smith B. D. 2001 Low-Level Food Production, Journal of Archaeological Research 9-1, pp.1-43

Stewart O. C. 1951 Burning and Natural Vegetation in the United States, *Geographical Review*, 41-2, pp.317-320

Thomas J. 1999 *Rethinking the neolithic*, 2nd edition, Cambridge

Thomas J. 2003 Thoughts on the 'Repacked' Neolithic Revolution, *Antiquity* 295, pp.67-74

Tilley C. 1996 *An Ethnography of the Nelithic*, Cambridge.

Timpson A. *et al.* 2014 Reconstructing regional population fluctuations in the European Neolithic using radiocarbon dates, *Journal of Archaeological Science* 52, pp.549-557

Tilley C. 1996 *An Ethnography of the Neolithic*, Cambridge

Trigger B. G. 2006 *A History of Archaeological Thought*, Cambridge Uni. Press（下垣仁志訳 2015『考古学的思考の歴史』同成社）

朝鮮半島新石器時代晩期土器からの
アワ圧痕の検出

庄田慎矢

はじめに

　日本列島における穀物栽培や農耕の起源と展開を考える際に、イネの栽培化がおこった長江流域やアワ・キビが栽培化された中国東北地方における考古学研究の重要性は言うまでもないが、それにも増して、文字通り大陸からの橋渡しの役割を演じていた朝鮮半島における農耕関連遺跡・遺物の研究は極めて重要な位置を占めている。かつて、朝鮮半島における農耕の始まりは、新石器時代中期における中国東北地方からの畠作農耕の普及と、無文土器時代(青銅器時代)開始期におけるより高度な畠作農耕および水稲農耕の普及との二つに分けて捉えられた(後藤 1986、p.159. 後藤 2004、p.207-8)。前者についてはクロフォードら(Crawford and Lee 2003)による釜山市東三洞貝塚出土の炭化アワ果実自体の年代測定により 4590 ± 100BP、後者については晋州市大坪里漁隠 1 地区出土炭化イネ果実に 2850 ± 60BP、炭化アワ果実に 2830 ± 60BP (李 1999、p.106)、そして加平郡連下里遺跡 1 号住居址炭化材・炭化穀物に 3090 ± 60BP (이ほか 2009、p.428)という具体的な ¹⁴C 年代が与えられた(上記の年代は全て未較正)。「二つの始まり」の年代がおおまかには捉えられたかに見える。

　しかし、宮本一夫(2008・2017)の「東北アジア初期農耕化 4 段階説」に示されるように、朝鮮半島および東北アジアにおける農耕の波及過程は、上記のような二段階モデルよりも複雑な過程であった可能性が残る。また、小畑弘己らの土器圧痕調査により、アワ・キビの初現がクロフォードらが提示した年代よりも遡る可能性が指摘されている(小畑・真邉 2014)ことから、上記の年代を朝鮮半島の穀物の出現年代と規定することは難しくなった。土器型式認定に議論を残す早期(金 2016)についてはさておき、いずれ前期に遡る炭化種実試料が検出され、年代測定がなされることで年代値は更新されていくであろう。

　一方、近年韓国においても展開が進んでいる土器の圧痕調査(小畑・真邉

2014、中山編 2014、孫ほか 2010)からは、新石器時代におけるアワ・キビの確か
な存在とは対照的にイネが全く見つからない反面、青銅器時代の開始と同時に
イネ圧痕が明確にみられるようになるという傾向が強まっている。ただし、こ
れらの調査研究がアワ・キビやイネの出現と関わる時期に力を注いできたため
か、これらの間にある時期の資料については調査があまり及んでいなかった。

　筆者は朝鮮半島の農耕化を論じた前稿(庄田 2009)において、新石器時代晩期に
おけるイネの存否について明確な答えを出せずに筆をおいた。金海農所里遺跡出
土土器の胎土に含まれるイネのプラントオパール試料(郭鍾喆ほか 1995)をどう評価
できるのか、判断する材料を持たなかったためである。そこでこの研究では、土器
胎土からのプラントオパール以外のイネの証拠が新石器時代の終末期に見られる
のかどうかを確認するため、朝鮮半島南海岸地域の当該時期の遺跡を対象に、土
器圧痕レプリカ法による調査を行うことにした。なお、この調査は科学研究費補
助金基盤研究 A「植物・土器・人骨の分析を中心とした日本列島農耕文化複合の
形成に関する基礎的研究」(2013〜16年、研究代表者：設楽博己)の一環として行われた。

1　調査対象

　上記の問題意識から、朝鮮半島南海岸の中ほどに位置し、新石器時代の終末
期に相当する時期の貝塚群で知られる大鏡島に立地する、内洞貝塚および五福
1 貝塚(図 1)出土土器(図 2、湖南文化財研究院 2014)を調査対象とした。圧痕のレ
プリカ採取は 2014 年 10 月 24 日に同遺物の保管機関である湖南文化財研究院
にて、李永徳室長の立ち合いのもと、調査協力者であるウリ文化財研究所(当
時)の兪炳珌とともに筆者が行った。

　まず、圧痕の有無を調べるため、内洞貝塚出土土器 45 点、五福 1 貝塚出土
土器 66 点の二重口縁土器片の表面観察を行った。これらの器種はいずれも粗
製の深鉢である。二重口縁の特徴を根拠に、型式的に新石器時代晩期の土器と
判断できるもののみを調査対象とした。なお、二重口縁土器の時期は、九州の
縄文土器編年に照らすと、阿高式〜三万田式の比較的長い時期に該当(岡田・河
仁秀 2009)し、細分編年も提示されているが、1 点ごとの細別編年比定は難しい
ものと判断し、新石器時代晩期という大枠で捉えることとした。

　観察した土器片のうち、何らかの種実圧痕の可能性のあるもの 31 点を選別
し、レプリカ採取を行った。レプリカ採取の方法は、福岡市埋蔵文化財セン

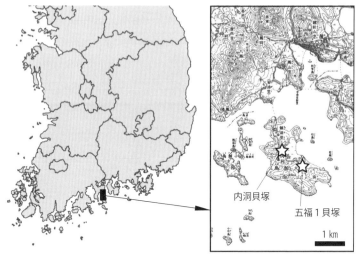

図1　調査対象遺跡の位置と周辺の地形（右原図：朝鮮総督府1917年）

ターの方法(比佐・片多2005)に準じ、器壁に損傷のないように留意して行った。

収蔵施設において採取したレプリカを国内に持ち帰り、これに対して、百原新・那須浩郎・佐々木由香・守屋亮により、実体顕微鏡および走査型電子顕微鏡を用いた形態的特徴の調査と、それに基づいた同定が行われた。

2　調査結果

調査結果を表1に整理した。なお、本書に調査結果の詳細を一覧表として収録しているので、詳細についてはそちらを適宜参照されたい。レプリカ採取時に種実圧痕の可能性を想定した31点のうち、明らかに種実圧痕でないものが14点、レプリカ作成の不備(シリコンの硬化速度を遅く調整しなかったことが原因で、シリコンが圧痕の空隙全体にうまくいきわたらなかったと考えられる)により形態の観察が難しいものが10点であった。この中に栽培植物の種実が含まれている可能性もあるため、いわゆる「圧痕率」(小畑・真邉2014)の計算は行っていない。種が同定されたものはいずれもアワ *Setaria italica* の有ふ果であり、同定されたものが5点、アワ有ふ果の可能性が指摘されたものが3点であった(図3・4)。同一の土器片から2点のアワ有ふ果の圧痕が見られたものが1例(257)、その可能性のあるものが2例(244と251)を数えるが、意図的な混入か否かを判断するのは難しい。また、採取したレプリカの状態が悪かったため、種実サイズの計測は行われなかった。

66　第1章　東アジア・ロシアの初期農耕

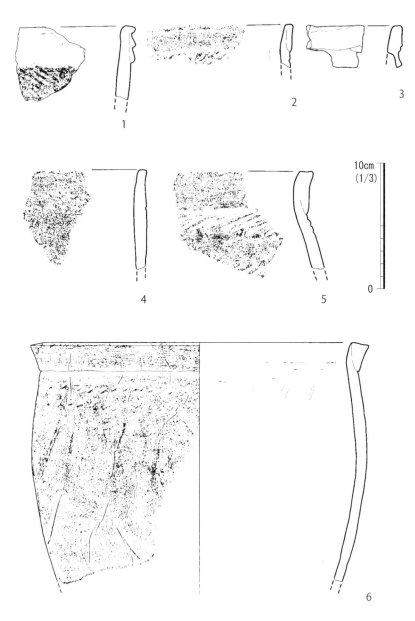

図2　圧痕検出土器（報告書より転載）
1・3：内洞貝塚　2・4〜6：五福1貝塚

表1 レプリカ採取対象土器と同定所見

遺跡名	資料番号			部位	所見
内洞貝塚	K14NDS	094	01	口縁部	種実圧痕ではない
内洞貝塚	K14NDS	188	01	口縁部	不明
内洞貝塚	K14NDS	664	01	口縁部	レプリカ不備
内洞貝塚	K14NDS	1039	01	口縁部	アワ有ふ果
五福1貝塚	K14OBS	221	01	口縁部	レプリカ不備
五福1貝塚	K14OBS	221	02	口縁部	レプリカ不備
五福1貝塚	K14OBS	222	01	口縁部	レプリカ不備
五福1貝塚	K14OBS	224	01	胴部	レプリカ不備
五福1貝塚	K14OBS	225	01	口縁部	種実圧痕ではない
五福1貝塚	K14OBS	229	01	胴部	種実圧痕ではない
五福1貝塚	K14OBS	232	01	口縁部	種実圧痕ではない
五福1貝塚	K14OBS	233	01	口縁部	レプリカ不備
五福1貝塚	K14OBS	233	02	口縁部	種実圧痕ではない
五福1貝塚	K14OBS	233	03	口縁部	種実圧痕ではない
五福1貝塚	K14OBS	234	01	胴部	種実圧痕ではない
五福1貝塚	K14OBS	244	01	口縁部	アワ有ふ果の可能性レプリカ不備)
五福1貝塚	K14OBS	244	02	口縁部	アワ有ふ果
五福1貝塚	K14OBS	244	03	口縁部	レプリカ不備
五福1貝塚	K14OBS	246	01	口縁部	種実圧痕ではない
五福1貝塚	K14OBS	251	01	口縁部	アワ有ふ果の可能性レプリカ不備)
五福1貝塚	K14OBS	251	02	口縁部	アワ有ふ果の可能性レプリカ不備)
五福1貝塚	K14OBS	251	03	口縁部	種実圧痕ではない
五福1貝塚	K14OBS	257	01	口縁部	アワ有ふ果
五福1貝塚	K14OBS	257	02	口縁部	レプリカ不備
五福1貝塚	K14OBS	257	03	口縁部	アワ有ふ果
五福1貝塚	K14OBS	258	01	口縁部	種実圧痕ではない
五福1貝塚	K14OBS	259	01	口縁部	種実圧痕ではない
五福1貝塚	K14OBS	555	01	口縁部	アワ有ふ果
五福1貝塚	K14OBS	559	01	胴部	種実圧痕ではない
五福1貝塚	K14OBS	560	01	口縁部	種実圧痕ではない
五福1貝塚	K14OBS	669	01	口縁部	種実圧痕ではない

68　第1章　東アジア・ロシアの初期農耕

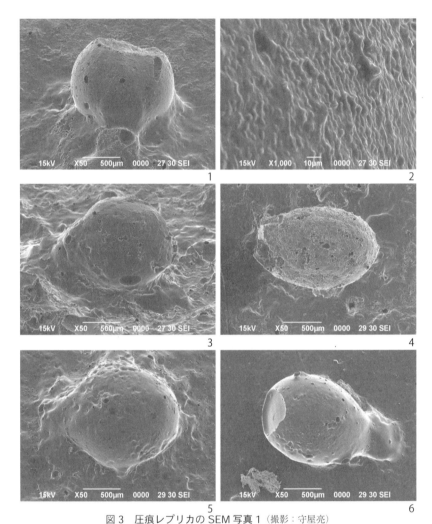

図3　圧痕レプリカのSEM写真1（撮影：守屋亮）
(1・2：内洞-188　3・4：五福1-244　5・6：五福1-251)
1：アワ有ふ果の可能性を検討した圧痕　2：1の部分拡大、不明瞭な乳頭突起
3：アワ有ふ果の可能性のある圧痕　4：アワ有ふ果の圧痕　5・6：アワ有ふ果の可能性のある圧痕

3　考察にかえて

　レプリカ作成の技術的問題から、サイズや同定に関わる形態情報が一部、十分に復元できなかったことは今後改善すべき課題となった。しかし、それでも得られた成果は重要である。新石器時代晩期の土器を100点以上調査しても、

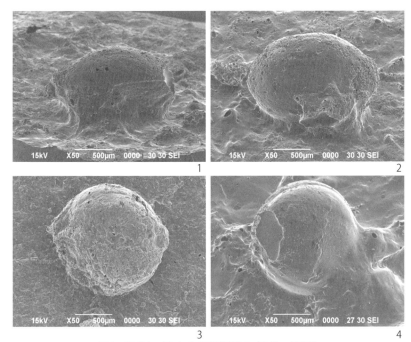

図4 圧痕レプリカのSEM写真2（撮影：守屋亮）
(1・2：五福 1-257　3：五福 1-555　4：内洞 -1039)
1〜4：アワ有ふ果

やはりイネの圧痕は見つからなかった。無論、今や数万〜数十万点規模での調査が進められている圧痕調査の水準からすると、この程度の調査規模は取るに足らないものかもしれない。証拠の不在が不在の証拠とはならないのはいうまでもないが、今後さらに観察事例を積み重ねることで、この時期にイネが普及していなかったか、あるいはきわめて稀な存在であったという蓋然性を高めることは可能であろう。小畑らによる新石器時代晩期土器の圧痕調査では、東三洞貝塚でキビが4点、アワ3点、凡方貝塚でアワが1点確認されているが、やはりイネは検出されていない（小畑・真邉 2014、p.141）ことも、注目される。

　キビの利用については、土器残存脂質からのアプローチも可能になったことが筆者らによって示されている（Heron *et al.* 2016、庄田 2017）。これまで行われてきた炭化種実、プラントオパールや種実圧痕に加え、新しい植物利用の検証方法として積極的な活用が望まれる分野である。一方、植物種の同定の助けとなる特徴的な化合物が良く知られているキビとは異なり、この方法によってアワの生物指標

を同定することは現時点では難しいが、それでも土器の調理対象物における C_4 植物の寄与の程度を検討することは可能である。朝鮮半島における栽培植物や農耕の起源・展開について、今後さらなる複眼的・体系的な調査が望まれる。

謝辞　限られた調査時間の中でレプリカ作成を手伝って下さった兪炳琭氏、資料調査に全面的にご協力下さった李永徳氏、レプリカの顕微鏡観察と植物種の同定をして下さった百原新氏、那須浩郎氏、佐々木由香氏、守屋亮氏、この研究に取り組む機会を与えて下さった設楽博己氏、中山誠二氏に感謝いたします。

引用・参考文献

小畑弘己・真邉　彩 2014「韓国櫛文土器文化の土器圧痕と初期農耕」『国立歴史民俗博物館研究報告』187、pp.111-160

金恩瑩 2016「水佳里文化の貼付文土器」『SEEDS CONTACT　植物・土器・人骨の分析を中心とした日本列島農耕文化複合の形成に関する基礎的研究』3、pp.18-19

後藤　直 1986「農耕社会の成立」『岩波講座日本考古学6　変化と画期』岩波書店、pp.119-169

後藤　直 2004「朝鮮半島農耕の二つの始まり」『財団法人大阪府文化財センター・日本民家集落博物館・大阪府弥生文化博物館・大阪府立近つ飛鳥博物館 2002 年度共同研究成果報告書』財団法人大阪府文化財センター、pp.193-210

庄田慎矢 2009「東北アジアの先史農耕と弥生農耕」『弥生時代の考古学5　食糧の獲得と生産』同成社、pp.39-54

庄田慎矢 2017「初めて土器胎土から検出されたキビの生物指標」『奈良文化財研究所紀要 2017』pp.40-41

中山誠二 編 2014『日韓における穀物農耕の起源』山梨県立博物館

比佐陽一郎・片多雅樹 2005『土器圧痕レプリカ法による転写作業の手引き』福岡市埋蔵文化財センター

宮本一夫 2008「結論―日本水稲農耕文化の起源地―」『日本水稲農耕文化の起源地に関する総合的研究』平成 16～19 年度日本学術振興会科学研究費報告書、pp.125-133

宮本一夫 2017『東北アジアの初期農耕と弥生の起源』同成社

ハングル

岡田憲一・河仁秀 2009「韓半島 南部 終末期 櫛文土器와 縄文土器의 年代的 併行関係 検討」『韓国新石器研究』17、pp.1-27

郭鍾喆・藤原宏志・宇田津徹朗・柳澤一男 1995「新石器時代 土器胎土에서 検出된 벼의 plant-opal」『韓国考古学報』32、pp.149-162

孫晙鎬・中村大介・百原　新 2010「복제(replica)법을 이용한 청동기시대 토기 압흔 분석」『야외고고학』8、pp.5-34

湖南文化財研究院 2014『麗水 鏡島 新石器時代 貝塚―内洞・外洞・五福 1・五福 2 貝塚―』

李相吉 1999「晉州 大洋 漁隠 1 地區 發掘調査 概要」『남강선사문화세미나요지』동아대학교박물관

이재설・최영미・박성우・조연옥・김현우 2009『가평 연하리 유적』한백문화재연구원

英文

Crawford, G. W. and Lee, G. A. 2003 Agricultural Origins in the Korean Peninsula. *Antiquity* 77 (295), pp.87-95

Heron, C., Shoda, S., Breu Barcons, A., Czebreszuk, J., Eley, Y., Gorton, M., Kirleis, W., Kneisel, J., Lucquin, A., Müller, J., Nishida, Y., Son, J-H and Craig, O.E. 2016 First molecular and isotopic evidence of millet processing in prehistoric pottery vessels. *Scientific Reports* 6, pp.38767

ポリツェ文化の穀物利用と食生活

福田正宏・國木田大・遠藤英子・
ゴルシュコフ, M・那須浩郎・北野博司

　ポリツェ文化は、小興安嶺より東のアムール川(黒竜江)流域、ロシア沿海地方を中心にひろがった。ロシア極東の古金属器時代後半期に区分され、炭素年代は紀元前3世紀〜紀元後4世紀とされる。その成立と展開は、紀元前1千年紀の東北アジアにおける穀物利用＋金属器の北上現象と密接に関わった。

　デレビヤンコによる、①ジョルトゥィ・ヤル期、②ポリツェ期、③クケレボ期、という遺跡単位の3期区分案がある(Деревянко 1976)。実際には標式遺跡の遺物組成と合致しないところもあるが、①の開始にともない、小興安嶺以東ウスリー (烏蘇里)江との合流点付近までのアムール川中流域で、在地のウリル文化を基礎とする社会変化がうまれた。そして、②で河川を通じて周辺の異なる生態系に拡大し、③で沿海地方南部―ピョートル大帝湾付近にまで拡大した、という歴史動態の理解は、今も変わらない。③で南方拡大した集団は、『三国史』東夷伝に記された挹婁である可能性が高い(臼杵 2004、大貫 2009 など)。

　アムール川流域は、ポリツェ文化遺跡群が分布する範囲の北辺域となる。この地域は、温帯性環境から亜寒帯性環境への社会生態学的移行帯である。北方森林タイガ地帯における種々の文化動態との接触関係、あるいは、全体的な北上傾向にある新石器時代以来の農耕／栽培植物利用史のなかで、その立ち位置に注目したい。家畜動物骨やアワ・キビの存在、土器の器種構成や容量などから、本地域では穀物の積極利用があったとされる(Деревянко 1976)。ただし、炭化種実が出土する集落遺跡でも漁網錘や釣針はよく出土している。そのため、大貫静夫(1998)は、一部の農耕適地で穀物栽培はある程度進んだが、全体としては河川漁撈優先型の生業が普及したと考えている。

　緯度がより低い温暖な地域に比べると、北方寒冷地は穀物栽培／利用に不利な環境条件が多い。温帯性の食生活の北方拡大を比較文化論的に捉えるとき、アムール川流域における農耕受容、穀物利用のあり方は、ひとつのモデルケー

スとなる。本論では、異なる景観・環境に立地する二つの遺跡から出土した同時期の土器について、器面に残る種実圧痕の同定と、付着炭化物の同位体分析による食性復元を行う。また、煮炊き痕がよく残る土器の土鍋調理法を復元する。そして、ポリツェ集団がどのくらい、あるいはどのようにして、穀物をはじめとする各種食材を調理したのかについて考える[1]。

1 ポリツェ文化の地域性

小興安嶺より東側、河口部までのアムール川流域一帯に、ポリツェ文化の遺跡は分布する。小興安嶺の西(ゼーヤ・ブレヤ平原)には、おなじく鉄器化が進み、農耕色が強まるタラカン文化がひろがった。ウリル文化の東西地域差をもとに、二つの文化は別々に成立したとされる(Нестеров 1998)。

今日につらなるアムール川流域の地形は、気候が安定化した完新世中期に成立した。現行の考古学編年(Фукуда 2017 など)によると、新石器時代中期コンド

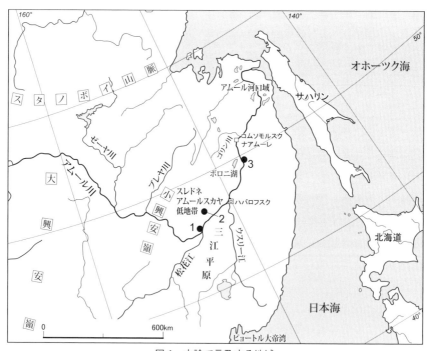

図1 本論で言及する地域
1：ポリツェ1遺跡　2：ジョルトゥイ・ヤル遺跡　3：マルムゥジュ1遺跡

ン文化後半期から、集落遺跡の数と規模は拡大した。その後、マリシェボ文化（同中期）、ボズネセノフカ文化（同後期）と続き、紀元前1千年紀の開始前後に、古金属器時代ウリル文化がはじまった。

　アムール川は小興安嶺を下り、平野部に入る。そして松花江、ウスリー江などと合流し、流域には広大な氾濫原が形成される。この氾濫原を含むスレドネアムールスカヤ低地帯の地形は、中国領内の三江平原と連続的に捉えられ、およそ北緯50度のコムソモルスクナアムーレ付近までひろがる。アムール川はその後、シホテアリン北部の山岳地帯を蛇行しながら北上し、河口にいたる（図1）。

　ウスリー江との合流点となるハバロフスクより下流域には、新石器時代以降、南西部と北東部という二つの大きな地域性がある。福田（2015a）は、遺跡分布調査を行い、平野のひろがる南西部をスレドネアムールスカヤ低地帯、山岳地形の北東部を河口域とよんだ。その地域性は、環境適応の差に加え、主たる対外交渉相手の違いから生じる社会的指向の差としても認められる。

　ポリツェ文化に関しても、この地域区分は有効である。農耕色と鉄器化が強まることで知られる代表的な遺跡群（ポリツェ1、ジョルトゥイ・ヤル、コチコバトカ、リブノエ湖、アムールスキー・サナトリーなど）は、アムール川流域の南西部に分布する。一方、並行期の北東部の遺跡には、ポリツェ文化に特徴的な長頸壺、金属器、装飾品の類いはあるが、ごく少量が出土する程度である。河口域は、緯度が高くて平野部が少ないため、農耕に適さず、オホーツク海に近いため、海獣類を含む海産資源が利用されたと考えられる（福田2009）。おなじ川沿いにあるが、南西部と北東部の生業戦略はかなり違ったはずである。

　ポリツェ式の系統にある土器は頻繁に発見されるのだが、河口域に集落構造を把握できる事例はない。ウリル期よりやや高い位置で遺跡がよくみつかるので、居住要件が変化した可能性はある。ポリツェ文化の適応形態は一様でなく、河口域には南部の集団のものと異なる生活構造があったと考えられる。

　デリューギン（Дерюгин 2009a）は、スレドネアムールスカヤ低地帯のポリツェ式土器に並行する河口域のカコルマ群とエボロン式を設定した。ヤンシナ（Яншина 2013）は、これにしたがい、アムール川流域の古金属器時代広域編年のなかに、カコルマ式、エボロン式を位置づけた。アムール川流域におけるポリツェ式土器の変遷は、臼杵勲（2004）、木山克彦（2014）が指摘したウリル～挹婁式の（長頸）壺の口頸部の形態変化を基準にすると、捉えやすい。河口域でも出

土する長頸壺との共伴関係、文様・器形の共通性、炭素年代をあわせみて、カコルマ式はポリツェ期、エボロン式はクケレボ期にほぼ並行する。 　　　　（福田）

2　分　析

(1)資料の来歴

　ハバロフスク地方郷土誌博物館に所蔵されるジョルトゥイ・ヤル(Zhertyj Yar)遺跡と、マルムゥジュ（Malmyzh）1遺跡から出土したポリツェ文化の土器片資料約2,000点の調査を行った。ジョルトゥイ・ヤルはスレドネアムールスカヤ低地帯西部、マルムゥジュ1は同平原北端部に位置する。直線距離にして約415km離れるが、後述するように、ともにクケレボ期の集落遺跡である。

　ジョルトゥイ・ヤル遺跡は、ロシア連邦ユダヤ自治州ビロビジャン地区ジョルトゥイ・ヤル村から南南東へ5km離れたビラ川左岸の崖面上に立地する。1966年、オクラドニコフ指揮下の極東考古学調査隊が、約30軒の竪穴の窪みを発見した。1967・1969年には、デレビヤンコが住居址2軒を発掘し、各種遺物が良好に残る集落遺跡であることが判明した(Деревянко・Глинский 1972)。2008・2009年には、ヤンシナ(Яншина 2010)が、標高が最も高い遺跡北端部で発掘を行った。今回の分析対象はヤンシナ発掘資料(博物館登録番号：НВ12223)である。出土品は、クケレボ期の土器が大部分を占める。本遺跡はデレビヤンコ編年によるジョルトゥイ・ヤル期の標式遺跡であるが(Деревянко 1976)、ヤンシナ調査地点の包含層はそれとは別の時期となる(Яншина 2010)[2]。

　一方、マルムゥジュ1遺跡は、ロシア連邦ハバロフスク地方ナーナイスキー地区マルムゥジュ村に位置する。1936年に、オクラドニコフ指揮下のアムール調査隊がマルムゥジュ村で3遺跡を発見しているが(Окладников 1980)、現在、それらの正確な位置は不明である。1992・1993年、デリューギンがマルムゥジュ1遺跡で発掘調査を行った(デリューギン 1994、Дерюгин 2009b)。アムール川に面する村最西端に位置するマルムゥジュ崖の中腹で調査が行われ、竪穴住居4基(№1〜4)が発見された(図2)。川汀線との比高差は約30mある。調査区中央の住居№1は、床面中心部に地床炉をともなう略方形住居である。炉の周囲の床面に木枠遺構がある。住居は傾斜面に掘り込まれ、ほぼ水平に床面がつくられる。出入り口が竪穴南側につく。住居№1の構造は、ジョルトゥイ・ヤル、ポリツェ1遺跡など、スレドネアムールスカヤ低地帯西部の事例とさ

ポリツェ文化の穀物利用と食生活　75

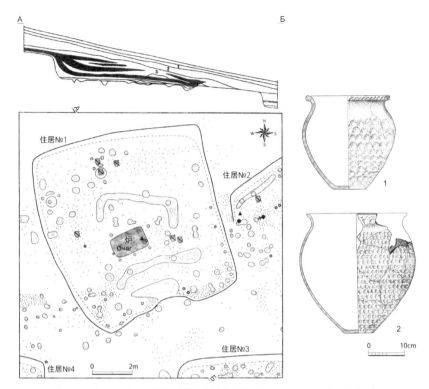

図2　マルムゥジュ1遺跡の竪穴住居と土器（Дерюгин 2009bを一部改変）
左：1992・1993年調査区　右：住居№1出土土器

ほど違わない。今回の分析対象は、この調査区からの出土資料(博物館登録番号：HB12220-1992年調査分、HB12221-1993年調査分)である。

　マルムゥジュ1遺跡出土土器の大半はポリツェ式である。調査区出土資料のなかには靺鞨式と区別しにくい破片もあるが、住居№1にともなうのはクケレボ期の土器である(図2-1・2)。類例はジョルトゥイ・ヤル遺跡(上記のヤンシナ発掘資料)にある(Яншина 2013)。ヤンシナは河口域のエボロン式の範囲内で本遺跡の土器を捉えているが、最河口部(ズメイカ1遺跡など)のエボロン式土器とは、型式内容が異なる。胴部全面につく指頭圧痕や頸部の細密沈線文のあり方は、むしろ、スレドネアムールスカヤ低地帯西部のポリツェ式に近い。報告者は、本遺跡に、高緯度地帯におけるポリツェ集団の適応戦略が認められるとした(Дерюгин 2009b)。なお、おなじ登録番号の標本箱のなかには、ポリツェ

文化層の下から出土した新石器時代ボズネセノフカ式も含まれる(デリューギン 1994)。また、一緒に保管されているマルムゥジュ村採集遺物の標本箱(博物館登録番号：HB2892)には、ポリツェ式のほかに靺鞨式(鉄器時代)も含まれる。これは1929年10月に寄贈された資料であり、出土地点がわからない。

(福田・ゴルシュコフ)

(2) 土器圧痕から採取したレプリカの種子同定

本項では、上記2遺跡で実施したレプリカ法調査結果について報告し、ポリツェ文化期の栽培穀物について検討したい。具体的には、レプリカ法(丑野・田川1991)を用いて、土器に残された種子由来と推定される圧痕にシリコン樹脂を充填し、レプリカを採取、それを走査型電子顕微鏡(SEM)で観察して、現生植物との形態的比較から同定を行った。なお、レプリカ法の手順や種子同定基準については、本書資料編をご参照いただきたい。

ジョルトゥイ・ヤル遺跡では土器資料623点を観察して、アワ *Setaria italica* 穎果1点、有ふ果24点と、キビ *Panicun miliaceum* 有ふ果4点を同定した。またマルムゥジュ1遺跡では1,414点の土器を観察して、アワ穎果1点、有ふ果5点と、キビ有ふ果1点を同定した。種レベルまで同定できた、これら栽培穀物以外にも、ジョルトゥイ・ヤルでイヌタデ属果実1点とキビ連穎果1点を、マルムゥジュ1ではヒユ科種子1点、ヒエ属有ふ果1点、キビ連穎果1点を同定した(表1)。ヒエ属 *Echinochloa* 1点については、野生種／栽培種の区分が明確でないためヒエ属と属レベルの同定にとどめ、遺存状態が良好でない穎果についてもキビ連穎果と連レベルまでの同定とした。以下に種子同定基準の特徴が明解な資料を選んで、圧痕を検出した土器の写真と、採取したレプリカの走査型電子顕微鏡(SEM)の画像を提示しながら、その同定の根拠を説明する。なお、同定

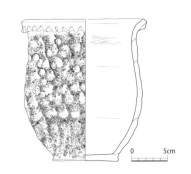

図3　ジョルトゥイ・ヤル遺跡の深鉢

表1　検出された種実圧痕

遺跡名	アワ有ふ果	アワ穎果	キビ有ふ果	キビ連穎果	ヒエ属有ふ果	ヒユ科	イヌタデ属果実
ジョルトゥイ・ヤル	24	1	4	1			1
マルムゥジュ1	5	1	1	1	1	1	

ポリツェ文化の穀物利用と食生活　77

資料全点の圧痕検出土器の型式、器種、圧痕残存部位、同定結果などの詳細については、巻末の付表をご参照いただきたい。

　ジョルトゥイ・ヤル遺跡出土の、外面に指頭痕を残す完形のポリツェ式深鉢(図3)底部外面からはアワ有ふ果2点、胴部外面からアワ1点とキビ1点を同定した。そのうち底部外面から採取したレプリカ(資料番号 R02ZhY003-01)と胴部外面から採取したレプリカ(R02ZhY003-03)は、内外穎に観察される乳頭状突起や、内穎縁辺部の平滑部位が観察されることからアワ有ふ果と同定した(図4-1・2)。また、胴部外面から採取したレプリカ(R02ZhY003-04)は、内外穎の平滑な表面状態、内外穎境目の明確な段差からキビ有ふ果と同定した(図4-3)。また、底縁部に爪形文のつく凸帯を持つ典型的なポリツェ式の深鉢(図4-4)の胴部内面から採取したレプリカ(R02ZhY-007)、ポリツェ式と推定され

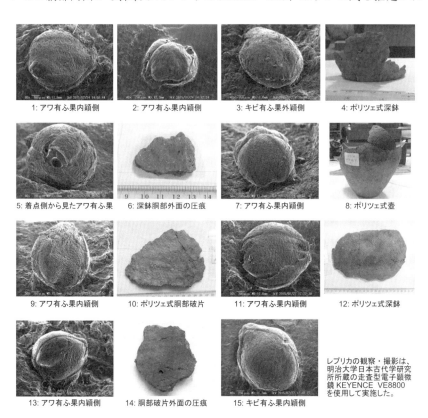

1: アワ有ふ果内穎側　2: アワ有ふ果内穎側　3: キビ有ふ果外穎側　4: ポリツェ式深鉢

5: 着点側から見たアワ有ふ果　6: 深鉢胴部外面の圧痕　7: アワ有ふ果内穎側　8: ポリツェ式壺

9: アワ有ふ果内穎側　10: ポリツェ式胴部破片　11: アワ有ふ果内穎側　12: ポリツェ式深鉢

13: アワ有ふ果内穎側　14: 胴部破片外面の圧痕　15: キビ有ふ果内穎側

レプリカの観察・撮影は、明治大学日本古代学研究所所蔵の走査型電子顕微鏡 KEYENCE VE8800 を使用して実施した。

図4　ジョルトゥイ・ヤル遺跡出土土器の種実圧痕

る深鉢胴部破片(図4-6)外面から採取したレプリカ(R02ZhY-009)、外面に細かい方格の叩目(いわゆるワッフル文)を持ち、頸部直下に鋸歯文が残るポリツェ式壺(図4-8)胴部外面から採取したレプリカ(R02ZhY-011)、外面にワッフル文が残り小型粘土板を貼り付けたポリツェ式胴部大型破片(図4-10)から採取したレプリカ(R02ZhY-016)、外面にワッフル文を持つポリツェ式深鉢(図4-12)胴部外面から採取したレプリカ(R02ZhY-023)も、それぞれ内外穎に観察される乳頭状突起や、内穎縁辺部の平滑部位が観察されることからアワ有ふ果と同定した(図4-5・7・9・11・13)。また、無文のため型式は不明だが外面に叩きによる凹凸を持つ胴部破片(図4-14)外面から採取したレプリカ(R02ZhY-017)は、両端が尖る形状や内外穎の平滑な表面状態、内外穎境目の明確な段差が良好な状態で観察され、キビ有ふ果と同定した(図4-15)。

一方、マルムゥジュ1遺跡では、胴部破片外面(図5-1)から採取したレプリカ(R02MM1-002)や、内面(図5-3)から採取したレプリカ(R02MM1-004)は、内外穎に観察される乳頭状突起や、内穎縁辺部の平滑部位が観察されることからアワ有ふ果と同定した(図5-2・4)。また、内面に指頭圧痕の残る薄手深鉢外面(図5-5)から採取したレプリカ(R02MM1-005)については、ヒエ属有ふ果と同定した(図5-6・7)。これは、背面観で中央部の幅が最も広くなり、先端と基部に向かってそれぞれ急に細くなること、さらに側面観で中央部が急に厚く盛り上がる特徴からヒエ属有ふ果と同定した。現在の栽培種のヒエと比べてサイズは小さく、(長さ1.92mm、幅1.57mm)野生種のイヌビエの変異に含まれる。日本列島

1: 胴部破片外面の圧痕

2: アワ有ふ果外穎側

3: 胴部破片内面の圧痕

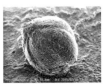
4: アワ有ふ果内穎側

5: 深鉢外面の圧痕

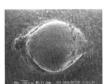
6: ヒエ属有ふ果の背面観 (SEM写真)

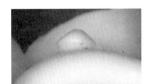
7: ヒエ属有ふ果の側面観 (実体顕微鏡写真)

図5　マルムゥジュ1遺跡出土土器の種実圧痕

東北部においては縄文時代早期後半からヒエ属の炭化種子が報告され、それらの形態が次第に栽培ヒエに近づいていく傾向が見られることから、いわゆる「縄文ヒエ」の存在が提唱されてきた（吉崎1997）。しかし、イヌビエの形態変異は大きいので、この資料が野生種か栽培種かの判断は難しい。ただしヒエは東アジアのどこかで栽培化された可能性が高く、今後アムール川流域のヒエ属についてもデータの蓄積が求められる。

　今回の同定結果から、ポリツェ文化クケレボ期にアムール川流域ではアワとキビの雑穀栽培が行われていたと推定される。2遺跡のデータからはアワが主でキビがともなうような同定結果となったが、これがこの地域全体の傾向であるかどうかは現状での判断は難しい。また、次節で述べるように土器付着炭化物の年代測定結果からは、2遺跡の出土資料の帰属時期を絞り込むことはまだ難しいため、今後帰属時期と種子同定、この二つの信頼性の高いデータを蓄積して、そこから栽培穀物の通時的な変化を検討していく必要があるだろう。とくにアムール川流域での栽培穀物の出現期を解明するためには、より古い時期の土器を対象にレプリカ法を実施する必要がある。アワ・キビの栽培化起源地については長く議論が続けられてきたが、近年、中国での植物考古学の進展により、アワ・キビが黄河中流域で栽培化されたことはほぼ確実な状況にある（Zhao 2011、Miller *et al.* 2016）。それらがいつ頃どのようなルートでアムール川流域まで拡散したのかを詳細に検討するためには、フローテーション法で得られる炭化種子データとレプリカ法を相互補完的に用いて、地域や時間幅を広げた確実性の高い資料の蓄積が望まれる。

　また、これまで新石器時代から青銅器時代にかけての東北アジアの農耕の北限については、遺跡から出土する穀物から「北緯45度付近が当時の農耕の限界としての一応の目安」（甲元2008、p.52）との指摘もある。それより数段階新しい、今回の2遺跡が属する古金属器時代ポリツェ文化期には、穀物栽培の北限はやや北上していたものと思われる。ただし、この地域は温帯モンスーンの発達により、北緯50度付近に位置しながらも夏季は蒸し暑く、たとえば現在のハバロフスクの7月の日平均気温は21.3度である。したがって、比較的高温な夏という気候条件が、生育期間の短い夏作物である雑穀に適していたと考えられる。

（遠藤・那須）

(3)土器付着炭化物を用いた食性復元

　土器付着炭化物の炭素・窒素同位体比、C/N 比を用いた食性復元について報告する。この分析手法は、近年盛んに実施され、先史時代における食性復元に貢献している[3]。当該地域では、遺跡調査の性格上、土壌試料のフローテーションには限界があり、同位体分析や圧痕レプリカ法による食性復元の成果が望まれる。今回、ジョルトゥイ・ヤル遺跡、マルムゥジュ 1 遺跡の分析を行い、アムール川流域での食性について議論を進めたい。ポリツェ文化では、1980年代からアワ・キビ等の雑穀栽培が注目され(松谷 1988)、かつての「北方農耕論」で議論となった。近年のデータでは、当該地域の農耕は、遼西・遼東に起源をもつ雑穀栽培が北上伝播したものであり、ロシア・沿海地方を経由してきたと考えられる(小畑 2011)。沿海地方では、新石器時代中頃のクロウノフカ 1遺跡(ザイサノフカ文化、約 5500calBP)の事例が最も古い。朝鮮半島でもほぼ同時期に遼西・遼東を経て伝播したと考えられている(安 2007)。

　今回の分析では、ポリツェ文化などの C_4 植物利用を土器付着物の炭素・窒素同位体比、C/N 比から確認することを目的としている。同文化における C_4 植物利用を検討することは、北東アジアの生業を考える上で非常に重要になる。極東ロシアでの先行研究は、沿海地方のウスチノフカ 8 遺跡(古金属器時代リドフカ文化、Kunikita *et al.* 2007)や、ナイ遺跡(ポリツェ文化、臼杵・木山編 2014)で C_4 植物利用が確認されているが、アムール川中・下流域以北では分析がほとんどなされていない。

　今回の測定試料は、ジョルトゥイ・ヤル遺跡の土器付着物が 10 点(内面 8 点、外面 2 点)、マルムゥジュ 1 遺跡の土器付着物が 9 点(内面 8 点、外面 1 点)、マルムゥジュ村採集遺物が 4 点(内面 4 点)の計 23 点である(表 2)。先述の通り、採集資料には靺鞨式なども含まれる。現在、ポリツェ文化は I 〜 III 期に時期区分され、紀元前 3 世紀〜紀元後 4 世紀頃と想定されている(臼杵・木山編 2014)。今回の試料では ^{14}C 年代測定を 15 点実施し、マルムゥジュ 1 遺跡で 2310〜1815BP(靺鞨式を除く)、ジョルトゥイ・ヤル遺跡で 1835〜1685BP の年代が得られた。後者はポリツェ文化 III 期頃(紀元後 2〜4 世紀頃)、前者はそれよりも古い年代値も含んだポリツェ文化 II 〜 III 期頃(紀元前 1〜紀元後 3 世紀頃：一部古い値を除く)になる。淡水魚類などの淡水リザーバー効果の影響が不明なため、両遺跡に時期差があるかどうかに関しては、今後の年代値の増加を待って検討したい。

表2 分析資料の詳細

遺跡名	試料番号	採取位置	登録番号	土器型式	器種	^{14}C年代(BP)	Lab.No.	δ^{13}C(‰)	δ^{15}N(‰)	C(%)	N(%)	C/N	圧痕
ジョルトゥイ・ヤル	2016JY-1ru	口縁部内面	No.12981	ポリツェ	深鉢=18.8cm			-22.0	9.4	57.8	4.9	13.7	アワ・キビ有ふ果
	2016JY-1bu	胴部内面	No.12981			1685±45	MTC-17768	-10.5	6.1	61.5	4.8	14.9	アワ・キビ有ふ果
	2016JY-2ru	口縁部内面	No.12223, 247	ポリツェ	深鉢	1820±35	MTC-17909	-26.8	8.8	50.5	4.9	12.0	
	2016JY-2bs	胴部外面	No.12223, 247					-25.5	9.3	57.4	2.5	26.5	
	2016JY-3nu	頸部内面	No.12223, 259	ポリツェ	深鉢	1700±35	MTC-17910	-22.0	6.9	55.7	6.1	10.6	
	2016JY-3ns	頸部外面	No.12223, 259					-24.7	8.5	50.5	3.7	16.0	
	2016JY-4ru	口縁部内面	No.12223, 278	ポリツェ	深鉢	1715±30	MTC-17911	-19.3	6.7	57.8	5.2	13.1	
	2016JY-5ru	口縁部内面	No.12223, 269	ポリツェ	深鉢	1835±35	MTC-17912	-23.8	8.7	56.3	5.6	11.8	キビ有ふ果
	2016JY-6ru	口縁部内面	No.12223, 77	ポリツェ	深鉢	1755±35	MTC-17913	-20.7	7.8	45.6	4.6	11.7	
	2016JY-7bu	胴部内面	No.12223, 527	ポリツェ	深鉢?(胴部)			-26.7	7.9	51.8	0.8	74.3	
マルムゥジュ1	MAR1-1ru	口縁部内面	No.12001, 593	ポリツェ	深鉢	1920±30	MTC-17914	-27.4	9.8	29.2	4.0	8.6	キビ連顆果
	MAR1-2ru	口縁部内面	No.12001, 627	ポリツェ	深鉢	2030±35	MTC-17769	-25.3	9.5	58.7	2.4	24.2	
	MAR1-2bs	胴部外面	No.12001, 627					-25.0	7.9	53.5	2.1	29.9	
	MAR1-6ru	口縁部内面	No.12001, 645・545	ポリツェ	深鉢	1815±35	MTC-17915	-29.1	9.6	53.8	6.2	10.2	
	MAR1-20ru	口縁部内面	No.12000, 623	靺鞨	深鉢	1235±35	MTC-17917	-25.6	9.3	57.1	8.9	7.5	
	MAR1-21ru	口縁部内面	No.12000, 616	ポリツェ	壺/深鉢	2310±30	MTC-17918	-24.9	11.8	54.0	3.4	18.8	
	MAR1-22nu	頸部内面	No.12000, 628	ポリツェ	深鉢	1900±35	MTC-17919	-30.6	8.9	58.3	6.9	9.9	
	MAR1-23ru	口縁部内面	No.12000, 630	ポリツェ	深鉢	2120±35	MTC-17920	-27.7	10.9	52.6	5.5	11.1	
	MAR1-25bu	胴部内面	No.12001, 312	ポリツェ	深鉢?(胴部)			-28.0	11.0	60.7	6.4	11.1	
マルムゥジュ村(採集遺物)	MAR1-13ru	口縁部内面	No.2892-3	ポリツェ?		2440±30	MTC-17916	-28.5	8.5	42.0	4.5	10.8	
	MAR1-14ru	口縁部内面	No.2892-4	靺鞨	壺/深鉢	1085±35	MTC-17770	-21.5	7.3	60.1	4.9	14.5	
	MAR1-15ru	口縁部内面	No.2892-5	靺鞨	深鉢			-23.2	7.3	53.0	2.8	22.5	
	MAR1-16ru	口縁部内面	No.2892-7	靺鞨	深鉢			-14.2	5.7	37.6	2.8	15.9	

　炭素・窒素同位体比、C/N比を図6・7に示している。現状で確実にC$_4$植物と考えられる試料は、ジョルトゥイ・ヤル遺跡で1点、マルムゥジュ村採集遺物で1点の計2点ある。後者はδ^{13}C値 -14.2‰で海生生物の可能性もあるが、遺跡の立地や、その他試料の状況を考慮すると、C$_4$植物の影響と判断できる。なお、圧痕レプリカ法でアワ・キビが得られた土器と同一試料は3点ある（表2）。No.12981（図3）の完形深鉢は、口縁部内面と胴部内面とで同位体比が異なっており、煮炊きされた内容物の混ざり具合に差があったのかもしれない。図6において、ジョルトゥイ・ヤルは淡水魚類(推定)の範囲から、C$_4$植物

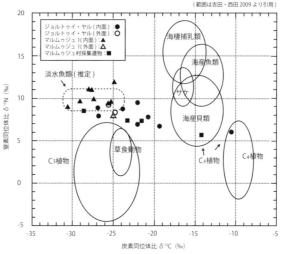

図6　炭素・窒素同位体比

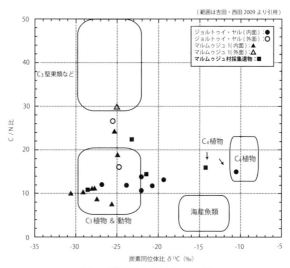

図7　炭素同位体比とC/N比

領域に向かって横長の分布を示しており、この二つの生物群を主とした内容物であった可能性が高い。もちろん、中間領域に関しては、サケ・マス類とC₃植物・草食動物の混合の可能性もあるが、分布の形状から判断して可能性は低い。図7のC/N比グラフでも同様のことがいえる。両遺跡の比較では、ジョルトゥイ・ヤルの$\delta^{13}C$値の方が重く、C_4植物利用の割合が高い。このことは、

マルムゥジュ1遺跡がより北方に位置し、雑穀栽培が導入ししにくかった状況を反映している可能性があるが、今後、アムール川河口域の試料なども検討して考察を行う必要がある。

　今回の分析から、ジョルトゥイ・ヤル遺跡の食性はC_4植物と淡水魚類の複合的な利用の可能性が高い。マルムゥジュ1遺跡では明確なC_4植物の影響を確認できなかった。ただし、マルムゥジュ村採集遺物の鞦鞮試料により、C_4植物を確認できた。当該地域まで雑穀利用の北限を確認できた点は、非常に重要である。ジョルトゥイ・ヤルでは多くの試料でC_4植物の影響があり、新石器時代の食性と比較して大きな変化があった。アムール川下流域における新石器時代では、マラヤガバニ遺跡とクニャゼボルコンスコエ1遺跡の分析例（國木田ほか2011）などがある。前者は、遡上性のサケ・マス類＋河川魚類を利用しているのに対して、後者は河川魚類のみに依存していた可能性が高い。今回の分析では、窒素同位体比が高い試料がなく、遡上性のサケ・マス類の利用は低かったと考えられる。北海道常呂川河口遺跡等の擦文文化では、遡上性のサケ・マス類を含めた海洋資源の影響が大きく、C_4植物は一部の試料で確認されるものの、その割合は非常に低い（國木田2016）。今後、日本列島での雑穀栽培も注視しつつ、北東アジア地域の農耕に関して議論を深化させる必要がある。　　　（國木田）

（4）スス・コゲからみたジョルトゥイ・ヤル遺跡出土深鉢の使用法

　土鍋調理では外面に燃料から発生するススが、内面には内容物が炭化したコゲが付着する。一般に、ススの付着パターンは最終調理を、コゲは調理履歴の蓄積を反映する。この土器は口径17.0cm、器高18.8cmを測り、ポリツェ式のなかでは中〜小型の深鉢である（図3）。完形ながら口縁部から胴中部にかけて縦方向と、胴下部に横方向の亀裂が入る。外面には両亀裂から液体の滲み出しと滴り痕が複数認められるので、これが土器廃棄の要因だったとみられる。

　底部内外面にはコゲもススもないので、地床炉での直置き調理とみてよい（図8）。胴部から口縁部外面のススはA面のスス酸化範囲が広く、内面のコゲも強い。外A-B面は胴中部までススが残り、対応する内面のコゲも弱い。最終調理はA面側がやや火が強いものの、後述するようにコゲが胴部を一周巡っており、全体によく火がまわっている。ススの酸化は口縁部の突起にも及び、とろ火ではなく、一時的にせよ、炎が土器全体を包むような調理が想定される。

　コゲの特徴は、胴中部に厚く喫水線直上のコゲが巡ることである。さらに層

状のコゲは胴上部から口縁部に及ぶ。厚みのある層状のコゲはデンプン質が豊富な内容物で生成しやすく、油分が加わると定着性がよい（北野 2009）。これらから、内容物はデンプン質の食材で最終段階まで汁気が一定量残る調理が想定される。デンプン質が溶けた煮汁は吹き上がりやすいので、これが胴上部に付着し、焦げついたものとみられる。内容物をかき混ぜる操作によって煮汁が上部に及ぶこともある。なお、温めながら食べる場合のように、喫水線の低下にともなって付着した煮汁のコゲの可能性もあるが、縄文深鉢のように、デンプン質が豊富な内容物の調理では吹き上がりを抑えるために喫水線を低めにする傾向があることから、ここでは汁に粘り気のある料理を想定しておきたい。

一方、胴下部にも薄いコゲが巡る。最終段階の調理以前に汁気がなくなる調理を経験していることがわかる。炊飯の蒸らしコゲのメルクマールとなるパッ

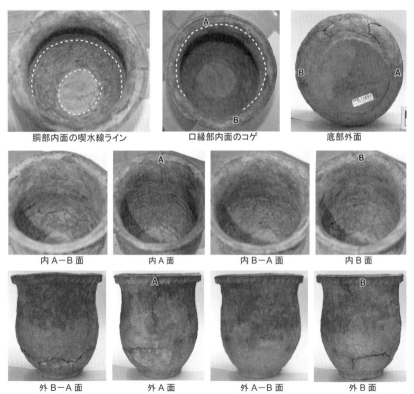

図8　ジョルトゥイ・ヤル遺跡出土深鉢（図3）のススとコゲ

チ状コゲとはみられないので、炊き干し調理ではなかろう。また、縄文深鉢に特徴的な胴下部のバンド状コゲが認めらないことから、オキ火による空焚き乾燥は行っていない。これについては、スープ状料理の喫水線低下によるコゲの可能性など、多様な解釈が可能で、絞り切れない。

（北野）

3　まとめ—ポリツェ集団は何をどのようにして食べたのか？—

　ジョルトゥイ・ヤル遺跡では、アワの可能性の高い圧痕が計25点、キビの可能性の高い圧痕が計4点検出された。一方、マルムゥジュ1遺跡では、アワの可能性の高い圧痕が計6点、キビの可能性の高い圧痕が計1点検出された。悉皆調査による観察点数を分析母数とすると、出現率はジョルトゥイ・ヤルのほうが高い。高緯度のマルムゥジュ1でも、時期を選べばアワやキビを栽培できた可能性はあるが、雑穀への依存傾向はジョルトゥイ・ヤルより低い。

　同定できなかった圧痕も多い。それらのなかに、本地域で食された種実がある可能性は否定できない。マルムゥジュ1遺跡検出のヒエ属について、野生種か栽培種かを見極める必要がある。なお、縄文ヒエの出現にまつわる北回り文化起源論を後押しする文化動態・搬入メカニズムは完新世初頭以降に存在しないので（福田2009・2015b）、日本列島との関係については慎重な議論を求めたい。

　アムール川流域のポリツェ式土器に残るコゲの起源は、雑穀と、淡水魚類＋雑穀の混合物の2種類と考えられる。ジョルトゥイ・ヤル遺跡は両方が認められ、マルムゥジュ1遺跡は淡水魚類にかたよった。これは、高緯度のマルムゥジュ1に、雑穀を積極利用したジョルトゥイ・ヤルとは異なる食指向があったことを示す、とも考えられる。マルムゥジュ1では、時代の下る靺鞨式土器の付着物に C_4 植物の影響がある。これは、雑穀利用の普及が南西部より遅れたことを示すのであろうか。

　ところで、両遺跡とも、新石器時代の土器付着物によく認められるサケ・マス類の影響が確認されていない。これに関連して、マルムゥジュ1遺跡の住居No.1出土動植物遺体の同定結果報告がある（Дерюгин 2009b）。地床炉からは、クマ・キツネ・ノロ・イヌといった陸獣骨と人骨片が出土した。住居からは、ほかに魚骨も出土した。同定結果は、アムールチョウザメ *Acipenser schrencki*、ギベリオブナ *Carassius auratus gibelio*、アムールナマズ *Parasilurus asotus*、ケツギョ *Siniperca chuatsi*、コウライギギ *Pseudobagrus fulvidraco* である。コウラ

イギギが魚類全体の58％を占める。植物遺体はマツ *Pinus sibirica* が検出された。報告者が述べるように、人骨は食用ではなく、別の理由で含まれたと考える。マツは集落周辺の資源使用と関係すると考える。獣骨に関しては、新石器時代以来のアムール川下流域に想定される陸上動物資源の構成種との間に大差ない。一方、魚骨は、ナマズ・フナ類といったアムール産の淡水魚ばかりである。淡水魚の硬い骨は相対的に抽出されやすいというサンプリング・バイアスを考慮しても、やはり、サケ類は土鍋調理されていなかった可能性が高い。

　今も昔も、マルムゥジュが所在するボロニ湖周辺における主幹産業は、サケ漁である。サケ・マスは、アムールに暮らす人々の生活に欠かせない食料資源である。新石器時代以降のアムール川流域で石錘(漁網錘)が一定量出土することは集落定着化を測る重要な目安とされ、その存在はサケ・マスの網漁の存在に結びつけられてきた。また、集落の立地条件や内部構造は、サケ・マスの捕獲・利用作業と密接に関わる通年活動に規定されると考えられてきた(Окладников・Деревянко 1973、シェフコムード 2008 など)。

　ポリツェ集団の調理法を考えるため、近現代のおなじ地域における食料資源利用法を参照する。ただ、アムール先住民の事例を紀元前後のポリツェ文化期のことに直結させる意図はまったくない。民族誌時代における現地の社会集団は流動的かつ開放的であり(佐々木 1996 など)、遺伝子情報も含めた民族系統論的な固有性は一切保証されていないからである(福田 2015b、p.27)。

　シロザケは夏秋2回、アムール川を遡上するが、夏(7~8月)は河口域にとどまり、秋(8~10月)はスレドネアムールスカヤ低地帯方面にも遡上する。カラフトマスは、夏のアムール川で捕れる魚ではあるが、河口周辺やサハリンのニブフがもっぱら捕獲し、内陸のニブフたちはあまり利用しない(佐々木 2005)。扁平礫の両端を打ち欠いた石錘が出土しているため、マルムゥジュで地元産のサケをまったく捕獲しなかったとは考えにくい。サケが今回の分析対象中にたまたま入らなかった可能性もあり、憶測の域は出ないが、ジョルトゥイ・ヤル遺跡でも同様の傾向が認められることから、ポリツェ集団は、民族誌によくみられるような干し魚として、サケを利用したのではないか。マルムゥジュ1遺跡の住居№1から出土した魚類は、この地域に暮らすナーナイの食料項目(風間 2016)に含まれているので、遺跡周辺に生息する淡水魚が煮炊き用食材として捕獲されたと考えられる。サケがないことは、冬期の保存食利用と関係する

季節性を示すのかもしれない。分析事例を増やして、詳細に言及したい。

　つぎに、土鍋調理物とその調理法について考えてみる。ジョルトゥイ・ヤル遺跡出土の、付着炭化物が内外面によく残る完形土器1点(図3)に対して、今回、種実圧痕、炭化物の成分、使用痕に関する三つの分析を施した。この深鉢の口縁部はやや外反し、頸部は直立し、その下に緩やかに膨らむ胴部がつらなる。口縁部に幅狭の粘土帯を貼りつけ、ケズリとナデツケにより角張った凸帯をつくり、キザミを等間隔に配して文様効果をだす。外面は口縁部直下〜胴部の全面に指頭圧痕が残り、内面は入念にナデつけられる。この深鉢は、クケレボ期の特徴を有している。

　この深鉢の底部外面からアワ有ふ果2点、胴部外面からアワ1点とキビ1点の圧痕が検出された。土器製作時点で、アワ・キビの種子が周囲に存在したといえる。内面の喫水線は汁物調理であったことを示す。デンプン質を含む汁物を炊きあげたため、喫水線〜口縁部が焦げつき、層状に残ったと考えられる。同位体比からすぐに連想されたのは、淡水魚を主な具材とする「雑穀スープ」だった。が、調理痕跡の分析からは、粘度の高い「粥状」の料理が想定された。

　同位体比・C/N比には、胴部内面のコゲにC$_4$植物の影響が認められる。口縁部内面のコゲには淡水魚類の影響があるほか、C$_4$植物が影響した可能性もある。鍋のなかで雑穀と淡水魚を混ぜたとも考えられ、そうだとすれば、穀物と魚を明確にわけて料理するナーナイの食事とは違う調理法が、ポリツェ文化に存在したことになる[4]。ただし、雑穀を煮炊きしたあとで土鍋をよく洗わず、おなじ土鍋を使って淡水魚を調理した、あるいはそれを繰り返したため、結果として混合物のようにみえている可能性もある。後代の現地の鉄鍋は、よく洗わずに使われることが多いという。また、日本の縄文土鍋のなかにも、よく洗わずに使用されたと考えられる例がある(北野 2009)。

　数値がC$_4$植物の範囲内に単独で収まった結果が、ジョルトゥイ・ヤル遺跡にある。これが、雑穀のみの粥が日常的に食されたことを示すとは、単純にいえない。添加物の候補となる香草やベリーのたぐいを捉えるような性質の分析ではないからである。現代社会の食文化から想像できるような調理法ではなく、思いもよらぬ方法、工夫がなされていた可能性もある。

　もう一点、気になることがある。ポリツェ1遺跡(Деревянко 1976)で下顎骨が出土しているブタ(イノシシ類というべきか)が、ジョルトゥイ・ヤル遺跡にもマ

ルムゥジュ1遺跡にもない。『三国史』東夷伝には、挹婁は五穀や牛馬、馬、麻布を産し、盛んに豚を飼育し、肉を食べ、皮を着、冬には豚の膏を体に塗る、と書かれている。沿海地方南部の集団と目される挹婁と、アムール川流域の集団との間で食習慣の違いは当然あったと考えられる。が、ポリツェ1に近接するジョルトゥイ・ヤルで、家畜ブタが料理されなかったという保証はない。今回行った同位体析結果の解釈は、縄文土器の付着炭化物の起源を推定するために考案された分布傾向(吉田・西田2009)を基礎とする。そもそもこの方法では、雑食性のブタの成分を抽出できない可能性もあるのではないか。

　今回、ロシア国内の資料状況に適した「合わせ技」の方法で、ポリツェ集団の食生活の復元を試みた。わかることを絞り込めた反面、わからないことがたくさんあることも明らかになった。今回、國木田は、炭素・窒素同位体の分布図のなかに淡水魚類の分布範囲を推定した(図6)。こうした作業を続けていくほか、新たな分析法の開発も含め、今後とりくむべき課題は多い。　　　　　(福田)

註

1)　本論は、遠藤ほか(2016)、國木田ほか(2016)、福田ほか(2016)での発表内容にもとづいて考察する。ハバロフスク地方郷土誌博物館収蔵資料の調査分析に際して、シャポワロワE氏からご協力いただいた。また、ジョルトゥイ・ヤル遺跡に関してはヤンシナO氏、マルムゥジュ1遺跡に関してはデリューギンV氏から情報提供を受けた。遺物実測は福永将大氏のご協力を受けた。

2)　デレビヤンコ発掘資料を実見した木山は、2号住居出土土器はクケレボ期のもので、ジョルトゥイ・ヤル期の標式資料は1号住居出土土器であると指摘した(臼杵・木山編2014、p.47)。ジョルトゥイ・ヤル遺跡は、複数時期にわたって形成されている。

3)　分析方法や日本での研究史は、國木田ほか(2010)、國木田(2013)などを参照のこと。本報告での安定同位体測定は、前処理を東京大学の実験室で行い、測定をSIサイエンス株式会社に依頼した。^{14}C年代測定は、同大学のタンデム加速器(MALT)を用いている。本書下巻の國木田論文もあわせてご参照いただきたい。

4)　ナーナイの食事・調理については、Сем(1973)、佐々木(2005)、風間(2016)を参照。また、佐々木史郎氏からは直接ご教示いただいた。

引用・参考文献

安　承模 2007「作物遺体を中心にみた朝鮮半島の先史農耕」『日本考古学協会 2007 年度熊本大会研究発表資料集』pp.311-326

丑野　毅・田川裕美 1991「レプリカ法による土器圧痕の観察」『考古学と自然科学』24、pp.13-36

臼杵　勲 2004『鉄器時代の東北アジア』同成社

臼杵　勲・木山克彦編 2014『ロシア沿海地方の初期金属器時代』札幌学院大学

遠藤英子・福田正宏・那須浩郎・國木田大・ヤンシナ・デリューギン・ゴルシュコフ・シャポワロワ 2016「アムール川流域古金属器時代の雑穀栽培」『第 31 回日本植生史学会大会創立 30 周年記念大会要旨集』p.61

大貫静夫 1998『東北アジアの考古学』同成社

大貫静夫 2009「挹婁の考古学」『国立歴史民俗博物館研究報告』151、pp.129-160

小畑弘己 2011『東北アジア古民族植物学と縄文農耕』同成社

風間伸次郎 2016「魚の王国アムール河(ナーナイ、ウイルチャ)」『シベリア先住民の食卓』東海大学出版部、pp.28-35

北野博司 2009「縄文土鍋の調理方法」『東北芸術工科大学歴史遺産研究』5、pp.1-24

木山克彦 2014「ポリツェ文化〜靺鞨文化初期の土器変遷」『ロシア沿海地方の初期金属器時代』札幌学院大学、pp.47-55

國木田大 2013「近年の考古学における ^{14}C 年代研究」『月刊地球』35−9、pp.529-536

國木田大 2016「大島 2 遺跡出土炭化材試料の放射性炭素年代測定および土器付着炭化物の炭素・窒素同位体分析」『擦文文化期における環オホーツク海地域の交流と社会変動』東京大学、pp.90-99

國木田大・吉田邦夫・辻誠一郎・福田正宏 2010「押出遺跡のクッキー状炭化物と大木式土器の年代」『東北芸術工科大学東北文化研究センター研究紀要』9、pp.1-14

國木田大・Shevkomud・吉田邦夫 2011「アムール下流域における新石器文化変遷の年代研究と食性分析」『東北アジアにおける定着的食料採集社会の形成および変容過程の研究』東京大学、pp.201-236

國木田大・福田正宏・遠藤英子・ヤンシナ・デリューギン・ゴルシュコフ・シャポワロワ・松崎浩之 2016「ロシア古金属時代の土器付着物にみられる C₄ 植物の影響」『日本文化財科学会第 33 回大会研究発表要旨集』pp.82-83

甲元眞之 2008『東北アジアの初期農耕文化と社会』同成社

佐々木史郎 1996『北方から来た交易民』日本放送出版協会

佐々木史郎 2005「極東ロシア、アムール川の先住民族」『極北』農文協、pp.23-77

シェフコムード(福田正宏訳) 2008「古代アムール流域における技術と文化伝統」『開かれた東北予稿集』東北芸術工科大学、pp.21-24

デリューギン 1994「ハバロフスク地方における 1990-93 年の考古学的調査」『北方ユーラシア学会会報』4、pp.1-2

西本豊弘, 2009『弥生農耕の起源と東アジア』国立歴史民俗博物館

福田正宏 2009「極東ロシア南部における農耕と金属器の受容」『弥生文化の輪郭』同成社、pp.52-67

福田正宏 2015a「東北アジアのなかの東北先史文化」『北の原始時代』吉川弘文館、pp.204-231

福田正宏 2015b「完新世日本列島北辺域における温帯性定着民の寒冷地適応史」2016 年度研究大会『サハリン・千島ルート(補訂版)』北海道考古学会、pp.3-33

福田正宏・國木田大・遠藤英子・ヤンシナ・デリューギン・ゴルシュコフ・シャポワロワ 2016「ロシア極東古金属時代における穀物受容の北方展開について」『平成 28 年度九州史学会シンポジウム・研究発表要旨』p.55

松谷暁子 1988「ソ連ポリツェ文化出土の炭化粒」『畑作文化の誕生』日本放送出版協会、pp.236-238

吉崎昌一 1997「縄文時代におけるヒエ問題」文部省科学研究費重点領域研究「日本人および日本文化の起源に関する学際的研究」『ニュースレター』2、pp.5-6

吉田邦夫・西田泰民 2009「考古学が探る火炎土器」『火焔土器の国 新潟』新潟県立博物館、pp.87-99

露文

Деревянко, А. П. 1973 *Ранний железный век Приамурья*. Наука

Деревянко А. П. 1976 *Приамурье (I тысячеление до нашей эры)*, Наука

Деревянко, А. П., Глинский, С. В. 1972 Поселение раннего железного века у села Желтый Яр Еврейской автомной области, *Материалы по археологии Сибири и Дальнего Востока*,2. СОАН СССР, pp.145-207

Дерюгин, В. А. 2009a Проблемы классификации, периодизации керамики эпохи палеометалла северо-восточного Прамурья, *Культурная хронология и другие проблемы в исследованиях древностей востока Азии*, ХКМ им. Гродекова, pp.47-73

Дерюгин, В. А. 2009b Результаты раскопок на поселении Малмыж 1 в 1992-1993 гг., *Культурная хронология и другие проблемы в исследованиях древностей востока Азии*, ХКМ им. Гродекова, pp.165-171

Нестеров, С. П. 1998 *Народы Приамурья в эпоху раннего средневековья*. СО РАН

Окладников, А. П. 1980 Оработах археологического отряда амурской комплексной экспедиции в низовьях Амура летом 1935 г., *Источники по археологии Северной Азии (1935-1976 гг.)*, Наука, pp.3-52

Окладников, А. П., Деревянко, А. П. 1973 *Далекое прошлое Приморья и Приамурья*. Дальневосточное книжное издательство

Сем, Ю. А. 1973 *Нанайцы: материальная культура*. ДНЦ АН СССР

Фукуда, М. 2017 Культурная хронология Нижнего Приамурья и ямихтинская культура раннего Неолита, *Археология Circum-Pacific*, Тихоокеанское изд-во «Рубеж»:pp.100-111.

Яншина, О. В. 2010 Поселение Жёлтый Яр: к проблеме соотношения польцевских и ольгинских памятников, *Приоткрывая завесу тысячелетий: к 80-летию Жанны Васильевны Андреевой*, ООО «Рея», pp.259-272

Яншина, О. В. 2013 Эпоха палеометалла в Приамурье: проблемы и перспективы исследований, *Российский археологический ежегодник*, 3, pp.289-337

英文

Kunikita,D., Yoshida,K., Miyazaki,Y., Saito,K., Endo,A., Matsuzaki,H., Ito,S., Kobayashi,T., Fujimoto,T., Kuznetsov,A.M., Krupyanko,A.A., Tabarev,A.M. 2007 Analysis of radiocarbon dates of an archaeological site in the Russian Far East : The marine reservoir effect as seen on charred remains on pottery, *Nuclear Instruments and Methods in Physics Research* B, 259, pp.467-473

Miller,N., Spengler, R., Frachetti, M. 2016 Millet cultivation across Eurasia: Origins, spread, and the influence of seasonal climate, *Holocene* (on line, in press)

Zhao,Z. 2011 New Archaeobotanic data for the study of the origins of agriculture in China, *Current Anthropology*, 52, pp.295-306

第2章　日本列島の農耕のはじまり

北海道島における
イネ科有用植物利用の諸相

高瀬克範

1　本稿の目的

　イネ科の有用植物は人類の生存にとって必ずしも不可欠の資源ではないが、人類がひとたびそれに関与すると社会が大きく変化することも事実である。日本列島においても例外ではないが、北海道島におけるイネ科有用植物利用はその他の地域とはかなり異なっていたことが判明してきている。本稿ではこの過程を整理するとともに、その意義を進化生物学におけるニッチ・コンストラクション理論(niche construction theory)を援用して評価する。

2　北海道島におけるイネ科有用植物の出土状況

(1) 炭化種子

　北海道島における炭化種子の出土傾向は、図1のように要約される。ヒエ属が出現する縄文文化の前半期、および多種多様な栽培植物が認められるようになる擦文文化の初期が、重要な画期である。ヒエ属の利用開始時期が非常に早いうえに長期にわたっているのに対して、イネ・アワ・キビの出現が遅れるといった点が、本州島以西とのもっとも大きな違いである。

　図2は、主要なイネ科植物の出土量を表している。イネは、続縄文期(前4世紀~後7世紀)・オホーツク文化期(後5~10世紀)まで確実な事例はなく、擦文文化期(後7~12、13世紀)から確認される。アワとキビはオホーツク文化の遺跡からも出土するため出現時期はイネよりも早かった可能性はあるが、確実な資料は7世紀以降に位置づけられる。擦文文化期においてもその初期から多量に出土するようになるため、やはり7~8世紀に大きな画期があるとみて大過ないであろう。

　ヒエ属は、約8,000年前から確認される(吉崎1993・1995・1997・1998・2003

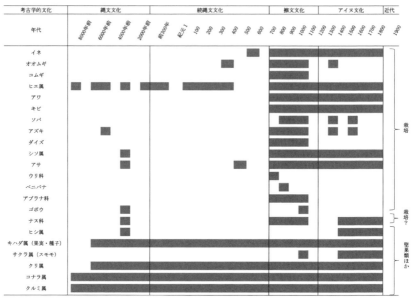

図1 北海道島出土の炭化種子（吉崎2003を一部改変して作成）

など）。北海道島から出土した炭化ヒエ属を試料とした放射性炭素年代測定結果はまだないが、青森県域出土資料では少なくとも縄文中期まで遡る（西本ほか2007）。日本列島北部のヒエ属種子は資料未発見の時期をはさみながらも多くの時期の遺跡から出土しており（図1）、しかも世界でもっとも古い一群が含まれている。ヒエの栽培起源地として想定される東アジアのなかでも（Yabuno 1987、山口2001など）、日本列島北部が有力な候補との指摘もある（阪本1988）。

オオムギは縄文・続縄文期に少数の出土例があるが、日本列島全体の情勢を考慮すると後世からの混入資料の可能性がある。信頼性が高い資料は、やはりオホーツク文化や擦文文化の初期段階から出現する。オオムギ種子には長粒と短粒（「擦文オオムギ」）があり（吉崎・椿坂1990など）、それぞれ皮性と裸性に対応すると考えられている（椿坂1998）。長粒は擦文文化、短粒はオホーツク文化に多いが、ロシア極東では短粒タイプが多いため北海道島の短粒タイプはサハリン経由でオホーツク文化にもたらされ、その後、擦文文化にも受け継がれたと考えられる（山田1998・1999・2005）。コムギはオオムギより出土量が少ないが、擦文文化期以降、確実に利用されている。通常、長粒のオオムギにともなって種子コンプレックスを形成するが、近年、短粒オオムギにもともなう例も確認

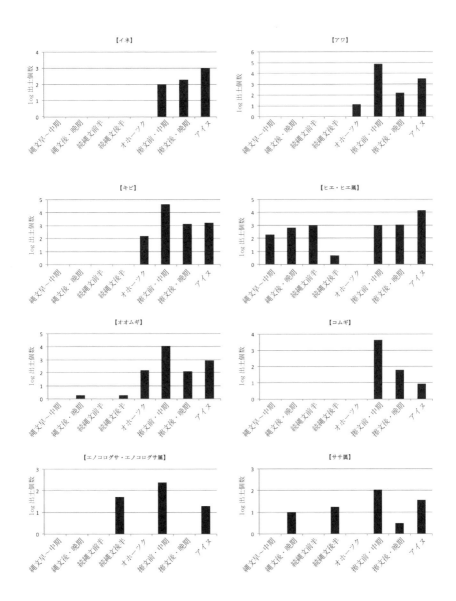

図2 北海道島における主なイネ科植物の出土炭化種子数
縄文期の文化層から栽培型のヒエ属種子が出土している場合など,混入の可能性がきわめて高い試料は除外した。

されはじめている(椿坂2009d)。

　図2には、イネ科雑草種子(エノコログサ・エノコログサ属、ササ属)の出土状況も示したが、出土量、断絶期間、出現時期などが不安定でどの栽培種とも異なっている。逆にいえば、人類が意図的に集落内に持ち込み、保存・調理した有用植物は、遺跡から安定的に出土する。では、有用植物の炭化種子はどの程度の確率で検出されるのだろうか。土壌1ℓあたりのアワ・キビ・ヒエ属の出土数は縄文(3遺跡)で0.0005個/ℓであるのに対して、擦文(3遺跡)で0.4個/ℓである。遺跡で採取された土壌サンプルの容量に関わる情報は非常にとぼしいが、縄文と擦文の検出率には現段階で800倍ものひらきがある。

　ここまでの検討から、①利用植物の種類、量、検出率における最大の画期は擦文文化の初期にあること、②縄文文化のヒエ属の検出率は非常に低いこと、が確認できる。

(2)土器圧痕

　表1は、北海道島における土器圧痕の検討結果を示している。高岡1以外は、すべてレプリカ法による検討結果である。縄文・トビニタイ文化(オホーツク文化と擦文文化の融合的文化)では種子は未検出だが、続縄文ではイヌビエをふくむ野生植物種子が検出されている。しかし、数は非常に少なく、これらの時期では今後情報が増えることはあっても検出率はやはり低いことが予測できる。擦文文化期には、アワ・キビをふくむ多くの種子が圧痕でも見つかるようになる。しかし、いまのところヒエ属は確認されておらず、ササ属が多い点や、アワ・キビの種子は有ふ果ではなく胚乳の比率が高い点が特徴としてあげられる。ただし、擦文文化期から多様なイネ科有用植物が現れてくるという点は、炭化種子の出土傾向と整合的である。

(3)有用植物利用の諸相

　ここまでの検討および擦文・アイヌ文化期のこれまでの研究成果(山田2005など)をふまえて、北海道島における有用植物利用は以下のように整理できる。

　a. 第1相　十分に資料が蓄積されていないが、旧石器時代〜縄文文化草創期並行(道東・道北部では縄文文化前半期までくだる可能性もある)が相当する。食料として、堅果類や針葉樹の一部が利用されていたが、イネ科植物はほとんど利用されていなかった蓋然性が高い。

　b. 第2相　縄文文化早期〜続縄文文化期に相当し、堅果類とヒエ属利用が特

表1　種子圧痕の検出例 (おもにレプリカ法による)

市町村	遺跡	時期	観察資料数 (個)	検出された 植物種子	関連文献・備考
豊浦町	小幌洞窟	続縄文		なし	北大解剖教室調査団 1963
豊浦町	小幌洞窟	擦文		ササ属1	北大解剖教室調査団 1963
豊浦町	礼文華	続縄文		なし	
豊浦町	高岡1	縄文後期	不明	ササ属?1	西田1994 レプリカは未作成
札幌市	N30	縄文晩期	復原個体 111個	なし	高瀬2011
札幌市	H37 (丘珠空港地点)	続縄文	復原個体 71個	なし	高瀬2011
札幌市	H37 (栄町地点)	続縄文	復原個体 2個	なし	高瀬2011
札幌市	H317	続縄文	復原個体 36個	なし	高瀬2011
札幌市	K135	続縄文	復元個体 134個	なし	上野・加藤1987
札幌市	K435	擦文	復元個体 290個	キビ(胚乳)2, アワ(胚乳)2, サ サ属21, ブドウ属2	上野・仙庭1993
札幌市	K39 (6次調査)	擦文	復元個体 279個	ササ属1	藤井編2001
札幌市	C504	擦文	復元個体 48個	なし	柏木・羽賀2005
長沼町	幌内D	続縄文・擦文	報告書掲載復原個 体・破片414個	タデ科1(続縄文), イヌビエ有 ふ果1(続縄文), サワシバ近似 種(擦文)2, 茎1(続縄文), シダ 葉1(擦文), 甲虫1(続縄文), 鱗翅目幼虫の糞3(続縄文), 指 紋1(続縄文), 刺突具1(続縄文)	小畑・百原2014
標津町	古道第6	擦文	破片 284個	なし	椙田2013
標津町	標津川河岸1	擦文・ トビニタイ	破片 34個	なし	椙田2010
標津町	カリカリウス	トビニタイ	復原個体・破片 計3789個	なし	椙田・椙田1982

徴となる。

　c. **第3相**　擦文文化期が相当する。それまでとは隔絶した量・種類のイネ科有用植物が利用されるようになる。道東・道北では、17世紀中葉まで継続する可能性がある。

　d. **第4相**　擦文文化の終焉後から17世紀中葉以前の道央・道南部が相当する。栽培種の利用、農具、数千～数万㎡におよぶ大規模な育成装置の利用などからみて、相対的に生産性の高いイネ科有用植物の育成が実践されたとみられる。

　e. **第5相**　17世紀中葉以降のアイヌ文化期が相当する。生産量と技術の両面で人類とイネ科有用植物とのかかわりが相対的に希薄になった段階である。

f. 第6相　近現代が相当する。開拓にともなう農業政策により、ジャガイモ、タマネギをはじめとする野菜類やてん菜、ハッカ、マメ科などとともに、オオムギ、コムギ、トウモロコシなどの栽培が定着した。イネも品種改良の努力が続けられてきたが、これが北海道島の代表的な農産物となったのは20世紀にはいってからである。

(4) 栽培型ヒエの出現と栽培起源地問題

　のちの議論にも関わるため、ヒエ属の栽培起源地問題について現時点での筆者の考えをまとめておく。日本列島北部でヒエが栽培化されたとする仮説は（阪本1988）、最新の考古資料の状況からみても高い説得力をそなえている。し

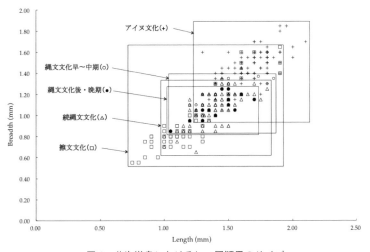

図3　北海道島におけるヒエ属穎果のサイズ

(中野B：吉崎1998、大船C：吉崎・椿坂1996、フゴッペ貝塚：吉崎1991、八木B：吉崎1992b、キウス4：吉崎・椿坂2003b、K514：椿坂2004、青苗B：吉崎・椿坂1998c、茂別：吉崎・椿坂1998b、H317：吉崎・椿坂1995、上幌内モイ：椿坂2009a、ユカンボシC15：吉崎・椿坂2003a、チプニー1：吉崎・椿坂2002、K39大木地点：吉崎・椿坂1997、ニタップナイ：椿坂2009d)

表2　北海道島出土ヒエ属穎果のサイズ（遺跡・出典は図3と同じ）

【北海道域】	計測試料数	長さ平均(mm)	幅平均(mm)	厚さ平均(mm)	長さ標準偏差	長さ分散
縄文文化早期~中期	15	1.43	1.20	0.62	0.244	0.0597
縄文文化後・晩期	14	1.42	1.08	0.63	0.163	0.0267
続縄文・弥生文化	107	1.40	1.09	0.61	0.144	0.0208
擦文文化	60	1.19	0.91	0.52	0.272	0.0738
アイヌ文化	120	1.67	1.46	0.93	0.167	0.0278

かし、現時点では、少なくとも北海道島をその起源地とみなすことは難しい。かつて Crawford（1983）が指摘したように、北海道島の縄文文化のなかでヒエ属頴果のサイズが 20％大きくなり、さらにその後もサイズの増大化傾向が継続することで栽培型のヒエにつながるのであれば、北海道島内での栽培化は想定できる。だが、種子の計測値は、そうした種子の大型化を示していない。

　図3は北海道島出土ヒエ属炭化種子（頴果）316点の長さ・幅、表2は計測値の基本統計値を示している。縄文文化期から擦文文化期にかけてヒエ属種子の平均サイズはほぼ横ばいか逆にやや小さくなっているが、アイヌ文化期に突如として長さ1.6mm以上の栽培型ヒエとみなしうる大きな種子が全体の半数以上

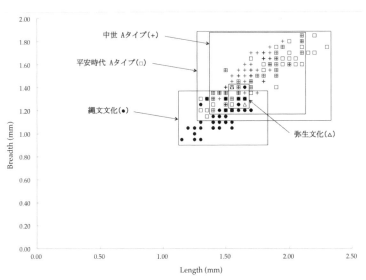

図4　青森県域におけるヒエ属頴果のサイズ

（富ノ沢(2)：吉崎・椿坂1993a、野場(5)：吉崎・椿坂1993b、八幡：吉崎1992a、潟野：椿坂2006、高屋敷館：吉崎・椿坂1998a、米山(2)：椿坂2008、新田(1)：椿坂2009b、新田(2)：椿坂2009c）

表3　青森県域出土ヒエ属頴果のサイズ　（遺跡・出典は図4と同じ）

【青森県域】	計測試料数	長さ平均(mm)	幅平均(mm)	厚さ平均(mm)	長さ標準偏差	長さ分散
縄文文化	51	1.47	1.14	0.63	0.136	0.0184
弥生文化	2	1.60	1.33	0.75	0.050	0.0025
平安時代（Aタイプ）	90	1.75	1.49	0.92	0.263	0.0689
平安時代（Bタイプ）	56	2.05	1.42	0.73	0.170	0.0289
中世（Aタイプ）	90	1.69	1.49	0.94	0.181	0.0328
中世（Bタイプ）	50	2.22	1.51	0.85	0.208	0.0432

を占めるようになる。したがって、北海道島内で栽培化が進行したとは考えにくい。

のこされる可能性は、本州島東北部での栽培化である。青森県域でも縄文文化期からヒエ属の種子が出土し、平安時代の2つのタイプのうち平面形が丸みを帯びたAタイプ（吉崎・椿坂1998aなど）がイヌビエの系統であることはDNA分析で確認されている（山口編2007）。弥生文化〜奈良時代の状況はまだ不明であるが、青森県域では栽培型のヒエと判断できる平均長さ1.6mm、平均幅1.4mm以上の種子が北海道島に先んじて平安時代で多数出土する（図4、表3）。フローテーション法の実施率が必ずしも高くはない現状では、ヒエの栽培起源地を青森県域にしぼりこむことは難しいが、関東以西では古代以前のヒエ属の情報は非常に少ないことから、本州島東北部、とくにその北部でヒエが栽培化された可能性は今後検証されるべきであると考える。

3 植物利用の類型化

(1)ニッチ・コンストラクション理論

ニッチ・コンストラクションは「生物による環境改変」あるいは「環境に変化をもたらす生物の活動」と定義され、従来、ecosystem engineering、environmental manipulation、indigenous management などとよばれてきた概念と

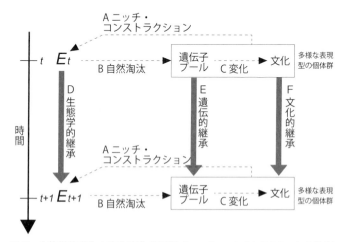

図5　生物学的進化と文化変化の関係（ニッチ・コンストラクションの場合）
（Laland *et al.* 2000に一部追記して作成）

ほぼ一致する（Odelling-Smee *et al.* 2003）。生物は所与の環境に自らを合わせて生存するのではなく、自らにとって好ましい環境を能動的に創出する。これにより、自然選択・自然淘汰の内容が変化し、遺伝子プールを変化させるフィードバック効果が生み出される（図5）[1]。生物は自らの進化の方向性を左右する主体のひとつであり、とりわけ人類は環境改変の巧みさやその規模において他の生物を圧倒しており、究極のニッチ・コンストラクターとみなしうる。

　ニッチ・コンストラクション理論は、共進化をふくむ生物と環境の複雑かつ双方向の関係を記述する性能を備えており、生物活動の進化・生態学上の意味を説明する能力は適応概念よりも高い（Odelling-Smee *et al.* 2003、Laland *et al.* 2000）。種の分岐年代が非常に若い人類がこれほどまでに地球上で繁栄している理由、地球温暖化や原発事故の環境・人類への影響にいたるまで多様な問題の説明に有効である。こうした効能により、狩猟採集、牧畜、農耕の人類史上の意義を再評価するために、進化生物学の分野だけでなく人類学・考古学においても積極的に利用されはじめている（Broughton *et al.* 2010、Laland *et al.* 2010、Spengler 2014 など）。

（2）植物利用の二類型

　表4は、生物が利用する空間の広さ（横軸）と、環境要素を変化させるのか維持するのか（縦軸）という指標から分類した、ニッチ・コンストラクションの類型である（Odeling-Smee *et al.* 2003）。汎用性の高い分類ではあるが、特定の資源を中心にすえたニッチ・コンストラクションを検討する場合は、環境からのフィードバックの内容や規模によって分類することも必要であろう。人類史上における食料としての植物利用を概観すると、それは大きく2つに区分できると考えられる。

　第一は、フィードバックの規模が大きな類型で、作物の育成装置の大規模化、灌漑などの地形改変、土地改良など環境要素の改変がともない、作物の利用の

表4　ニッチ・コンストラクションの4つのカテゴリー（Odling-Smee *et al.* 2003 をもとに作成）

	同一空間の攪乱 Perturbation	移動 Relocation
作用的 Inceptive	周辺を物理的に改変することにより生物が選択された環境を変え始める（有機堆積物の排出など）	生物が移動や成長により新たな場所へ到達することで新規の選択された環境に自らを置く （新たな生息環境への侵入など）
反作用的 Counteractive	周辺を物理的に改変することにより生物が環境において先行して生じている変化を弱める （巣の温度調節など）	生物が移動や成長により適した場所に到達することで環境の変化に反応する（季節移動など）

ための道具の開発、作物育成に適した場所への移住・集住による労働力の集約化も生じる。野生植物の積極的な栽培化もしくは栽培種に大きく依存した植物利用がみられ、いわゆる農耕社会や農耕文化複合はこの類型で成立する。これを、「拡大型」とよんでおく。一般的に、「拡大型」の植物利用は、その生産性の高さにより食料事情・栄養状態の改善と人口増加を引き起こすという意味で、人類の遺伝子プールの多様化に大きく貢献する。人口増加がさまざまな文化・社会的変化を引き起こすことは、これまでの考古学的な研究が明らかにしてきているとおりである。

　これに対して、植物から人類へのフィードバックが非常に限定的な類型もある。集落内において遺伝子の変化をほとんど伴わない野生種の管理などが行われるこの類型を「維持型」とよぶ[2]。植物の管理・育成の遂行を第一義とする道具の製作と運用、居住形態・土地利用などの変化は生じず、顕著な人口増加もともなわない。ただし、この類型は狩猟・採集など他の生業との親和性が高く、既存の生業に「接ぎ木」をしやすいため、比較的容易に利用資源の種類を増加させることが可能となる。

　これら2つの類型は理念的な分類であり、改変された環境から遺伝子プール・文化へのフィードバックの規模と内容は、地域・時期ごとに測定される必要がある。考古学的には、栽培種の形態や遺伝子、道具の利用法とその変化、居住地の動態、土地利用、遺跡数などを総合して峻別するのが現時点でもっとも信頼性が高い手法といえよう。「拡大型」・「維持型」の性格を持ち合わせている「中間型」の存在や、「維持型」・「拡大型」が同じ地域で双方向に変化することも考えられる。しかし、そうした変異は、一連の「発展・進化プロセス」の段階の違いではなく、それぞれ別個の植物利用のあり方ととらえるべきである。たとえば、近年、朝鮮半島では新石器時代早・前期からアワ・キビ栽培が行われていながら、縄文文化の担い手がそれを長期間にわたって取り入れなかったことが明らかになってきている（小畑ほか2011、中山2013など）。これは技術の高低や社会の成熟度などに起因するのではなく、縄文文化の人々が植物からより大きなフィードバックをえることではなく、従前からの経済との両立が可能で、なおかつ資源の種類を増やすことのほうに重きをおいていたからである、と理解されるべきなのであろう。

(3) 日本列島における二類型

完新世人類史の方向性を強力に規定することになった農耕は、典型的なニッチ・コンストラクション活動である(Sterelny and Watkins 2015、McClure 2015、Bentley *et al.* 2015 など)。気温が冷涼なうえに、二酸化炭素濃度が低く、雨が少なかった後期更新世において、人類は集中的に植物を管理・改変することはしなかった。しかし、完新世の気候条件のもと植物の量・種類が増加するにしたがい、植物を介した人類のニッチ・コンストラクション活動が積極的に行われるようになる(Smith 2007)。このような地域は地球上に複数存在しているが、日本列島もそのひとつであった可能性が高い。ヒエ属、シソ属、ダイズ、アズキ、クリ、トチなどがいちはやくニッチ・コンストラクションのターゲットとなり(先発群)、その後、他地域で栽培化されたイネ、アワ、キビ、オオムギ、コムギなどが利用されるようになった(後発群)。

先発群と後発群は、たんに植物の種類が違うだけでなく、人類の関与の方法も異なっている。すなわち、フィードバック効果の規模に着目すると、日本列島の先発群の利用は「維持型」、後発群の利用は「拡大型」で行われたケースが多かったと予測できる。表4の区分にしたがえば、どちらも Inceptive-Perturbation に分類されると思われ差がないが、実際には作物の生産性と栄養

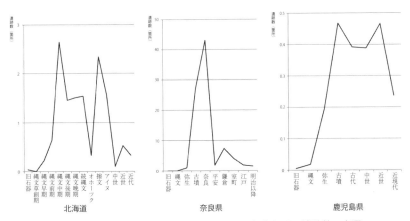

図6 北海道・奈良県・鹿児島県における 100 年あたりの遺跡数の変遷

(下記のデータベースをもちいて作成。2016年5月29日アクセス。北海道教育委員会「北の遺跡案内」http://www.dokyoi.pref.hokkaido.lg.jp/hk/bnh/kitanoisekiannai.htm、奈良県教育委員会「奈良県遺跡地図Web」http://www.pref.nara.jp/16771.htm、鹿児島県埋蔵文化財センター「鹿児島県埋蔵文化財情報データベース」http://www.jomon-no-mori.jp/kmai_public/)

価を介してフィードバックに大きな違いがあったと考えられる。ここでは Relocatuion については深く掘りさげないが、たとえば北海道島で定着性が低い続縄文後半（石井 1997・1998、高瀬 2014）や遺跡集中域が移動する擦文文化（大井 1984、澤井 2007・2008）において、この類型が密接に関係してくることが予測される。

　「拡大型」のフィードバックの大きさについて、具体的な例を見てみよう。図6は、北海道、奈良県、鹿児島県における 100 年あたりの包蔵地数の時間的推移を示している[3]。奈良県や鹿児島県では 100 年あたりの包蔵地数が縄文文化から弥生文化にかけて 4〜10 倍以上となり、縄文文化と古墳文化との差異は 20〜1000 倍にも達する。前者は、おもに水稲耕作による人口増が影響していると考えられ、後者については都城という特殊要因によって包蔵地数が増幅されたものと考えられる。自治体による包蔵地の括り方の違いや歴史時代の包蔵地の認定基準など人為的バイアスにも配慮は必要であるが、旧石器時代や縄文文化よりも弥生・古墳文化で包蔵地数が大幅に増える傾向があるのは、農耕開始による環境からの遺伝子プール・文化へのフィードバック効果が非常に大きくなったことの現れとみてよいであろう。

　これに対して、北海道では異なるパターンがみられる。縄文文化中期に包蔵地数のピークがあるが、縄文文化後・晩期と続縄文文化のあいだで大きな違いはなく、擦文・アイヌ文化期では包蔵地数は増加するものの縄文中期のそれにはおよばない。縄文中期の包蔵地数増加にはヒエ属利用が関係している可能性も想定はできるが、種子の出土量や形質変化、道具の変化、土地利用の形式などをみても、ヒエ属の利用が「拡大型」であったことを示す証拠はない。

　先述のとおり、擦文・アイヌ文化期には雑穀の種類と出土数が急激に増え、17 世紀前半の大規模な畠も見つかっている。遺跡数の大幅な増加はみられないが、この時期のアワ・キビ・ヒエ（属）の生産量は縄文文化期におけるヒエ属よりも格段に高かったと推定される。じつは、アイヌ文化期の包蔵地 861 箇所のうち 59％にあたる 506 箇所がチャシ跡であり、当時の集落数は適切に反映されていない可能性が高い。19 世紀のデータになってしまうが、1810 年代には 350 以上の集落が北海道本島に存在していたが（羽田野 1981）、地表面で確認できず、小規模な発掘では認定が難しいことも多い平地式住居の普及や遺物の少なさなどによって、認識されている包蔵地数が極端に少なくなっているは

ずである。この点を考慮すると、少なくとも道南・道央部でみられる第4相のみは、「拡大型」に分類される可能性はのこされている。

4 イネ科有用利用の諸相―仮説的理解―

(1)展開過程

　北海道島における有用植物利用の定着過程を、イネ科を軸にあらためて仮説的に整理する。第1相に関係する証拠は少ないが、動物質資源の役割が大きい状況下における野生植物の補助的利用が想定できる。狩猟対象により規定される移動経路上の植物を受動的に利用していたため、植物への能動的な働きかけと遺伝子プール・文化へのフィードバックはほとんど生じていなかったと推定される。

　第2相では、後氷期の温暖化にともない植物の種とバイオマスが増加するなか、野生植物にくわえて「維持型」によるヒエ属の利用が開始された。「縄文ビエ」が利用されていた場合でも、明確な遺伝子の変化による栽培種の出現や完全な野生種への「先祖返り」は8,000年以上にわたって無効化されつづけた（この意味でヒエ属利用に関しては、表4のCounteractive-Perturbationの性質を部分的にあわせもっているといえるかもしれない）。

　第3相でも引き続きヒエ属が利用されるが、アワ・キビ・オオムギ・コムギおよびマメ科の育成も積極的に行われるようになる[4]。出土数からみて、この時期の主要な作物はアワとキビであり（山田1998・2005、山田・椿坂2006）、雑穀の検出率は縄文期の800倍に高まる。栽培種の存在とその出土量から、育成への労力のかけ方や生産量には従前から大きな違いが生じていた蓋然性がきわめて高く、畑の規模や育成方法も変化したと考えられる。

　擦文文化は時期によって遺跡の集中域が著しく異なるため（大井1984、澤井2007・2008）、経済の内容を一律には理解できない。ここでは道央部に遺跡が多い前半期と、道東部に遺跡が多い後半期の2つに大きく区分する。前半期は氾濫原の利用によって特徴づけられ、サケ科の産卵床近くに大規模な集落が密集することから、サケ科が食料としても交易物資としても重要な意味をもっていたと考えられる。台地上から氾濫原への占地特性の変化は縄文晩期末葉〜続縄文文化初頭から確認でき、この変化もサケ科利用を第一義としたものであった。しかし、続縄文後半期には定着性が低い居住形態が採用されるようになっ

たため（石井 1997・1998・2005、高瀬 2014）、一時的に人類とイネ科有用植物との関係が希薄になった。この点が、擦文文化期におけるヒエ属種子の若干のサイズ低下に関係している可能性もある。

　擦文文化期のアワ・キビ栽培は、氾濫原の新たな利用法として、内水面漁撈に付加される形で導入されたものである。物質文化全体を見渡しても雑穀栽培を第一義とするような変化は生じていないが、種子の出土量・検出率からみて雑穀の生産量は縄文・続縄文期とは比較にならないほど増加した可能性が高い。縄文・続縄文期においては集落内やその隣接地における小規模な畠地でヒエ属が育成されていたと推定され、中山（2009・2015a）がマメ科を念頭において想定しているような集落周辺の二次植生の利用サイクルに組み込まれた有用植物の育成が想定できる。しかし、擦文文化期には畠地の造営だけを目的とした鉄斧を用いた皆伐によって広い畠地が確保されていたと考えられ、耕作具にも鉄器が用いられていたことが確実視される。したがって、「維持型」と「拡大型」の要素が混在している可能性が高いことから、第3相のイネ科有用植物利用は「中間型」と分類しておきたい[5]。ここではじめて、北海道島の住人は、イネ科有用植物から遺伝子プールや文化へのフィードバックを強く受けることになった。

　道東部に分布の中心がうつる擦文文化後半の遺跡立地や気候条件は、畠作には適していない。考古学的な証明が難しいが、猛禽類の羽や動物皮など動物質資源の需要が本州島で高まり、北海道島でもそれに呼応した経済に変化したとの考えがある（瀬川 2007、澤井 2008 など）。ただし、この段階でも道央部以南の遺跡は存在しており、イネ科有用植物もほぼ同様の傾向で出土しつづけることから（図2）、雑穀利用は継続していたものと考えられる[6]。

　第4相ではアワとおそらく本州島から導入された栽培型のヒエが主要な作物であったが（山田 1998・2005、山田・椿坂 2006）、炭化種子の出土数からみてヒエのほうがより重要であったと考えられる（図2）。集落内の小規模な畠もあるが（三浦ほか 2013）、数千〜数万㎡規模の比較的大規模な畝立てをともなう畠跡も渡島半島を中心に多数発見されており（坂本 2005、谷島 2005、山田 2005、山田・椿坂 2008 など）、「拡大型」の植物利用が北海道島ではじめて現れた時期と考えたい。

　第5相では、大規模な畠は放棄され、集落内で規模の小さな畠が継続する（三浦 2008）。この背景に「禁鉄モデル」を考慮すべきか否かで意見がわかれるが（深

澤 1989、山田 2005、関根 2003、笹田 2013 など）、17 世紀に相次いだ火山噴火やその他の社会状況も考慮すべきかもしれない。いずれにしても、17 世紀中葉以降に「拡大型」から「維持型」への変化が生じ、この時期の情報にもとづいて技術的に未熟とされるアイヌの農耕像（林 1969 など）が固定化された。

第 6 相（近現代）では、国策で北米的な近代技術による大規模で集約性の高い農耕が推進されることで、ふたたび「拡大型」の穀物栽培が定着した。イネ科有用植物の主役はオオムギ・コムギとなり、遅れてイネが加わる。この段階のニッチ・コンストラクションは、移住政策と結びついて和人の遺伝的多様化に大きく貢献した一方、アイヌにとっては遺伝子プールの多様性低下（あるいは和人との混血）や文化変容を加速するフィードバック効果をもたらした。

（2）北海道島における二類型の意義

「拡大型」の植物利用が作動している場合、フィードバックの大きさゆえに典型的な農耕社会が成立することが少なくない。しかし、予期せぬ遺伝子のボトルネック効果が生じるリスクを抱え込むことにもなる。たとえば弥生文化前半の津軽平野では、稲作を行うために特定の地形面に人口が集中した結果、大規模な洪水による水田被災後は遺跡が全くといってよいほどなくなってしまった（高瀬 2009）。これに対して、「維持型」の植物利用ではそれまでの集落立地の多様性が保持されやすいため、こうした被害を被る危険性は低い。この意味において「維持型」は持続性が高いが、フィードバック効果が小さいため農耕社会の成立には結びつかない。

「維持型」の歴史的・社会的意義は、第一に居住地の内部や隣接地で新たな資源の育成が可能となる点である。定住的集落の出現とからんで、特定の土地を有効に利用する手段のひとつが「維持型」の植物利用であった。第二は、性別・年齢に左右されず、特定の人が資源確保に貢献できる点である。北海道島においても、社会構成員の大部分が関与する生業としてではなく、おもに性別による分業のひとつとして、ヒエ属の利用が出現してきた可能性はのこされている。

謝辞　本稿の作成にあたり、下記の方々からご教示をいただきました。末筆ではありますが記して感謝申しあげます。Gary Crawford、榊田朋広、髙倉　純、椿坂恭代、中沢祐一、山田悟郎。本稿はJSPS 科研費基盤研究（A）（25244036）の研究成果の一部である。

註

1)　図 5 からは、改変された環境からまず遺伝子プールにフィードバック効果があり、その影響が間

接的に文化へと波及すると読み取れるが、人類の場合には改変された環境から直接文化へとフィードバック効果がおよぶもう1つのルートがあることにも注意されている(Odelling-Smee *et al.* 2003、p.338)。

2) 野生種の育成(pre-domestication)(小畑 2009 など)や栽培種の利用は、「拡大型」と「維持型」の双方で出現する可能性がある。ニッチ・コンストラクション理論では環境改変が遺伝子プールや文化にどのようなフィードバックがあるかが重視されるため、特定の植物利用が農耕であるかどうかの判断はあまり重要ではない。ただし、栽培種の育成を農耕と定義する場合は、「拡大型」だけでなく「維持型」にも農耕がふくまれるケースはある。また、「拡大型」「維持型」のなかにも達成度の差は当然あり、たとえばおなじ「拡大型」の農耕であっても、これが哺乳類の家畜飼育と複合している場合はさらに徹底されており、しばしば引き合いにだされる乳糖不耐症の淘汰など遺伝子プールへの影響はさらに大きかったと予測される。縄文文化のダイズでも、種子の大型化は早・前期ではなく中期において明確に確認されることから(中山 2015b)、「維持型」のなかでも栽培化徴候群のあらわれ方には差があると考えられる。

3) 縄文文化期の大別の時間幅は、小林(2008)にしたがった。

4) 縄文文化期、マメ科は食料として意外に重要であったとの意見がある(小畑 2016 など)。だが、マメ科の育成に関連する大規模な畠や農具は見つかっておらず、貯蔵状態で見つかる種子にも堅果類が多い事実を考慮して、現段階では「維持型」の範疇で理解すべきとの立場を筆者はとりたい。

5) 今後の検討が必要であるが、縄文文化の一部にみられる人類とクリの関係も「中間型」に含められる可能性がある。

6) オホーツク文化のオオムギが北海道島で栽培されていたのか否かは未解明であるが、出土遺体、道具の組成、遺跡の立地などからみて、筆者は大陸からの搬入品と予測している。北海道島での栽培が行われていた場合でも、その類型は「維持型」であろう。

引用・参考文献

石井　淳 1997「北日本における後北 C2-D 式期の集団様相」『物質文化』63、pp.23-35

石井　淳 1998「後北式期における生業の転換」『考古学ジャーナル』439、pp.15-20

石井　淳 2005「札幌市内の遺跡分布からみた続縄文時代の土地利用方法―道央部における続縄文時代の行動様式の復原にむけて―」『海と考古学』六一書房、pp.141-166

上野秀一・加藤邦雄 1987『K135 遺跡　4 丁目地点　5 丁目地点』札幌市教育委員会

上野秀一・仙庭伸久 1993『K 四三五遺跡』札幌市教育委員会

大井晴男 1984「擦文文化といわゆる『アイヌ文化』との関係について」『北方文化研究』15、pp.1-201

小畑弘己 2009「日本先史時代のマメ類と栽培化」木村栄美編『さまざまな栽培植物と農耕文化：ユーラシア農耕史 4』臨川書店、pp.252-261

小畑弘己 2016『タネをまく縄文人』吉川弘文館

小畑弘己 2017「館崎遺跡出土土器の圧痕調査報告」『館崎遺跡　第 4 分冊　骨角器・分析・総括編』公益財団法人北海道埋蔵文化財センター、pp.202-212

小畑弘己・河仁秀・眞鍋　彩 2011「東三洞貝塚発見の韓国最古のキビ圧痕」『日本植生史学会第 26 回大会講演要旨』日本植生史学会、pp.39-40

小畑弘己・百原　新 2014「幌内 D 遺跡出土土器の圧痕調査報告」鈴木信ほか『幌内 D 遺跡』公益財

団法人北海道埋蔵文化財センター、pp.270-276

柏木大延・羽賀憲二 2005 『C504 遺跡』札幌市教育委員会

小林謙一 2008 「縄文時代の暦年代」『縄文時代の考古学』2　縄文時代研究の編年体系、同成社、pp.257-269

阪本寧男 1988 『雑穀のきた道』NHK 出版

坂本尚史 2005 「成果と課題」『上台 2 遺跡』財団法人北海道埋蔵文化財センター、pp.117-124

笹田朋孝 2013 『北海道における鉄文化の考古学的研究－鉄ならびに鉄器の生産と普及を中心として－』北海道出版企画センター

澤井 玄 2007 「土器と竪穴の分布から読み取る擦文文化の動態」天野哲也・小野裕子編『古代蝦夷からアイヌへ』吉川弘文館、pp.324-351

澤井 玄 2008 「11 ～ 12 世紀の擦文人は何をめざしたか」『エミシ・エゾ・アイヌ　アイヌ文化の成立と変容－交易と交流を中心として 上』岩田書院、pp.217-246

椙田光明 2010 『標津川河岸遺跡－平成 20 年度標津川改修事業に伴う埋蔵文化財発掘調査報告書－』標津町教育委員会

椙田光明 2013 『古道第 6 遺跡－平成 11 年標津川改修工事の内シュラ川築堤工事に伴う発掘調査報告書－』標津町教育委員会

椙田光明・椙田美枝子 1982 『史跡標津遺跡群伊茶仁カリカリウス遺跡発掘報告書－昭和 56 年度標津遺跡群保存整備事業－』標津町教育委員会

瀬川拓郎 2007 『アイヌの歴史－海と宝のノマド－』講談社

関根達人 2003 「アイヌ墓の副葬品」『物質文化』76、pp.38-54

高瀬克範 2009 「「変動期東北北部」の歴史世界」『東北学』19、pp.50-60

高瀬克範 2011 「レプリカ法による縄文晩期から弥生・続縄文期の土器圧痕の検討－北海道・宮城県域における事例研究－」『北海道考古学』47、pp.33-50

高瀬克範 2014 「続縄文文化の資源利用－隣接諸文化との比較にもとづく展望－」『国立歴史民俗博物館研究報告』185、pp.15-61

谷島由貴 2005 「畑跡について」『森川 3 遺跡』財団法人北海道埋蔵文化財センター、pp.177-183

椿坂恭代 1998 「オオムギについて」『時の絆　石附喜三男先生を偲ぶ　道を辿る』pp.245-250

椿坂恭代 2004 「K514 遺跡から出土した炭化種子」『K514 遺跡』札幌市教育委員会、pp.172-182

椿坂恭代 2006 「八戸市潟野遺跡出土の炭化種子」『潟野遺跡』青森県教育委員会、pp.169-178

椿坂恭代 2008 「青森市米山(2)遺跡出土の炭化植物種子」『米山(2)遺跡 V』青森県教育委員会、pp.158-167

椿坂恭代 2009a 「上幌内モイ遺跡出土の植物種子について」『上幌内モイ遺跡(3)　第 2 分冊』厚真町教育委員会、pp.29-42

椿坂恭代 2009b 「新田(1)遺跡出土の炭化植物種子」『新田(1)遺跡』青森県教育委員会、pp.51-57

椿坂恭代 2009c 「新田(2)遺跡出土の炭化植物種子」『新田(2)遺跡』青森県教育委員会、pp.6-14

椿坂恭代 2009d 「厚真町ニタップナイ遺跡から検出された植物種子」奈良智法・乾　哲也・熊谷　誠編『ニタップナイ遺跡(1)』厚真町教育委員会、pp.265-276

中山誠二 2009 「縄文時代のダイズ属の利用と栽培に関する植物考古学的研究」『古代文化』61－3、pp.40-58

中山誠二 2013「日韓における栽培植物と穀物農耕の開始」『日韓共同研究シンポジウム　日韓における穀物栽培の開始と農耕技術　資料集』山梨県立博物館・山梨県考古学協会、pp.3-8

中山誠二 2015a「中部高地における縄文時代の栽培植物と二次植生の利用」『第四紀研究』54―5、pp.285-298

中山誠二 2015b「縄文時代のダイズの栽培化と種子の形態分化」『植生史研究』23―2、pp.33-42

那須浩郎 2017「縄文時代にヒエは栽培されたのか」『SEEDS CONTACT』4、東京大学大学院人文・社会系研究科、pp.27-29

那須浩郎 2018「縄文時代の植物のドメスティケーション」『第四紀研究』57―4、pp.109-126

西田　茂 1994「縄文早期、縄文、撚糸文等の土器」『高岡1遺跡』財団法人北海道埋蔵文化財センター、pp.83-101

西本豊弘・三浦圭介・住田雅和・宮田佳樹 2007「『縄文ヒエ』の年代―吉崎昌一先生を偲んで―」『動物考古学』24、pp.85-88

羽田野正隆 1981「十勝平野におけるアイヌ集落の立地と人口の変遷」『北方文化研究』14、pp.179-198

林　善茂 1969『アイヌの農耕文化』慶友社

深澤百合子 1989「アイヌ文化と鍛冶技術」『イルエカシ遺跡』平取町教育委員会、pp.243-252

北大解剖教室調査団 1963「小幌洞窟遺跡」『北方文化研究報告』18、pp.179-287

藤井誠二編 2001『K39遺跡　第6次調査』札幌市教育委員会

三浦正人 2008「成果と課題」『キウス5遺跡(8)』財団法人北海道埋蔵文化財センター、pp.201-224

三浦正人・越田雅司・愛場和人・末光正卓・広田良成 2013『祝梅川上田遺跡(2)』公益財団法人北海道埋蔵文化財センター

山口裕文 2001「ヒエ属植物の分類と系譜」山口裕文編『ヒエという植物』全国農村教育協会、pp.15-30

山口裕文編 2007『アイヌのひえ酒に関する考古民族植物学研究』アイヌ文化振興・研究推進機構助成研究(平成17～18年度)

山田悟郎 1998「日本列島北端で展開された雑穀農耕の実態」『北海道開拓記念館研究紀要』26、pp.1-22

山田悟郎 1999「中世および近世アイヌ文化期遺跡から出土した作物」『北海道開拓記念館研究紀要』27、pp.9-18

山田悟郎 2005『日本列島北端で展開された雑穀農耕の実態』平成8・9年度科学研究費補助金基盤研究(C)(2)研究成果報告書

山田悟郎・椿坂恭代 2006「北海道の遺跡から出土したヒエ・アワ・キビ」『極東先史古代の穀物2』熊本大学、pp.15-26

山田悟郎・椿坂恭代 2008「作物種子・農具・畠跡から見たアイヌの農耕」『極東先史古代の穀物3』熊本大学、pp.95-110

吉崎昌一 1991「フゴッペ貝塚から出土した植物遺体とヒエ属種子についての諸問題」『フゴッペ貝塚』財団法人北海道埋蔵文化財センター、pp.535-547

吉崎昌一 1992a「青森県八幡遺跡12号住居から検出された雑穀類とコメほかの植物種子」『八幡遺跡発掘調査報告書II』八戸市教育委員会、pp.59-73

吉崎昌一 1992b「八木B遺跡から検出された縄文時代の植物種子遺体」『八木B遺跡』南茅部町埋蔵

文化財調査団、pp.143-148

吉崎昌一 1993「中野遺跡におけるヒエ属種子の検出」『中野 B 遺跡(III)』財団法人北海道埋蔵文化
　財センター、pp.615-621

吉崎昌一 1995「日本における栽培植物の出現」『季刊考古学』50、pp.18-24

吉崎昌一 1997「縄文時代の栽培植物」『第四紀研究』36−5、pp.343-346

吉崎昌一 1998「中野 B 遺跡におけるヒエ属種子の検出」『中野 B 遺跡(Ⅲ)』財団法人北海道埋蔵文
　化財センター、pp.617-621

吉崎昌一 2003「先史時代の雑穀：ヒエとアズキの考古植物学」山口裕文・河瀬眞琴編『雑穀の自然
　史―その起源と文化を求めて―』北海道大学出版会、pp.52-70

吉崎昌一・椿坂恭代 1990「サクシュコトニ川遺跡にみられる食料獲得戦略」『北大構内の遺跡　8』
　pp.23-35

吉崎昌一・椿坂恭代 1993a「青森県富ノ沢(2)遺跡出土の縄文時代中期の炭化種子」『富ノ沢(2)遺跡
　IV 発掘調査報告書(3)』青森県教育委員会、pp.1097-1107

吉崎昌一・椿坂恭代 1993b「青森県野場(5)遺跡から検出された植物種子について」『野場(5)遺跡』
　青森県教育委員会、pp.412-413

吉崎昌一・椿坂恭代 1995「H317 遺跡から検出した炭化種子」『H317 遺跡』札幌市教育委員会、
　pp.238-253

吉崎昌一・椿坂恭代 1996「北海道大船 C 遺跡から出土した炭化種子」『大船 C 遺跡』南茅部町教育
　委員会、pp.362-368

吉崎昌一・椿坂恭代 1997「K39 遺跡大木地点出土炭化植物遺体」『K39 遺跡大木地点』札幌市教育
　委員会、pp.106-113

吉崎昌一・椿坂恭代 1998a「青森県高屋敷館遺跡出土の平安時代の炭化種子」『高屋敷館遺跡』青森
　県教育委員会、pp.370-384

吉崎昌一・椿坂恭代 1998b「茂別遺跡から出土した炭化植物種子について」『茂別遺跡　第 2 分冊』
　財団法人北海道埋蔵文化財センター、pp.84-99

吉崎昌一・椿坂恭代 1998c「青苗 B 遺跡から出土した炭化種子について」『青苗 B 遺跡』奥尻町教育
　委員会、pp.132-135

吉崎昌一・椿坂恭代 2002「北海道チブニー 1 遺跡から出土した炭化植物種子」『チブニー 1 遺跡・
　チブニー 2 遺跡』財団法人北海道埋蔵文化財センター、pp.179-185

吉崎昌一・椿坂恭代 2003a「ユカンボシ C15 遺跡から出土した炭化植物種子」『ユカンボシ C15 遺
　跡(6)』財団法人北海道埋蔵文化財センター、pp.265-296

吉崎昌一・椿坂恭代 2003b「キウス 4 遺跡 R 地区から出土した縄文時代の植物種子」『キウス 4 遺
　跡(9)　第二分冊』財団法人北海道埋蔵文化財センター、pp.193-206

英文

Bentley, R. Alexander, Michael J. O'Brien, Katie Manning, and Stephen Shennan 2015 On the relevance
　of the European Neolithic, *Antiquity*, 89, pp.1203-1210

Broughton, Jack M., Michael D. Cannon, Eric J. Bartelink 2010 Evolutionary ecology, resource depression,
　and niche construction theory: Applications to Central California Hunter-gatherers and Mimbres-
　Mogollon Agriculturalists, *Journal of Archaeological Method and Theory*, 17, pp.371-421

Crawford, G. 1983 *Paleoethnobotany of the Kameda Peninsula Jomon*. University of Michigan

Laland, Kevin N., John Odling-Smee and Marcus W. Feldman 2000 Niche construction, biological evolution, and cultural change, *Behavioral and Brain Sciences*, 23, pp.131-175

Laland, Kevin N. and Michael J. O'Brien 2010 Niche construction theory and archaeology, *Journal of Archaeological Method and Theory*, 17, pp.303-322

McClure, Sarah B. 2015 The pastoral effect, *Current Anthropology*, 56 （6）, pp.901-910

Odeling-Smee, F.J. and K.N. Laland and W. Feldman 2003 *Niche Construction: the Neglected Process in Evolution, Monographs in Population Biology* 37, Princeton University Press

Smith, Bruce D. 2007 Niche construction and the behavioral context of plant and animal domestication, *Evolutionary Anthropology*, 16, pp.188-199

Spengler, Rovert N. 2014 Niche dwelling vs. niche construction: Landscape modification in the Bronze and Iron Ages of Central Asia, *Human Ecology*, 42, pp.813-821

Sterelny, Kom and Trevor Watkins 2015 Neolithization in Southwest Asia in a context of niche construction theory, *Cambridge Archaeological Journal*, 25 （3）, pp.673-705

Yabuno, Tomosaburo 1987 Japanese barnyard millet （*Echinochloa utilis*, Poaceae）in Japan, *Economic Botany*, 41 （4）, pp.484-493

付記　本稿は 2016 年 6 月に脱稿した。2 年以上が経過したため書き直すべき部分もあるが、あえて手を加えることはしなかった。脱稿後に刊行された本稿と関係の深い成果として、小畑（2017）、那須（2017・2018）がある。いずれも重要な研究であるが、小畑が提示した道南部における縄文期のヒエ属利用は、現在筆者が行っている人口復元との関係で、本稿の理解の一部に変更をせまる可能性もある。また、擦文文化期のヒエ属のサイズはヴァリエーションが拡大するが、このことが人類のより強い関与を示しており、サイズの小さな種子は未熟種子との見方もできる。だとすると、北海道島内での栽培化の可能性はまだ残されているともいえる。大陸におけるヒエ属・ヒエの情報も増加しつつあるが（那須 2018）、これらの問題をふくめて、機会をえて再論したい。

関東地方の弥生農耕

遠藤英子

はじめに

　関東地方での農耕開始の時期については、農耕の定義によってさまざまな捉え方があるが、近年報告書が刊行された小田原市中里遺跡の、東部瀬戸内系土器を出土し、大型棟持柱付建物、井戸、河道跡が検出された大規模集落の姿は、弥生時代中期中頃の関東地方の拠点的初期農耕集落の具体的様相を明らかにしてくれた(玉川文化財研究所 2015)。関東地方では弥生時代中期中頃に本格的農耕社会が成立したとする捉え方は(設楽 2006、石川 2010)、現状で多くの研究者が認めるところではないだろうか。では、それ以前の関東地方では縄文時代と同じような生業、そして社会が継続していたのだろうか。それとも来るべき農耕社会への助走がすでに始まっていたのだろうか。

　本稿では、栽培穀物を手掛かりに関東地方の農耕開始期について検討してみたい。以前には、関東地方を含めた東日本各地では西日本的モデルに当てはまらない農耕、なかでも畠作を中心とした農耕が展開していたのではないかとの予測もあったが、その根拠となった炭化栽培穀物は種子の同定と時期比定について問題が指摘されている(安藤 2002 など)。

1　植物考古学からのアプローチ

　2008 年に神奈川県大井町中屋敷遺跡で、年代測定を伴った弥生時代前期後半から中期初頭の炭化栽培穀物資料が報告され(昭和女子大学人間文化学部歴史文化学科中屋敷遺跡発掘調査団 2008)、ようやく関東地方でも弥生時代前期に遡る確実性の高い栽培穀物資料から農耕開始期を検討することが可能となった。しかしこのような例外的検出を除いては、遺跡からの栽培穀物資料の検出は今日でもなお限定的であり、栽培穀物から直接農耕開始期を議論することは依然として難しい状況にあった。

112 第2章 日本列島の農耕のはじまり

　このような状況を大きく進展させたのが、レプリカ法の導入と普及である。丑野毅によって開発・報告されたレプリカ法(丑野・田川1991)は、丑野本人と中沢道彦により1990年代から土器圧痕から植物を同定する手法として日本各地で実践され(中沢・丑野1998など)、確実性の高い圧痕同定法として、今日多くの研究者がその手法を取り入れている。本稿もまた、このレプリカ法を用いての、本科研費研究3年間で実施した関東地方23遺跡出土資料の調査結果報告と、その結果から関東地方の弥生農耕の実態の解明をめざしたものである。なお本稿での「弥生農耕」という用語は、縄文時代晩期後半(北部九州での弥生時代早期)に朝鮮半島経由で日本列島に到着したと推定される大陸系穀物栽培を中心とした「農耕文化複合」(設楽2014)にそのルーツを持つ穀物栽培という意味で使用している。その農耕文化複合の栽培穀物のパッケージについては、佐賀県菜畑遺跡検出の炭化種子(笠原1982)やレプリカ法調査結果(遠藤2013a)から、イネと雑穀がセットとなったものと捉えている。

2　レプリカ法の手順と種子同定基準

　本稿で報告するレプリカ法調査では、パラロイドB-72をアセトンで5%溶剤として離型剤として用いる、福岡市埋蔵文化財センター方式(比佐・片多2005)を採用している。具体的には、以下の手順で実施した。
　　①土器内外面、断面を肉眼およびルーペで観察して、植物由来と推定される圧痕を探索　②圧痕検出土器、その圧痕の記録、撮影　③豚毛歯ブラシなどによる圧痕内のクリーニング(土や砂などの除去)　④圧痕への離型剤の塗布　⑤シリコン樹脂の充填　⑥型取りしたレプリカの取り出し　⑦アセトンによる離型剤の除去　⑧採取したレプリカの観察(本稿では明治大学日本古代学研究所蔵のKEYENCE VE-8800を使用して観察、撮影を行った)、現生種子との形態的比較による種子同定　⑨種子同定結果をはじめ、圧痕検出土器、圧痕、採取レプリカの属性などのデータベース化
　本稿で言及する栽培穀物の種子同定基準は以下のとおりである。
　　アワ　*Setaria italica*　穎果が内外穎によって包み込まれた状態である有ふ果の場合、背腹面観が卵状円形〜楕円形で、側面観は外穎側が膨らみ内穎側が平坦な個体が多い。内外穎には乳頭状突起が観察されるが、内外穎境目には三日月状の平滑な部分が観察される。穎果には「粒長の2/3ほどの長さのA字形を

した胚」(椿坂1993)が観察される。

キビ　*Panicum miliaceum*　有ふ果の場合、背腹面観は倒広卵形で両先端部がツンと尖る個体が多い。側面観は内外穎側とも膨らむ個体が多く、表皮は平滑で、内外穎の境目には外穎が内穎を包み込むような段差が見られる。穎果には「粒長の1/2ほどの胚」(椿坂1993)が観察される。

イネ　*Oryza sativa*　籾(有ふ果)でも玄米(穎果)の状態でも紡錘形の背腹面観を持ち、縦走する維管束による凹凸が両先端部に収束する縦筋のように観察される。籾の表面には顆粒状突起が観察されるが、玄米表面は平滑で、胚が欠落した部分が凹んでいる。

3　対象資料と種子同定結果

　今回調査対象としたのは、関東地方の縄文時代晩期末から弥生時代後期までの23遺跡出土の土器資料である(図1)。これらの土器を観察し、種子由来と推定される圧痕からレプリカを採取し、SEMで観察したところ、総計でアワ96点、キビ33点、イネ149点を同定した。同定数や栽培穀物の組み合わせには違いはあるものの、調査したほとんどの遺跡資料から栽培穀物を同定している。その遺跡別、時期別の集成を、遺跡情報や観察土器点数とともに表1に示した。全同定資料の個別の情報については基礎資料編をご参照いただきたい。なお、今回調査を実施した中で東京都府中市武蔵国関連遺跡、東京都日野市落川一宮遺跡、埼玉県越生市夫婦岩岩陰遺跡の3遺跡ではまったく栽培穀物を同定できなかった。いずれも縄文晩期末の浮線文系土器を出土する遺跡である。

　次では今回の調査結果を受けて、同定資料の圧痕検出土器写真や実測図、レプリカSEM画像などを提示しながら、関東地方の弥生農耕に関するいくつかの個別テーマについて考察を行いたい。

4　考　察

(1)関東地方での栽培穀物の出現期

　千葉県多古町に所在する塙台遺跡は、弥生時代中期中頃の大規模な再葬墓遺跡として著名であるが、この時期に先行する遺物包含層も報告されており(荒井2006、荒井ほか2006)、本科研費研究では両方の資料を観察している。このう

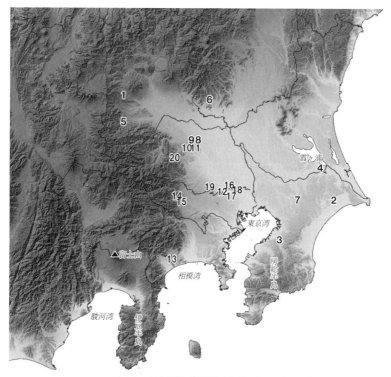

図1　対象遺跡位置図（番号は表1のとおり）

ち遺物包含層資料は854点を観察し、アワ1点を同定した。圧痕を検出したのは、二分岐浮線網状文が施文され口縁部に瘤状の貼付文を持つ、浮線文氷Ⅰ式古段階並行の浅鉢口縁部破片（図2-1）断面からで、内外顎の乳頭状突起や内外顎境目の三日月状の平滑な表面からアワ有ふ果（HNW004、図2-2）と同定した。なお、854点の土器を観察しながら同定できた栽培穀物はこのアワ1点のみである。

また同じく千葉県の市原市に所在する武士遺跡でも、中期中葉後半の再葬墓とそれを遡る時期の包含層が検出されており、このうち包含層出土資料1,154点を観察し、浮線文浅鉢胴部（図2-3）内面からアワ有ふ果1点（TKS002-01、図2-4）のみを同定した。報告書の中で「浅鉢を基準とした場合、少なくとも3段階の変遷が想定され」、「三角の抉り込み手法に注目するとより新しい段階」（千葉県文化財センター1996）と捉えられている資料で、氷Ⅰ式並行と捉えた。

表1 対象資料と種子同定結果

遺跡名	所在地	遺跡立地	標高(m)	遺構	観察土器総数	前期前半 イネ	前期前半 アワ	前期前半 キビ	前期後半 イネ	前期後半 アワ	前期後半 キビ	中期前葉前半 イネ	中期前葉前半 アワ	中期前葉前半 キビ	中期前葉後半 イネ	中期前葉後半 アワ	中期前葉後半 キビ	中期中葉前半 イネ	中期中葉前半 アワ	中期中葉前半 キビ	中期中葉後半 イネ	中期中葉後半 アワ	中期中葉後半 キビ	中期後葉 イネ	中期後葉 アワ	中期後葉 キビ	後期 イネ	後期 アワ	後期 キビ
1 三ノ倉落合	高崎市	低位段丘	324~326	包含層	128		6	1																					
2 塙台	多古町	独立台地	8	包含層	854	1																							
				再葬墓	104								2	1		1	1	6											
3 武士	市原市		23	包含層	1,154	1																							
				再葬墓、包含層	134																2								
4 殿内	稲敷市	低位段丘		再葬墓	13,626				1																				
				包含層					1									イネ10、キビ1											
5 上人見	安中市	丘陵性台地	222	再葬墓関連土坑	60					3	2				アワ1、キビ6			1											
				包含層	94										アワ3、キビ1														
6 出流原	佐野市	台地	195	再葬墓	3,278																イネ2、アワ1、キビ1								
				包含層																	イネ8、アワ5、キビ2								
7 岩名天神前	佐倉市	丘陵	30	再葬墓	310																イネ3、アワ1、キビ5								
8 池上	熊谷市・行田市	扇状地扇端	21~23	住居、環濠状区画溝	987																22	4	1						
9 小敷田	熊谷市・行田市	扇状地扇端	20~22	住居、方形周溝墓	824																15	3	1						
10 北島	熊谷市	扇状地扇端	22~24	住居、水田、堰	約1,500																			10	20	1			
11 前中西	熊谷市	扇状地扇端	24~25	住居、方形周溝墓、礫床木棺墓	約3,100																			17	22		9		
12 向山	朝霞市	舌状台地	20~21	住居、方形周溝墓	約300																			4					
13 砂田台	秦野市	舌状台地	50	住居、環濠、方形周溝墓	615																4			3			1	1	
14 馬場	青梅市	丘陵	177	再葬墓	1																1								
				住居	4																			1					
15 K-5	青梅市	丘陵	188	住居	91																			1	2				
16 午王山	和光市	独立丘陵	24~25	住居、環濠	751																			イネ17、アワ4、キビ6					
17 吹上	和光市	舌状台地	18~22	住居、環濠	191																						7	4	
18 市場峡	和光市	舌状台地	29~30	住居	173																						4		
19 田子山	志木市	舌状台地	15	住居、方形周溝墓	13																						2	1	
20 大野田西	嵐山町	丘陵	80	住居	564																						6	5	

一方、群馬県高崎市(旧倉渕村)の三ノ倉落合遺跡では、包含層から浮線文土器が検出されており(山武考古学研究所1997)、これらの出土土器については、氷I式古段階の良好なまとまった資料との評価がある(中沢1998)。今回の調査では128点の土器を観察して、アワ6点、キビ1点を同定した。このうち口外帯、頸部無文帯、胴部文様帯に文様構成が区分され氷I式古段階と捉えた浅鉢口縁部(図2-5)外面からアワ有ふ果1点(SKO007、図2-6)を同定した。

これらのアワやキビが、今回の調査で同定できた氷I式並行期の栽培穀物である。同様にレプリカ法を用いて西関東の栽培穀物出現期を検討した調査で

116 第2章 日本列島の農耕のはじまり

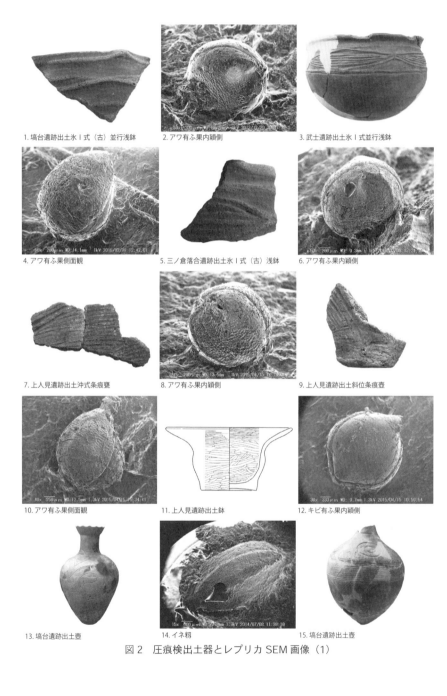

図2 圧痕検出土器とレプリカ SEM 画像（1）

は、「もっとも古いのは上敷免遺跡、下大槻峯遺跡や中里遺跡の縄文晩期終末の氷Ⅰ式新段階の土器であり、いずれもアワ、キビの圧痕」(設楽・高瀬2015)との報告があるが、今回の結果からは、縄文時代晩期末氷Ⅰ式古段階並行期にすでに関東地方にも栽培穀物がもたらされていた可能性が高い。中部高地では氷Ⅰ式古段階を遡る浮線文土器からアワ・キビが同定されているが(遠藤・高瀬2011、中山・佐野2012、中沢2015)、筆者はこの浮線文土器が関東地方への栽培穀物のメッセンジャーの役割を果たしたのではないかと予測している。ただし同定数が後述する次の時期の再葬墓遺跡での同定数と比較して格段に乏しく、搬入品の可能性もあることから、穀物栽培定着以前の、栽培穀物情報の到着段階と捉えるべきかと考える。いずれにしても氷Ⅰ式古段階は、広域土器編年で近畿地方の最後の突帯文長原式、東海地方のやはり最後の突帯文馬見塚式と並行するとされており(中沢2007)、栽培穀物情報の到着という観点から見れば近畿・東海地方とそれほどの時間差なく関東地方へ―塙台のアワからは関東平野の東端部まで―到着していたものと予測される。

(2)再葬墓造営集団の穀物栽培の導入

関東地方では弥生時代前半期の遺跡は少なく、ほとんどが再葬墓遺跡であるが、その造営集団の社会については「台地上の小規模移動性集落」、「分散小集団をつなぎとめている再葬」、「切り替え畑のような陸耕」が三位一体の文化・社会関係態が予測され、生業については初期的な穀物栽培、とくに畑作が予測されてきた(設楽2008)。

今回、7再葬墓遺跡の調査を実施して、すべての遺跡出土資料からアワ・キビを中心に、多くの遺跡ではイネも含む栽培穀物を同定した。設楽博己による再葬墓出土土器時期細分(設楽2008)を借りれば、弥生時代前期～中期中葉までの時間幅を持つ土器群である。

群馬県安中市上人見遺跡では包含層出土資料も含めて154点の資料を観察、前期末から中期中葉前半の時間幅を持つ再葬墓関連資料からアワ5点、キビ8点を同定した。胴部に斜位の条痕を持ち前期末沖式と報告されている(安中市教育委員会2014)甕(図2-7)胴部外面の圧痕からはアワ有ふ果2点(UHM008-01、図2-8など)を、胴部に斜位の条痕を持ち中期前葉と報告されている壺(図2-9)胴部外面からアワ有ふ果1点(UHM012-02、図2-10)、底部内面からキビ有ふ果1点を、中期前葉の鉢(図2-11)胴部外面からはキビ有ふ果2点(UHM001-01、図

118 第2章 日本列島の農耕のはじまり

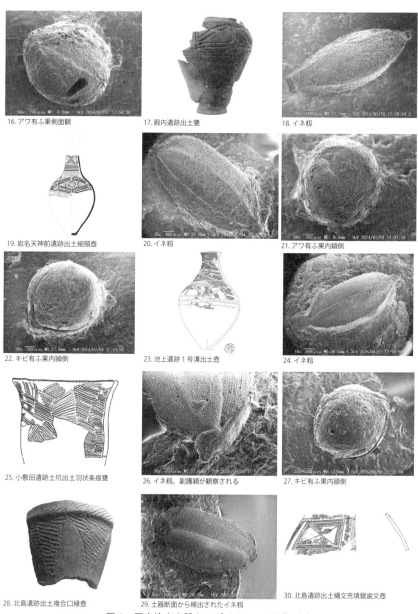

図3 圧痕検出土器とレプリカ SEM 画像（2）

2-12 など)を同定している。両端がツンと尖る背腹面観で平滑な内外穎表面、内外穎側とも膨らむ側面観、内外穎境目の段差からキビ有ふ果と同定した。

また塙台遺跡では 104 点の資料を観察して、中期前葉前半から中期中葉前半の時間幅を持つ再葬墓出土資料からイネ 8 点、アワ 1 点、キビ 1 点を同定した。このうち渦文施文で縄文に赤彩を施す壺(図 2-13)胴部外面と底部外面からはイネ籾各 1 点(HNW010-01、図 2-14 など)を同定している。紡錘形の全形で、維管束による凹凸のある形状、籾表面の顆粒状突起からイネと同定した。また肩部に楕円文を持つ壺(図 2-15)胴部外面からはアワ有ふ果 1 点(HNW005、図 3-16)を同定した。

茨城県稲敷市殿内遺跡では 13,626 点の資料を観察したが、その多くが包含層出土の前浦式など縄文晩期後半の土器資料で、これらの資料からは栽培穀物は同定していない。一方、前期後半から中期中葉後半の資料からはイネ 12 点とキビ 1 点を同定した。このうち 7 号再葬墓出土の前期後半の無文壺と、再葬墓出土ではないが報告書で大洞 A' 並行とされている甕(図 3-17)からイネ各 1 点(TNU005、図 3-18)を同定した。

千葉県佐倉市岩名天神前遺跡では 310 点の資料を観察して、中期中葉の資料からイネ 3 点、アワ 1 点、キビ 5 点を同定した。学史的には細頸壺内部から成人骨が検出されたことで、それら土器埋設土坑の機能が再葬墓であることが明らかとされた遺跡として著名であるが、その人骨を検出した壺(図 3-19)からはイネ籾 2 点(TJM007-02、図 3-20 など)、アワ有ふ果 1 点(TJM007-06、図 3-21)、キビ有ふ果 3 点(TJM007-01、図 3-22 など)を同定している。

前段階の遺物包含層出土浮線文系土器からの同定数と比較して、再葬墓遺跡での栽培穀物同定数が大きく上回っていることからは、再葬墓造営集団の人々がすでに穀物栽培を開始していた可能性が高いと思われる。圧痕の形成は非常に限定的、つまりほんの限られたチャンスでしか圧痕が残らなかった可能性を考慮すれば(遠藤 2014)、レプリカ法で数の議論をするのは難しい。ただ今回は調査した再葬墓遺跡いずれからも多くの栽培穀物を同定したため、栽培穀物情報の到着段階ではなく、すでに穀物栽培が定着していた段階と判断したい。

同定栽培穀物の組み合わせについては、上人見遺跡では雑穀のみが同定され、同様の傾向は藤岡市沖 II 遺跡(遠藤 2011)、富岡市中里原遺跡、同七日市観音前遺跡(遠藤 2017a)、熊谷市横間栗遺跡、同飯塚北遺跡(遠藤 2017b)など、関東

地方北西部の再葬墓遺跡で認められる。一方で、それ以外の6遺跡ではイネと雑穀がセットで同定されている。当然ながら植物栽培では、遺跡周辺の生態環境が栽培植物の内容を規定する大きな要因となるため、栽培穀物の組み合わせの違いも遺跡立地など各遺跡周辺の生態環境差に由来する可能性が高い。ただもう一つの要因として筆者は、関東地方に複数の栽培穀物情報が伝播していたからではないかと考えている。塙台遺跡出土資料を中心に関東地方の土器の様相を検討した杉山祐一は、当該期には東海地方、中部高地、南東北などとのさまざまなネットワークが存在し交流があったと予測しているが(杉山 2016)、農耕情報もまたそれらのネットワークにのって行き交ったのではないだろうか。4 (1)では栽培穀物は中部高地の浮線文土器を通じて関東地方に伝播したとの予測を述べたが、第2波の農耕情報—具体的にはイネと雑穀がセットとなった情報—が、やや遅れて弥生時代前期後半ごろ到着したのではないだろうか[1]。前述の通り、神奈川県大井町中屋敷遺跡では土坑から弥生時代前期後半から中期初頭の炭化イネと炭化アワ・キビがセットで検出されている。またわずかなデータからではあるが、塙台、殿内といった関東地方東部の再葬墓遺跡で前期後半から中期前葉の早い時期のイネが出現している。

(3)中期中頃「本格的農耕社会」成立期の栽培穀物

　中期中葉後半の遺跡として、埼玉県熊谷市・行田市に跨る妻沼低地に所在する池上遺跡と小敷田遺跡で調査を実施し、池上遺跡では987点の資料を観察して、1号溝出土の三角単位文を持つ壺(図3-23)頸部内面からイネ籾1点(IKG004、図3-24)など、合計でイネ22点、アワ4点、キビ1点を、小敷田遺跡では824点の資料を観察して、77号土坑出土の縦羽状条痕の甕(図3-25)からイネ籾2点(KSD008-01、図3-26など)、キビ有ふ果1点(KSD008-04、図3-27)など、あわせてイネ15点、アワ3点、キビ1点を同定した。両遺跡からは環濠状溝や方形周溝墓が検出され、関東地方の弥生社会の転換期を示す遺跡との評価がある(石川 2011)。神奈川県秦野市の砂田台遺跡でも、報告書で「須和田式」と報告されている土器からイネ4点を同定した。

　以上のように、3遺跡ではイネが雑穀よりも大きな割合を占める結果となり、また熊谷市古宮遺跡の調査でも同様の結果を得ている(遠藤 2018a)。この結果からは、関東地方の中期中頃「本格的農耕社会」成立期の穀物栽培はイネ主体に変化したようにも読み取れる。ただ前節で述べたようにこの時期の直前まで関東

地方には再葬墓が点在しており、しかも再葬墓と新来の墓制である方形周溝墓が「モザイク状に併存していた」可能性も指摘されている(石川2017)。したがって弥生時代中期中頃、関東地方各地ではさまざまな組み合わせの穀物栽培が行われており、これこそがこの時期の関東地方の弥生農耕の特徴ではないだろうか。一部の地域で灌漑型水田稲作中心の「本格的農耕社会」成立後も、広い関東地方では多様な弥生農耕が展開していたものと思われる。

(4)中期後半以降「本格的農耕社会」成立後の栽培穀物

中期後半以降の資料を対象とした調査としては、妻沼低地の北島、前中西ほか、埼玉県和光市の午王山、吹上、市場峡、同朝霞市向山、同志木市田子山、同嵐山町大野田西、東京都青梅市馬場、K-5、神奈川県秦野市砂田台の計11遺跡で調査を実施した。

中期後半の水田や水利施設を検出した北島遺跡では約1,500点の資料を観察して、縄文充填鋸歯文を持つ複合口縁壺(図3-28)からイネ籾1点(KTG040、図3-29など)、列点文や縄文充填鋸歯文を持つ壺(図3-30)からアワ有ふ果1点(KTG042、図4-31)など、計イネ10点、アワ20点、キビ1点を同定した。また中期中頃から後期前半までの時間幅をもつ「長期継続型」の前中西遺跡でも約3,100点の資料を観察して、算盤玉状胴部を持つ壺(図4-32)からイネ籾2点(MNS010-01、図4-33・MNS010-02、図4-34)、簾状文を持つ小型甕(図4-35)か

31. アワ有ふ果内穎側

32. 前中西遺跡出土算盤玉状胴部の壺

33. イネ籾

34. イネ籾

35. 前中西遺跡出土簾状文の小型甕

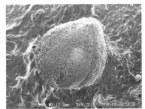
36. アワ有ふ果内穎側

図4　圧痕検出土器とレプリカSEM画像 (3)

らアワ有ふ果 2 点(MNS009-01、図 4-36 など)など、計イネ 17 点、アワ 31 点を同定している。

灌漑型水田稲作を基盤とした「本格的農耕社会」成立後も、栽培穀物は必ずしもイネに集中することはなかったようだ。前節の池上・小敷田遺跡と同じく妻沼低地に立地する北島遺跡や前中西遺跡ではイネと雑穀の同定数ではむしろ雑穀が上回っている。大小さまざまな大きさの観察土器の個数を分母として、同定した栽培穀物の出現率を数えてもあまり有効な数字とは言い難いが[2]、あえてその出現率で比較すれば、イネの割合は池上遺跡で 88%、小敷田遺跡で 79% であるのに対して、北島遺跡で 32%、前中西遺跡で 47% となる。

ただし今回の調査は対象遺跡が関東地方北西部に偏り、南関東、とくに関東地方の弥生農耕に重要な役割を果たしたであろう宮ノ台式土器のデータが不足している。本報告ではないが筆者が実施した神奈川県逗子市池子遺跡の宮ノ台式土器のレプリカ法調査では、栽培穀物 35 点中イネの占める割合は 80% と高い結果を得ており(遠藤 2018b)、また途中報告ではあるが横浜市大塚遺跡では 3,000 点以上の土器を観察してイネやエゴマが同定されたものの、「雑穀は 1 点も検出されていない」(佐々木 2017)という報告がある。土器の様相から見て、おそらく東海地方の農耕情報[3]を受容した宮ノ台式土器圏では、栽培穀物がイネに集中していた可能性もある。ちなみに埼玉県朝霞市向山遺跡は、方形周溝墓を検出、宮ノ台式土器が出土し、鋳造鉄斧や鍛造袋状鉄斧で著名な遺跡であるが、約 300 点の資料を観察してイネ 4 点を同定、雑穀は同定していない。

一方、前述の通り前中西遺跡は、弥生時代中期中頃から後期まで継続する時間幅の長い遺跡であるが、中期後葉をピークに後期に入るとその遺構数は激減し、その数少ない後期住居出土資料の栽培穀物にはイネは含まれず雑穀のみを同定している。弥生時代後期初頭は列島規模で遺跡数が一時的に減少する時期とされるが、前中西遺跡ではなんらかの理由で一度水田稲作が放棄されたのだろうか。このように一遺跡のなかでも通時的に見ると栽培穀物の組み合わせが異なる場合も見られ、弥生農耕は多様性を持たざるを得なかったと言うべきかもしれない。

(5)まとめ―弥生農耕の多様性―

20 遺跡のレプリカ法調査で得られた栽培穀物データから関東地方の弥生農耕について考察を行い、氷 I 式古段階並行期での栽培穀物情報の到着、再葬墓

造営集団の穀物栽培の導入、中期中頃の本格的農耕社会成立期の穀物栽培の多様性、中期後半以降も関東地方北西部で継続するイネと雑穀の複合的栽培などを推定した。地形・水利・土壌など様々な生態環境を持ち、また様々な社会的背景を持った遺跡が存在していた弥生時代の関東地方に、多様な弥生農耕が展開していたのは当然のことと言えるかもしれない。穀物栽培の多様性は、弥生文化の多様性を具体的に示す一面ではないだろうか。

　種子圧痕の形成過程を未だ詳細に把握できておらず、また土器に圧痕が残るチャンスは極めて限定的と考えられるため、もちろんレプリカ法データだけから、弥生農耕を解明することはできない。今後これ以外の考古資料と総合的に検討していくことが必要であろう。

謝辞　各地でのレプリカ法調査に際しては、資料を所蔵する各都県市町村ご担当者のみなさまに並々ならぬご理解とご協力を賜った。この場を借りて深くお礼申し上げます。また走査型電子顕微鏡観察には、明治大学日本古代学研究所所蔵の KEYENCE VE-8800 を使用させていただいた。重ねてお礼申し上げます。

註

1)　飯田市石行遺跡の浮線文もしくは突帯文土器からイネ籾1点が同定されており（中沢・丑野1998）、東海以西の突帯文土器のレプリカ法調査でもイネと雑穀を同定しているため（遠藤 2013b、遠藤・伊藤 2013 など）、縄文晩期末浮線文期に雑穀栽培情報のみが中部高地に伝播したとは思われない。中部高地の人々がイネと雑穀のうち、生態環境や社会により適応した雑穀栽培を選びとった結果と考える。

2)　軟X線を用いての「潜在圧痕」の分析（小畑 2016）、補填材重量を除く計算式（守谷 2016）など、レプリカ法で得られる圧痕資料の定量的な分析に向けてさまざまな検討が進められているが、本稿では観察資料点数からの分析に留まっている。

3)　静岡・清水平野のレプリカ法調査では、丸子式資料からはイネと雑穀、中期中葉以降はイネのみとの報告がある（篠原ほか 2012）。

引用・参考文献

新井　仁・梅澤重昭・井上慎也・浅間　陽・井上　大 2015「安中市上人見遺跡における弥生再葬墓の考察(1)」『群馬県立歴史博物館紀要』36、pp.75-96

荒井世志紀 2006『志摩城跡—多古町遺跡群発掘調査報告書—』多古町教育委員会

荒井世志紀・鬼澤昭夫・黒澤哲郎・戸村勝司郎 2006『志摩城跡・二ノ台遺跡 I』

安藤広道 2002「異説弥生畑作考—南関東地方を対象として—」『西相模考古』11、西相模考古学研究会、pp.1-56

安藤広道 2014「「水田中心史観批判」の功罪」『国立歴史民俗博物館研究報告』185、pp.405-448

安中市教育委員会 2014『西横野遺跡群（人見東原 II 遺跡・人見西下原遺跡・人見枝谷津遺跡・人見

東向原遺跡・人見向原遺跡・人見東中原遺跡・人見西中原遺跡・人見西向原遺跡・人見本村遺跡・上人見遺跡)

石川日出志 2001「関東地方弥生時代中期中葉の社会変動」『駿台史学』113、駿台史学会、pp.57-93

石川日出志 2010『農耕社会の成立』岩波新書

石川日出志 2011「関東地方における巨大農耕集落の出現とその背景」『弥生時代の考古学3　多様化する弥生文化』同成社、pp.102-113

石川日出志 2017「東日本弥生文化の変革」『東国弥生文化の謎を解き明かす―佐倉市岩名天神前遺跡と再葬墓の時代―』佐倉市岩名天神前遺跡公開シンポジウム予稿集、pp.26-33

丑野　毅・田川裕美 1991「レプリカ法による土器圧痕の観察」『考古学と自然科学』24、日本文化財科学学会、pp.13-36

遠藤英子 2011「レプリカ法による、群馬県沖Ⅱ遺跡の植物利用の分析」『古代文化』63―3、古代学協会、pp.122-132

遠藤英子 2013a「山ノ寺・夜臼Ⅰ式土器から同定した栽培穀物」『日本植生史学会第28回大会講演要旨集』pp.75-76

遠藤英子 2013b「栽培穀物からみた、近江盆地における農耕開始期の様相―滋賀県安土町上出A遺跡・草津市烏丸崎遺跡のレプリカ法調査から―」『日本考古学』35、日本考古学協会、pp.97-112

遠藤英子 2014「種実由来土器圧痕の解釈について」『考古学研究』60―4、考古学研究会、pp.62-72

遠藤英子 2015「農耕の開始をレプリカ法から探る―中部高地スタイル―」『飯田下伊那地方の考古学最前線―調査・研究速報―／講演発表要旨』

遠藤英子 2017a「中里原遺跡出土弥生土器のレプリカ法調査」『中里下原遺跡Ⅱ・中里中原遺跡Ⅱ(縄文時代編)・中里宮平遺跡・中里原遺跡・二本杉遺跡』富岡市教育委員会、pp.319-327

遠藤英子 2017b「土器圧痕から見た熊谷市周辺の弥生農耕(上)」『熊谷市史研究』9、熊谷市教育委員会、pp.43-53

遠藤英子 2018a「土器圧痕から見た熊谷市周辺の弥生農耕(下)」『熊谷市史研究』10、熊谷市教育委員会、pp.1-4・24-31

遠藤英子 2018b「池子遺跡出土弥生土器の種子圧痕分析」杉山浩平編『弥生時代　食の多角的研究―池子遺跡を科学する―』六一書房、pp.89-104

遠藤英子・高瀬克範 2011「伊那盆地における縄文時代晩期の雑穀」『考古学研究』58―2、考古学研究会、pp.74-85

遠藤英子・伊藤淳史 2013「比叡山西南嶺における栽培穀物出現期の様相―レプリカ法による京都大学構内遺跡出土資料の種実圧痕調査―」『京都大学構内遺跡調査研究年報2010年度』京都大学文化財総合研究センター、pp.181-200

小畑弘己 2016『タネをまく縄文人』吉川弘文館

笠原安夫 1982「菜畑遺跡の埋蔵種実の分析・同定研究―古代農耕と植生の復元―」『菜畑　分析・考察編』唐津市、pp.354-379

小林青樹・大工原豊・井上慎也 2003「群馬県安中市注連引原遺跡群における弥生時代前期集落の研究」『日本考古学協会第69回総会研究発表要旨』日本考古学協会、pp.45-48

佐々木由香 2017「Columm　土器の「くぼみ」から知る弥生時代の食料事情」『横浜に稲作がやってきた！？』横浜市歴史博物館　平成29年度企画展、pp.74-75

山武考古学研究所 1997『三ノ倉落合遺跡』

設楽博己 2006「関東地方における弥生時代農耕集落の形成過程」『国立歴史民俗博物館研究報告』
　　133、pp.109-153

設楽博己 2008『弥生再葬墓と社会』塙書房

設楽博己 2014「農耕文化複合と弥生文化」『国立歴史民俗博物館研究報告』185、pp.449-469

設楽博己・高瀬克範 2015「西関東地方における穀物栽培の開始」『国立歴史民俗博物館研究報告』
　　185、pp.511-530

設楽博己・林正之・守屋　亮・山下優介・周嘉寧 2015「2015年度のレプリカ法による種子圧痕の調
　　査」『SEEDS CONTACT』科研費平成25年度基盤研究(A)(研究代表　設楽博己)「植物・土器・人骨
　　の分析を中心とした日本列島農耕文化複合の形成に関する基礎的研究」ニュースレター 3、pp.2-4

篠原和大・真鍋一生・中山誠二 2012「植物資料から見た静岡・清水平野における農耕の定着過程─
　　レプリカ・セム法による弥生土器の種実圧痕の分析を中心に─」『静岡県考古学研究』43、pp.47-68

昭和女子大学人間文化学部歴史文化学科中屋敷遺跡発掘調査団 2008『中屋敷遺跡発掘調査報告書』

杉山祐一 2016「再葬墓出土土器の複雑性と地域間関係─千葉県塙台遺跡と周辺地域の検討から─」
　　『古代』139、pp.3-40

玉川文化財研究所 2015『中里遺跡発掘調査報告書』

千葉県文化財センター 1996『市原市武士遺跡 1』

椿坂恭代 1993「アワ・ヒエ・キビの同定」『先史学と関連科学』吉崎昌一先生還暦記念論集、
　　pp.261-281

中沢道彦 1998「「氷Ⅰ式」の細分と構造に関する試論」永峯光一編著『氷遺跡発掘調査資料図譜　第
　　3冊』pp.1-21

中沢道彦 2007「関西出土所謂東日本系土器の再検討」『第8回関西縄文文化研究会　関西の突帯文
　　土器　発表要旨集』関西縄文文化研究会 115

中沢道彦 2015「長野県における縄文時代の終末と生業変化」『八ヶ岳山麓における縄文時代の終末
　　と生業変化』シンポジウム予稿集　明治大学日本先史文化研究所、pp.2-9

中沢道彦・丑野　毅 1998「レプリカ法による縄文時代晩期土器の種子状圧痕の観察」『縄文時代』9、
　　縄文時代文化研究会、pp.1-28

中山誠二・佐野　隆 2012「縄文時代終末期のアワ・キビ圧痕─山梨県屋敷平遺跡の事例」『山梨県
　　考古学協会誌』21、pp.85-97

比佐陽一郎・片多雅樹 2005『土器圧痕レプリカ法による転写作業の手引き』福岡市埋蔵文化財センター

守屋　亮 2016「種子圧痕の定量的分析に関する予察─補填材重量の検討─」『東京大学考古学研究
　　室研究紀要』28、pp.81-107

中部高地における縄文と弥生の栽培植物

中山誠二

はじめに

　日本列島のほぼ中央部に位置する中部高地は、藤森栄一らが展開したいわゆる「縄文中期農耕論」の中核的な地域である。藤森は、縄文時代の集落の増大や様々な遺構・遺物の変化から、この時代に原始的な農耕が存在したと主張し、その集大成である著書『縄文農耕』を世に送り出した(藤森1970)。しかしながら、核心となる栽培植物が未解明であったことから、考古学界からは否定的な見解が主流を占めてきた。1970年代から積極的に導入された堆積土壌の水洗選別法や浮遊選別法によっても、一部のマイナー・クロップとしての栽培植物の存在は認められつつも、狩猟・漁撈・採集という生業体系全体の枠組みを見直すほどの発見は得られなかった。

　しかし、1990年代に入り開発されたレプリカ法を用いて中沢らが植物種子圧痕の調査に応用し(中沢・丑野1998)、さらに山崎純男、小畑弘己らの悉皆的な圧痕調査によって、先史時代の栽培植物や農耕の起源研究が新たな局面を迎える(山崎2005、小畑編2007)。

　本稿では、筆者が主なフィールドとして調査研究を行ってきた中部高地の植物圧痕を中心に、縄文から弥生時代の栽培植物の利用について考察してみたい。

1　縄文時代の栽培植物

　近年のレプリカ法を用いた圧痕研究を通じて、中部高地では縄文時代中期にシソ属、ダイズ属、ササゲ属アズキ亜属の3種の植物種子が高い頻度で検出されることがわかってきた(中山編2014)。筆者は圧痕に残されたこれらの草本植物の種子を集成しその大きさや形態観察を行うことで、野生種とは異なる栽培型(種)の植物が一定程度存在する可能性を指摘した(中山2010b・2015a・b)。以下では、まずその概要を示しながら縄文時代の栽培植物について説明したい。

（1）シソ属―エゴマとシソ―

　シソ科 Labiatae の植物は、約160属3,000種が世界に広がっているが、縄文時代の利用植物としては、シソ属のエゴマ *Perilla frutescens* var. *frutescens* とシソ *Perilla frutescens* var. *crispa* があげられる。

　遺跡から出土するシソ科シソ属の植物遺存体は、笠原安夫、松谷暁子により詳細な同定作業が進められ、縄文時代早期～晩期まで継続的に存在することが判明している（笠原 1981・1996、松谷 1983・1988）。

　笠原は、シソ属やイヌコウジュ属の種子の大きさに着目し、エゴマ、シソとさらに小さいレモンエゴマ、ヒメジソ、イヌコウジュの区別が可能とし、鳥浜貝塚出土のシソ属の種実のうち、湿ったままの測定値で長さ 1.4～1.5 mm、幅 1.1～1.2 mmのものをシソ、長さ 2.0～2.8 mm、幅 1.8～2.5 mmのものをエゴマに分類している（笠原1981）。松谷は遺跡から出土するこの種の果実が、エゴマ、シソ、レモンエゴマ、ヒメジソ、イヌコウジュ属の順に小さくなり、大きさによる分類の可能性を指摘しているが、なすな原遺跡や荒神山遺跡から出土した個別試料については変種レベルの断定を避け、シソ属またはシソの類とする（松谷1988）。

　筆者が行った現生果実の計測平均値では、エゴマが長さ 2.4 mm、幅 2.3 mm（N=20）であるのに対し、レモンエゴマが長さ 1.8 mm、幅 1.8 mm（N=20）、アオジソが長さ 1.7 mm、幅 1.7 mm（N=20）という値が得られ、エゴマ、レモンエゴマ、アオジソの順で小さくなることが改めて確認された。また、アオジソ、レモンエゴマの最大値を考慮すると、長さ 2.1 mm、幅 2.1 mmを超える大型の果実はエゴマ型として他のシソ属とは区別される（中山 2015b）。

　シソ属の圧痕は、中部高地においては山梨県長田口・中畑遺跡から出土した縄文時代前期前葉の中越式の事例が現状では最も古く、縄文前期～中期ではマメ科植物と並んで比較的高い検出率を示す。その確認例は、前期後半では山梨県美通遺跡（諸磯 a 式）、山崎第 4 遺跡（諸磯 b 式）、天神遺跡（諸磯 b 式）、石之坪遺跡（諸磯 c 式～十三菩提式）、長野県大師遺跡（諸磯 b～c 式）、中期では、山梨県上の平遺跡（五領ヶ台式）、長田口・中畑遺跡（五領ヶ台式）、鋳物師屋遺跡（藤内式～井戸尻式）、西川遺跡（曽利Ⅴ式）、山崎第 4 遺跡（曽利式）、長野県清水田遺跡（梨久保式）、梨久保遺跡（梨久保式～曽利式）、上向遺跡（藤内式）、目切遺跡（藤内式・曽利・梨久保 B 式）、後期中葉～晩期では山梨県金生遺跡などがある（表1）。

これらのシソ属果実圧痕を見ると、長さが 1.9〜3.2 mm、幅 1.7〜2.8 mm で、シソやレモンエゴマの大きさをもつものもわずかにある一方で、ほとんどがエゴマ型と見られる果実であることが判明した[1]（中山 2015b）。

新田みゆきは、シソ、エゴマ、雑草型の種子の発芽実験を通じて、自生的な状態で育成するシソと雑草型の種子は休眠性をもち、人の保護下で安全な時期に播種されるエゴマは休眠性をもたないと結論する（新田 2001）。つまり、エゴマの育成にとっては人的栽培、管理が不可欠であり、エゴマの存在は栽培行為を前提に成り立つことになる。逆説的にいえば、縄文時代に存在するエゴマと見られるシソ属についても、当時の人々によって栽培されていた可能性が高い。

(2)ダイズ属―ツルマメとダイズ―

ダイズ *Glycine max* subsp. *max* は、マメ科 *Glycine* 属 *soja* 亜属に属する 1 年生草本で、現在の日本の食文化を考える上でも極めて重要な作物の一つである。その野生祖先種は、ツルマメ *Glycine max* subsp. *soja* と呼ばれ、ダイズとの間には交雑の障害はなく、その雑種の成育や生殖に一定の障害も見られず、両者の間で遺伝子交換が可能である（阿部・島本 2001）。

ダイズはこれまで、弥生時代になってからイネとともに大陸から伝播したと考えられてきたが、近年、縄文時代に遡る資料が再認識されるようになった。

日本列島で最も古いダイズ属の試料は、宮崎県王子山遺跡の縄文時代草創期のツルマメで、野生ダイズの利用が今から約 13,000 年前に開始されていることが明らかにされている（小畑・真邉 2012）。

中部高地では、長野県山の神遺跡（中沢 2011a）、山梨県上暮地新屋敷遺跡（中山・篠原 2013）、御坂中丸遺跡（中山 2011a）など、縄文時代早期中ごろ（約 9,000 年前）からこの種のマメが確認されるようになるが、現在のところこれらが本州地域でも最も古い試料群である。

続く前期では山梨県天神遺跡（諸磯 b 式）、石之坪遺跡（諸磯 c 式〜十三菩提式）、中期では山梨県上の平遺跡（五領ヶ台式）、酒呑場遺跡（五領ヶ台〜藤内式）、諏訪原遺跡（井戸尻式）、鋳物師屋遺跡（藤内式〜井戸尻式）、石之坪遺跡（藤内式〜曽利式）、女夫石遺跡（藤内式〜曽利式）、隠岐殿遺跡（曽利式）、竹宇 1 遺跡（井戸尻式）、西川遺跡（曽利式）、宮尾根遺跡（曽利式）、宮ノ前遺跡（曽利式）、山崎第 4 遺跡（曽利式）、長野県梨久保遺跡（梨久保式〜曽利式）、清水田遺跡（梨久保式）、上向遺跡（藤内式〜曽利式）、目切遺跡（曽利 V 式）など、中期初頭の五領ヶ台式から中期後葉の曽利

130　第2章　日本列島の農耕のはじまり

式までの多くの遺跡で継続的に検出される（表1）。

　しかし、不思議なことに当該地域の縄文後期から晩期の土器には確実な検出例が激減し、ほとんど見られなくなる。関東地方や西日本、九州での圧痕検出例から見ると列島全体に拡散し、後・晩期にダイズの利用自体が消滅しているとは考えにくい。とすれば、むしろそれらを土器に混入させる行為あるいは意識そのものが中部高地では急激に衰退または低下しているようにも思える。

　それでは、これらのダイズ属の中には、栽培ダイズといえるものが存在するのであろうか。筆者は、種子圧痕に見られるダイズ属種子の大きさや形態の時間的変化に注目して、同時代の野生と栽培ダイズの混在状況を指摘した（中山2015a）。

表1　中部高地における縄文～弥生の植物圧痕一覧

都県名 遺跡名	時代と時期 型式名	圧痕数	イネ	アワ	アワ近似種	キビ	キビ近似種	オオムギ	マメ科	ダイズ属	ダイズ属近似種	アズキ亜属	アズキ近似種	シソ属	シソ属近似種	ミズキ	ウルシ・ヌルデ属	ニワトコ	ブドウ属	エノゴログサ属	ヌスビトハギ属	クマシデ属	植物種子以外	その他・不明・同定不能	文献
長野 山の神	縄文早期中葉 細久保	1							1																中沢 2011a
山梨 上暮地新屋敷	縄文早期中葉 田戸上層～鵜ヶ島台	49				2	1											2					39	5	中山・篠原 2013
山梨 御坂中丸	縄文早期後葉 野島並行	2																							中山 2011a
山梨 長田口・中畑	縄文前期前葉 中越	29				2						3											21	3	中山編 2014
山梨 美通	縄文前期後葉 諸磯a	21					1					3	3										12	2	中山編 2014
山梨 山崎第4	縄文前期後葉 諸磯b	6				1	1		1															3	中山編 2014
山梨 天神	縄文前期後葉 諸磯b	76								9													49	16	中山他 2009
長野 大師	縄文前期後葉 諸磯b～c	22				1						3											13	5	中山編 2014
山梨 石之坪	縄文前期後葉 諸磯c～十三菩提	4					1							1	1									1	中山編 2014
山梨 上の平	縄文中期初頭 五領ヶ台	66					1		2	1													57	5	中山編 2014
山梨 長田口・中畑	縄文中期初頭 五領ヶ台	12								2													9	1	中山編 2014
長野 清水田	縄文中期初頭 梨久保	3							2			1													会田他 2015b
山梨 酒呑場	縄文中期初頭～中葉 五領ヶ台～藤内	76				11	4		9														45	7	中山 2008, 中山 2009, 中山 2010b
長野 梨久保	縄文中期初頭～後葉 梨久保～曽利	11					3		5	2														1	会田他 2015b

都県名 遺跡名	時代と時期 型式名	圧痕数	イネ	アワ	アワ近似種	キビ	キビ近似種	オオムギ	マメ科	ダイズ属	ダイズ属近似種	アズキ亜属	アズキ近似種	シソ属	シソ属近似種	ミズキ	ウルシ・ヌルデ属	ニワトコ	ブドウ属	エノゴログサ属	ヌスビトハギ属	クマシデ属	植物種子以外	その他木明・同定不能	文献
長野 志平	縄文中期初頭～後葉 梨久保～梨久保B	4									4														会田他 2015b
山梨 屋代氏	縄文中期中葉 狢沢～藤内	4				1																		3	中山編 2014
山梨 神の前B	縄文中期中葉 新道	7																					5	1	中山編 2014
山梨 釈迦堂	縄文中期 狢沢～曽利	113									1												107	5	中山編 2014
山梨 鋳物師屋	縄文中期中葉 藤内～井戸尻	102								5	2			2				1					87	4	中山編 2014
山梨 石之坪	縄文中期中～後葉 藤内～曽利	54							7	11	15	2			1							2		16	中山編 2014
山梨 女夫石	縄文中期中葉～後葉 藤内～曽利	53							12	4	1													36	中山・関間 2009
山梨 諏訪原	縄文中期中葉～後葉 藤内～曽利	55							4	1	1	7	5				1							36	中山編 2014
長野 上向	縄文中期中葉～後葉 藤内～曽利	12									3	8	1												会田他 2015b
山梨 竹宇1	縄文中期中葉 井戸尻	2									1	1													中山編 2014
山梨 西川	縄文中期中葉～後葉 井戸尻～曽利	42									1			1	1								38	1	中山編 2014
山梨 宮尾根	縄文中期中葉～後葉 井戸尻～曽利	3									1			1										1	中山編 2014
山梨 一の沢	縄文中期 井戸尻～曽利	17												1	1								14	1	中山編 2014
山梨 隠岐殿	縄文中期後葉 曽利	94							4	3				1									77	9	中山 2011 b
山梨 宮ノ前	縄文中期後葉 曽利	43							1	3	1	2											32	4	中山編 2014
長野 目切	縄文中期後葉 藤内～曽利(梨久保B)	35									1			19	12		1	1						1	会田他 2012
長野 梨久保	縄文中期後葉 曽利Ⅱ～Ⅲ	249												174	71									4	会田他 2015a
山梨 山崎第4	縄文中期後葉 曽利	6									1	2												2	中山編 2014
山梨 石之坪	縄文後期 堀之内	1													1										中山編 2014
山梨 宮ノ前	縄文後期 堀之内	7													1								6		中山編 2014
山梨 青木	縄文後期	54																					53	1	中山編 2014
山梨 石堂B	縄文後期前葉 堀之内	16																					15	1	中山編 2014
山梨 金生	縄文後期中葉 ～晩期前半	19												1	5	1							8	4	中山編 2014
山梨 石之坪	縄文晩期終末 水Ⅰ	12	1			5			1															5	中山編 2014

都県名 遺跡名	時代と時期 型式名	圧痕数	イネ	アワ	アワ近似種	キビ	キビ近似種	オオムギ	マメ科	ダイズ属	ダイズ属近似種	アズキ亜属	アズキ近似種	シソ属	シソ属近似種	ミズキ	ウルシ・ヌルデ属	ニワトコ	ブドウ属	エノコログサ属	ヌスビトハギ属	クマシデ属	植物種子以外	その他・不明・同定不能	文献
山梨 中道	縄文晩期終末 氷I	113		6	1	28	8										3						55	12	中山・閏間 2012
山梨 中道	縄文晩期終末 氷I	1						1																	中沢・丑野・松谷 2002、中山 2010b
長野 御社宮司	縄文晩期終末 氷I	1				1																			中沢・佐々木 2011
長野 石行	縄文時代晩期終末 五貫森	1	1																						中沢・丑野 1998
長野 石行	縄文晩期終末 氷I	5		4		1																			中沢 2012
長野 石行	縄文晩期終末〜弥生前期末 女鳥羽川〜氷II	109	1	34		26	12								1								1	34	遠藤・高瀬 2011
山梨 屋敷平	縄文晩期終末〜弥生前期末 離山〜柳坪	44		12	3	2														2			22	3	中山・佐野 2012
山梨 石之坪	縄文晩期終末 氷I	12		1	5			1															5		中山編 2014
長野 荒神沢	縄文晩期終末 氷I	7		1		4	1																1		中沢 2011b
長野 深山田	縄文晩期終末 氷I	20		5		9																	6		遠藤 2012
長野 大宿	縄文晩期終末〜弥生前期末 氷I〜刈谷原	24		13	2	2	3																4		遠藤 2012
長野 北方北の原	縄文晩期終末〜弥生前期末 氷I〜刈谷原	37		4		19																	13		遠藤 2012
長野 矢崎	縄文晩期終末〜弥生前期末 離山〜氷II	70		41	1	2	3													2			21		遠藤・高瀬 2011
長野 権現堂前	縄文晩期終末〜弥生前期末 離山〜氷II	28		9		16																	1	2	遠藤・高瀬 2011
山梨 石之坪	弥生前期末 弥生I	1	1																						中山編 2014
山梨 上中丸	弥生前期後葉 柳坪	7	1		1	1	1																3		中山 2012
山梨 天正寺	弥生前期後葉〜中期初頭 弥生I〜II	44	6	10		2														1			16	9	中山・網倉 2010
山梨 滝沢	弥生前期後葉〜中期中葉 弥生I〜III	12	1	2		6														1			1		中山編 2014
山梨 新居田B	弥生中期初頭 弥生II	8	2	1							1												3	1	中山編 2014
山梨 油田	弥生中期中葉〜後葉 弥生III・IV	8	7																				1		中山 2007
山梨 石之坪	弥生後期 弥生V	5	5																						中山編 2014
合計		1939	26	144	13	124	28	1	56	49	2	82	9	221	78	2	6	1	1	7	1	2	864	222	

これまで検出されている縄文早期から前期のダイズ属圧痕試料は、乾燥値の簡易体積が15〜76㎣で、現生ツルマメの数値の中に収まるものとそれより若干大型のものが存在する。ところが、縄文時代中期になると様相が一変する。この時期の試料は、乾燥値の体積を比べてみても25.2〜338.0㎣と大きな開きがあり、現生ツルマメの平均値34.1㎣（N=50）と近い数値を示すものがある一方、ツルマメの最大値60㎣を凌駕する種子がこの中期前葉を境に、一挙に顕在化するのである。九州地方の縄文後晩期では、長さ9.9〜10.7㎜、幅6.9〜7.8㎜、厚さ4.6〜5.0㎜、簡易体積が318〜420㎣で、中部高地に分布する中期のダイズよりさらに大型の種子が検出されている。

縄文時代におけるダイズ属種子のこのような大型化現象は、栽培植物の特徴である栽培化症候群の一つと捉えられ、縄文中期以降に栽培ダイズが存在することを示唆する（中山 2009）。

さらに、種子の形態に着目すると縄文時代のダイズ属のマメは、A型：ツルマメ型、B型：小型扁平ダイズ型、C型：大型楕円ダイズ型、D型：大型扁平ダイズ型の4つの種類に分類される（中山 2015a）。この4タイプのダイズ属を年代的に比較すると、A型は縄文時代草創期〜中期まで継続的に存在し、B型は中期の中部地方に集中する。C型も中部高地の中期に見られるが、時期が確実視されるのは中期後葉の曽利式になってからである。D型は現段階では九州地方の後晩期に限定される。

縄文時代のダイズ種子に見られるこれらの形態の多様化と時代的な変化は、ダイズが野生から栽培化の過程で亜種レベル、次いで品種レベルでの分化が進行した証左と見ることができる（中山 2015a）。重要なことは、野生型、栽培型あるいはこの中間型の特徴をもつダイズ種子が縄文時代中期においては混在して利用されていたことにあろう。

(3)ササゲ属アズキ亜属

ササゲ属アズキ亜属はアジアヴィグナ（The Asian Vigna）ともいわれ、友岡らによる研究では3節21種類に分類され、この内6種については栽培型が存在する（Tomooka *et al.* 2002）。この内、アズキ *Vigna angularis* var. *angularis* はヤブツルアズキ *Vigna angularis* var. *nipponensis* を祖先種とし、東アジアを中心として広く分布しているマメである。

中部高地を中心とした圧痕分析では、縄文前期後葉の山崎第4遺跡（諸磯b

式）、縄文中期の山梨県上の平遺跡（五領ヶ台式）、酒呑場遺跡（五領ヶ台式〜藤内式）、神の前 B 遺跡（新道式）、釈迦堂遺跡（藤内式）、鋳物師屋遺跡（藤内式）、石之坪遺跡（藤内式〜曽利式）、女夫石遺跡（曽利Ⅰ・Ⅱ式）、諏訪原遺跡（藤内式〜曽利式）、西川遺跡（井戸尻式〜曽利式）、宮尾根遺跡（井戸尻式）、一の沢遺跡（井戸尻式）、宮ノ前遺跡（曽利式）、長野県梨久保遺跡（梨久保式〜曽利式）、志平遺跡（梨久保式〜梨久保 B 式）、上向遺跡（藤内式〜曽利式）、目切遺跡（藤内式〜曽利式）、縄文後期の石之坪遺跡（堀之内式）、宮ノ前遺跡（堀之内式）、弥生時代中期の新居田 B 遺跡（弥生Ⅱ期）などの事例が蓄積され、縄文時代を通じて安定的な広がりを見せる（表1）。また、長野県東大門先遺跡や山梨県石之坪遺跡では弥生時代前期末葉〜中期初頭からアズキ亜属の種子遺体が確認されることからも、弥生時代以降も継続的に栽培され続けたと考えられる（中沢 2015、吉川 2000）。

　現生アジアヴィグナと縄文時代のアズキ型の種子圧痕との形態および臍構造の比較では、それらは植物種としてのアズキ（*Vigna angularis*）であると判断される（中山 2010 a）。これらの中に、栽培型（種）のアズキが存在するかを確認するため、現生のヤブツルアズキや栽培アズキと圧痕種子の大きさを比較し、時代的な変化を捉えることとした（中山 2015b）。

　アズキ亜属の種子の大きさは、現生ヤブツルアズキでは、20 粒の平均で 22.6㎣、最大で約 45.0㎣であり、縄文期の試料の乾燥推定値は 12.7〜83.1㎣となる。現生ヤブツルアズキの最大体積値を目安に、45.0㎣以下を野生型、45.1㎣以上を栽培型に分類するとすれば、縄文時代中期中葉の藤内式期以降、ヤブツルアズキの体積を超える試料が 52 点中 21 点確認され、この時期から栽培型のアズキが顕在化している（中山 2015b）。また、那須らの炭化種実の比較研究では、縄文前期段階で野生型、縄文中期段階では中間型のサイズの種子が存在しており、当該期の種子の大型化の可能性が指摘されている（那須ほか 2015）。ササゲ属アズキ亜属のこのような動きは、ダイズ属よりも時期的には若干遅れるものの種子の大型化の兆候という点では同一の現象と捉えられ、この時期から野生のヤブツルアズキに加えて、栽培型（種）あるいは栽培化の兆候をもつものが存在している可能性が高いと筆者は考えている。

2　中部高地の穀物栽培の開始

　それでは、雑穀およびイネなどイネ科の穀類の出現はいつであろうか。

これまでイネ科の穀物は、縄文時代中期や後期に遡るとされてきたが、中沢らの研究によって、縄文時代晩期後半の突帯文期以前の資料に関しては、帰属時期や植物同定に問題があり、確実には突帯文期以降にアワ（Setaria italica）、キビ（Panicum miliaceum）、イネ（Oryza sativa）などの穀物栽培が、九州や山陰地方を起点に、近畿地方、東海地方から東日本にかけて広がることが指摘されている（中沢 2014）。

一方、中部高地では縄文時代晩期末の女鳥羽川式以降、穀類の情報が増加する。その類例は、長野県松本市石行遺跡の氷Ⅰ式新段階のアワ（佐々木ほか2009）、荒神沢遺跡の氷Ⅰ式古～中段階のアワ・キビ（中沢 2011b）、飯田市権現堂前遺跡、石行遺跡、矢崎遺跡の離山式～氷Ⅱ式土器のアワ、キビ（遠藤・高瀬2011）、飯田市石行遺跡の女鳥羽川式段階のイネ（中沢・丗野 1998）、北方北の原遺跡、深山田遺跡、大宿遺跡で氷Ⅰ式～刈谷原式のアワ、キビ（遠藤 2012）、御社宮司遺跡の女鳥羽川式～氷Ⅰ式段階のキビ（中沢・佐々木 2011、中沢 2015）、氷遺跡の氷Ⅰ式中段階のアワ、キビ（中沢 2011b）、山梨県中道遺跡で氷Ⅰ式のアワ、キビ（中山・閏間 2012）、屋敷平遺跡で離山式～氷Ⅰ式段階のアワ・キビが確認されてきている（中山・佐野 2012）。

続く弥生時代前期後葉～中期前葉では、山梨県天正寺遺跡、滝沢遺跡（弥生時代前期末～中期初頭）のイネ、アワ、キビ（中山・網倉 2010、中山編 2014）などがある。

ここで問題となるのが、山梨県中道遺跡のオオムギの存在である。この圧痕資料は当初、縄文晩期末の氷Ⅰ式土器の籾痕土器と評価され、土器の胎土分析ではイネの起動細胞様プラント・オパールが検出されたものである（設楽ほか 1989、外山 1988）。その後、中沢らによる圧痕調査が進められ、籾痕と考えられていた植物がオオムギの穎であることが確認された（中沢ほか 2002）。さらに、筆者もこの圧痕レプリカを作成し、オオムギであることを再確認し、氷Ⅰ式段階のオオムギの導入に肯定的な立場を取ってきた（中山 2010b）。しかし、当該期に遡るオオムギ資料がその後蓄積されないこと、中道遺跡における同時期の悉皆調査においてもオオムギは唯一この1点のみであること（中山・閏間 2012）、また発見された土器片が小破片であり細密条痕文が不鮮明であることから浮線文期の時期比定について慎重論が根強い。このような状況から、ここでは将来的な資料調査に期待し、オオムギを含むムギ類の出現期についてはひとまず保留する立場をとっておきたい。

136　第2章　日本列島の農耕のはじまり

　したがって、中部日本の内陸地域においては、縄文晩期終末期の女鳥羽川式
～氷I式段階に広範囲にアワ・キビ栽培が広がるとともに、限定的ではあるが
稲作も波及していたと考えられる。続く弥生時代前期の条痕文土器を主体とし
た時期には、雑穀栽培に加え稲作が確実に普及・定着化していく傾向が読み取
れる。

　稲作はほぼ同時期に波及しながらも、高標高にある中部高地など遺跡では
積極的に採用されなかった可能性があり(中沢2015)、穀物農耕の定着化にとっ
て、立地や気候条件が非常に重要な要素であったことがわかる。弥生時代の初
期の水田経営は極めて小規模で、灌漑施設を伴った大規模な水田開発に連動し
ていくのは、弥生時代中期の中葉以降である(中山2010b)。

3　栽培植物の栄養価と調理法

　次に、栽培植物の栄養価と利用法について若干の考察をしておきたい。

　シソとエゴマは同一種の変種として位置づけられているが、栄養学的には全
く異なる特性をもっている。果実100g中に含まれる成分を見ると、シソはエ
ネルギー量41Kcalでタンパク質3.4g、脂質0.1g、炭水化物8.9gであるのに
対し、エゴマはエネルギー量544Kcal、タンパク質17.7g、脂質43.4g、炭水
化物29.4gと、エゴマの栄養価が圧倒的に勝っている(文部科学省2005)。両者
はともに独特の臭気をもち果実と葉の食利用が行われるが、縄文時代において
もシソは消化促進を促す香味料として、エゴマは高カロリーかつ栄養価の高い
食料として異なった作物として認識されていたのではなかろうか。エゴマは果
実がクッキー状炭化物などの状態で出土例が知られており、デンプン質のつな
ぎを使って塊にした加工調理法が指摘されている(長沢1999)。この他、煎った
果実を他の食品に塗ったり、肉類を葉に包み込んで食する方法など多様な利用
法が存在したのであろう。

　一方、乾燥段階のダイズは、100g中のエネルギーが417Kcal、タンパク質
35.3g、脂質19.0g、炭水化物28.2gと栄養価が高く、現代でも畑の肉と言わ
れるほどタンパク質の量が多いことで知られる。木の実などをベースとした縄
文人の食利用の中にあって、極めて重要な食糧源となっていたと考えられる。
ダイズ属やアズキ亜属種子の検出状況を見る限り、2つの豆類は木の実などの
堅果類の補完的な役割とするよりは、むしろそれらの植物とともに主要食物群

の一角を構成していたと捉える方が自然であろう。

　その加工調理法は、枝豆や煮豆等による粒食、きな粉による粉食などは容易に推測しうるが、さらに、東アジアから東南アジアに現在でも分布する納豆との関連性も視野に入ってくる。横山智によれば、納豆は「塩を加えずに大豆を枯草菌によって発酵させた食品」と定義され、素材となるダイズと周囲に存在する枯草菌、加工技術さえあれば成立は可能である（横山 2014）。つまり、縄文時代においても初源的な発酵ダイズが存在していた可能性がある。

　次にアズキは、100g 中のエネルギー量が 339Kcal、タンパク質 20.3g、脂質 2.2g、炭水化物 58.7g とイネ科の穀物と同程度のカロリーをもち、縄文時代の食用植物の中ではドングリなどと並んで、炭水化物の含有量が多いことが特徴である。その調理法は、東京都下宅部遺跡の炭化物付着土器の事例からも、煮豆や餡、汁粉、ぜんざいなど、現在でもなじみの深い食利用が縄文時代に存在したと見ることができよう（工藤 2014）。野生ヤブツルアズキの煮豆は栽培アズキと同じ独特の香りと風味をもつが、ただし現代日本人のアズキに対する「甘い」という味覚先入観は取り払って考える必要がある。

　一方、縄文時代晩期末葉に伝播した穀物の内、イネは 100g 中のエネルギー量が 350Kcal、タンパク質 6.8g、脂質 2.7g、炭水化物 73.8g、アワは 364Kcal、タンパク質 10.5g、脂質 2.7g、炭水化物 73.1g、キビは 356Kcal、タンパク質 10.6g、脂質 1.7g、炭水化物 73.1g と、炭水化物の量が多く高カロリーな食品である。縄文時代において炭水化物を多く含む植物としては、クリ、トチ、シイなどの堅果類とアズキがあるが、この時期に普及したイネ科の穀物はエネルギー源となる炭水化物の量でこれらを大きく凌駕する。また、トチの実やドングリなどのように手間のかかるアク抜きを必要とせず、しかも保存や運搬がしやすい特性がある。このような特性から、弥生時代以降、穀類は堅果類に替わる主要な食品に転化していったと見られる。その一方で豆類はイネ科の穀物には少ない植物性タンパク質や脂質を多く含むことから、弥生時代時代においても穀類とセットとなって主要食用植物を構成し続ける。ダイズ、アズキは縄文時代の伝統的な品種に加え、大陸伝来の穀物と一緒に伝播したものも加え、品種が多様化したことが予測される。

4 まとめ

　中部高地における圧痕試料を手がかりに、縄文時代から弥生時代の栽培植物に関する 2015 年までの情報を紹介してきた。これらの分析を通して、遅くとも縄文時代中期以降、シソ属、ダイズ属、アズキ亜属の複数の草本植物が栽培されていることは疑うことができない。筆者はこれまで、これらの栽培植物が野生堅果類などを補完する存在であると評価してきたが、植物遺存体資料の蓄積により、現段階では両者がともに主要な食用植物として利用され縄文人の重要な栄養源となっていたと再評価すべきであると考えている。したがって、狩猟・漁撈・採集による当時の生業体系の中に植物栽培が確実に加わっていると見られ、さらに慎重な議論が必要であろう。

　一方、縄文時代晩期終末期の女鳥羽川式から氷Ⅰ式には、アワ、キビ、イネなどのイネ科の穀物が韓半島から西日本を経て中部高地まで到達するが、アワ・キビなどの雑穀農耕が先行して定着し、稲作は弥生時代前期末葉以降やや時間差をおいて普及する。これらの穀物は、縄文時代の主要食料であった堅果類に替わって、伝統的なマメ科植物などとともに主要作物として弥生時代に普及・定着化していくことになる。同時にこのことは、水稲農耕と畑作農耕の複合的な生産活動の普及と定着を意味する。

註
1)　大きさは、圧痕の計測値に土器収縮分の 112％ を乗じた値を示す。

引用・参考文献

　会田　進・中沢道彦・那須浩郎・佐々木由香・山田武文・奥石甫 2012 「長野県岡谷市目切遺跡出土の炭化種実とレプリカ法による土器種実圧痕の研究」『資源環境と人類』2、pp.49-64

　会田進・山田武文・佐々木由香・奥石甫・那須浩郎・中沢道彦 2015a 「岡谷市内縄文時代遺跡の炭化種実及び土器種実圧痕調査の報告（本編）」『長野県考古学会誌』150、pp.10-45

　会田進・山田武文・佐々木由香・奥石甫・那須浩郎・中沢道彦 2015b 「岡谷市内縄文時代遺跡の炭化種実及び土器種実圧痕調査の報告（資料編）」『長野県考古学会誌』151、pp.115-142

　阿部　純・島本義也 2001 「ダイズの進化：ツルマメの果たしてきた役割」『栽培植物の自然史―野生植物と人類の共進化』北海道大学図書館行会

　丑野　毅・田川裕美 1991 「レプリカ法による土器圧痕の観察」『考古学と自然科学』24、pp.13-35

　遠藤英子・高瀬克範 2011 「伊那盆地における縄文時代晩期の雑穀」『考古学研究』58－2、pp.74-85

遠藤英子 2012「縄文晩期末の土器棺に残された雑穀」『長野県考古学会誌』140、pp.43-59

小畑弘己編 2007『列島初期農耕史の新視点』日本考古学協会熊本大会実行委員会

小畑弘己・真邉　彩 2012「王子山遺跡のレプリカ法による土器圧痕分析」『王子山遺跡』都城市教育委員会

笠原安夫 1981「鳥浜貝塚の植物種実の検出とエゴマ・シソ種実・タール状塊について」『鳥浜貝塚—縄文前期を主とする低湿地遺跡の調査 2—』pp.65-87

笠原安夫 1996「なすな原遺跡縄文後期住居址出土のタール状エゴマ種実塊の走査電子顕微鏡像について」『なすな原遺跡 No.2 地区調査』pp.362-383

工藤雄一郎 2014「縄文人も煮豆を食べた？—下宅部遺跡の炭化マメ付着土器—」『歴博』187、p.9

佐々木由香・中沢道彦・那須浩郎・米田恭子・小泉玲子 2009「長野県石行遺跡と神奈川県中屋敷遺跡における縄文時代晩期終末から弥生前期のアワ圧痕の同定」『日本植生史学会第 24 回大会要旨集　公開シンポジウム植物と人間の共生』pp.48-49

設楽博己・外山秀一・山下孝司 1989「山梨県中道遺跡出土の籾痕土器」『考古学ジャーナル』304、pp.27-30

外山秀一 1988「中道遺跡から出土した縄文土器のプラント・オパール胎土分析」『帝京大学山梨文化財研究所報』6、p.7

長沢宏昌 1999「エゴマのクッキー」『山梨考古学論集』IV、pp.87-99

中沢道彦・丑野　毅 1998「レプリカ法による縄文時代晩期土器の籾状圧痕の観察」『縄文時代』9、pp.1-28

中沢道彦・丑野　毅・松谷暁子 2002「山梨県韮崎市中道遺跡出土の大麦圧痕土器について—レプリカ法による縄文時代晩期土器の籾状圧痕の観察(2)—」『古代』111、pp.63-83

中沢道彦 2011a「長野県大町市山の神遺跡出土早期中葉土器のツルマメ類似種子圧痕から派生する問題について」『第 12 回関西縄文研究会　押型文土器期の諸相』関西縄文研究会、pp.113-116

中沢道彦 2011b「長野県荒神沢遺跡出土縄文時代晩期後葉土器のアワ・キビ圧痕の評価に向けて」『利根川』33、pp.16-36

中沢道彦・佐々木由香 2011「縄文時代晩期後葉浮線文および弥生時代中期初頭のキビ圧痕—長野県御社宮司遺跡、東京都新島田原遺跡—」『資源環境と人類』1、pp.113-117

中沢道彦 2012「氷 I 式期におけるアワ・キビ栽培に関する試論—中部高地における縄文時代晩期後葉のアワ・キビ栽培に関する選択的受容と変化—」『古代』128、pp.17-94

中沢道彦 2014『先史時代の初期農耕を考える—レプリカ法の実践から—』日本海学研究叢書

中沢道彦 2015「長野県域における縄文時代終末の初期農耕導入について」『長野県考古学会誌』151、pp.9-23

中山誠二 2007「レプリカ・セム法による植物圧痕土器の分析—山梨県油田遺跡出土土器の圧痕」『山梨県立博物館研究紀要』1、pp.35-47

中山誠二・長沢宏昌・保坂康夫・野代幸和・櫛原功一・佐野　隆 2008「レプリカ・セム法による圧痕土器の分析 2—山梨県上ノ原遺跡、酒呑場遺跡、中谷遺跡—」『山梨県立博物館研究紀要』3、pp.1-10

中山誠二 2009「縄文時代のダイズ属の利用と栽培に関する植物考古学的研究」『古代文化』61—3、pp.40-59

中山誠二・閏間俊明 2009「山梨県女夫石遺跡の縄文時代中期のマメ圧痕」『山梨考古学論集Ⅵ』pp.1-20

中山誠二・長沢宏昌・保坂康夫・野代幸和 2009「レプリカ・セム法による圧痕分析3－山梨県天神遺跡、酒呑場遺跡－」『山梨県立博物館研究紀要』3、pp.1-22

中山誠二 2010a「縄文時代のアズキ亜属に関する基礎的研究」『東海史学』44、pp.83-103

中山誠二 2010b『植物考古学と日本の農耕の起源』同成社

中山誠二・網倉邦生 2010「弥生時代初期のイネ・アワ・キビの圧痕－山梨県天正寺遺跡の事例－」『山梨県立博物館研究紀要』4、pp.1-14

中山誠二 2011a「御坂中丸遺跡の植物圧痕の同定」『御坂中丸遺跡　山梨リニア実験線建設に伴う発掘調査報告書』pp.59-60

中山誠二 2011b「山梨県隠岐殿遺跡の植物圧痕の同定」『隠岐殿Ⅱ－中田町中条地区畑地帯総合整備事業に伴う埋蔵文化財発掘調査報告書』pp.81-92

中山誠二 2012「山梨県上中丸遺跡の植物圧痕の同定」『上中丸遺跡（第2次）－中丸地区土地区画整備事業に伴う埋蔵文化財発掘調査報告書』pp.77-99

中山誠二・閏間俊明 2012「縄文時代晩期終末期のアワ・キビ圧痕－山梨県中道遺跡の事例－」『山梨県立博物館研究紀要』6、pp.1-26

中山誠二・佐野　隆 2012「縄文時代晩期終末期のアワ・キビ圧痕－山梨県屋敷平遺跡の事例」『山梨県考古学会誌』21、pp.85-97

中山誠二・篠原　武 2013「上暮地新屋敷遺跡の植物圧痕」『山梨県考古学協会誌』22、pp.115-122

中山誠二編 2014『日韓における穀物農耕の起源』山梨県立博物館

中山誠二 2015a「縄文時代のダイズの栽培化と種子の形態分化」『植生史研究』23－2、pp.33-42

中山誠二 2015b「中部日本における縄文時代の栽培植物と二次植生の利用」『第四紀研究』54－5、pp.285-298

那須浩郎・会田　進・佐々木由香・中沢道彦・山田武文・輿石甫 2015「炭化種実資料からみた長野県諏訪地域における縄文時代中期のマメの利用」『資源環境と人類』5、pp.37-52

新田みゆき 2001「シソとエゴマの分化と多様性」『栽培植物の自然史』北海道大学図書刊行会

藤森栄一 1970『縄文農耕』学生社

松谷暁子 1983「エゴマ・シソ」『縄文文化の研究　第2巻　生業』雄山閣

松谷暁子 1988「電子顕微鏡でみる縄文時代の栽培植物」『畑作文化の誕生　縄文農耕論へのアプローチ』日本放送出版協会

文部科学省 2005『五訂増補日本食品標準成分表』

山崎純男 2005「西日本縄文農耕論」『韓・日新石器時代의農耕問題』pp.33-55

横山　智 2014『納豆の起源』日本放送出版協会

吉川純子 2000「韮崎市石之坪遺跡より産出した炭化種実」『石之坪遺跡（東地区）』韮崎市教育委員会、pp.36-39

英文

Tomooka, N., Vaughan, D.A. and Moss, H. 2002 The Asian *Vigna*: The genus *Vigna* subgenus *Ceratotropis* genetic resources. Kluwer Academic Publishers.

中国地方における
イネ科穀物栽培の受容・試行・定着

濱田竜彦

はじめに

　イネ、アワ、キビは東シナ海や日本海を渡り、日本へ伝わったイネ科の穀物である。作物として、弥生時代以降、日本列島各地に広まるが、その栽培はいつごろ、どのように受容されたのか。主に縄文時代晩期後半の種実圧痕土器[1]を概観し、本州西部、中国地方におけるイネ科穀物栽培の受容、試行、定着を素描する。

1　中国地方の縄文時代イネ科穀物関連資料

　中国山地を介し、日本海に面した地域を山陰、瀬戸内海に面した地域を山陽と表す。両地域では縄文時代のイネ科穀物関連資料として、遺跡出土の炭化種実、土器胎土のプラント・オパール、種実圧痕土器が報告されている。

　炭化種実については、岡山県の彦崎貝塚(岡山市) T15・FG ベルト 4 層(後期中葉)、T14・HI ベルト 2 層(晩期前半)、IJ ベルト 2 層(晩期中葉)、動物遺存体埋納土器 3 内(後期中葉)、GH ベルト 6 層(中期初頭)、HI ベルト 5 層(中期前葉)、H 区 8 層(前期)、T9・14 層(前期)から出土したイネの胚乳や頴がある。T14・H 区 8 層(前期)からは、コムギの炭化胚乳も出土している(田嶋編 2006)。コムギは弥生時代前半期にも確実な事例は少なく、上層からの混入が疑われる。縄文時代の遺跡・遺構出土のイネは他地域にも報告例がある。しかし、放射性炭素年代測定によりイネそのものの年代を検証したもので、出土した遺構、層位と調和的な年代を得た事例はない(中沢 2009)。彦崎貝塚例は出土したイネ自体の年代検証がなされていないので、今は積極的に評価できない。

　プラント・オパールは、イネ科植物に由来する植物珪酸体(ガラス質の特殊な細胞)である。イネ科植物が枯死した土中に残存する。耐熱性があり、焼成後の土器の胎土中にも見いだされる。岡山県の津島岡大遺跡(岡山市)で後期中葉の津島岡大Ⅳ群(阿部編 1994)、南溝手遺跡(総社市)で後期後葉の福田 K3 式と後期

142　第2章　日本列島の農耕のはじまり

中葉の彦崎KⅡ式（平井編1995）、姫笹原遺跡（真庭市）で中期前半の船元式の土器胎土にプラント・オパールが検出され（高橋1997、藤原1994・1995）、1990年代には縄文時代の稲作に関心が高まった。

　土器胎土検出のプラント・オパールは、土器の素材となった粘土中に含まれていたとみなされ、土器型式による考古学的年代を得るとともに、粘土採取地近傍にイネが生育していた可能性が論じられる。しかし、大きさは数ミクロンと微少で、地層の攪乱によって、後世に栽培されたイネ由来のプラント・オパールが下層に混入し、関係のない土器に付着、侵入することもありうる。発掘中の汚染リスクもある。分析には汚染を考えにくい地層から出土した土器を用いる必要があるが、上記3遺跡の事例はそのことが明らかでない。縄文時代後期以前にイネが存在したという仮説については、今後も慎重な検証が必要である[2]。

　一方、近年、西日本では、レプリカ法[3]により晩期後半の凸帯文土器にイネ、アワ、キビの種実圧痕が見出されている（遠藤2012・2013、中沢2005・2014a、中沢ほか2003・2011、中村2014・2015、濵田2013a〜e・2014・2015a・b、山本2012など）。土器の種実圧痕は土器製作中に種実が乾燥前の粘土と接触して生じるもので、原体と土器型式との関係性は明確である。

　しかし、特徴のない土器片や型式変化の緩やかな器種もあるから、出土状況や共伴する土器などの検討も踏まえた型式認定が望まれる。岡山県の福田貝塚（岡山市）と南溝手遺跡には、後期後葉の福田K3式に比定された土器にイネ籾圧痕が報告されているが（高橋1992、平井編1995）、福田貝塚例には原体の同

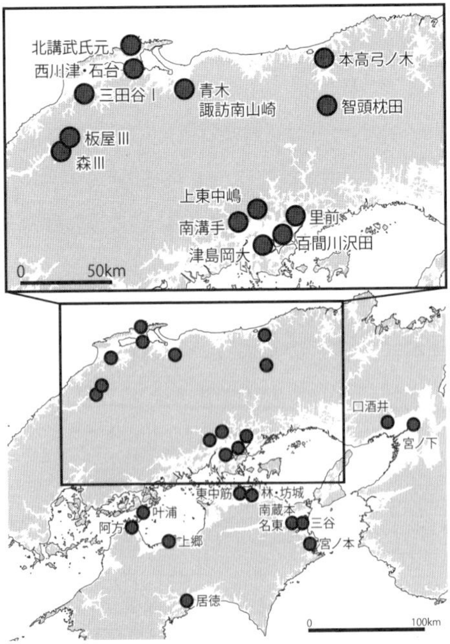

図1　種実圧痕土器の分布

表1　凸帯文土器の編年と時期区分

		1期	2期	3期	4期	
凸帯文土器	山陰	桂見Ⅰ式	桂見Ⅱ式	古市河原田式	古海式	イキスタイプ 長瀬高浜タイプ
	山陽	前池式	津島岡大段階	沢田式	長原式併行	
遠賀川式土器				板付Ⅰ式併行	板付Ⅱa式併行	

（濱田2008・2014・山口2014をもとに作成）

定根拠に不確かな部分があり、南溝手遺跡例（図12-1）は福田K3式の特徴に乏しく、凸帯文土器の壺胴部片の可能性もある（中沢2005）。筆者も山口県、島根県、岡山県、鳥取県の遺跡で後期後葉〜晩期前半の土器を調査しているが、まだイネ科穀物の種実圧痕は確認していない。

2　中国地方にみるイネ、アワ、キビの種実圧痕

　中国地方に確認できる確実性の高い縄文時代のイネ科穀物関連資料は、いずれも晩期後半の凸帯文土器に伴う種実圧痕である。以下、中国地方の凸帯文土器に認められるイネ科穀物の種実圧痕について、既公表事例や筆者が調査に関わった事例を概観する（図1）。なお、山陰・山陽の凸帯文土器の編年案（濱田2008・2014、山口2014）を表1に整理した。桂見Ⅰ式／前池式を1期、桂見Ⅱ式／津島岡大段階を2期、古市河原田式／沢田式を3期、古海式〜イキス・長瀬高浜タイプ／長原式併行の凸帯文土器を4期とする[4]。山陰では、古海式に板付Ⅱa式併行の遠賀川式土器（第Ⅰ-2様式）が共伴する事例がある（濱田2013b）。さらに山陰の出雲地域西部には、原山遺跡や三田谷Ⅰ遺跡（出雲市）に板付Ⅰ式の特徴を備えた遠賀川式土器（第Ⅰ-1様式）がある。古海式と板付Ⅱa式との関係から、板付Ⅰ式に併行する第Ⅰ-1様式は古市河原田式との関係がうかがわれるので、3期以降を弥生時代開始期とする。

（1）山陰の種実圧痕土器

　①板屋Ⅲ遺跡（島根県飯石郡飯南町）　出雲地域の山間にあり、河岸段丘に立地する。旧河道から晩期の土器が多量に出土しており、凸帯文土器の深鉢（図2）にイネ籾圧痕が確認されている（中沢ほか2003、渡辺1998）。刻目が施された口縁端部から下がった位置に刻目凸帯、肩部に浅い円形の刺突文がめぐる。「前池式に近い特色」をもつことが指摘されている（角田編1998）。ただし、この深鉢の口

144 第2章 日本列島の農耕のはじまり

縁端部は尖形を呈する。前池式には口縁端部を面取りするものが多いので、桂見Ⅱ式／津島岡大段階に下ることも検討しなければならない。一方、桂見Ⅱ式／津島岡大段階には口縁部の外反が弱まる傾向にあるが、この深鉢の口縁部は

図2　板屋Ⅲ遺跡の種実圧痕土器（圧痕画像は中沢道彦氏提供）

図3　森Ⅲ遺跡の種実圧痕土器

強く外反し、プロポーションが前池式に先行する谷尻式の深鉢に似る。主に山陽側で盛行する肩部の刺突文も津島岡大段階以降は衰退するので、この深鉢は桂見I式／前池式の範疇にあると考えたい。

②森川遺跡(島根県飯石郡飯南町)　出雲地域の山間にあり、河岸段丘に立地する。古市河原田式／沢田式を主体に古海式に併行する段階の凸帯文土器が出土しており(山崎編 2009)、複数の種実圧痕土器がある(濱田 2013e)。図 3-1 は深鉢口縁部片とイネ籾の圧痕である。刻目突帯が口縁端部から下がった位置にあるので古市河原田式／沢田式の範疇にあるが、口縁端部が外側につぶれており、古海式に下る可能性を残す。2 は古市河原田式／沢田式の深鉢、3 は古市河原田式／沢田式の波状口縁浅鉢である。圧痕の原体はアワ穎果である。3 には複数個所にアワ穎果などの圧痕があった。4 は古市河原田式／沢田式または古海式の深鉢口縁部片で、圧痕の原体はキビ穎果である。

③三田谷I遺跡(島根県出雲市)　出雲平野南東側の山裾に立地する。凸帯文土器が多量に出土している(鳥谷編 2000)。図4は波状口縁浅鉢である。キビ穎果の圧痕が確認されている(中沢 2014a)。口縁と肩部に二条の沈線がある。岩田第四類に類似する晩期初頭の土器と報告されているが(鳥谷編 2014)、全体のプロポーションからみて、桂見II式の範疇にあると考えたい。

④西川津遺跡(島根県松江市)　松江平野に立地する低地の遺跡である。縄文時代前期以降、近辺での営みが長く続く。縄文時代から弥生時代には松江平野の中核的な遺跡だったと考えられる。鶴場地区(原田編 2013)から出土した凸帯文土器の深鉢口縁部片(図5-1・2)に種実圧痕を確認した(浜田 2013c)。1 は桂見II式に典型的な深鉢で、内外面に複数の圧痕がある。A と B はアワ穎果、C はキビ穎果？である。2 はイキスタイプに典型的な深鉢口縁部片で、内面にアワ穎果の圧痕がある。

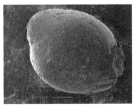

図4　三田谷I遺跡の種実圧痕土器　(圧痕画像は中沢道彦氏提供)

146　第2章　日本列島の農耕のはじまり

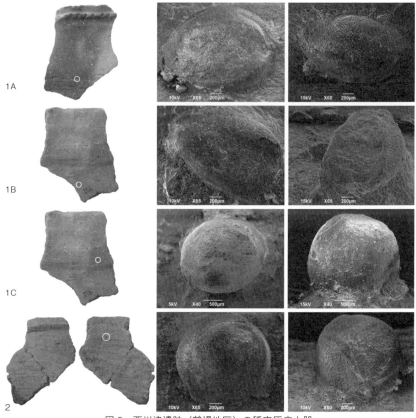

図5　西川津遺跡（鶴場地区）の種実圧痕土器

⑤石台遺跡(島根県松江市)　松江平野に立地する。縄文時代後・晩期の土器や遠賀川式土器が出土しており、イネ籾圧痕土器が報告されている(柳浦ほか編1993)。図6は逆「く」字状に屈曲する浅鉢で、肩部に沈線が施されている。胴部外面にイネ籾圧痕がある(中沢ほか2003、渡辺1998)。「晩期前葉または初頭の土器」と報告されているが(柳浦ほか編1993)、遺跡全体の傾向として晩期前葉の土器は少なく、古海式の深鉢が多く出土していることから、「おそらく古海式の精製浅鉢となる」という指摘がある(中沢ほか2003)。晩期前葉の浅鉢ならば、現状で最も古い型式のイネ籾痕土器となるが、今日的には凸帯文土器の浅鉢とみるのが妥当である。なお逆「く」字形を呈する浅鉢が盛行するのは桂見Ⅱ式／津島岡大段階、古市河原田式／沢田式の段階である。柳浦ほか編1993掲載土

器の中には古市河原田式の特徴を備えた深鉢もあるので、この浅鉢は古市河原田式にさかのぼる可能性がある。この他に、第Ⅰ-2様式の範疇にある遠賀川式土器の壺の頸・胴部片、粗製深鉢の口縁部片にイネ籾圧痕がある。

⑥北講武氏元遺跡(島根県松江市) 島根半島の中ほどに位置する盆地にある。イキスタイプの凸帯文土器と第Ⅰ-2様式の遠賀川式土器が出土している(赤澤1989)。図7の深鉢口縁部片にイネ籾圧痕が確認されている(中沢ほか2003)。イキスタイプに典型的な無刻目凸帯の深鉢である。

図6 石台遺跡の種実圧痕土器
(圧痕画像は中沢道彦氏提供)

⑦青木遺跡(鳥取県米子市) 米子平野の南側にある台地に立地する。桂見Ⅱ式や古市河原田式の深鉢などが出土している(青木遺跡発掘調査団編1978)。遺物量は少なく、小規模かつ短期的な居住の痕跡とみられる。図8の深鉢口縁部片にアワ穎果の圧痕がある(濱田2013d)。桂見Ⅱ式に典型的な深鉢である。

⑧諏訪南山崎遺跡(鳥取県米子市) 米子平野の南側にある台地に立地する。古海式やイキスタイプに特徴的な深鉢が出土している(高橋2006)。図9は無刻目

図7 北講武氏元遺跡の種実圧痕土器 (圧痕画像は中沢道彦氏提供)

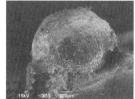

図8 青木遺跡の種実圧痕土器

凸帯が弧状に貼り付けられた深鉢である。内面にイネ籾圧痕がある。この他にも凸帯文土器の深鉢胴部片にイネ籾圧痕が報告されている（丑野 2006）。

⑨本高弓ノ木遺跡（鳥取県鳥取市）　鳥取平野の南西側にある。山裾を開削した河川跡から多量の凸帯文土器と少量の遠賀川式土器が出土している。凸帯文土器は古海式、遠賀川式土器は第Ⅰ-2様式の範疇にある（濱田編 2013）。複数の土器片に種実圧痕があり、イネ籾・種子など計 20 点、アワ穎果・種子など計 23 点、キビ穎果・種子など計 26 点を確認した。図 10 - 1〜3 は古海式の深鉢である。1 がイネ籾、2 がアワ穎果、3 がキビ穎果を原体とする圧痕である。また、アカガシ製の鍬などの農具が出土している（下江編 2014）。

⑩智頭枕田遺跡（鳥取県八頭郡智頭町）　因幡地域の山間にある。河川合流部に開

図 9　諏訪南山崎遺跡の種実圧痕土器（圧痕画像は中沢道彦氏提供）

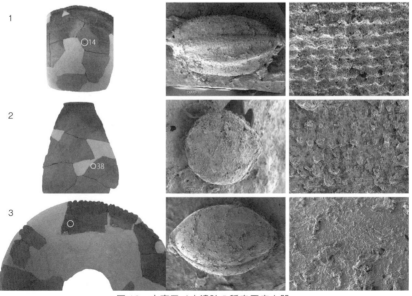

図 10　本高弓ノ木遺跡の種実圧痕土器

図11　智頭枕田遺跡の種実圧痕土器

けた河岸段丘に立地する。多量の凸帯文土器と少量の遠賀川式土器が出土している(木田編2014)。凸帯文土器は古海式、遠賀川式土器は第Ⅰ-2様式が主体となる。浮線網状文土器の離山式、北陸地方の長竹式との関連がうかがわれる東日本系土器の浅鉢・壺が出土している。また凸帯文土器には、山陽の沢田式、長原式併行期に認められる播磨系の二条凸帯文土器が含まれている。複数の凸帯文土器にイネ科穀物の種実圧痕を確認した(中沢ほか2011)。図11-1〜3は古海式の深鉢である。1はイネ籾、2はキビ穎果、3はアワ穎果の圧痕である。

(2)山陽の種実圧痕土器

①南溝手遺跡(岡山県総社市)　低位な丘陵に囲まれた平野部にあり、河道跡から凸帯文土器が豊富に出土している(平井編1995)。2点のイネ籾圧痕土器が報告されている(山本2012、渡辺1995)。図12-1は壺形を呈する胴部片で、福田K3式と報告されたイネ籾圧痕土器である。2は凸帯文土器の浅鉢である。口縁部が外反しており、肩部が逆「く」字状に屈曲する浅鉢と推測される。津島岡大段階や沢田式の深鉢に混じって出土したものである。

②上東中嶋遺跡(岡山県倉敷市)　岡山平野の西側にある。緩斜面に堆積した地

層から津島岡大段階の土器が豊富に出土しており、種実圧痕土器が報告されている(上栫編 2010)。図12-3は浅鉢で、胴部内面に種実圧痕がある。原体はイネ籾である(山本 2012)。

③百間川沢田遺跡(岡山県岡山市) 岡山平野にあり、沢田式の標識資料が出土している(二宮編 1985)。沢田式に属する未報告資料の鉢または壺の胴部片と、口縁部が逆「く」字に屈曲する浅鉢にイネ籾圧痕が確認されている(山本 2012)。

④里前遺跡(岡山県岡山市) 砂川流域に立地する。弥生時代後期の土器などに混じって少量の凸帯文土器が出土している(扇崎編 2013)。図12-4の深鉢胴部片にイネ籾の圧痕がある(佐々木ほか 2013)。ヘラで山形文を描く。沢田式または長原式併行期の凸帯文土器である。

⑤津島岡大遺跡(岡山県岡山市) 岡山平野に立地する遺跡である。第2次調査で出土した図12-5にイネ籾圧痕が報告されている(栄 1986、山本 2012)。口縁端部から下がった位置に刻目凸帯が巡る深鉢片で、凸帯の刻目は小振りである。またヘラによる沈線文が施されている。沢田式または長原式併行期のものと考えられる。

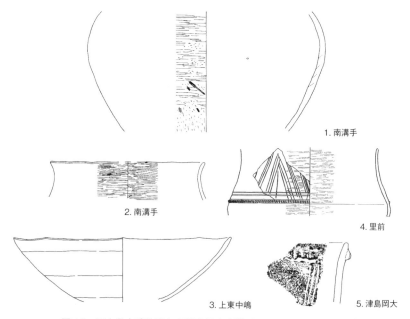

図12 岡山県内遺跡出土の種実圧痕土器 (1～4：S=1/6・5：S=1/3)

3 イネ・アワ・キビ栽培の情報の波及・受容

　山陰10遺跡、山陽5遺跡にイネ、アワ、キビの種実圧痕土器が確認できる。また瀬戸内海沿岸には四国地方や近畿地方にも種実圧痕土器がある（表2、図13〜15）。既知の情報をもとにイネ、アワ、キビの栽培が受容された時期を探る。

(1)イ ネ

　中国地方には、イネの栽培に関する情報が1期までに伝わっている。これをイネ科穀物栽培の「初期情報」とする。山陰山間部の板屋Ⅲ遺跡に1期のイネ籾圧痕土器がある（図13）。類例は増加しないが、沿岸部を経由して内陸に初期情報が伝わったならば、1期には板屋Ⅲ遺跡の他にも、イネの情報を得ている遺跡があったと考えるのが自然である。

　板屋Ⅲ遺跡のイネ籾圧痕土器には、肩部に刺突文がめぐっている。前池式と

表2　中国地方などのイネ・アワ・キビの種実圧痕土器

			1期	2期	3期	4期
日本海側	山陰	①板屋Ⅲ(飯南町)	イネ			
		②森Ⅲ(飯南町)			イネ、アワ、キビ	
		③三田谷Ⅰ(出雲市)		キビ		
		④西川津(松江市)		アワ、キビ?		アワ
		⑤石台(松江市)			イネ	イネ
		⑥北講武氏元(松江市)				イネ
		⑦青木(米子市)		アワ		
		⑧諏訪南山崎(米子市)				イネ
		⑨本高弓ノ木(鳥取市)				イネ、アワ、キビ
		⑩智頭枕田(智頭町)				イネ、アワ、キビ
瀬戸内海側	山陽	①南溝手(総社市)			イネ	
		②上東中嶋(岡山市)		イネ		
		③百間川沢田(岡山市)			イネ	
		④里前(岡山市)			イネ	
		⑤津島岡大(岡山市)				イネ
	四国	阿方(今治市)		イネ	アワ	
		叶浦B(今治市)			アワ	
		上郷(新居浜市)		イネ		
		東中筋(高松市)			イネ	
		林・坊城(高松市)		アワ		
		三谷(徳島市)				イネ、アワ、キビ
		名東(徳島市)				イネ、アワ
		南蔵本(徳島市)				イネ、キビ
		宮ノ本(阿南市)				イネ
		居徳(高知県)			イネ	
	近畿	口酒井(伊丹市)		イネ		
		宮ノ下(東大阪市)		キビ		

(遠藤2013、中沢2014、中村2015、濵田2014、山口2014等を参考に作成)

近縁な関係にあるが、山陽に展開する前池式の肩部文様には半裁した竹管状工具を用いた爪形文などが連続施文されており、円形の刺突文は一般的ではない。むしろ、類似の文様は山陰の晩期前半の深鉢や浅鉢に散見される。このイネ籾痕圧痕土器は山陰で製作された蓋然性が高く、板屋Ⅲ遺跡やその周辺でのイネの栽培も視野に入る。木製農具類は出土していないが、打製石器の中に石鍬や石包丁に分類されているものがあり（角田編1998）、耕起具や収穫具の候補となる。

　2期には、山陽や四国の瀬戸内海沿岸地域にイネ籾圧痕土器が分布している（図14）。山陽側では2期にイネの栽培が定着しはじめているとみたい。一方、弥生時代の開始期となる3期以降は、山陰にもイネの種実圧痕土器が認められる（図15）。4期には、平野部の遺跡を中心にイネ籾圧痕土器の事例が増加する。遠賀川式土器を製作、使用する集団との接触を通じて、新たな技術などを獲得することでイネの栽培が定着、伸張していく。本高弓ノ木遺跡の種実圧痕土器には、鍬などの農具も伴っている。定型的な農具類の使用開始に、その一端が垣間見える。イネの栽培を後押しした「追加情報」は、関門地域から日本海、瀬戸内海沿岸、そして中国山地に及ぶ。板付Ⅱa式に併行する遠賀川式土器の分布に、その範囲が可視できよう。

(2) アワ・キビ

　アワの種実圧痕土器は、2期以降、中・四国の広範囲に点在している（図14）。2期のアワ穎果圧痕土器が出土した山陰の西川津遺跡、四国地方の林・坊城遺跡は平野部にあり、遺物量が豊富で、その後も営みが弥生時代に継続する。林・坊城遺跡では凸帯文土器に伴って木製農具が出土している（宮崎編1993）。鍬や鋤で畠を耕しアワなどを栽培していた可能性がある[5]。また山陰では、丘陵に立地する青木遺跡で2期のアワ穎果圧痕土器が出土している。この土器が調査地近隣で製作されたものならば、小規模で短期的な居住地にもアワが持ち込まれていたことになる。一方、キビについては、山陰の沿岸部と大阪平野に2期の種実圧痕土器が認められる（図14）。また3期には山陰の山間部、4期には山陰と四国地方の東部にも点在している（図15）。

　九州地方では、福岡県粕屋町江辻遺跡や大分県竹田市石井入口遺跡に1期のアワの種実圧痕土器が確認されている（中沢2017）。ほぼ同じ頃に、中・四国地方にもアワの栽培が伝わっていると推測したい。青木遺跡のような小規模かつ短期的な居住痕跡にもアワの種実圧痕土器が伴うことは、既にアワの利用がかなり普及し

ていたことを示唆する。キビの種実圧痕土器もⅡ期には山陰から近畿にかけて広く分布しており、アワ同様、キビの波及も1期にさかのぼる可能性がある。イネの栽培を伝えた初期情報に伴って、アワやキビの栽培も受容されていると考えたい。

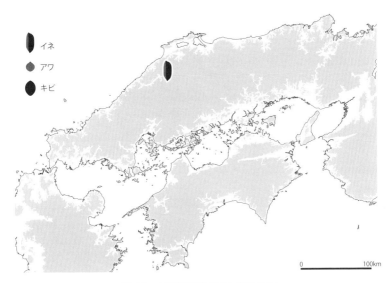

図13　Ⅰ期の種実圧痕土器の分布

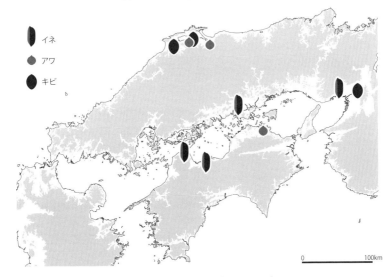

図14　Ⅱ期の種実圧痕土器の分布

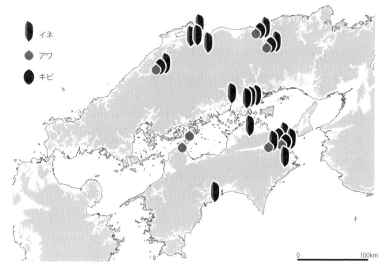

図15　Ⅲ・Ⅳ期の種実圧痕土器の分布

4　イネ科穀物栽培の受容・試行・定着

　1期には、イネ科穀物の栽培を伝える初期情報が中国地方に及んでいる。そして2期から3期にかけてイネ、アワ、キビの栽培が試行され、次第に定着をみる。さらに遠賀川式土器を製作、使用する集団が現れる3期から4期に追加情報を得たイネの栽培が顕在化する。1期を初期情報受容期、2〜3期を試行／定着期、3〜4期を追加情報受容期(弥生時代開始期)と整理したい(図16)。追加情報には定形化した農具類、灌漑の技術など、水稲耕作の体系が伴っていたと推測する。それに比べて、試行／定着期の栽培技術は粗放または未熟なものと考えられる。以下、2〜3期におけるイネの種実圧痕土器の分布に着目して、試行／定着期を中心にイネ科穀物栽培について考えてみる。

　さて現状では、瀬戸内海沿岸にイネが優勢である(表2、図14)。そのあり方には、イネ栽培の定着の度合いが反映されている可能性があるのではないか。イネ、アワ、キビは、日本列島の在来植物が栽培化されたものではない。栽培方法が粗放・未熟な段階には温度、湿度、日照時間などの気候条件が生育に影響したという仮説を立てる。

　中国山地を介して山陰と山陽の気候は異なる。日本海に面した山陰は冬に積

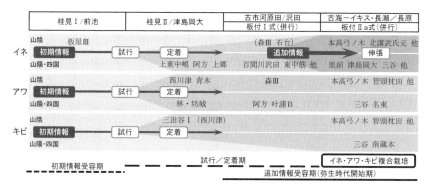

図16　イネ・アワ・キビ栽培の受容・試行・定着イメージ

雪があり、年間を通じて降水量が多い。一方、山陽側は瀬戸内の気候区に含まれる。温暖、少雨で、岡山県沿岸部の降水量は山陰の概ね3分の1である。また山陰では春から初夏にも降水が多い。したがって、山陰は春に萌芽したイネ科穀物の生長期間中の日照時間が山陽に比べて少ない(図17)。

米づくりには「日照りに不作なし」という。水が不足しなければ、日照時間が多いほど、イネの実りは良い。日照時間が不足すると、苗は軟弱になり、茎の分げつが悪くなる。また出穂が遅れ、発育停止籾が増加する(国分2010)。山陰に比べて、日照時間の多い山陽沿岸部は、春に播種され、萌芽したイネの成長に有利である。2期～3期にみるイネの種実圧痕土器の分布は、イネの栽培に有利な気候条件と整合的である。

ただし山陰山間部には1期のイネ籾圧痕土器がある。2期以降、山陰にもイネ栽培を試行する集団があったとみたい。これまでの調査で2期のイネ籾圧痕土器が確認できないことは、イネの性質を理解し、栽培技術の向上、品種の選抜により不利な条件を克服するのに時間を要していたことの表れと考える。

ではアワやキビはどうか。長い間、日本ではイネとともにアワやキビを栽培する地域が多くあった。アワやキビを雑穀と呼ぶが、イネの栽培が難しい山間部や痩地では、畠や焼畑で栽培されたアワやキビが重要なエネルギー源と

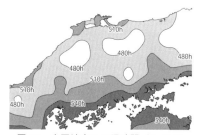

図17　中国地方の日照時間 (3～5月)

156 第2章 日本列島の農耕のはじまり

なったのである。

　アワは気候への適応性が高い穀物である。温暖で乾燥した土地での栽培に向くが、生育期間も短いので、寒冷地でも栽培できる（国分2010）。アワの種実圧痕土器は、1期から2期にかけて九州、中国、四国の広範囲に分布しており（図14）、アワの性質と整合的である。

　一方、キビは比較的高温で乾燥した環境でも栽培できるが、生育期間が短く、高冷地の栽培にも向いている。18世紀にキビが伝わったアメリカでは、北部の冷涼な地域にキビの栽培が普及した（国分2010）。中国地方にみるキビの種実圧痕の分布をみると、現状では山陰側に優勢である（図14）。山陽に比べて日照時間に劣り、冷涼な山陰の沿岸部や中国山地に導入しやすい穀物だったと考えたい[6]。

　2期～3期には気候条件に寛容なアワの栽培が広まる一方、山陽ではイネ、山陰ではキビの栽培が優先された。東日本におけるイネ科穀物の種実圧痕土器の分布にも、よく似た状況を読み取れる（第18図）。東海地方以東では、3期以降の土器にイネ科穀物が確認されているが、3期や4期にはキビとアワが目立

	縄文晩期				弥生前期
	1期	2期	3期	4期	
山陰	桂見I式 **イネ**	桂見II式 **アワ・キビ**	古市河原田式 ／第I-1様式 **(イネ)・アワ・キビ**	古海式／第I-2様式 **イネ・アワ・キビ**	第I-3様式 **イネ・アワ・キビ**
山陽・四国 (瀬戸内海沿岸)	前池式	津島岡大 **イネ**	沢田式 **イネ・アワ**	(沢田(新)／津島式 高尾式 **イネ・アワ・キビ**	門田
近畿 (大阪湾沿岸)	滋賀里IV	口酒井 **イネ**	船橋式 **キビ**	長原／第I様式(古・中)	第I様式(新)
北陸	下野式(古)	下野式(新)	長竹式(古)	長竹式(新) **イネ**	紫山出村式(古)	紫山出村式(新)
東海	西之山式	五貫森式(古)	五貫森式(新) **アワ・キビ**	鳥見塚式	樫王式 **イネ**	水神平式
中部高地	佐野II式(古・中)	佐野II式(新)	女鳥羽川式 **イネ・キビ**	離山式 氷I式 (古) **アワ**	氷I式(中・新)	氷II式
関東	安行3d式 前浦式	―	桂台式 向台II式 **キビ**	杉田III式 千網式	杉田III式 千網式 ／荒海式 **アワ**	荒海式 沖II式 **イネ**
新潟(上越)	佐野II式(古・中)	佐野II式(新)	女鳥羽川式	離山式 氷I式 (古) **アワ**	氷I式(中・新)	氷II式 **イネ・キビ**
新潟(中・下越)	朝日式	上野原式	鳥屋1式	鳥屋2a式	鳥屋2b式	緒立式 **雑穀?**
東北	大洞C2式(古)	大洞C2式(新)	大洞A式(古)	大洞A式(新)	大洞A'式	砂沢式 **イネ**

図18　種実圧痕土器にみるイネ科穀物の東・北方伝播と受容（中沢2017を参考に作成）

つ。またキビは 3 期に関東地方にも分布するが、イネが関東地方より東や北の地域に確認できるようになるのはさらに後の時期となる。東日本でもイネに先行してアワとキビが受容され、定着している様子がうかがわれる[7]。

　そして 3～4 期には、山陰の森Ⅲ遺跡や本高弓ノ木遺跡、四国地方の三谷遺跡など、イネ、アワ、キビの種実圧痕がそろって確認できる遺跡が増加している(図15)。本高弓ノ木遺跡では 3 種の穀物の圧痕の検出数量が均衡しており、それらが偏り無く栽培されていたと考えられる。弥生時代中・後期の集落遺跡にもイネ、アワ、キビの炭化種実がそろって出土する事例がある[8]。山陰では、2～3 期にかけて定着していたアワやキビの栽培に、イネの栽培が加わり、3 種の複合栽培が確立した(図16)。性質の異なるイネ科穀物の複合栽培は、単一栽培のリスクを軽減し、全体として一定の収量を得るための栽培戦略にもなる。

おわりに

　晩期後半にさしかかった頃、イネ科穀物の栽培に関する初期情報が中国地方に及ぶが、1 期にはまだ不明な点が多い。晩期前半、後期にさかのぼるイネ科穀物の有無も含め、さらに調査を重ねる必要がある。

　2 期～3 期はイネ、アワ、キビの栽培の試行／定着期である。その間、気候条件に寛容なアワの栽培は広範囲に受け入れられ、中国地方では温暖で日照時間の多い山陽側でイネ栽培が定着する一方、日照時間に劣る山陰側では寒冷地での栽培が好まれるキビの栽培が重要視された。イネの栽培は山陰側でも試行されていたと思われるが、不利な条件を克服し、確実性の高い生業となるのに時間を要したものと推測する。

　3 期～4 期には、イネ科穀物の追加情報が波及する。遠賀川式土器、大陸系磨製石器、木製農具、灌漑水田などを伝えた新来文化との接触が、山陰におけるイネの栽培を確実なものとした。山陰では 4 期の土器を出土する遺跡が平野部に増加するが、その大方は水田によるイネ栽培を志向する現象と理解できよう。そして、各地で栽培のリスクを分散する戦略となるイネ、アワ、キビの複合栽培がイネ科穀物栽培の一つの形となっていった。

　調査途上にあり、資料の不足は否めないが、現状を踏まえ中国地方におけるイネ科穀物栽培の受容、試行、定着について見通しを述べた。誤りについては、今後、調査をもとに見直しをはかりたい。

註

1) 種実を原体とする圧痕が器表面や断面に現れた土器を種実圧痕土器と総称する。

2) 津島岡大遺跡では土器の胎土にプラント・オパールが検出されたことに加えて、後期中葉の貯蔵穴から畑田に多い植物の種実も出土していることが報告されている（沖ほか1994）。これらも種実自体の年代検証が必要となるが、イネに随伴する植生などの検討も重要である。

3) シリコンなどで複製した圧痕原体を、走査型電子顕微鏡（SEM）などで観察し同定する方法をレプリカ法という（丑野・田川1991）。

4) 鳥取県中・西部から島根県東部の地域では古海式からイキスタイプまたは長瀬タイプへと変遷するが、鳥取県東部にはイキスタイプや長瀬タイプの凸帯文土器が判然としない。古海式があまり形を変えないまま変遷している可能性がある。

5) 林・坊城遺跡では、凸帯文土器を包含する地層からイネのプラント・オパールが検出されている。しかし、この地層に含まれるイネのプラント・オパールの量は地層の上から下に減少している。その上部には弥生時代前期の耕作土が形成されており、上部で栽培されたイネの影響も考える必要がある（濵田2015b）。

6) 中沢道彦は、台湾におけるアワ、キビの栽培を参照し、九州地方全体では「アワの栽培が優勢な可能性が高い」ことについて、「冷涼な気候を好むキビの特性による可能性」との関係を指摘している（中沢2017）。竹井恵美子によれば、日本よりも南方に位置する台湾でもアワの栽培が優勢で、キビの栽培は北部に2例あるにすぎないという（竹井2008）。

7) 中山誠二は、離山式～氷I式段階に中部地方の広範囲にアワやキビの栽培が広がるとともに、限定的に波及していたイネが、弥生時代前期になって普及、拡散する様子を想定している。また初期の栽培においては、立地条件、気候条件がイネの育成に重要な要素となっていたことを指摘している（中山2014）。

8) 山陰では丘陵に営まれた妻木晩田遺跡など、弥生時代中・後期を代表する遺跡からイネ、アワ、キビの炭化種実が出土している（馬路編2006）。

引用・参考文献

赤澤秀則 1989『北講武氏元遺跡』鹿島町教育委員会

阿部芳郎編 1994『津島岡大遺跡4─第5次調査─』岡山大学埋蔵文化財調査研究センター

青木遺跡発掘調査団編 1978『青木遺跡発掘調査報告書Ⅲ A・B・E・H地区』鳥取県教育委員会

上栫 武編 2010『上東中嶋遺跡』岡山県教育委員会

丑野 毅 2006「レプリカ法による諏訪南山崎出土土器の圧痕の観察」『諏訪南山崎遺跡』財団法人米子市教育文化事業団

丑野 毅・田川裕美 1991「レプリカ法による土器圧痕の観察」『考古学と自然科学』24、日本文化財学会

遠藤英子 2012「西日本の縄文晩期から弥生時代前期遺跡を対象としたレプリカ法の実践─第2次調査：中国・四国地域─」『高梨学術奨励基金年報 平成24年度研究成果概要報告』財団法人高梨学術奨励基金

遠藤英子 2013「栽培穀物から見た四国島における農耕開始期の様相─縄文時代晩期～弥生時代前期遺跡のレプリカ法調査から─」『日本植生史学会第28回大会講演要旨集』日本植生史学会

扇崎　由編 2103『里前遺跡』岡山市教育委員会

沖　陽子・山本悦世 1994「貯蔵穴出土の種子」『津島岡大遺跡4―第5次調査―』岡山大学埋蔵文化財調査研究センター

角田徳幸編 1998『板屋Ⅲ遺跡』島根県教育委員会

木田　真編 2014『智頭枕田遺跡』智頭町教育委員会

国分牧衛 2010『改訂 食用作物』養賢堂

栄　一郎 1986「A地点（BE18、BF17、18区）の発掘調査」『岡山大学津島地区遺跡群の調査Ⅱ（農学部構内BH13区 他）』岡山大学埋蔵文化財調査室

佐々木由香・米田恭子 2013「土器の種実圧痕の同定」『里前遺跡』岡山市教育委員会

下江健太編 2014『本高弓ノ木遺跡（5区）Ⅱ【遺物（木器）編】』鳥取県教育委員会

高橋　護 1992「縄文時代の籾痕土器」『考古学ジャーナル』355、ニューサイエンス社

高橋　護 1997「縄文時代中期稲作の探求」『堅田直先生古希記念論文集』堅田直先生古希記念論文集刊行会

高橋浩樹 2006『諏訪南山崎遺跡』財団法人米子市教育文化事業団

竹井恵美子 2008「台湾の雑穀利用の文化と「原住民料理」の展開」『2008年度研究紀要』公益財団法人アサヒグループ学術振興財団

田嶋正憲編 2006『彦崎貝塚―範囲確認調査報告書』岡山市教育委員会

田嶋正憲編 2013『彦崎貝塚4』岡山市教育委員会

鳥谷芳雄編 2000『三田谷Ⅰ遺跡 vol.3』島根県教育委員会ほか

中沢道彦 2005「山陰地方における縄文時代の植物質食料について―栽培植物の問題を中心に―」『縄文時代晩期の山陰地方』第16回中四国縄文研究会

中沢道彦 2009「縄文農耕論をめぐって―栽培種植物種実の検証を中心に―」『食料の獲得と生産』弥生時代の考古学3、同成社

中沢道彦 2014a『先史時代の初期農耕を考える―レプリカ法の実践から―』日本海学研究叢書

中沢道彦 2014b「栽培植物利用の多様性と展開」『縄文の資源利用と社会』季刊考古学別冊21、雄山閣

中沢道彦 2017「日本列島における農耕の伝播と定着」『季刊考古学』138、雄山閣

中沢道彦・丑野　毅 2003「レプリカ法による山陰地方縄文時代晩期土器の籾状圧痕の観察」『縄文時代』14、縄文時代研究会

中沢道彦・濵田竜彦・佐々木由香・木田　真 2011「レプリカ法による鳥取県智頭枕田遺跡出土土器の種実圧痕の調査」『日本植生史学会第26回大会講演要旨集』日本植生史学会・弘前大学人文学部付属亀ヶ岡文化研究センター

中村　豊 2014「東部瀬戸内地域における縄文時代晩期後葉の歴史像」『中四国地域における縄文時代晩期後葉の歴史像』第25回中四国縄文研究会徳島大会

中村　豊 2015「縄文晩期から弥生時代の農耕について―東部瀬戸内地域を中心に―」『みずほ別冊2 弥生研究の交差点―池田保信さん還暦記念―』大和弥生文化の会

中山誠二 2014「日韓における栽培植物の起源と農耕の展開」『日韓における穀物農耕の起源』山梨県立博物館

二宮治夫編 1985「百間川沢田遺跡2」『旭川放水路（百間川）改修工事に伴う発掘調査Ⅳ』岡山県教育委員会

濵田竜彦 2008「中国地方東部の凸帯文土器と地域性」『古代文化』60－3、㈶古代学協会

濵田竜彦 2013a「山陰地方の凸帯文土器と種実圧痕」『レプリカ法の開発は何を明らかにしたのか—日本列島における農耕の伝播と受容の研究への実践—』明治大学日本先史文化研究所

濵田竜彦 2013b「山陰地方における初期遠賀川式土器の展開と栽培植物」『農耕社会成立期の山陰地方』第41回山陰考古学研究集会

濵田竜彦 2013c「西川津遺跡鶴場地区出土土器における種実圧痕のレプリカ法調査概要」『西川津遺跡・古屋敷Ⅱ遺跡』島根県教育委員会

濵田竜彦 2013d「凸帯文土器前半期のアワ圧痕—鳥取県青木遺跡におけるレプリカ法調査—」『弥生研究の群像—七田忠昭・森岡秀人・松本岩雄・深澤芳樹さん還暦記念—』大和弥生文化の会

濵田竜彦 2013e「レプリカ法調査と森Ⅲ遺跡の種実圧痕」『山陰の黎明 縄文のムラと暮らし』島根県立古代出雲博物館

濵田竜彦 2014「山陰地方の凸帯文土器と縄文時代終末期の様相」『中四国地域における縄文時代晩期後葉の歴史像』第25回中四国縄文研究会徳島大会

濵田竜彦 2015a「中国地方にみる縄文時代晩期のイネ科栽培植物」『八ヶ岳山麓における縄文時代の終末と生業変化』明治大学日本先史文化研究所

濵田竜彦 2015b「香川県林・坊城遺跡における縄文晩期後葉の種実圧痕と植物栽培」『みずほ別冊2 弥生研究の交差点—池田保信さん還暦記念—』大和弥生文化の会

濵田竜彦編 2013『本高弓ノ木遺跡(5区)Ⅰ第3分冊【遺物(土器・石器・鉄器)編】』鳥取県教育委員会

濵田竜彦・佐々木由香・中沢道彦 2013「レプリカ法による本高弓ノ木遺跡5区710溝出土土器の種実圧痕調査概要」『本高弓ノ木遺跡(5区)Ⅰ 第3分冊【遺物(土器・石器・鉄器)・分析編】』鳥取県教育委員会

原田敏照編 2013『西川津遺跡・古屋敷Ⅱ遺跡』島根県教育委員会

平井泰男編 1995『南溝手遺跡1』岡山県教育委員会

藤原宏志 1994「津島岡大遺跡出土土器に関するプラント・オパール胎土分析」『津島岡大遺跡4—第5次調査—』岡山大学埋蔵文化財調査研究センター

藤原宏志 1995「南溝手遺跡出土土器胎土のプラント・オパール分析結果について」『南溝手遺跡1』岡山県教育委員会

馬路晃祥編 2006『史跡妻木晩田遺跡妻木山地区発掘調査報告書—第8・11・13次調査—』鳥取県教育委員会

宮崎哲治編 1993『林・坊城遺跡』香川県教育委員会ほか

山口雄治 2014「中部瀬戸内北岸地域における縄文時代晩期後葉」『中四国地域における縄文時代晩期後葉の歴史像』第25回中四国縄文研究会徳島大会

柳浦俊一・森岡正司編 1993『石台遺跡Ⅱ』島根県教育委員会

山崎順子編 2009『森Ⅱ遺跡 森Ⅲ遺跡 森Ⅳ遺跡 森Ⅵ遺跡』飯南町教育委員会

山本悦世 2012「縄文時代後期〜「突帯文期」におけるマメ・イネ圧痕—圧痕レプリカ法による岡山南部平野における調査事例から—」『紀要2010』岡山大学埋蔵文化財調査研究センター

渡辺忠世 1995「土器付着の圧痕について」『南溝手遺跡1』岡山県古代吉備文化財センター

渡辺忠世 1998「板屋Ⅲ遺跡出土縄文土器片付着の圧痕について」『板屋Ⅲ遺跡』島根県教育委員会

第3章　圧痕法の諸問題

農耕受容期土器の圧痕法による
潜在圧痕検出とその意義
―佐賀県嘉瀬川ダム関連縄文遺跡の分析成果から―

小畑弘己

1　問題の所在と本論の目的

　2015年2月に福岡市で開催された九州縄文研究会(テーマ：九州縄文晩期の農耕を考える)の席上、縄文時代後期～弥生時代早期の栽培植物の動向について発表した(小畑 2015a)。圧痕資料を基軸に該期の栽培植物や有用植物の組成を比較してみると、縄文時代晩期前葉古閑式までの土器には大陸系穀物(イネ・アワ・キビ・ムギ類)の痕跡は認められず、アズキやダイズ、エゴマなどのそれ以前からの栽培植物が組成するのに対し、山ノ寺式・夜臼Ⅰ式土器段階以降は確実に大陸系穀物が増加する。しかし、両時期の間の黒川式土器新段階～刻目突帯文出現期にはアワやイネなどの大陸系穀物をもつ土器がわずかに存在するが、その編年的・年代的な位置付けは研究者間で一様ではなかった。筆者が例示した穀物圧痕土器について、研究会の席上、宮地聡一郎は、大分県石井入口遺跡のアワ入り土器を宮地編年(宮地 2008b)の刻目突帯文土器Ⅰb期(刻目突帯文出現期新相段階)に、鹿児島県小迫遺跡出土のイネ入り土器を刻目突帯文土器Ⅱa期(夜臼Ⅰ式併行期)と評価し、結果的にはこれらの資料は大陸系穀物の流入時期に関する従来の考え(中沢 2014)を遡るものではなかった。また、もう一つのアワ入り土器である宮崎県右葛ヶ迫遺跡の無刻目突帯文土器に関しては、桒畑光博が松添式(黒川式土器新段階併行期)としたが、宮地は不明であると答えを留保した。その後、宮地はこの土器を刻目突帯文土器Ⅱa期に比定した(宮地 2016)。これらの見解から、現在では、宮地編年Ⅰb期の福岡県江辻遺跡第4地点SX-01出土の外反口縁浅鉢土器と筆者が提示した石井入口遺跡出土の浅鉢形土器のアワ圧痕が、九州地方ではもっとも古い穀物資料例となっている(中沢 2017)。

　この研究発表の時点で筆者は、黒川式土器干河原段階(東 2009)の土器は、黒川式土器の新段階から宮地編年(宮地 2008b)の刻目突帯文Ⅰ期を含み、場合に

よってはⅡ期の一部を含む時間的幅のある土器群と考えていた。その理由は鹿児島県上水流遺跡の干河原段階とされる鰭付浅鉢形土器は 2710 ± 30 ^{14}C BP の年代値をもち、北部九州の山ノ寺・夜臼Ⅰ式土器の最古の年代値よりも 50 年新しいからであった。黒川式土器新段階と同干河原段階については、従来深鉢形土器を基準とした編年によって時期差として位置づけられていたが、浅鉢形土器を基準とすると、干河原段階は刻目突帯文出現期(宮地編年Ⅰb期)に併行する段階とされた(宮地 2017)。しかし、先の上水流遺跡の干河原段階の土器は、その後の山ノ寺・夜臼Ⅰ式期以降まで年代が下るもので、同一型式土器の使用時間の地域的な傾斜現象と判断される。このような土器そのものの使用時期(期間)の地域による傾斜については、黒川式土器(縄文晩期系土器)を 3〜5 群に分け刻目突帯文土器期や弥生時代前期まで残存するとする藤尾(2007・2009)や黒川式土器を刻目突帯文土器出現期(長行遺跡・江辻遺跡第 4 地点 SX-01 段階)と併行する時期におく宮本(2011)などの考えで示されている。よって、土器から検出された圧痕穀物を土器型式ごとに並べても穀物拡散の真の姿は見えてこない。

　本論は、この問題を解決するために、佐賀県嘉瀬川ダム関連縄文遺跡群を対象に、Ｘ線機器を用いて潜在圧痕をあぶり出し、それらを土器型式(器種組成)・炭素年代測定値・出土遺構・出土位置による共伴関係の点から検討し、当地における大陸系穀物の出現時期について検証を行ったものである。そして、当該研究における潜在圧痕の重要性とともに、土器型式のみによる時期決定が危険であることを提言した。

2　潜在圧痕とその調査法の問題点

　土器表面上で観察される種実や昆虫の圧痕は、本来は土器粘土中に混入したものが偶然表出したものがほとんどで、外面から押し付けられたものはきわめて少ない。よって、土器粘土(器壁)内にも種実や昆虫は存在し、それらを一般的な外部からみえる「表出圧痕(exposed cavity)」に対し、「潜在圧痕(unexposed cavity)」と称した(真邉 2011、真邉・小畑 2011)。この潜在圧痕の検出法は、通常 Ｘ線機器を用いて行われる。

　Ｘ線 CT 法は、第一に非破壊法であるため土器に悪影響を与えないという点で優れている。また、三次元化によるあらゆる方向からの外形・断面の観察、精密な計測が行える点でも同定に効果的である(真邉 2011)。さらに、表出圧痕

であってもレプリカ法(丑野・田川1991)では再現できない、コクゾウムシの脚部のようにシリコンが入りにくい細かな部分や本体から遊離してシリコンがとどかない部分(とくに昆虫の脚や触角)などの復元も可能である。

　しかし、土器圧痕の調査におけるX線CT法の欠点といえば、精度とコストの反比例である(小畑・金三津2015)。X線CTスキャナーで土器(片)を撮影する場合、長時間かければかける(断層厚を小さくする)ほどその分精度が高くなる(真邉2011)。しかし、X線CTスキャナーの試料室は通常1個体しか撮影できず、しかも精度を上げるために時間がかかれば、悉皆調査(山崎2005)が大きな成果を挙げてきた圧痕調査にとって足かせとなる。つまり、多数の土器(片)を対象に調査する圧痕法では1回の撮影に数時間を要する場合もあるX線CT法では時間が掛かり過ぎ、圧痕の探査には不向きなのである。そこで軟X線で潜在圧痕を探査し、X線CTスキャナーもしくは破壊法によって最終確認する手法を提唱した(小畑2015b、小畑・金三津2015)。

　これに対し、佐野隆(2017)はこれら手法の実践は非現実的としながらも、中部高地における縄文時代中期のマメ類に注目する中で、遺跡ごとの食料資源としての依存度を検証するために、表出圧痕のみでは十分でないと述べている。そして、「次善の策としては、特定の資料群で表出圧痕と潜在圧痕を観察して、表出圧痕と潜在圧痕の量的な関係を把握し、表出圧痕が圧痕全体の無作為抽出サンプルをみなしうるかどうかを評価してみるのもよいだろう。」(同p.34:24-26行)と提言している。本論はまさに佐野の指摘した表出圧痕の可能性の実験的試みの一つであり、その検証でもある。

3　分析資料と分析方法

(1)調査対象資料とその概要

　今回分析に用いた資料は、佐賀県教育委員会が2000年度より実施した佐賀市富士町地内の嘉瀬川ダム建設工事に伴う発掘調査で出土した、縄文時代後期～弥生時代早期の土器群である。これら遺跡は、佐賀県と福岡県の県境に聳える背振山地の山々に囲まれた高原状の丘陵地・山地およびその間を流れる河川の谷底平野・河岸段丘上に立地する(佐賀県教委2007・2009・2012)。

　4つの遺跡・地区資料は、それぞれ、大野遺跡2・3区：縄文時代後期後葉(三万田式土器)→西畑瀬遺跡5S・7区：縄文時代晩期前葉(黒川式土器古段階)→東

164　第3章　圧痕法の諸問題

表1　調査遺跡一覧

	遺跡・調査地点	所在地	調査期間	報告書
1	大野遺跡2・3区	佐賀県富士町大字大野・下無津呂	2000・2003	佐賀県教委2007
2	西畑瀬遺跡5S・7区	佐賀市富士町大字畑瀬	2002 – 2006	佐賀県教委2009
3	東畑瀬遺跡6T区	佐賀市富士町大字関屋	2007	佐賀県教委2012
4	東畑瀬遺跡1区	佐賀市富士町大字関屋	2000〜2002	佐賀県教委2007

畑瀬遺跡6T区上層：縄文時代晩期中葉(黒川式土器中段階)→東畑瀬遺跡1区：縄文時代晩期後葉(黒川式土器新段階)〜弥生時代早期の4段階に区別可能であり、当地域における穀物流入時期を時間的に検証できる可能性をもっている。

(2)土器圧痕調査とその方法

　調査対象とした土器は、報告書に実測図が掲載されたもの全点である。軟X線による調査は2014年4月より開始し、2018年度春にかけてその一部をX線CTスキャンによる撮影を行った。

　圧痕探査は、表出圧痕調査もかねて軟X線機器で行った。このため、潜在圧痕以外にも軟X線画像から表出圧痕の存在が判明した例がある。表出圧痕のレプリカ作成については、通常我々が実施している福岡市埋蔵文化財センター方式(比佐・片多2005)に基づいて行った。潜在圧痕に関しては、軟X線画像を観察し、その大きさや形状から種実や昆虫の可能性のあるものを抽出し、種実や昆虫である可能性の高いものからA・B・Cの三段階に評価した。撮影コストを抑えるため、同一個体の土器に同形同大の軟X線画像のあるものはその時点でレプリカにより種実を同定するなど、撮影候補を必要最小限の点数にとどめ、それらを業者に委託してX線CTスキャナーにより撮影した。その後、断層データから復元されたSTL画像を観察して同定を行った。形状が明瞭なものは軟X線画像段階で同定したものもある。

(3)宮地による黒川式土器から刻目突帯文期の編年

　ここでは、大野遺跡を除く西畑瀬遺跡・東畑瀬遺跡の土器の分析にあたり、浅鉢形土器を基本とした宮地による編年(宮地2008a・2008b・2017)を基準とした。図1は理解を助けるために、それらを1枚の編年図にまとめたものである(年代観は筆者による)(小畑2016)。これらを総合した編年案を以下「宮地編年」と呼ぶ。かつて宮地(2008b)は干河原段階を刻目突帯文I期相当としていたが、黒川式土器に系譜をもつ胴張浅鉢や外反口縁胴張浅鉢と干河原段階の特徴的な浅

農耕受容期土器の圧痕法による潜在圧痕検出とその意義　165

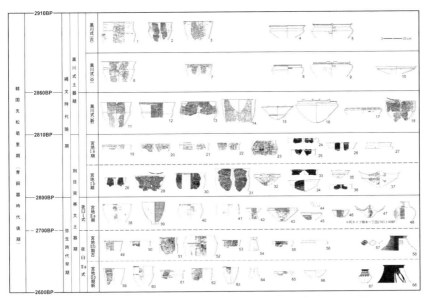

図1　縄文時代晩期中葉〜弥生時代早期の土器編年図（小畑 2016 より）

1・2：大坪　3：大原D　4：古閑　5・14・15：貫・井手ヶ本　6〜10：堀田　11・17・18：深水谷川
12・16：春日台　13：榎崎B　19〜27：長行　28〜37：江辻　38・40・48：橋本一丁田
49：諸岡　41・43・44・47：菜畑　42：久保泉丸山　45：板付　46・64・68：雀居
49〜58・62・63・67：野多目　59〜61・65・66：那珂

表2　宮地による縄文時代後期〜弥生時代早期の広域編年表（宮地 2017 による）

西日本の時期区分	九州地方	中・四国地方	近畿地方	北陸地方	東北地方
後期末	広田式(北部)・天城式(中部) 上加世田式(南部)	岩田第四類(瀬戸内)	滋賀里Ⅰ式	八日市新保Ⅰ〜Ⅱ式	瘤付土器 第Ⅲ〜Ⅳ段階
晩期前葉	古閑式古段階(北〜中部) 入佐式古段階(南部)		滋賀里Ⅱ式	御経塚式	大洞B₁式
	古閑式新段階(北〜中部) 入佐式新段階(南部)	川棚条里式(瀬戸内)	滋賀里Ⅲa式		大洞B₂式
晩期中葉	黒川式古段階	原田式古段階(山陰)	篠原式古段階	中屋式	大洞BC₁式
	黒川式中段階	原田式中段階(山陰)	篠原式中段階		大洞BC₂式
	黒川式新段階	原田式新段階(山陰) 谷尻式(瀬戸内)	篠原式新段階		大洞C₁式
晩期後葉	刻目突帯文土器Ⅰa期(広域)	前池式(瀬戸内)	滋賀里Ⅳ式	下野式	大洞C₂式 前半
	刻目突帯文土器Ⅰb期(広域) 干河原段階(南部)				
晩期後葉 (弥生早期)	刻目突帯文土器Ⅱa期(広域) 山ノ寺・夜臼Ⅰ式(北部)		口酒井式		大洞C₂式 後半
	刻目突帯文土器Ⅱb期(広域) 夜臼Ⅱ式(北部)	津島岡大式・沢田式(瀬戸内)	船橋式	長竹式	大洞A₁式

166 第3章 圧痕法の諸問題

鉢である内彎口縁胴張浅鉢や波状口縁内彎浅鉢の共伴関係の検討から、同Ｉｂ期に絞り込んだ(宮地 2017)（表2参照）。

4 分析結果

　検出した圧痕の種類は、昆虫(貯蔵食物害虫含む)、栽培植物、野生有用植物、野生植物、動物糞に分類できる。不明種を除くと、野生植物種として、カラスザンショウ、コナラ属、ツブラジイ、ヌスビトハギ、ニワトコ近似種、ガンピ属、栽培植物として、アズキ、エゴマ、イネ、アワ、キビなどがある。不明種実の中にアサに似たものが1点あるが、特定できなかった。昆虫で種が判明したのはコクゾウムシのみであり、もう1点はオサゾウムシ科のゾウムシ類である。

　遺跡ごとの検出圧痕の種類と数は、表3に示したとおりである。

　大野遺跡2・3区では、同一個体にアズキ種子の表出圧痕1点(接合面により

表3　遺跡・地区別の表出圧痕・潜在圧痕の種類と数および検出率

番号	遺　跡　名 調査地点名	調査点数 (圧痕土器)	表出圧痕数	潜在圧痕数	検　出　率 ＜潜在圧痕率＞
			種類別	種類別	
1	大野遺跡 2・3区	258 (4)	1 ◎アズキ　1	5 ◎アズキ　1 イノコヅチ　1 不明種実　3	1.6% ＜83%＞
2	西畑瀬遺跡 5S・7区	66 (3)	0	3 エノコログサ　1 不明種実　2	4.5% ＜100%＞
3	東畑瀬遺跡 6T区	89 (5)	1 不明種実　1	6 ◎エゴマ1 カラスザンショウ1 不明種実4	5.6% ＜86%＞
4	東畑瀬遺跡 1区	359 (31)	18 ●ア　ワ　1 ◎アズキ　1 ◎エゴマ　4 カラスザンショウ5 堅果類　3 果　皮　3 ネズミ糞　1	34(4) ●イ　ネ　2 ●ア　ワ　4 ●キ　ビ　6(1) ◎アズキ　1 ◎エゴマ　1 カラスザンショウ6 ガンピ属　3 ニワトコ近似種　1 ヌスビトハギ　1(1) 不明種実　5(2) コクゾウムシ　1 甲　虫　1 ネズミ糞　1	8.6% ＜65.4%＞

◎：在来栽培植物、●大陸系穀物

（　）内数字は軟Ｘ線画像のみから判断したもの

一部欠落)と潜在圧痕1点(完形)を確認した。調査総点数における圧痕検出率は1.6%と4地点中もっとも低い。

西畑瀬遺跡5S・7区では3点の潜在圧痕を検出したが、栽培植物は検出できなかった。圧痕検出率は4.5%と二番目に低い。

東畑瀬遺跡6T区では表出圧痕は不明種子であった。軟X線画像上の丸く小さな形状がアワを想起させたが、アワやキビではなかった。エゴマ1点とカラスザンショウ果実が1点含まれる。圧痕検出率は5.6%である。

東畑瀬遺跡I区では、18点の表出圧痕を検出できた。この中にはアズキ種子とエゴマ果実、カラスザンショウの果実(果皮)が含まれる。大陸系穀物としてアワ有稃果1点を検出した。これらアワの表出圧痕はアワ有稃果の潜在圧痕のシルエットを確認した際に気づいたもので、軟X線機器による観察がなければ見逃していた可能性もある。これに対して、潜在圧痕は34点であり、その中にはアワをはじめイネやキビなどの大陸系穀物はもちろん、アズキやエゴマなどの在来の栽培植物も一定量含まれていた(図2)。4つの地点中、圧痕検出率が8.6%ともっとも高い。

図2 軟X線で検出・X線CT3D画像復元した潜在圧痕とその種類(東畑瀬遺跡I区出土)
(a:軟X線画像 b:X線CT3D画像)

5 考　察

(1)圧痕検出率の評価

　50点以上の圧痕を検出した東畑瀬遺跡1区における全圧痕数に占める潜在圧痕率は65.4％と、圧痕の半分以上が潜在圧痕であった。とくに大陸系穀物であるイネやキビはすべて潜在圧痕であり、潜在圧痕の調査がなければ、穀物としてはアワ1点のみが認知されるだけであった。エゴマやアサ近似種も加えれば、栽培種の71％は潜在圧痕として検出されている。これは潜在圧痕が定性的にも定量的にも重要であることを意味し、潜在圧痕調査の必要性を強く示唆している。今回の事例研究では、表出圧痕が圧痕全体を代表しないという結果となった。

(2)圧痕土器の型式別・時期別評価

　東畑瀬遺跡1区の土器群には大陸系穀物が存在した。それ以前の栽培植物は大野遺跡2・3区のアズキのみであった。よって、当地域における大陸系穀物の出現時期は、東畑瀬遺跡1地区の時期のどこかにあるといってよい。しかし、本地点の土器は黒川式土器新段階から刻目突帯文土器期までの時期幅をもつため、そのどの段階であるかを検討せねばならない。

　この東畑瀬遺跡1区の土器群について、当初、藤尾慎一郎らは山ノ寺式土器に伴う黒川式(系)土器と評価していたが、炭素年代測定の結果、これらが2800 ^{14}C BP代の年代値をもつことから、山ノ寺式土器は共伴せず、それ以前の「黒川式新」とした(藤尾・小林2007)。その後、藤尾は黒川式土器をこの時点での3段階説から5段階説に変更した(藤尾2009)。ここでは、突帯文土器と共伴しない黒川式単純期を古と新の2段階に分け、東畑瀬遺跡1区資料がその新段階(新相)の基準資料として挙げられている。この黒川式単純期と突帯文土器との年代値の境界は、突帯文土器の最古年代である2765 ^{14}C BPに35 ^{14}C BPを加えた2800 ^{14}C BP年とした。本遺跡から出土する土器の主体はこの黒川式土器新段階のものであるが、刻目突帯文土器も多数出土しており、その主体は深鉢II類(逆くの字屈曲)、深鉢III類(砲弾形) (宮本2011)であり、それらの刻目突帯は口縁部よりやや下がった位置にあって古相は示すものの、すでにIIc類が成立している(宮本2011)ことから、山ノ寺・夜臼I式土器段階(宮地編年IIa期)であると考えられる。しかし、それ以外にSK1133などからは刻目が大振

りの突帯文土器も出土しており(佐賀県教委2007)、宮地編年Ⅰ期に遡る可能性もある。わずかではあるが、板付Ⅰ～Ⅱa式土器併行期のものも一部存在する(佐賀県教委2007)。

(3) 炭素年代測定値の比較

本遺跡群からは、12個の炭素年代測定値が得られている(表4・図3)。うち縄文時代後期の年代を出したものを4点除外し、黒川式(縄文晩期系)土器に限ると、東畑瀬遺跡に関連するものは8点(1区7点、3区1点)である。東畑瀬遺跡1区SK1101(表4-8)は木炭であり、他はすべて土器付着炭化物が試料となっている。年代

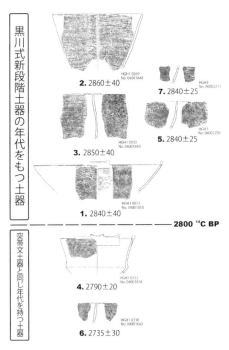

図3　東畑瀬遺跡群の炭素年代測定土器と年代値

表4　東畑瀬遺跡1区・3区の炭素年代測定値

番号	登録番号	遺跡・地区	土器型式	測定機関番号	炭素14年代	暦年較正 cal BP(2σ)(%)は確率密度		δ¹³C	出典
1	HGH1 0073 (04001850)	東畑瀬1区	黒川式新段階 SK1133	Beta-184542	2840 ± 40	1125 cal BC - 900 cal BC	95.4%	-25.3	藤尾ほか2007
				PLD-5637	2800 ± 25	1020 cal BC - 890 cal BC	93.8%	-26.5	藤尾ほか2007 パレオ・ラボ2007
						870 cal BC - 850 cal BC	1.6%		
2	HGH1 0269 (04001848)	東畑瀬1区	黒川式新段階	Beta-184543	2860 ± 40	1190 cal BC - 1175 cal BC	1.4%	-26.0	藤尾ほか2007
						1160 cal BC - 1145 cal BC	1.7%		
						1130 cal BC - 915 cal BC	92.4%		
3	HGH1 0333 (04001849)	東畑瀬1区	黒川式新段階	Beta-184541	2850 ± 40	1185 cal BC - 1180 cal BC	0.4%	-25.6	藤尾ほか2007
						1150 cal BC - 1145 cal BC	0.3%		
						1130 cal BC - 905 cal BC	94.8%		
				PLD-5636	2775 ± 25	1000 cal BC - 840 cal BC	95.4%	-26.6	藤尾ほか2007 パレオ・ラボ2007
4	HGH1 0252 (04001838)	東畑瀬1区	黒川式新段階※	PLD-5635	2790 ± 20	870 cal BC - 850 cal BC	1.5%	-26.6	パレオ・ラボ2007
						1110 cal BC - 890 cal BC	93.9%		
5	HGH1 (04001791)	東畑瀬1区	黒川式新段階	PLD-5638	2840 ± 25	1090 cal BC - 910 cal BC	95.4%	-26.4	パレオ・ラボ2007
6	HGH1 0318 (04001642)	東畑瀬1区	黒川式新段階※	PLD-5639	2735 ± 30	930 cal BC - 810 cal BC	95.4%	-26.4	パレオ・ラボ2007
7	HGH3 (06002211)	東畑瀬3区	黒川式新段階	PLD-5641	2840 ± 25	1120 cal BC - 1100 cal BC	1.1%	-26.4	パレオ・ラボ2007
						1090 cal BC - 910 cal BC	94.3%		
8		東畑瀬1区	SK1101 (炭化材)	PLD-5640	2875 ± 25	1130 cal BC - 970 cal BC	95.4%	-25.7	パレオ・ラボ2007

※年代値は突帯文土器並行期であり、黒川式新段階の定義とは異なる。

値は、もっとも古いものが 2860 ± 40 ^{14}C BP（2）であり、新しいものは 2735 ± 30 ^{14}C BP（6）である。器種別では、粗製直口深鉢形土器 5 点（2・3・5・6・7）、粗製鰭付深鉢形土器 1 点（4）、粗製鰭付浅鉢形土器 1 点（1）である。先の藤尾の定義（2800 ^{14}C BP を境界年代とする）によると、黒川式単純期新相段階が 5 点（1-3、5・7）、刻目突帯文土器に伴うものが 2 点（4・6）である。両者の境界にある 1 と 4 の鰭付土器は、型式的に宮地編年黒川式（新）に属する。

　以上より、東畑瀬遺跡 1 区の炭素年代測定値は、新古間で 125 年間ほどの幅があり、土器型式的にも黒川式新段階から刻目突帯文土器段階のものを含むことが判明した。この両時期間には年代的空隙があるとも考えられるが、先の遺構出土土器の中には宮地編年Ⅰ期に属する精製浅鉢も散見される。これは年代の空隙を埋めるとともに、土器の異型式による器種組成を示す可能性がある。刻目突帯文土器群には、それに相応する逆「く」字形浅鉢が組成していない。これは、黒川式土器新段階または宮地編年Ⅰ期の浅鉢が継続して使用された可能性を示している。

(4) 圧痕種実の入り方

　A 群：黒川式土器新段階（縄文晩期系）土器と B 群：刻目突帯文土器の二群に

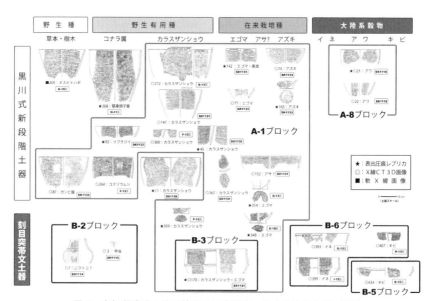

図 4　東畑瀬遺跡 1 地区検出の圧痕種実・昆虫と検出土器の所属

分けて、種実圧痕の種類を比較してみる。圧痕種実は、野生種として、コナラ属堅果類、ニワトコ近似種、ヌスビトハギ、カラスザンショウがあり、栽培種として、アズキ、エゴマが在来種、アワ、キビ、イネが大陸系種である。

基本的にA群にはSK1118から出土したHHT1 0021とHHT1 0022のアワ入り土器2点(おそらく同一個体)以外は大陸系穀物を含んでいない。これに対し、HHT1 0170のカラスザンショウ・エゴマ入り土器を除くと、B群土器はイネやキビなどの大陸系穀物を含む例が4例あり、イネやキビをもつことが特徴である(図4)。

(5)土器の空間的分布

これら土器の出土状況をみてみると、A群の空間的分布の中心は、調査区の中心であるF-13区、F-12区、G-13区にかけて存在する3個ほどの小ブロックの集合体である。ここではこれらを一括しA-1ブロックとする。その内部にはSK1133やSX1131などの遺構を含む。さらに、その南側のF-11・G-11区には密な分布域があり、A-2ブロックとする。その南西側にA-3ブロックとA-4ブロックがある。A-5ブロックはこれらとやや離れた西側のB群土器の集中区間にある。これに対しB群土器はより西側に分布域をもち、

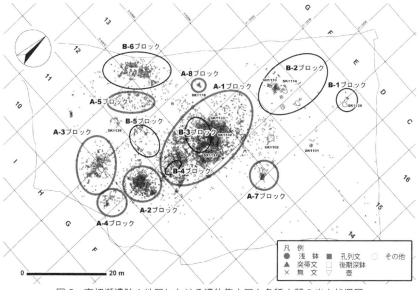

図5　東畑瀬遺跡1地区における遺物集中区と各種土器の出土状況図

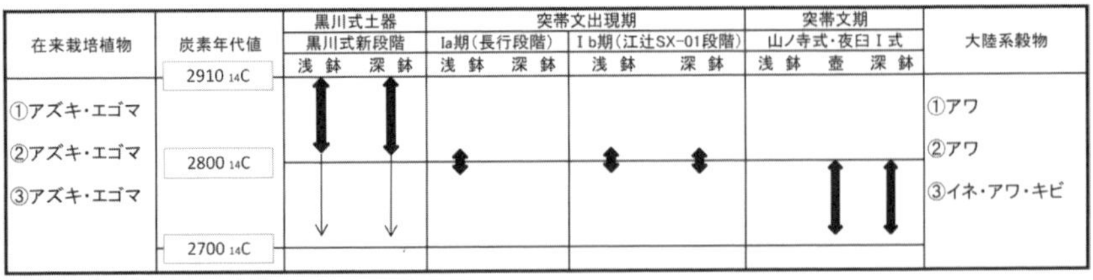

在来栽培植物	炭素年代値	黒川式土器 黒川式新段階		突帯文出現期 Ia期(長行段階)		突帯文出現期 Ib期(江辻SX-01段階)		突帯文期 山ノ寺式・夜臼I式			大陸系穀物
		浅鉢	深鉢	浅鉢	深鉢	浅鉢	深鉢	浅鉢	壺	深鉢	
①アズキ・エゴマ	2910 14C										①アワ
②アズキ・エゴマ	2800 14C										②アワ
③アズキ・エゴマ	2700 14C										③イネ・アワ・キビ

図6 東畑瀬遺跡1地区における想定される栽培植物の所属時期

(刻目突帯文出現期(宮地編年 I 期)の年代的位置や年代幅については、年代値のデータがなく予測に基づいたものである。)

遺構を伴う B-1 や B-2 ブロックの他に、A-1 ブロックに重なるように小さな集中区をもつ。特徴的な点は調査区のもっとも西側に位置する集中区(B-6ブロック)であるが、これは遺構は伴わないものの、B群でもっとも多量の刻目突帯文土器がここに集中しており、ここから出土した刻目突帯文深鉢形土器にイネやキビの圧痕をもつものが集中していた(図5)。

(6)栽培植物圧痕の所属時期

東畑瀬遺跡1区の栽培植物の種実圧痕の組成を土器型式との関連で整理すると、栽培植物の変遷は、以下の三案に絞りこむことができる(図6)。もちろんこれより多様な案も提示できようが、ここでは最大公約数として提示する。

アズキやエゴマなどの在来の栽培植物は九州地方では縄文時代後期以降にはすでに存在しており、カラスザンショウなどの有用植物も黒川式土器新段階を遡る。

よって、これらは黒川式土器新段階の本遺跡にも存在していた可能性がある。その主体をなすものは、本遺跡の A-1 ブロックを中心に出土した粗製深鉢形土器群に伴う栽培植物群である。大陸系穀物の流入時期に関する問題は、アワ圧痕を伴う晩期系組成深鉢の所属時期である。これが黒川式土器新段階の深鉢形土器であれば①案として、この時期に流入してきた可能性もある。②案はわずかに出土している刻目突帯文土器出現期土器に伴う可能性である。この場合、アワ入り土器はこの段階の深鉢形土器かこの時期まで残存した黒川式土器新段階の深鉢形土器ということになる。③案はこれらの土器が刻目突帯文期まで残る場合である。

可能性としては、③案がもっとも高い。その理由は、先にみたように、大陸系穀物の大部分(土器片6例中4例)が刻目突帯文土器に伴って検出されている

点と黒川式(晩期系)土器と刻目突帯文土器群は出土地点(遺構)や集中ブロックの分布範囲が異なっている点にある。本調査地点は中世遺構平面図にみる等高線から判断すると、山地(東：図5右下)から河川部(西：同左上)にかけて40mで2mほど落差がある。東西方向の土層図をみると各層に左下がり(東から西へ)の傾斜がみられる。また、E14区～G14区にかけての土層図では連続する層は9層以外にない。この点から判断すると、本地区の遺物は異なる層に含まれることになり、それらの層序は西側の層が東側の層より上位にくる傾向が読み取れる。このような状況は、東側(高地部)にあった黒川式土器新段階の包含層の上に、西側(低地部)を中心に刻目突帯文土器を含む遺構やブロックが形成された可能性を示唆している。黒川式新段階が主となるA-1ブロック内に刻目突帯文土器が全体に広がらず、狭い範囲に集中して分布することや刻目突帯文土器のブロックは浅鉢や孔列文土器などと排他的に分布する点もこの点を裏付けている。アワ圧痕を含む粗製深鉢形土器を出土したSK1118もこの西側の低地部に分布している。

　結論として、本遺跡では、黒川式土器新段階の時期に在来種を栽培していたが、その後刻目突帯文土器の時期に大陸系穀物が導入された可能性が高い。その時期は宮地編年Ⅱa期と考えられる。本遺跡ではこの時期まで在来の晩期系土器が煮沸具として使用されていたものと考えられる。ただし、これは確率の問題であり、①説や②説がまったく否定されたことを意味しない。③説も詳細な記録(情報)がない中での判断であり、状況証拠といえ、今後記録類を精査して再検討せねば決定的とはいえない。ただし、現時点で可能性が一倍高い案として提案する。

6　結　論

　穀物圧痕資料が少ない縄文時代晩期後葉～弥生時代早期にかけての土器圧痕調査の方法と、その評価に対する検証法およびその結果をここで提示した。

　栽培植物組成に関しては、従来の説(中沢2014・2017、宮地2016)と同じく大陸系穀物は刻目突帯文土器出現期を遡らない可能性が高かった。潜在圧痕と表出圧痕の問題については、表出圧痕が栽培植物全体を反映せず、潜在圧痕探査の必要性が再認識された。

　さらに、今回の分析でみえてきたことは、地域によっては古い型式の土器が

残存するため、穀物や栽培植物の種実の年代を決める際には、土器型式の上限年代値だけで判断してはいけないという点である。その確実性を高めるためにも、我々は今一度それらを遺跡に差し戻して検証せねばならない。これは既存の最古資料と呼ばれる大陸系穀物に関しても同じである。編年基準の明瞭な型式的特徴・炭素年代値・穀物(種実)圧痕の3拍子を備えた理想的な資料(土器)は今だ存在しない。とくに今回分析した時期の土器群には、それらが器種によって偏る傾向がある。現状でできることは、分析の精度を高めるためにも、できるだけ潜在圧痕を探し出し、圧痕の出土傾向と土器型式の関係を意識しながら、意図的かつ効果的な年代測定を行うことである。

　潜在圧痕の調査は機器やコストの問題があり、実行が難しい部分はあるが、資料が少ない当該期の圧痕研究では、「有る無し」の懸念を払拭して検討を行うためにはきわめて有効な手法である。今後のX線CT技術の発達と普及に期待したい。

謝辞　本研究を行うにあたり、資料借用に関して渋谷　格氏をはじめとする佐賀県教育委員会の方々にはお世話になった。心より感謝申し上げます。

　本研究には、2013-2016年度日本学術振興会科学研究費補助金基盤研究A（研究課題番号：25244036）（研究代表者：設楽博己）以外に、筆者が研究代表者として受けていた同挑戦的な萌芽研究（2015・2016：15K12946）・同基盤研究A（2016-2018年度：16H01957、2014-2016年度：24242032）を使用した。

引用・参考文献

丑野　毅・田川裕美 1991「レプリカ法による土器圧痕の観察」『考古学と自然科学』24、日本文化財科学会、pp.13-36

小畑弘己 2015a「植物考古学からみた九州縄文晩期農耕論の課題」『第25回九州縄文研究会研究発表要旨集』九州縄文研究会、pp.8-17

小畑弘己 2015b「圧痕法のイノベーション」『日本考古学協会第81回総会研究発表要旨』日本考古学協会、pp.36-37

小畑弘己 2016『タネをまく縄文人―最新科学が覆す農耕の起源―』歴史文化ライブラリー416、吉川弘文館

小畑弘己・金三津道子 2015「軟X線による潜在圧痕の探査と圧痕法の革新―富山市平岡遺跡での実践―」『平成26年度埋蔵文化財年報』公益財団法人富山県文化振興財団埋蔵文化財調査事務所、pp.30-39

佐賀県教育委員会 2007『東畑瀬遺跡1・大野遺跡1―嘉瀬川ダム建設に伴う埋蔵文化財発掘調査報告書1―』佐賀県文化財調査報告書第170集

佐賀県教育委員会 2009『西畑瀬遺跡2・大串遺跡―嘉瀬川ダム建設に伴う埋蔵文化財発掘調査報告書3―』佐賀県文化財調査報告書第197集

佐賀県教育委員会 2012『垣ノ内遺跡・西畑瀬遺跡3・東畑瀬遺跡4―嘉瀬川ダム建設に伴う埋蔵文化財発掘調査報告書9―』佐賀県文化財調査報告書第197集

佐野　隆 2017「レプリカ法と縄文時代の生業・集落研究の展望」『土曜考古』39、土曜考古学研究会、pp.15-37

中沢道彦 2014「栽培植物利用の多様性と展開」『縄文の資源利用と社会』季刊考古学別冊21、雄山閣、pp.115-123

中沢道彦 2017「日本列島における農耕の伝播と定着」『季刊考古学』138、雄山閣、pp.26-29

パレオ・ラボAMS年代測定グループ 2007「東畑瀬遺跡出土縄文時代資料の放射性炭素年代測定」『東畑瀬遺跡1・大野遺跡1―嘉瀬川ダム建設に伴う埋蔵文化財発掘調査報告書1―』佐賀県文化財調査報告書第170集、pp.231-234

東　和幸 2009「干河原段階の土器」『南の縄文・地域文化論考』新東晃一代表還暦記念論文集上巻、南九州縄文研究会新東晃一代表還暦記念論文集刊行会、pp.233-242

比佐陽一郎・片多雅樹 2005『土器圧痕レプリカ法による転写作業の手引き』福岡市埋蔵文化財センター

藤尾慎一郎 2007「土器を用いたウィグルマッチングの試み」『国立歴史民俗博物館研究報告』137、pp.157-185

藤尾慎一郎 2009「弥生時代の実年代」『弥生農耕のはじまりとその年代』新弥生時代のはじまり第4巻、雄山閣、pp.9-54

藤尾慎一郎・小林謙一 2007「佐賀市東畑瀬遺跡出土の縄文晩期土器に付着した炭化物の炭素14年代測定」『東畑瀬遺跡1・大野遺跡1―嘉瀬川ダム建設に伴う埋蔵文化財発掘調査報告書1―』佐賀県教育委員会、pp.223-230

真邉　彩 2011「X線CTによる土器中の種子・昆虫圧痕の検出」『国際シンポジウム東アジアの植物考古学研究の現状と課題』ソウル大学人文学研究院文化遺産研究所・ソウル大学校考古美術史学科・熊本大学文学部、pp.85-91

真邉　彩・小畑弘己 2011「X線CT法による潜在圧痕の検出」『日本植生史学会第26回大会講演要旨集』日本植生史学会、pp.82-83

宮地聡一郎 2008a「黒色磨研土器」『総覧縄文土器』アムプロポーション、pp.790-797

宮地聡一郎 2008b「凸帯文系土器（九州地方）」『総覧縄文土器』アムプロポーション、pp.806-813

宮地聡一郎 2016「穀物栽培開始時期の上限をめぐる諸問題」『研究成果公開シンポジウム　土器を掘る―土器研究と圧痕法のいま、そして未来―』熊本大学小畑弘己研究室・明治大学黒耀石研究センター・日本先史文化研究所、pp.37-42

宮地聡一郎 2017「西日本縄文晩期土器文様保存論―九州地方の有文土器からの問題提起―」『考古学雑誌』99―2、日本考古学会、pp.1-50

宮本一夫 2011「板付遺跡・有田遺跡からみた弥生の始まり」『新福岡市史資料編3』福岡市史編纂委員会、pp.595-621

山﨑純男 2005「西日本縄文農耕論」『韓・日新石器時代의農耕問題』慶南文化財研究院・韓國新石器學會・九州縄文研究會、pp.33-55

レプリカ法の方法論に関する諸問題

守屋　亮

はじめに

　土器に残る植物種実圧痕のレプリカ法を用いた研究は、丑野毅による開発以来（丑野・田川 1991）、現在では幅広い目的で実施されるようになった。当初は農耕の開始時期に関連して、穀物の上限年代や分布域を明らかにすることが注目されていたが（中沢 2014 など）、レプリカ法の普及によって研究目的も多様化してきた。種実の有無だけではなく構成や割合、検出率などの量的な事象を明らかにすることも目的とされるようになった。これに伴い、検出率の算出方法などの定量的な分析のための方法が検討されるようになった（遠藤 2014、守屋 2014、会田ほか 2017 など）。

　本稿では、科学研究費補助金研究課題「植物・土器・人骨の分析を中心とした日本列島農耕文化複合の形成に関する基礎的研究」（以下、一次科研と称する）に基づく一連のレプリカ法調査において明らかになった問題点を中心に、レプリカ法の方法論に関する諸問題について検討する。手順などの詳細は「日本列島における穀物栽培の起源を求めて―レプリカ法による土器圧痕調査結果報告―」（本書第 4 章）に記載している。

1　問題点の整理

　レプリカ法の方法論に関する問題点を整理すると、技術的な問題と、結果の解釈や評価に関する理論的な問題の 2 点に大別できる（図 1）。

(1)レプリカ法の方法論に関する技術的な問題

　技術的な問題については、既に多くの点が指摘されている（中沢 2014、小畑 2015a、佐野 2017 など）。ここでは、主にレプリカ製作に関する問題や使用機器、同定方法について述べる。

①レプリカ製作に関する問題

　レプリカ製作方法は、先述の丑野による方法や、福岡市埋蔵文化財センター

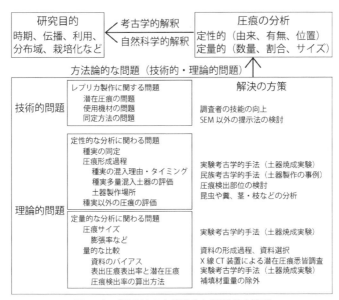

図1　レプリカ法の方法論的な問題点の整理

方式(比佐・片多2006)が存在する。両者の大きな違いは、離型剤として前者が水を用いるのに対し、後者はアクリル樹脂(パラロイドB-72)をアセトンなどの有機溶剤で溶かしたものを使用する点である。

　両者は使用する印象材も異なるが、用いられる印象材は研究者によって多種多様である。一次科研で多く用いられた印象材は、主にJMシリコンやフィットテスター、ブルーミックス・ソフトなどのシリコン製品であった。今回、これらの印象材に関わる技術的な問題を確認したため、以下に詳細と対応について述べる。

　一次科研では、基本的にレプリカに対し日立ハイテクノロジーズ製イオンスパッターE-1045を用いてプラチナ蒸着をおこない、日本電子製走査型電子顕微鏡(SEM) JSM-6490 LVを用いて観察と写真撮影をおこなった。蒸着の精度はフィットテスターによるレプリカが非常に良好で、JMシリコンによるレプリカは良好であった。一方、ブルーミックス・ソフトによるレプリカでは蒸着が不良で、SEM観察中に帯電(チャージアップ)し、良好な写真が撮影できなかった(図2)。対策として、資料が未蒸着でも低真空下で観察可能なSEM(キーエンス社製VE-8800)で撮影した結果、良好な写真が得られた(図3)。し

表1 印象材（シリコン）による相違点

印象材（シリコン）	硬化時の硬さ	硬化時間	色	実体顕微鏡による観察	蒸着
JMシリコン(レギュラータイプ)	普通	普通	青	良好	良好
JMシリコン(インジェクションタイプ)	柔らかい	やや遅い	薄い赤	良好	良好
フィットテスター	普通	普通	白	不良	非常に良好
ブルーミックス・ソフト	非常に柔かい	遅い	薄い青	良好	不良

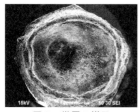

図2 帯電の様子
（ブルーミックス蒸着有）

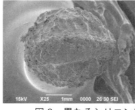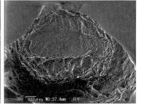

図3 異なるシリコンによるSEM写真の比較
（左：JMシリコンレギュラー蒸着有、右：ブルーミックス蒸着無）

がって、用いるシリコンによって使用機器を使い分ける必要がある。

　また別の問題として、レプリカの色による観察精度の問題があった。JMシリコンやブルーミックス・ソフトによるレプリカは青色や赤色であるため実体顕微鏡下で観察しやすいが、一方フィットテスターによるシリコンは白色であるため、光の反射によって観察しづらい。実体顕微鏡による同定精度に関わる重要な問題である。ただし、白色の印象材もシリコン用の着色料を使用することで対応可能である。

　他にも、圧痕内部の洗浄不備、離型剤の濃度や厚さに起因する不備などのレプリカ製作における技術的問題は同定精度に関わるが、基本的には調査者の技術の向上によって解決可能な問題である。したがって、レプリカ製作時の不備に起因して同定に至らなかったレプリカについては、再度レプリカを製作することにより、同定に至る可能性がある。海外調査資料や、土器胎土の問題で再採取が難しい資料もあると思われるが、これらのレプリカ不備は今後の再調査に備え、記録として残しておくべきである。

②潜在圧痕と使用機材に関する問題

　種実圧痕には表出圧痕と潜在圧痕があり、土器の断面から検出される圧痕は本来潜在圧痕であったものが偶然表出したものである。レプリカ法が対象とするのは表出圧痕であり、潜在圧痕の検出には、軟X線装置やX線CT装置を用いる必要がある。小畑弘己(2015a)はこれらの圧痕を対象とする方法の総称

を「圧痕法」とし、この中にレプリカ法や 3D マイクロスコープ法、X 線 CT 法などが含まれるとした。圧痕を総合的に分析するには潜在圧痕の分析は必要不可欠であり、後述する圧痕検出率の問題に関しても小畑（2015b）は、圧痕の定量的な比較分析のためには表出圧痕だけでは不十分であり、潜在圧痕を含めたすべての圧痕を調査しなければ意味を成さないとしている。しかし、これらの分析機器を扱うことのできる調査者は少数であり、悉皆的な調査によって全国的にデータを集積することは困難である。したがって、従来のレプリカ法による表出圧痕の分析によって、潜在圧痕による分析の結果を補完できるような方策を検討する必要がある。

③同定方法と使用機材に関する問題

　レプリカ法は、最終的に SEM を用いて同定をおこなう過程が一つの重要な要素となっているが、同定の基本は炭化種実と同様に、実体顕微鏡下の立体視による形態の観察と現生標本との比較検討であり、SEM 写真のみが同定の根拠になるわけではない。SEM による観察をするまでもなく、実体顕微鏡下による観察で十分なレプリカも多く、実際に一次科研でも実体顕微鏡による同定結果を最終結果としているものも多い。一次科研における同定の流れは、実体顕微鏡による 1 次・2 次同定とその後 SEM 写真撮影、SEM 写真を参照しつつ実体顕微鏡下でおこなう 3 次同定というものである。一次科研全体では、1 次同定で確定[1]したレプリカは検討数 2,676 点のうち 1,106 点、1 次同定を経て 2 次同定で確定したレプリカは検討数 1,570 点のうち 1,014 点、1 次同定と 2 次同定を経て 3 次同定で確定したレプリカは検討数 556 点のうち 556 点であった（表 2・図 4）[2]。また、同定可能種実と確定したレプリカは、1 次同定で 25 点、2 次同定で 381 点、3 次同定で 190 点が確定している。つまり、SEM 観察を経ずに確定した同定可能種実が全体の約 70% を占める計算になる。3 次同定で確定した同定可能種実の中でも、SEM 写真が同定の決め手になった資料はさらに少ないため、SEM 観察が不必要だったものの割合はさらに多いこととなる。したがって、レプリカ法においては必ずしも SEM は必要ないことがわかる。しかし、同定結果の第三者による検証を可能にするためには SEM 写真の提示が必要であるという意見もあり、今後はデジタルマイクロスコープなどを用いた SEM 以外による写真提示の方法を検討する必要がある。また、このような方法の検討により、レプリカ法調査への参入障壁の一つである、SEM

180　第 3 章　圧痕法の諸問題

表 2　同定過程における結果の推移一覧表

1次同定		2次同定		3次同定	
同定段階種別	点数	同定段階種別	点数	同定段階種別	点数
同定可能種実	484	同定可能種実	135	同定可能種実(確定)	96
				不明種実	8
				不明種実?(確定)	1
				×(確定)	30
		同定可能種実(確定)	330		
		不明種実	8	同定可能種実(確定)	2
				不明種実(確定)	3
				×(確定)	3
		不明種実?	1	同定可能種実(確定)	1
		植物遺体(確定)	1		
		×	3	同定可能種実(確定)	1
				×(確定)	2
		×(確定)	6		
同定可能種実(確定)	25				
不明種実	312	同定可能種実	106	同定可能種実(確定)	49
				不明種実	19
				植物遺体	3
				×(確定)	35
		同定可能種実(確定)	34		
		不明種実	55	同定可能種実(確定)	9
				不明種実(確定)	21
				不明種実?(確定)	3
				植物遺体	3
				その他	1
				×(確定)	18
		不明種実(確定)	32		
		不明種実?	22	同定可能種実(確定)	1
				不明種実(確定)	9
				不明種実?(確定)	2
				×(確定)	10
		不明種実?(確定)	13		
		植物遺体	5	植物遺体(確定)	4
				×(確定)	1
		植物遺体(確定)	5		
		その他	2	その他(確定)	2
		その他(確定)	3		
		×	2	×(確定)	2
		×(確定)	33		
不明種実(確定)	2				

1次同定		2次同定		3次同定	
同定段階種別	点数	同定段階種別	点数	同定段階種別	点数
不明種実?	401	同定可能種実	65	同定可能種実(確定)	25
				不明種実	8
				植物遺体	1
				×(確定)	31
		同定可能種実(確定)	16		
		不明種実	37	同定可能種実(確定)	3
				不明種実(確定)	4
				不明種実?(確定)	2
				植物遺体	1
				その他(確定)	1
				×(確定)	26
		不明種実(確定)	5		
		不明種実?	26	同定可能種実(確定)	1
				不明種実(確定)	1
				不明種実?(確定)	1
				植物遺体	2
				×(確定)	18
		不明種実?(確定)	6		
		植物遺体	4	植物遺体(確定)	2
				×(確定)	2
		植物遺体(確定)	9		
		その他	3	×(確定)	3
		その他(確定)	1		
		×	32	同定可能種実(確定)	1
				不明種実(確定)	1
				植物遺体	1
				×(確定)	28
		×(確定)	197		
植物遺体	247	同定可能種実	5	同定可能種実(確定)	1
				不明種実(確定)	1
				植物遺体(確定)	1
				×(確定)	2
		不明種実	2	不明種実(確定)	1
				×(確定)	1
		不明種実(確定)	1		
		不明種実?	5	不明種実(確定)	1
				×(確定)	4
		不明種実?(確定)	1		
		植物遺体	2	植物遺体(確定)	1
				×(確定)	1
		植物遺体(確定)	103		
		その他	1	×(確定)	1
		×	3	×(確定)	3
		×(確定)	124		
植物遺体(確定)	269				
その他	17	植物遺体	1		
		その他	2	その他(確定)	2
		その他(確定)	9		
		×	2	×(確定)	2
		×(確定)	3		
その他(確定)	19				
×	109	同定可能種実	1	×(確定)	1
		同定可能種実(確定)	1		
		不明種実	5	不明種実(確定)	1
				×(確定)	4
		不明種実?	9	不明種実(確定)	1
				×(確定)	8
		植物遺体(確定)	2		
		その他	1	その他(確定)	1
		×	12	×(確定)	12
		×(確定)	78		
×(確定)	791				

同定段階種別	内容
同定可能種実	科以上の同定が可能な種実
不明種実	科以上の同定ができない種実である
不明種実?	科以上に同定できずかつ種実かも不明
植物遺体	種実以外の茎・稈など
その他	植物以外
×	同定不可能

同定段階	方法
1次同定	実体顕微鏡を用いて、大まかに分類
2次同定	実体顕微鏡を用いて、同定
3次同定	SEM写真と実体顕微鏡を用いて、同定

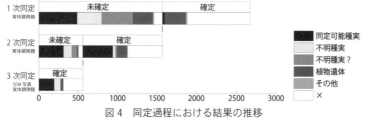

図 4　同定過程における結果の推移

の敷居の高さという障壁を除くことも可能となる。

(2)レプリカ法の方法論に関する理論的な問題

　理論的な問題は、定性的な分析に関する問題と定量的な分析に関する問題に大別できる。定性的な分析は、圧痕の由来物質や有無、混入位置などを分析するものであり、一方で定量的な分析は、圧痕の数量や割合、サイズなどを分析するものである。

①圧痕の定性的な分析に関する問題

　定性的な分析に関する問題としては、土器の圧痕検出部位の検討（遠藤 2014）や土器焼成実験による種実混入タイミングの検討（会田ほか 2017）などによる圧痕形成過程の研究があるが、混入が意図的なものか偶然の混入なのかについては評価が分かれている。他に、種実以外の圧痕に関しては、コクゾウムシなどの昆虫や動物の糞などに関する研究（小畑 2018）などがあり、これらも土器製作過程の検討にも関わる事項である。

②圧痕の定量的な分析に関する問題

　定量的な分析に関する問題としては、圧痕のサイズ計測による野生種・栽培種や種の同定に関する研究（中山 2015 など）や土器胎土中の種実膨張率の検討（那須ほか 2015）などの圧痕自体に関するものと、資料のバイアスの問題や種実形状やサイズによる表出率の違いに関する問題、圧痕検出率の算出方法などの圧痕の検出の様相に関するものがある。ここでは、特に後者について検討する。

　資料のバイアスについて　圧痕資料を扱う場合の考古資料としてのバイアスや調査者の技術的な問題によるバイアスについては、既に詳細に検討されている（小畑 2014 など）。他にも、報告書掲載資料と未報告資料の間の圧痕検出率の違いから、資料選択によって圧痕検出率に差異が見られることが指摘されているが（山下ほか 2017）、これも資料のバイアスに関する問題の一つである。報告書掲載資料と未報告資料では、未報告資料の方が報告資料よりも検出率が2倍近くになる事例が存在するが、その理由として、未報告資料の大半を胴部破片が占めることが挙げられている。これは、未検証ではあるが口縁部や底部よりも胴部の検出率が高い可能性があることに寄因すると考えられる。したがって、報告書掲載資料だけを調査した場合と未報告資料まで含めて調査した場合の圧痕検出率の相違が大きな問題となる。しかし、未報告資料の中には時期・型式比定の困難な微細な土器片も多く、これらの時期不詳土器の扱い方によっ

て検出率が大きく異なることになる。一方で時期・型式比定が可能な土器だけを抽出して圧痕調査をおこなった場合も、資料としてのバイアスが生じることとなり、検討が必要な問題である。

　表出圧痕表出率と潜在圧痕について　(1)で述べたように、種実圧痕には表出圧痕と潜在圧痕があり、圧痕の総合的な研究のためには、潜在圧痕も含めた分析が必要である。しかし、潜在圧痕分析のための機器を扱うことのできる調査者は限られるため、比較的容易な調査方法を普及させ、統一基準で数量の比較検討が実施できる環境を整えることも重要であると考えられる。X 線 CT 装置などを用いた潜在圧痕を含めた方法を厳密な分析方法とすれば、後者は簡易的な普及版の方法といえる。ここで、普及版としての表出圧痕による分析の精度を高めるには、表出圧痕の検出率から、潜在圧痕の検出率を推定する方法の蓋然性を高める必要がある。具体的には、佐野隆(2017)の指摘するような、サンプルとしての資料群を設定し、潜在圧痕を悉皆的に調査してその表出率を探る方法に加え、土器焼成実験による方法が考えられる。

　土器焼成実験によって表出率を推定する方法については、既に多くの事例がある。実際にアズキ種子やダイズ種子、エゴマ果実を練り込んで焼成した実験では、表出率はアズキ 0/30 点、ダイズ 20/30 点、エゴマ 115/1,800 点、アズキ 9/50 点となっており(那須ほか 2015)、種実のサイズによる表出率の違いがわかる。今後は、さらに多様な種実による焼成実験を実施し、種実ごとの標準的な表出率を算出する必要がある。また、できるだけ同一条件の下で比較検討するため、同一規格の土器片を作成し、電気炉を用いて焼成条件を統一して焼成することが望ましい。あるいは純粋に推計値を求めるのであれば、コンピューターシミュレーションを実施することも有効かもしれない。

　圧痕検出率の算出方法に関する問題　定量的な分析のため、圧痕検出率を算出する試みは複数の研究者によっておこなわれており、方法も複数存在する。具体的には、観察土器片数あたりの圧痕検出数(遠藤 2014 など)や、単位面積あたりの検出数(小畑 2015b など)や単位重量あたりの検出数(守屋 2014、大網ほか 2018 など)を算出して圧痕検出率とするものである(表3)。観察単位には点数と面積、重量が用いられているが、それぞれ問題点が存在する。点数の場合は、圧痕調査時においては最も容易な方法であるが、小破片から完形土器まですべて 1 点として計算すると大きな誤差が生じる。対象土器資料の主体が小破片であれば

表 3　圧痕検出率の算出方法

方法	対象	検出率	目的	問題点
1	表出圧痕	圧痕総数／土器片の総点数	圧痕未検出の土器も含め、資料群全体の圧痕検出率を求め、他の資料群と比較する	観察単位が点数であるため、土器片の大きさのばらつきに影響される
2	表出圧痕	圧痕総数／土器片の総重量	圧痕未検出の土器も含め、資料群全体の圧痕検出率を求め、他の資料群と比較する	石膏などの補填材の重量を含む場合がある
3	潜在圧痕及び潜在圧痕	各圧痕検出土器片の圧痕数／各圧痕検出土器片の表面積	圧痕が検出された土器片毎に検出率を求め、同一資料群内で個体別に比較する	資料数が多い場合の計測が煩雑になる

問題ないが、土器のサイズのばらつきが大きい場合は望ましくない。重量の場合は、点数の計測よりは手間がかかるが、実施しやすい方法である。しかし、後述のように補填材の問題が存在する。面積については、種実多量混入土器を対象とした偶然あるいは意図的混入の判別(小畑 2015b)のように、対象を絞っておこなう際には非常に有効であるが、調査資料すべてを対象に計測するのは現実的ではない。

　本来、平面的に分布する表出圧痕を対象とする場合は面積、立体的に分布する潜在圧痕を含める場合は体積を観察単位とするべきである。体積は重量と密度から(体積＝重量／密度)、面積は体積と高さ(厚さ)から(片面の面積＝体積／厚さ)換算が可能であるから、後述のように土器の密度が既知であることを前提とすれば、圧痕調査時に重量を計測しておけば、後から面積と体積両方に換算可能である。したがって、筆者は重量計測が最も汎用的な方法であると考えている。遺物の数量表示の際に重量を用いる利点については『発掘調査のてびき』(奈良文化財研究所編 2010)でも述べられており、広く受け入れられる方法であると考えられる。

　重量計測による方法を実施する場合、土器の復元に用いられる石膏などの補填材重量を除外する方法が必要となる。筆者は、計算によってこの補填材重量を除く方法を検討し、以下の計算式を考案した(守屋 2016 を一部変更)。

$$W_1 = \frac{\rho_1 (W_1 + W_2)(1-\rho)}{\rho_1 - p \ (\rho_1 - \rho_2)}$$

ρ_1：土器密度

ρ_2：補填材密度

W_1：土器重量

W_2：補填材重量

$W_1 + W_2$：土器と補填材の合計重量

p：補填材の割合$(0 \leqq p < 1)$

　しかし、この計測方法については、土器密度(ρ_1)や補填剤密度(ρ_2)が一定ではないことと、補填材割合(p)の算出方法による誤差が問題となる。

　筆者は以前、土器密度(ρ_1)については、平均的な数値を既知の定数として扱ったが[3]、本来は対象とする時期や地域によって異なるものであり、それぞれの対象に合わせて変動させるべきものである。したがって、今後は時期や地域、型式ごとの標準的な密度を算出して補正する必要がある。

　補填材密度は、用いられる素材や練和方法によって大きく差異がある。特に補填材として石膏が用いられている場合、製品によって密度は大きく異なり、さらに同じ製品でも練和方法によって差異が生じる。対象資料に用いられた石膏の製品名や練和方法を圧痕調査時に確認することは困難であることから、厳密な石膏密度を算出することは難しい。したがって、JISなどの規格の範囲内である程度の幅を設定して考えるべきである。一方、エポキシ系樹脂などの製品であれば、製品の特定は容易であり、製品仕様の数値を用いれば良い。土器密度と補填材密度については、今後計測資料数や事例を増やして正確な値を求めていく必要がある。

　一方、補填材の割合(p)に関しては、目測によって算出することを前提としていたため、正確性に疑問があった。したがって、正確性について検証するために複数人によるテストを実施した。被験者は埋蔵文化財関係者複数人で、テスト内容は、対象とする資料を手に取って観察し、目測による補填材の割合$(0 \leqq p < 1)$を算出するというものである。正解や他の被験者の回答は明示しない状況で実施した。対象土器は図5の5点である。

　正解とした理論値は、後述するビニールとプラニメーターを用いる方法で測定した。上記の方法で算出した理論値とテスト結果の誤差の分布を示したのが図6である。結果として、観察者や土器の形状によって大きな誤差が生じたため、目測による割合の測定は誤差が生じる可能性が高く、正確性に欠ける方法であると言える。

　したがって、正確に補填材の割合を測定する方法を検討する必要がある。3Dスキャナーなどを用いれば、当然正確な値を測定可能であるが、大量の資

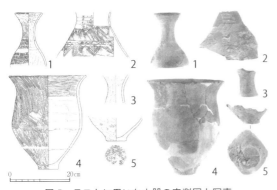
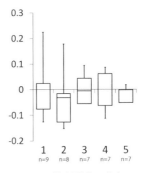

図5 テストに用いた土器の実測図と写真
(松崎ほか2004より改変転載)

図6 絶対誤差の分布
(最小値 - 第一四分位数 - 中央値
 - 第二四分位数 - 最大値)

料を悉皆的に調査する場合には現実的ではなく、また機材も高価である。容易な方法でレプリカ法の普及を図るためには、より簡便な方法を検討する必要がある。

今後必要な点は、数式①における土器密度(ρ_1)や補填剤密度(ρ_2)の精度と補填材の体積の割合(p)算出方法の精度を上げることである。

2 表出圧痕の定量的な分析の方法について（補填材割合の計測）

前項では、レプリカ法に関する様々な問題点について整理したが、特に種実圧痕の定量的な分析のための圧痕検出率の算出精度を上げるため、上で述べた補填材重量の除外の方法について具体的に検討したい。ここでは、簡便な方法としてビニールとプラニメーターを用いる方法と、カメラを用いるSfM/MVS（Structure from Motion/Multi - View Stereo）による方法について検討する。

(1) ビニールとプラニメーターを用いる方法

必要な機材は、土器を覆うためのビニールと、面積計測用のプラニメーターである。まず、対象となる土器の表面を透明なビニールで覆い、ペンで補填材部分をトレースする。これを方眼紙などに貼り付け、さらにトレース台を用いて再トレースし、その部分をプラニメーターで計測する。

また、対象資料に対してビニールを用いて覆う際には、土器を円柱や円錐台の組み合わせと看做し（図7）、複数に分割して表面積を計測する。壺肩部のように球体に近い形状の部分も存在するが、あくまで土器表面を覆うビニールを作

成するのが目的であるため、すべて断面形が直線で構成された図形と看做すこととする[4]。理論上はパーツを細かく分けるほど正確な値が算出可能であるが、ビニールで覆う工程が複雑になると、測定誤差が大きくなることが推測されるため、できるだけ単純な分け方でパーツを減らす方が望ましいと考えられる。

図7　土器展開図モデル

円錐台の場合、展開図の中心角を求めれば、それぞれの部位を覆うビニールを適切に切り取ることが可能である。ここで、

　θ：展開図の中心角（$0° < \theta < 360°$）
　r_1：円錐台の上底半径
　r_2：円錐(台)の下底半径
　l：円錐の側面の長さ
　l'：円錐台の側面の長さ
　h：円錐台の高さ

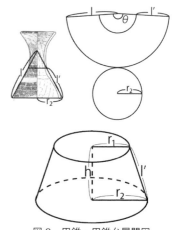

図8　円錐・円錐台展開図

とすると、円錐の展開図の中心角を求める数式は、

$$\theta = \frac{r_2}{l} 360°$$

である。また、円錐台の側面積 S を求める数式は、

$$S = \pi l'(r_1 + r_2)$$

あるいは、

$$S = \pi(r_1 + r_2)\sqrt{(r_2 - r_1)^2 + h^2}$$

であるから、土器の該当する部位に欠損が無く補填材が使用されていない場合はビニールによる方法では無く、代わりに数式を用いて計算することも可能である(図8)。側面の長さ(l')や分割した際の円錐台上底半径(r_1)と下底半径(r_2)は、報告書掲載の実測図から算出可能である。また実測図がない場合は、マコで側

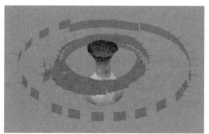
図9　PhotoScan 写真撮影位置

図10　補填材有り 3D モデル（左）と補填材無し 3D モデル（右）の比較

面形状を写し取れば簡単に算出可能である。

（2）SfM/MVS を用いる方法

　SfM/MVS は三次元計測法の一種であり、3D スキャナーのような機材が不必要な方法である。ここでは、SfM/MVS を用いて 3D モデルを作成し、表面積を測定する方法を考える。SfM/MVS は近年急速に普及している三次元計測方法であり（山口 2018）、考古学や文化財科学分野においても遺構・遺物の両者に対して広く用いられるようになっている（中園編 2017、早稲田大学総合人文科学研究センター 2017 など）[5]。

　広く用いられているソフトウェアとしては、Agisoft 社製 SfM/MVS ソフトウェア PhotoScan professional edition[6] が挙げられる。今回は、PhotoScan を用いて補填材を含めた全体の 3D モデルと、補填材を除いた（あるいは土器部分を除いた）部分の 3D モデルを作成し、全体に占める補填材の割合を算出する方法を検討する。PhotoScan を用いた方法の手順は概ね以下の通りである。

　まず、デジタルカメラを用いて対象の写真撮影をおこなう。この時、複数の視点からの撮影が必要であり、60% 以上オーバーラップさせつつ、対象を 360°回転させながら、あるいは対象の周囲を回転しながら撮影する（図9）。また、撮影の際には、後で座標を設定するため、L 字定規や方眼紙などの目印になるものを設置して撮影する。

　次に、Agisoht PhotoScan による解析と 3D モデルの作成をおこなう。一連の流れは、写真の解析、マーカー（座標設定用）の設置、高密度クラウドの構築、メッシュ構築、テクスチャー構築、3D モデルの作成、（マーカーの設置）、というものである。続けて同ソフトで全体の表面積を計測する。加えて、補填材部

分の削除(あるいは土器部分の削除)をおこない、残りの部分の計測を同様におこなう[7](図10)。

この方法を用いることにより、(1)の方法と比較しても、さらに容易に表面積の測定をおこなうことが可能である。(1)の方法は、圧痕調査時に並行しておこなうため手間がかかるが、この方法を用いれば調査終了後に計測が可能である。

また、調査対象土器全点に対してこの方法を用いれば、すべての表面積を計測可能であるから、表面積による検出率の算出にも有効であると言える。

おわりに

レプリカ法による種実圧痕の調査・分析における問題点について整理し、定量的な分析については一部解決策を検討した。しかし検討すべき課題は多岐に亘るため、今後も課題の解決に努めたい。

今後は、X線CT装置を用いた潜在圧痕の調査と表出率の算出、土器焼成実験による標準的な表出率の推計、地域や時期・型式ごとの土器密度の算出、補填材に用いられる各種材料の密度の計測などを実施する必要がある。

謝辞　土器補填材割合の算出テスト実施に際しては、東京都埋蔵文化財センターの長佐古真也氏、大網信良氏を始め多くの方に協力していただきました。末筆ではありますが、厚く御礼申し上げます。

註 ―――――――

1)　本稿では「確定」としたが、今後の再検討や新技術などにより同定結果が変わる可能性があることにも留意する必要がある。

2)　1次同定を経ずに2次同定から開始したレプリカと、2次同定を飛ばして1次同定から3次同定に進んだレプリカは除外した。

3)　土器密度については縄文時代晩期及び弥生時代後期の土器密度計測により、おおよその平均値1.85を定数として計算をおこなった。補填材については、石膏の場合は製品によって大きく差異があるため、上限及び下限を設定し、その間で変動するものとした。エポキシ系樹脂の場合は、定められた用法に従った場合の密度の値のばらつきが小さいため、定数とした(守屋2016)。

4)　壺肩部のような球に近い形状の部位については、補填材で補修されていない場合はビニールを用いず球台の表面積を求める公式で表面積を算出する手段もある。球台の表面積Sを求める公式は、半径をr、高さをhとすると、S=2πrhである

5)　SfM/MVSを用いた圧痕の3Dモデル作成の試みもあるが(永見2018)、同定の精度を考慮するとまだ不十分であると考えられる。

6) Agisoft PhotoScan の場合、表面積計測機能が使用可能なのは Professional edition のみであり、Standard edition では使用できない。Professional edition の通常版は非常に高価であるが、アカデミック版であれば廉価で購入可能である。現在、「Agisoft Metashape」に名称変更。

7) PhotoScan の場合、3D モデルを作成する前のマスクの段階で補填材部分（あるいは土器部分）を除外する方法もある。

参考文献

会田　進・酒井幸則・佐々木由香・山田武文・那須浩郎・中沢道彦 2017「アズキ亜属種子が多量に混入する縄文土器と種実が多量に混入する意味」『環境資源と人類』7、pp.23-50

丑野　毅・田川裕美 1991「レプリカ法による土器圧痕の観察」『考古学と自然科学』24、pp.3-36

遠藤英子 2014「種実由来土器圧痕の解釈について」『考古学研究』60-2、pp.62-72

小畑弘己 2014「種実圧痕の資料としての特性－圧痕は何を意味するのか？三内丸山遺跡における検証－」『先史学・考古学論究』6、pp.85-100

小畑弘己 2015a「レプリカ法から圧痕法へ」『考古学ジャーナル』672、pp.24-26

小畑弘己 2015b「エゴマを混入した土器－軟 X 線分析による潜在圧痕の検出と同定－」『日本考古学』40、pp.33-52

小畑弘己 2018『昆虫考古学（角川選書）』KADOKAWA

大網信良・守屋　亮・佐々木由香・長佐古真也 2018「土器圧痕からみた縄文時代中期における多摩ニュータウン遺跡群の植物利用と遺跡間関係（第 1 報）」『東京都埋蔵文化財センター研究論集』32、pp.1-25

佐野　隆 2017「レプリカ法の縄文時代の生業・集落研究の展望」『土曜考古』39、pp.15-38

中沢道彦 2014『先史時代の初期農耕を考える－レプリカ法の実践から－』富山県観光・地域振興局国際・日本海政策課

中園　聡編 2017『季刊考古学』140

永見秀徳 2018「土器の種子圧痕同定における SfM/MVS の有用性」『文化財の壺』6、pp.42-47

中山誠二 2015「中部高地における縄文時代の栽培植物と二次植生の利用」『第四紀研究』54-5、pp.285-298

那須浩郎・会田　進・山田武文・輿石　甫・佐々木由香・中沢道彦 2015「土器種実圧痕の焼成実験報告」『環境資源と人類』5、pp.103-115

奈良文化財研究所 編 2010『発掘調査のてびき－整理・報告書編－』同成社

比佐陽一郎・片多雅樹 2006「土器圧痕のレプリカ法による転写作業の手引き（試作版）」福岡市埋蔵文化財センター

松崎元樹・原川雄二・小薬一夫・山本孝司 2004『東京都埋蔵文化財センター調査報告第 146 集 多摩ニュータウン遺跡 No.920 遺跡』東京都埋蔵文化財センター

守屋　亮 2014「東京湾西岸における弥生時代の栽培植物利用－レプリカ法を用いた調査と研究－」『東京大学考古学研究室研究紀要』28、pp.81-107

守屋　亮 2016「種実圧痕の定量分析に関する予察：補填材重量の検討」『東京大学考古学研究室研究紀要』30、pp.81-88

190　第3章　圧痕法の諸問題

山口欧志 2018「文化遺産のデジタルドキュメンテーションの現状と課題」『日本考古学協会第84回
　　総会研究発表要旨』pp.88-89

山下優介・佐々木由香・那須浩郎・百原　新・設楽博己 2017「レプリカ法調査における資料選択
　　の問題」『SEEDS CONTACT　東日本における食糧生産の開始と展開の研究―レプリカ法を中
　　心として―ニュースレター』4、pp.38-40

早稲田大学総合人文科学研究センター 2016『3D考古学の挑戦―考古遺物・遺構の三次元計測にお
　　ける研究の現状と課題―』

第4章

日本列島における穀物栽培の起源を求めて
―レプリカ法による土器圧痕調査結果報告―

設楽博己・守屋　亮・佐々木由香・
百原　新・那須浩郎

はじめに

　序で述べたように、本研究の主眼の一つはレプリカ法を用いて土器の表面の
圧痕を調査研究することにより、日本列島における穀物栽培の開始期の状況に
検討を加えることである。それには、西日本においてこれまで問題にされてき
た縄文後・晩期農耕論にかかわる遺跡を選んで調査する必要がある。現在もっ
とも古いイネ科穀物圧痕のある土器は、突帯文土器である。したがって、突
帯文土器以前の土器が出土する遺跡を中心3に、九州地方7遺跡、中国地方3
遺跡、近畿地方4遺跡の、合計14遺跡の調査をおこなった。近畿地方では遠
賀川式土器と突帯文土器の時期におけるそれぞれの文化の農耕への取り組み方
を探るべく、その時期の遺跡も分析の対象にした。

　東日本では中部高地地方～関東地方においてレプリカ法による調査研究が進
行しており〔遠藤・高瀬2011、遠藤2011ほか〕、設楽博己も関東地方で進めていた
〔設楽・高瀬2014〕。その結果、縄文晩期後半の浮線網状文土器～弥生時代中期
前半の土器にはアワ・キビなど雑穀の圧痕が非常に多いことを追認した。ま
た、長野県飯田市石行遺跡の浮線網状文第1段階、（大洞A_1式併行）である女鳥
羽川式に伴う突帯文第2段階の浅鉢形土器にイネの圧痕が見出されていた〔中
沢・丑野1998〕。したがって、この地域でイネ、アワ、キビがいつごろから登場
するのか、またイネと雑穀の比率がどのように推移するのか、浮線網状文土器
から弥生時代中期中葉までの長野県の6遺跡を中心に、静岡県3遺跡と東京
都、群馬県および青森県各1遺跡の合計12遺跡を調査した。

　以下、分析の対象とした遺跡と調査資料の概要を述べて、分析の方法を示し
たうえでその結果を提示する。以下の記載において「レプリカ調査の対象」とい
うのは圧痕の有無の観察した資料すべてを指しており、圧痕が検出されなかっ

192　第4章　日本列島における穀物栽培の起源を求めて―レプリカ法による土器圧痕調査結果報告―

た土器も含む。本科研の補足調査を含めて承継研究である科研（第2次科研：序参照）によっておこなった長野県域の3遺跡（女鳥羽川遺跡・離山遺跡・トチガ原遺跡）の調査結果もあわせて報告する。なお、長野県福沢遺跡と境窪遺跡は第2次科研で引き続きレプリカ調査をおこなったが、データが膨大なので、第2次科研の報告に譲り本書には第1次科研の調査データだけを記載した。

　レプリカ法による調査・分析のデータは、章末の表・図版編にまとめたが、ここでその内容を説明しておく。表1には分析対象遺跡と調査資料の一覧を、表2にはその数量をまとめた。また、表3には検出された植物種実圧痕の一覧を、表4には植物種実圧痕が検出された土器の一覧を、表5には植物種実以外の圧痕の一覧をまとめた。

（設楽）

1　分析対象遺跡と調査資料の概要（表1・2）

（1）青森県砂沢遺跡

　遺跡の概要と選定理由　青森県弘前市大字三和に所在する砂沢遺跡は、岩木川の左岸段丘の北端に立地し、標高は16〜18mである。現在は溜池の下にあるが、段丘の先端は標高が10m程の平坦な地形になっており、そこから弥生時代前期の水田跡が検出された。出土した土器は、大洞A'式〜砂沢式である〔成田ほか編1991〕。

　岡山理科大学における福田貝塚出土土器の調査の際に、砂沢遺跡出土土器3点が所蔵されていることを伺い、調査した。

　レプリカ調査と資料の概要　調査は2015年10月に岡山理科大学にておこなった。調査の対象は、砂沢式土器の3点で、重量計測は実施していない。

（2）群馬県千網谷戸遺跡

　遺跡の概要と選定理由　群馬県桐生市川内町三丁目大字須永字千網谷戸に所在する千網谷戸遺跡は、桐生市を西南に流れる渡良瀬川と山田川が合流する河岸段丘第2段丘上に立地する。標高はおよそ140m、河床から10mである。

　戦後間もなく、薗田芳雄を中心に学術調査が続けられてきたが、1954年にとりまとめの報告がなされている。それによると、縄文時代後・晩期の配石遺構や竪穴住居などが検出され、その時期の土器や石器、土製耳飾りや土偶などが出土した。積石塚の古墳も数基あり、石塚と呼ばれている。そのうち1949

年に発掘された第1号の西半部基盤層の黒色土層から出土した土器を標識として、千網式土器が設定された〔薗田1954〕。遺跡からは若干の弥生時代前期の土器も出土している。

C‐ES地点の発掘調査は、薗田が指導する桐生女子高校社会科により1971年8～9月におこなわれた。この時の調査では、縄文時代晩期前半や千網式期の配石遺構などが検出された。遺物は土器と各種の石器や土製品で、この折に出土した千網式はⅠ式とⅡ式に細別された〔薗田1972〕。

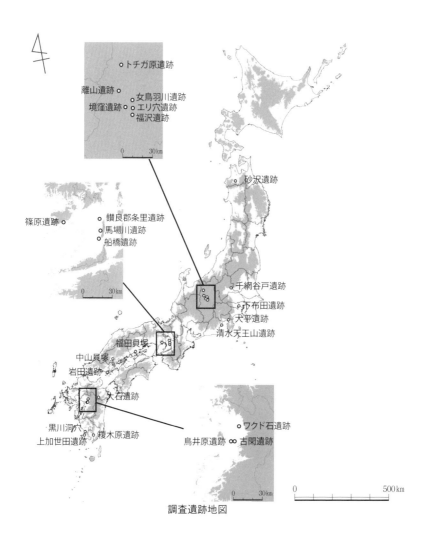

調査遺跡地図

千網式土器は、関東地方東部の縄文時代晩期終末の標準形式であり、千網谷戸遺跡はその名祖遺跡であるとともに資料も豊富であることから分析の対象とした。

レプリカ調査と資料の概要　薗田によって発掘された千網谷戸遺跡の資料は、群馬県立歴史博物館が収蔵している。レプリカ調査は、2013年9月5〜7日に群馬県立歴史博物館にておこなった。調査の対象は、それぞれ木箱に21箱と24箱収納されている石塚出土土器とC‐ES地点出土土器であり、未報告資料4,096点(総重量63,797.3g)である。

(3)東京都下布田遺跡

遺跡の概要と選定理由　東京都調布市布田6丁目に所在する下布田遺跡は、立川段丘の縁辺部から府中崖線下の多摩川沖積低地にかけて立地し、南約1kmには多摩川が東西に流れている。標高はおよそ32m、沖積低地との比高はおよそ3mである。

下布田遺跡は1963〜2015年まで100数十回にわたる学術調査がなされ、縄文時代早期前半〜晩期中葉までの遺構や遺物が、いくつか欠落型式はあるものの連続して検出されており、拠点的な性格の集落といえる。なかでも縄文時代晩期の遺物が豊富で、方形配石遺構や石棒集積遺構など特異な遺構が検出された。遺跡には古墳もあり、古墳時代中・後期の土器が出土している〔立川ほか編2017〕。

かつて神奈川県川崎市下原遺跡から出土した縄文時代晩期中葉の安行3c・3d式土器の胎土よりイネのプラント・オパールが検出された〔外山2001〕ことを受けて、レプリカ調査を実施したが、穀物は検出されなかった〔設楽・高瀬2014〕。同時期の土器が大量に出土し、そのなかには五貫森式など東海系の土器を伴う本遺跡は、関東地方における穀物栽培の起源を探るうえで格好の遺跡であることから、調査の対象にした。

レプリカ調査と資料の概要　調査は、2015年2〜7月に調布市郷土博物館でおこなった。調査の対象は、調布市郷土博物館に保管されている木箱に収納された縄文時代晩期を中心とした土器である。これらは報告された土器を含んでいるが、大半は未整理で未報告の状態である。報告書掲載資料278点(総重量26,070.7g)および未報告資料11,114点(総重量193,431.9g)を対象に調査を実施した。

(4)長野県エリ穴遺跡

遺跡の概要と選定理由　長野県松本市内田に所在するエリ穴遺跡は、松本盆地南部の西南に向かってなだらかに傾斜する丘陵の緩斜面に立地する。標高は

684〜686mである。

藤沢宗平によって1963年から1971年までに4回発掘調査され、縄文時代後・晩期の遺物が大量に出土し、大集落であることが予想された〔百瀬1983〕。

その後、松本市教育委員会によって1995年4月〜1995年10月まで、圃場整備事業に伴う発掘調査がおこなわれ、およそ5,500㎡の調査区から、縄文時代中期〜晩期の竪穴住居跡31棟（うち縄文時代晩期8棟）、配石24基、土坑およそ670基検出され、1,500点におよぶ大量の土製耳飾りをはじめとして土偶や石棒などが廃棄された場所も確認された。遠賀川式土器を含む弥生前期の土器もわずかながら出土した〔竹原1997〕。

レプリカ調査と資料の概要　松本市立考古博物館において女鳥羽川遺跡などの出土土器のレプリカ調査をおこなった際に、エリ穴遺跡の発掘調査にたずさわった百瀬長秀より出土土器の圧痕のレプリカ調査を依頼されて調査した。調査は、2015年7月30〜31日に東京大学大学院人文社会系研究科考古学研究室にておこなった。調査した土器は、未報告資料56点で、重量計測は実施していない。

(5)長野県女鳥羽川遺跡

遺跡の概要と選定理由　長野県松本市女鳥羽1丁目〜3丁目に所在する女鳥羽川遺跡は、松本盆地にある松本市街を流れる女鳥羽川の河床に立地する。標高はおよそ600mである。女鳥羽川の護岸工事の際に遺物が出土し、松本市教育委員会が1970年12月に発掘調査をおこなった。発掘調査の地区は、河川の流路に沿うように20m程離れて第1・第2地点が設定されて、それぞれトレンチ発掘がおこなわれた。調査面積は第1地点がおよそ140㎡、第2地点がおよそ36㎡であり、それぞれの地点から縄文時代を中心とする遺物包含層が検出された。

出土した縄文土器は後・晩期であり、後期は加曽利 B_2 式併行から中ノ沢式を主体として、晩期は佐野Ⅰ・Ⅱ式や大洞 C_1 式土器などのほかに、大洞 A_1 式に併行する女鳥羽川式土器がまとまって出土した〔松本市教育委員会編1972〕。

中部高地地方の縄文時代晩期後半〜終末の土器は、いわゆる浮線網状文土器と呼ばれている。浮線網状文土器は5段階に細別されているが、第1段階が女鳥羽川式土器である。女鳥羽川式は、この時の調査で出土した土器を基準に設定された。中部高地地方でもっとも古い穀物資料は、長野県飯田市石行遺跡の突帯文系土器の鉢形土器から検出された稲籾圧痕であるがこれ1点であり、

雑穀に関しては山梨県中道遺跡でキビの圧痕が検出されている程度で不明な点が多い。この地域でいつ頃に穀物がどのように出現するのかを考えるうえで重要な資料のため、調査の対象とした。

レプリカ調査と資料の概要　調査は、2014年5月27日〜29日、7月12日〜14日、2015年7月12・13日、2016年6月1日に、松本市立考古博物館にておこなった。2016年度の調査は、第2次科研による調査である。調査の対象は、報告書に掲載された縄文時代後期〜晩期の土器299点（総重量10,665.7g）および未報告資料9,364点（総重量147,598.1g）であるが、無文土器は後期と晩期の識別の困難なものが多い。重量計測は実施していない。

(6)長野県離山遺跡

遺跡の概要と選定理由　長野県安曇野市穂高に所在する離山遺跡は、蝶ヶ岳・常念岳に水源のある烏川が形成した扇状地の扇頂部に立地する。標高は760m前後で安曇平が一望できる。この地にゴルフ場が建設されることになり、1971年3〜8月に穂高町教育委員会によって発掘調査された。発掘されたのはおよそ500㎡であり、そのなかから縄文時代後〜晩期を中心とする竪穴住居跡が数棟、大小の配石遺構が十数基検出された。

遺物は縄文時代中期から晩期にわたるが、とくに縄文時代後期中葉〜後半の土器が中心をなす。縄文時代晩期は終末の浮線網状文土器を中心に検出されたが、層位的な区別や地点的な集中など特別な出土状況は見出されなかったようである〔穂高町教育委員会1972〕。

浮線網状文土器の第2段階が離山式土器である。離山式は、この時の調査で出土した土器を基準に設定された。離山式土器からアワ・キビの圧痕が比較的多く検出されるようになるが、長野県矢崎遺跡でこの型式の土器に多くのアワ・キビの圧痕があるとされた報告は、氷I式(古)段階の可能性が高い。したがって、離山式段階の穀物の利用度を知るうえで基準資料となるため、調査の対象とした。

レプリカ調査と資料の概要　調査は、2010年6月29日〜7月1日、8月28日に、安曇野市文化財資料センターにておこなった。調査の対象は、未報告資料5,784点（総重量65,815.4g）である。無文土器は、後期と晩期の識別の困難なものが多い。

(7)長野県トチガ原遺跡

遺跡の概要と選定理由　長野県大町市大字平借馬に所在するトチガ原遺跡は、

東山山麓のなだらかな段丘の先端に立地する。標高はおよそ760mである。河川改良工事に伴い、大町市教育委員会によって1979年12月に発掘調査された。発掘されたのはおよそ200㎡であり、竪穴住居跡が1棟検出され、その覆土より縄文時代晩期終末の土器がまとまって出土した。

出土遺物は土器と石器であり、土器は浮線網状文土器第5段階の氷Ⅰ式新段階に限られる。条痕文系土器も含まれている。石器は打製土掘具と石鏃を中心に検出された〔原田1980〕。

浮線網状文第5段階の単純な資料であり、その段階の土器にはアワ・キビの圧痕が多く認められているので、本遺跡で定量的なデータを採集するために調査の対象とした。

レプリカ調査と資料の概要　調査は、2016年10月19日～21日と2018年8月27日に大町市教育委員会にておこなった。調査の対象は、報告書に掲載された縄文時代晩期終末の土器97点（総重量4,074.3g）と未報告資料1,200点（総重量18,577.4g）である。第2次科研の調査資料であるが、浮線網状文土器の圧痕データを充実させるために今回報告する。

(8)長野県福沢遺跡

遺跡の概要と選定理由　長野県塩尻市長畝に所在する福沢遺跡は、筑摩山地東麓、松本平南端を南北に流れる田川には小河川によって形成された扇状地に立地する。標高はおよそ730mである。圃場整備に伴う事業であり、塩尻市教育委員会によって1984年6月～7月に発掘調査がおこなわれた。発掘されたのはおよそ800㎡であり、縄文時代晩期終末～弥生時代前期の小竪穴が6基検出され、それらの遺構および遺物包含層から該期の土器や石器が集中的に出土した〔小林・鳥羽編1985〕。

遺物は縄文時代早期と若干の中期の土器以外には、縄文時代晩期終末の氷Ⅰ式新段階～氷Ⅱ式を主体として、遠賀川式土器や樫王式～水神平式の条痕文系土器を伴っている。弥生土器には磨消縄文の壺もあるが、大半は前期である。石器は打製土掘具と横刃形石器、石鏃や剥片石器であり、土偶も伴った。比較的短時間のまとまった資料であり、浮線網状文の推移と弥生土器への移行期における植物利用のありようを探るうえで重要な資料のため、調査の対象とした。

レプリカ調査と資料の概要　調査は、2015年7月15日、9月14～16日、2016年6月2・3日に、塩尻市立平出博物館にておこなった。調査の対象は、

報告書に掲載された縄文時代晩期終末〜弥生時代前期の土器 224 点（総重量 12,202.4 g）および未報告資料 1,008 点（総重量 10,185.2 g）である。

（9）長野県境窪遺跡

遺跡の概要と選定理由　長野県松本市神林・今井に所在する境窪遺跡は、松本平を流れる鎖川の氾濫原である沖積面鎖川河床に立地し、平均傾斜は 10.8/1000 である。標高は 640〜650 m である。県営圃場整備事業による緊急発掘であり、松本市が松本市立考古博物館などに委託して 1995 年 10 月〜1996 年 1 月に発掘調査がおこなわれた。発掘されたのはおよそ 5190 ㎡であり、竪穴住居をはじめとする遺構からなる弥生時代中期前半〜中葉の集落が検出された〔竹原ほか編 1998〕。

　検出された遺構は、竪穴住居跡 10 棟、平地建物跡 2 棟、掘立柱建物跡 9 棟、墓跡 2 基、土坑 196 基など、この時期の集落としてはまとまった遺構の数である。遺物は土器、石器、管玉と土製品などであり、石器は打製土掘具や横刃形石器、凹石や石皿に加えて太型蛤刃石斧、磨製石鏃未製品などがある。打製石鏃もまとまった数出土し、黒曜石の剥片が大量に伴っていた。土器は中期前半〜中葉（Ⅲ期前半）の境窪式土器であり壺形土器、甕形土器、鉢形土器といった各器種を網羅している。

　今回の調査資料は、1 型式という限定された時期であること、集落遺跡であること、沖積低地というそれ以前と異なる立地を示し大陸系磨製石器を伴うこと、浮線網状文の最初期段階から最終末、弥生時代前期の遺跡の資料でレプリカ調査をおこなっている松本平に位置することなどから、定点的に穀物利用の推移を探るうえで価値が高いので対象とした。

レプリカ調査と資料の概要　調査は、2015 年 7 月 12〜14 日、9 月 14〜16 日に、松本市考古博物館にておこなった。調査の対象は、報告書に掲載された弥生時代中期前半〜中葉の土器 450 点（総重量 25,809.6 g）および未報告資料 97 点（総重量 2,824.5 g）である。

（10）静岡県清水天王山遺跡

遺跡の概要と選定理由　静岡市清水区宮加三字天王台に所在する清水天王山遺跡は、静清平野に孤立する有度山の東麓、小沢川によって形成された扇状地に立地する。標高は 13〜15 m であり、東に展開する水田面との比高は 3〜5 m である。発掘調査は第 1〜3 次調査が 1951〜53 年に、第 4・5 次調査が 1974・

76年におこなわれた。第1〜3次調査は学術目的で和島誠一が清水郷土研究会の協力のもとに調査をおこない、第4・5次は道路拡幅に伴う調査で、当時の清水市教育委員会の依頼によって静岡大学考古学研究室が調査を担った。

縄文時代中期中〜後期中葉の土器が若干採集されているが、発掘調査によって得られたのは縄文時代後期後半〜晩期中葉を主体としており、晩期終末〜弥生時代中期中葉の土器が若干伴っている。土製耳飾りなどの特殊遺物の量も多く、東海筋では耳飾りがまとまって出土する西限の遺跡である。

土器は、縄文時代後期後半〜晩期中葉の清水天王山式土器を中心に、大洞B式〜C_1式併行の土器をまじえている。削り痕を残した無文粗製土器が圧倒的多数を占めており、西日本的な様相が強い。それに加えて、長さが25cmに及ぶ大型品を含むいわゆる打製石斧と呼ばれる打製土掘具が数多く出土しており、横刃形石器も検出されている。このように、西日本を中心とする縄文後・晩期農耕論においてその東端の遺跡として早くから注目されていたことに加えて、弥生土器は遠賀川式土器と水神平式などの弥生時代前期の土器も出土していることから調査の対象とした。

レプリカ調査と資料の概要　調査の対象にした土器は、1974年7月29日〜8月21日と1976年8月20日〜28日におこなわれた第4・5次調査出土土器である。第4・5次調査の調査面積は152㎡である〔新井編2008〕。

調査は、2013年7月1日〜3日、10月8・9・15・16日に、静岡市埋蔵文化財センターにておこなった。調査の対象は、第4・5次調査の発掘調査報告書に掲載された土器2,167点(総重量65,838.6g)および未報告資料3,569点(総重量34,686.2g)である。

(11)静岡県宮ノ台遺跡

遺跡の概要と選定理由　静岡県御殿場市神山字宮ノ台に所在する宮ノ台遺跡は、火山性の丘陵を成り立たせている畑岡溶岩流の外縁部に立地する。遺跡のすぐ東に縄文時代晩期後半の浮線網状文土器第1段階の(仮称)関屋塚式土器の標式遺跡である関屋塚遺跡があり、本来一つの遺跡だった可能性もある。

長野県域でもっとも古い穀物圧痕資料を出す女鳥羽川式土器と併行する時期の遺跡であり、財団法人静岡県埋蔵文化財調査研究所による2000〜2012年にわたる9期の発掘調査の結果、32,000㎡の調査範囲から、(仮称)関屋塚式土器(女鳥羽川式土器)がまとまって出土した〔勝又ほか編2014〕。その時期のほぼ単純な

土器が出土していることから調査の対象とした。

　レプリカ調査と資料の概要　調査は、2014 年 7 月 7 日〜9 日に、静岡県埋蔵文化財センター長泉事務所にておこなった。調査の対象は、報告書に掲載された土器 277 点（総重量 14,717.3g）および未報告資料 246 点（総重量 3,534.3g）である。

（12）静岡県大平Ⅱ・Ⅲ遺跡

　遺跡の概要と選定理由　静岡県駿東郡長泉町南一色に所在する大平遺跡は、富士山の南の愛鷹山東南麓、黄瀬川に臨む河岸段丘上に立地する。標高はおよそ 75 m で、黄瀬川との比高はおよそ 3 m である。財団法人静岡県埋蔵文化財調査研究所が道路建設に伴う発掘調査を 2000 年 4 月〜6 月に実施した。調査面積は 4,200 ㎡であり、弥生時代前期終末の竪穴住居跡 1 棟と黒曜石の剥片の集中箇所が 2 箇所検出された。遺物包含層から弥生時代前期の土器が出土している〔佐野・水上 2001〕。

　点数は少ないものの、弥生時代前期の細密条痕文系の甕形土器を中心とするまとまった資料であり、竪穴住居跡という遺構に伴う土器を含んでいるため、調査の対象とした。

　レプリカ調査と資料の概要　調査は、2014 年 7 月 7 日〜9 日に、静岡県埋蔵文化財センターにておこなった。調査の対象は、報告書に掲載された弥生時代前期の土器 38 点（総重量 1,577.5g）である。

（13）大阪府馬場川遺跡

　遺跡の概要と選定理由　大阪府東大阪市横小路町に所在する馬場川遺跡は、生駒山地から流下する河川によって形成された扇状地の末端に立地し、標高は 18〜20 m である。1967 年（昭和 42）以来工場などの建設によって縄文時代晩期の遺物が出土していたが、1969 年度に遺跡の範囲確認と工場建設に伴う発掘調査がおこなわれ、縄文時代晩期の遺構や遺物が出土した。

　滋賀里Ⅲ a 式を中心として篠原式を少しまじえた資料であり、突帯文土器以前の状況を理解するうえで良好な資料であることから、調査の対象とした。

　レプリカ調査と資料の概要　調査は 2015 年 8 月 12 日に東大阪市埋蔵文化財センターにておこなった。報告書掲載資料 2,733 点（総重量 65,793.8g）を対象に実施した。

（14）大阪府船橋遺跡

　遺跡の概要と選定理由　大阪府藤井寺市大井 5 丁目に所在する船橋遺跡は、羽曳野丘陵北端に広がる国府台地と呼ばれる洪積段丘の東を流れる大和川と石川の合

流点の西側に位置し、台地の北側縁辺に接した氾濫原・自然堤防上に立地する。

　柏原市在住の松岡樹は、昭和20年代から船橋遺跡で採集を続けてこられ、大阪府立弥生博物館に採集資料を寄贈した。松岡が寄贈した船橋遺跡の遺物は旧石器時代から鎌倉時代にわたり、縄文時代の遺物は1304点、弥生時代は829点に及ぶ〔小山田・三木編2006〕。縄文土器ではとくに晩期後半の船橋式土器という突帯文土器型式の基準になった資料である。

　レプリカ調査と資料の概要　調査は2015年11月1～3日に大阪府立弥生文化博物館にておこなった。未報告資料1,586点(総重量65,195.8g)を対象に実施した。

(15)大阪府讃良郡条里遺跡

　遺跡の概要と選定理由　大阪府寝屋川市新家2丁目に所在する讃良郡条里遺跡は、生駒山から北にのびる枚方丘陵の西麓扇状地から沖積低地に立地する。標高はおよそ2m、縄文時代中期～近世にいたる複合遺跡であり、財団法人大阪府文化財センターにより、2003年4月～2006年3月に第二京阪道路(大阪北道路)建設事業に伴って発掘調査がおこなわれた。調査面積はおよそ16,000㎡で、縄文時代後・晩期にはシルト層が堆積する淡水化した湿地域の状況を呈していたことが確認され、晩期の溝状遺構や弥生時代前期～中期の集落跡などが検出された。縄文時代晩期の土器は突帯文土器の長原式であるが、長原式でもやや古い様相をもっているとされている〔中尾・山根ほか編2009〕。

　発掘調査により近畿地方でももっとも古い、板付Ⅱa式に併行する遠賀川式土器が突帯文土器と一部重なりあうようにして出土した。報告者は突帯文土器と遠賀川式土器は時期が異なるとしているが、炭素14年代測定の結果などから並存していたと見る向きもある。いずれにしても、近畿地方でもっとも古い遠賀川式段階の穀物の状況と突帯文土器のそれとの関係性を一つの遺跡で探る貴重な資料であるのは間違いない。また、1km離れた地点で滋賀里Ⅲb式ないしⅣ式の籾痕土器が出土しており、縄文時代晩期における稲作の存在が推測されているため、調査の対象とした。

　レプリカ調査と資料の概要　レプリカ調査の対象にしたのは、3-268溝という突帯文土器と遠賀川式土器が一部重なって出土した遺構およびそれに付随する3-267溝の土器を中心に、そのほかの溝や土坑など特定の遺構と8a層という遠賀川式土器を多く含む遺物包含層の土器である。8a層出土土器のなかには浮線網状文土器第3段階－氷Ⅰ式新段階－の土器が含まれている。遺物は

202　第4章　日本列島における穀物栽培の起源を求めて—レプリカ法による土器圧痕調査結果報告—

財団法人大阪府文化財センターが保管している。

　レプリカ調査は、2015年8月10・11日に財団法人大阪府文化財センター中部事務所にておこなった。調査の対象は、選択した遺構・遺物包含層の報告書に掲載されている縄文土器すべてで、報告書掲載資料565点（総重量84,271.6g）である。

（16）兵庫県篠原遺跡

　遺跡の概要と選定理由　兵庫県神戸市灘区篠原本町・篠原中町に所在する篠原遺跡は、縄文時代晩期中葉の遺跡である。六甲山南麓の都賀川に面した扇状地に立地する。1983年7月〜1984年2月に神戸大学工学部の多淵敏樹を団長に発掘調査がおこなわれ、縄文時代晩期の土器棺墓や配石遺構が検出され、土器と石器が多量に出土し、家根祥多が土器を報告した。

　近畿地方における縄文時代晩期の土器は、滋賀県滋賀里遺跡の発掘調査報告において滋賀里Ⅰ式（現在では縄文時代後期終末とする意見が有力である）〜滋賀里Ⅴ式に細分された。このうちの突帯文土器は滋賀里Ⅳ・Ⅴ式であり、滋賀里Ⅲ式土器は突帯文土器以前に位置付けられた。その後、滋賀里Ⅲ式土器はⅢa式とⅢb式に細別されたが、篠原遺跡の発掘資料がより純粋に滋賀里Ⅲb式の内容を示していることから、それを標識として家根が篠原式と命名した〔家根1994〕。

　篠原遺跡から出土した土器はわずかに滋賀里Ⅲa式土器と突帯文土器を含むものの、ほとんどすべてが篠原式である。突帯文土器はわずか2点であり、ほぼ純粋な縄文時代晩期の資料のため分析の対象とした。

　レプリカ調査と資料の概要　今回の調査資料は家根が報告した土器である。土器は神戸市埋蔵文化財センターが保管している。調査は、2015年10月6〜8日に神戸市埋蔵文化財センターにておこなった。調査の対象は、家根が報告において提示した図面のうち見当たらなかったものを除く縄文土器すべてである。報告書掲載資料921点（総重量64,998.3g）を対象に実施した。

（17）岡山県福田貝塚

　遺跡の概要と選定理由　岡山県倉敷市福田古城に所在する福田貝塚は、倉敷市の南部の山塊から沖積地に至る谷の一つである古城池がせき止められて堤防状になり、この沖積地に接した堤防の裾のあたりに位置する。海岸線からおよそ4km内陸に入った地点である。

　1950年と51年に山内清男、鎌木義昌らによって発掘調査がなされ、縄文

時代前期以降の貝塚であり、後期の土器編年上きわめて重要なことが判明した〔鎌木 1986〕。地点によって土器の型式に差があり、山内は縄文時代後期の土器を前半の福田 K I 式、K II 式、後半の K III 式に細別した。鎌木発掘資料が岡山理科大学に収蔵されている。

　高橋護によって、福田貝塚出土の福田 K III 式土器からイネの籾圧痕を検出したとされており〔高橋 1992〕、調査の対象とした。

　レプリカ調査と資料の概要　調査は、2014 年 10 月 23・24 日に岡山理科大学にておこなった。24 日には高橋護氏宅にて福田貝塚、矢部貝塚、彦崎貝塚の圧痕土器を観察させていただいた。未報告資料（一部報告された資料を含む）8,008 点（総重量 98,800.1 g）を対象に実施した。

（18）広島県中山貝塚

　遺跡の概要と選定理由　広島市東区中山東に所在する中山貝塚は、縄文時代晩期～弥生時代中期の貝塚遺跡である。小丘陵の平坦部から東に傾斜して貝塚が形成されている。標高はおよそ 10 m であり、貝層は低平地にまで及んでいる。1958 年 8～9 月に日本考古学協会によって発掘調査された。2 × 14 m と 2 × 10.5 m の二本のトレンチが発掘され、最下層の貝層より縄文時代晩期の土器が出土した。これらは突帯文をめぐらした沈線文のある深鉢と黒色磨研の浅鉢からなり、中山 B 式と型式設定されている〔松崎・潮見 1961〕。

　中山 B 式土器の編年的位置づけはむずかしいが、縄文時代後期にまでさかのぼる資料を含むものの突帯文土器よりも新しくはないので、分析の対象とした。

　レプリカ調査と資料の概要　調査は 2014 年 10 月 20～22 日に広島大学文学部考古学研究室にておこなった。未報告資料 167 点（総重量 7,064.1 g）を対象に実施した。

（19）山口県岩田遺跡

　遺跡の概要と選定理由　山口県熊毛郡平生町に所在する岩田遺跡は、山口県の東南部、瀬戸内海に突き出した熊毛半島の西岸に位置し、小扇状地と海浜に接した浜堤に立地する。標高はもっとも高い地点で 8 m であり、浜堤まで遺物包含層が認められる。1952 年に発見され、以来 1973 年までに広島大学文学部考古学研究室を中心に発掘調査がおこなわれ、縄文時代中期から弥生時代の前半にわたる遺跡であり、とくに縄文時代後期後半と晩期前半に中心のあることがわかった〔潮見 1960、潮見編 1969、潮見ほか 1974〕。

　調査の中心になった潮見浩は、岩田遺跡から出土した岩田第 4 類土器に伴

う晩期Ⅰの時期に磨滅の著しい打製石斧（打製土掘具）が大量に伴うことや横刃形石器の増加、石器の粗雑化などは、狩猟などに加えたあらたな食料生産の方法、すなわち農耕を示唆するとした〔潮見 1964〕。縄文後・晩期農耕論の学史的に重要な遺跡として、調査の対象とした。

レプリカ調査と資料の概要　調査は 2014 年 10 月 20〜22 日に広島大学文学部考古学研究室でおこなった。未報告資料 7,779 点（総重量 111,075.9 g）を対象に実施した。

(20)熊本県ワクド石遺跡

遺跡の概要と選定理由　熊本県菊池郡大津町大字杉水字小林小名東原に所在するワクド石遺跡は、縄文時代後〜晩期の遺跡である。遺跡は、菊地台地を侵食する峠川の下流域左岸の台地上に立地する。

熊本県文化財保護課により、1991 年 7 月〜1992 年 5 月に圃場整備事業に伴う発掘調査がおこなわれた〔熊本県教育委員会編 1994〕。調査面積はおよそ 8,000 ㎡で、10 棟の竪穴住居跡が検出され、そのうち時期が判明した住居跡は 4 棟であり、いずれも縄文時代後期後半である。古墳時代の住居跡や中世以降の遺構も出土した。竪穴住居跡を含めた遺構や包含層からの出土遺物は土器と石器である。

出土した縄文土器は、後期後半の太郎迫式から三万田式、鳥井原式、御領式、天城式、晩期の古閑式、黒川式までである。地点によって多寡はあるが、太郎迫式、三万田式、天城式が比較的多く、鳥井原式、御領式、古関式、黒川式は比較的少ない。

遺跡からはかつて稲籾痕のある縄文時代後期終末天城式の土器破片 2 点が検出されており、縄文後・晩期農耕論の大きな根拠とされてきた。この 2 点の土器の圧痕はその後のレプリカ調査によって、いずれも稲籾以外の圧痕であることが判明したが〔中沢・丑野 2005〕、縄文後・晩期農耕論の象徴的な遺跡であると人々に強く記憶されていることや、1991〜1992 年に調査された御領式〜天城式の 1 号住居跡における炉の焼土からイネのプラント・オパールが検出されることに鑑みて、この遺跡の土器を調査対象に選定した。

レプリカ調査と資料の概要　土器は熊本県文化財資料室が保管している。調査は、2013 年 10 月 30・31 日、2014 年 3 月 10・11 日に熊本県文化財資料室にておこなった。調査の対象は、見当たらなかった土器を除く報告書に掲載されている縄文土器すべてで、1,061 点（総重量 37,189.9 g）である。

(21)熊本県鳥井原遺跡

遺跡の概要と選定理由　熊本市健軍町字鳥井原に所在する鳥井原遺跡は、熊本市の東部、白川左岸一帯に広がる詫麻原台地上に立地する。標高はおよそ25mであり、南200mのあたりを流れる健軍川付近との比高差はおよそ15mである。

1969年に区画整理に伴って遺物が検出され、度重なる調査ののち1976年に市民センターの建設に伴う緊急調査として、熊本市教育委員会により8〜10月に建面積およそ700㎡を対象に発掘された。出土した土器は縄文時代早・中期・後期前半の土器がわずかに伴うが、後期後半〜晩期初頭の土器が大半を占めた。後期後半〜晩期初頭の土器は4群に区分され、そのうち第1・2群が後期後半の三万田式と終末の御領式の間に入る鳥井原式として型式設定された〔富田1977〕。

付近にある上ノ原遺跡の縄文時代晩期の竪穴住居跡からフローテーションによってイネとオオムギの種実が検出されたこともあり〔上ノ原遺跡調査委員会編1971〕、縄文後・晩期農耕論にとって時期の限定できる遺跡の資料として、調査の対象とした。

レプリカ調査と資料の概要　調査は2013年11月1日に熊本市立熊本博物館にておこなった。調査対象は、報告書掲載資料1点（総重量1,269.0g）および未報告資料760点（総重量20,285.6g）である。

(22)熊本県古閑遺跡

遺跡の概要と選定理由　熊本県上益城郡益城町古閑に所在する古閑遺跡は、赤井川の支流、木山川の北側における低丘陵に立地する。熊本県教育委員会によって1973年に緊急発掘され、遺物のみが1980年に発表された〔隈編1980〕。出土した遺物は縄文時代晩期の土器と石器、弥生時代前期末〜中期の土器などである。

遺物の報告をした賀川光夫は、この遺跡の土器が縄文時代晩期前半（晩期Ⅰ式後半）を主体とし、縄文農耕論で注目された大石遺跡と同じ時期であることや、扁平打製石斧が目立つことを指摘した〔隈編1980〕。なかには長さが35cmに及ぶほどの大きな石鍬がある。縄文時代晩期初頭の古閑式土器の標識遺跡であり、出土した土器の時期はほぼ限られ、「穀類の種子（殻）痕付の土器」とされる土器破片も存在している。

レプリカ調査と資料の概要　調査は2014年6月3〜5日に熊本県文化財資料室にておこなった。調査したのは報告書に掲載された土器すべてである。報告

書掲載資料 175 点（総重量 22,725.9g）および未報告資料 2,657 点（81,633.0g）を対象に実施した。

(23)大分県大石遺跡

遺跡の概要と選定理由　大分県豊後大野市緒方町大字大石に所在する大石遺跡は、大野川の支流、十角川を望む台地上に立地する。標高は 351m である。遺跡は、1960 年から 66 年に賀川光夫や芹沢長介らによって発掘調査され、径およそ 8m、深さおよそ 3m の大型の土坑をはじめ、複数の竪穴住居跡が検出された〔賀川 1972〕。

　出土した土器は縄文時代後期後半〜晩期前半であるが、縄文時代晩期初頭に位置付けられた大石式土器の古い部分はその後の検討によって御領式土器であるとされ、大石式の新しい段階から晩期に位置付けられた。打製土掘具や横刃形石器、勾玉や管玉などが出土した。芹沢はこうした遺物や石臼と石杵に大陸の農耕具である磨板と磨棒に似た石器の出土から、アワやヒエを主体とする農耕の存在を推定した〔石田ほか 1975〕。

　レプリカ調査と資料の概要　広島大学文学部考古学研究室には、大石遺跡出土の土器が 248 点収蔵されている。縄文後・晩期農耕論の学史上の重要性に鑑みて、2014 年 10 月 20〜22 日の岩田遺跡出土土器とあわせて調査をおこなった。未報告資料 284 点（総重量 3,561.7g）を対象に実施した。

(24)鹿児島県上加世田遺跡

遺跡の概要と選定理由　鹿児島県加世田市川畑上加世田に所在する上加世田遺跡は、万之瀬川の上流加世田川によってつくられた沖積地を望むシラス台地の先端に立地する。標高はおよそ 25m である。

　遺跡は 1968 年の県道建設に伴って発見され、以来調査が重ねられて縄文時代晩期初頭の土器のほか各種の遺物が出土している。晩期初頭の上加世田式土器の名祖遺跡であり、突帯文土器も出土しているが、大半は縄文後期終末の上加世田式土器で占められている〔旭編 1987〕。

　レプリカ調査と資料の概要　遺物は鹿児島県埋蔵文化財センターが所蔵し、何点かを展示しているが、榎木原遺跡と黒川洞穴遺跡のレプリカ調査をおこなった 2014 年 11 月 27 日に、展示資料 1 点のみを調査した。重量計測は実施していない。

(25)鹿児島県黒川洞穴

遺跡の概要と選定理由　鹿児島県日置市吹上町永吉に所在する黒川洞穴は、

縄文時代早期から弥生時代前期の洞穴遺で、東西二つの洞穴からなる〔河口1967〕。標高はおよそ 84m。1952 年から河口貞徳を中心に発掘され、まとまって出土した晩期前半の土器を標識として黒川式が設定された。

河口によって調査された遺物は鹿児島県埋蔵文化財センターに寄贈された。突帯文土器や弥生時代前期の土器を含むがごくわずかであり、晩期前半の土器が大量に含まれており基準資料であることから、調査の対象とした。

レプリカ調査と資料の概要　調査は 2014 年 11 月 26・27 日に鹿児島県埋蔵文化財センターにておこなった。調査対象はテン箱 136 箱で、未報告資料を対象に実施した。点数・重量計測は実施していない。

(26)鹿児島県榎木原遺跡

遺跡の概要と選定理由　鹿児島県鹿屋市高須町榎木原に所在する榎木原遺跡は、大隅半島の西北、錦江湾に面したシラス台地に立地する。北に高須川が流れて錦江湾に注いでいる。標高はおよそ 47m であり、東側の小さな谷との比高差はおよそ 28m である。

1985 年に国道のバイパス建設に伴い、県教育庁文化課によって発掘調査された。その結果、縄文時代時代の遺物が多量に出土したが、遺構は縄文時代晩期前半の入佐期の竪穴住居跡 1 棟と黒川式期の土坑 2 基であり、土器は縄文時代早期から晩期までほぼまんべんなく出土している。打製土掘具や横刃形石器も多い。弥生土器も前期から後期にわたり出土した〔弥栄・前迫編 1987〕。1989 年におこなわれた第 3 次の調査では、縄文時代晩期前半の土器に加えて後半の突帯文土器がまとまって出土した〔堂込・児玉編 1990〕。

第 1 次調査の縄文土器で図上復元ができる良好な資料はⅩⅩⅧ、ⅩⅩⅨ類と分類された縄文時代晩期の土器であり、入佐式、黒川式に比定されている。突帯文土器はわずか 1 片であり、突帯文以前のまとまった資料であることから調査の対象とした。第 3 次調査では突帯文土器がまとまっているので、比較資料として調査の対象とした。

レプリカ調査と資料の概要　調査は 2014 年 11 月 24・25 日に鹿児島県埋蔵文化財センターにておこなった。調査の対象は第 1 次調査のⅩⅩⅧ～ⅩⅩⅩ類として報告された土器のすべてと、第 3 次調査の土坑と包含層出土として報告された縄文時代晩期の土器のすべて、報告書掲載資料 590 点（総重量 38,406.5g）である。

（設楽・守屋）

2 分析方法

(1)分析の手順

分析の手順としては、現地における土器圧痕調査作業と、製作したレプリカ資料を持ち帰ってからの同定作業・整理作業に大きく分かれる。

調査の対象となる土器資料は、各自治体の埋蔵文化財センターや博物館に収蔵されており、現地に赴いて土器圧痕調査を実施した。現地における土器圧痕調査の工程は、土器圧痕探索、レプリカ製作、観察した土器の記録等である。同定作業・整理作業は、実体顕微鏡および走査型電子顕微鏡による同定と、これらのデータ化や保管のための整理作業である。次項以降で工程を具体的に述べる。

(2)レプリカの製作

まず、対象となる土器を肉眼やルーペで観察し、種実圧痕の有無を確認する。この段階で、観察した土器については、すべて点数と重量を記録した。また、種実圧痕らしい圧痕が確認された資料については、土器全体の写真と圧痕の拡大写真を撮影して記録した。

次に、圧痕が確認された資料に対し筆に含ませた水や、ブロワーによる風を用いて、圧痕内の土や埃を洗浄した。

その後、レプリカ製作に使用する印象材の成分の土器内部への浸透や、レプリカ抜き取りの際の土器表面の損壊を防ぐため、印象材を充填する前に離型剤を圧痕内および周囲に塗布した。使用した離型剤は、アクリル樹脂（パラロイドB-72）のアセトン溶液（約5％）である。筆を用いて塗布し、圧痕内部の離型剤の厚さを均等にするため、ブロワーで風を吹きつけた。

離型剤が乾燥した後、印象材を使用してレプリカを製作した。使用した印象材は、歯科用シリコーンであるJMシリコン（ニッシン製）もしくはトクヤマフィットテスター（トクヤマデンタル製）、模型用シリコーンであるブルーミックスソフト（アグサジャパン製）である。それぞれ基剤と硬化剤を混和して硬化させるタイプのシリコーンであり、ヘラで2剤を混ぜ合わせ、圧痕内および周囲に充填してレプリカを製作した。

硬化したシリコーン資料を抜き取った後、先に塗布した離型剤に対してアセトンを筆で塗布し、ウエスで拭き取りながら除去した。

製作したレプリカは、事前に作成した紙ラベルに記載事項を記入し、このラ

ベルとともにチャック付ポリ袋に入れて保管した。

(3)顕微鏡観察と同定方法

　種実圧痕レプリカの同定作業は、1次から3次までの3段階に分けて実施した。同定に精査を要するレプリカがより上位の工程に進む仕組みで、裁判の流れに近い。各工程で実体顕微鏡、3次同定作業では走査型電子顕微鏡写真を用いて観察し、総合研究大学院大学および千葉大学大学院園芸学研究科所有の現生標本と比較検討をおこないながら同定作業を進めた。具体的な同定作業の内容は以下の通りである。

　1次同定作業は、東京大学大学院人文社会系研究科考古学研究室（本郷キャンパス）において守屋亮が実施した。実体顕微鏡を使用して簡易的な同定をおこない、石や茎、枝、材などの非種実のレプリカを除外した。一部の非種実（イネ科植物の稈、シダ植物の裂片、昆虫、貝類など）のレプリカは、2次同定作業以降で精査することとした。

　2次同定作業は、総合研究大学院大学先導科学研究科（葉山キャンパス）において佐々木由香・那須浩郎・守屋が同定を実施した。実体顕微鏡を使用して、現生標本と比較しながら同定をおこなった。2次同定作業で、同定を確定したレプリカと、同定は確定されたが、図版のために走査型電子顕微鏡撮影が必要なレプリカ、3次同定作業で精査が必要なレプリカに区分した。

　2次同定作業で同定を確定したレプリカの一部と、3次同定作業が必要なレプリカについては、守屋ほかが走査型電子顕微鏡で写真撮影をおこなった。使用した電子顕微鏡は、総合研究大学院大学先導科学研究科所蔵走査型電子顕微鏡（日本電子製 JSM - 6490LV）と東京大学総合研究博物館所蔵走査型電子顕微鏡（キーエンス製 VE - 8800）である。日本電子 JSM - 6490LV の使用に際しては、事前に総合研究大学院大学先導科学研究科所蔵イオンスパッタ（日立ハイテクノロジーズ製 E - 1045）を用いてレプリカにプラチナ蒸着をおこなった。キーエンス VE - 8800 については、未蒸着で撮影した。なお、この科研の一部の試料は、2018年のみ明治大学日本古代学研究所所蔵走査型電子顕微鏡（キーエンス製 VE - 8800）を用いて二次科研の費用により撮影を実施した。

　3次同定作業は、千葉大学大学院園芸学研究科（松戸キャンパス）において百原新・佐々木・那須・守屋が同定を実施した。2次同定作業において精査が必要と判断されたレプリカについて、現生標本との比較や、走査型電子顕微鏡写真

を参照しながら同定作業を実施した。3次同定作業を最終同定とし、これ以後の同定結果の変更は基本的にはおこなわれていない。

(4)データ化と保管方法

①ラベル記載事項

現地調査時におけるラベルの記載事項は、調査対象遺跡名、報告書の図番号（未報告資料の場合は棚・箱番号）、遺物番号、調査日時である。現地調査後、持ち帰ったレプリカに対し、調査遺跡毎に連番の番号を付した。これを元に新たなラベルを作成し、遺跡名（次項で述べるエリアコード・遺跡コード）、土器番号、圧痕番号、調査者（他の研究分担者・連携研究者の資料と区別するため）を記載した。レプリカはこの2枚のラベルとともに保管している。

②資料番号

番号の付け方については、事前に協議をおこなって、圧痕レプリカと、土器写真、ズーム撮影した圧痕写真、圧痕レプリカの走査型電子顕微鏡（以下、SEM)写真に対して以下のように取り決めた。

圧痕レプリカ番号は、数字2桁のエリアコード、アルファベット3文字の遺跡コード、数字3桁の土器番号、数字2桁の同一土器内圧痕番号とする。

➤（例：20GGM_001_01）

土器写真番号は、数字2桁のエリアコード、アルファベット3文字の遺跡コード、数字3桁の土器番号に加えて、P01から始まる写真番号とする。

➤（例：20GGM_001_P01）

圧痕写真番号は、数字2桁のエリアコード、アルファベット3文字の遺跡コード、数字3桁の土器番号、数字2桁の同一土器内圧痕番号に加えて、I01から始まる写真番号とする。➤（例：20GGM_001_01_I01）

SEM写真番号は、数字2桁のエリアコード、アルファベット3文字の遺跡コード、数字3桁の土器番号、数字2桁の同一土器内圧痕番号に加えて、S01から始まる写真番号とする。➤（例：20GGM_001_01_S01）

③表記載事項

以上の方式に従って、レプリカと写真に番号を付してデータ化し、Microsoft Excelを用いて調査遺跡毎にローデータとなる表を作成した。表の記載事項についても事前に協議をおこない、フォーマットを作成した。記載事項は、遺跡名、資料番号、土器型式・時期、精粗、器種、部位、圧痕残存部位、圧痕残存

面、レプリカ製作者、製作者所見、SEM 観察者、SEM 観察者所見・コメント、最終観察者、最終観察者所見、圧痕の由来物質、備考、文献名を記載することとした。また、3 で述べた同定の工程に合わせ、1 次同定から 3 次同定までの同定結果の推移も明示するため、記載項目を追加して記載した。

分類群の記載項目には、種レベルまで同定可能なレプリカについては種名を記載した。同様に属レベルまでのものは属名、科レベルまでのものは科名を記載した。

「不明種実」は、種実類であることは明らかであるが、分類群が不明である圧痕である。「不明果実」、「不明果皮」もそれぞれ分類群が不明な果実あるいは果皮を指す。「不明種実？」は、種実である可能性もあるが、断定はできない圧痕である。「不明種実」としたが、同定に至る根拠は有していないものの、当該分類群である可能性が存在する圧痕については、分類群備考の項目に記載した。

部位の項目の「種実？」は外形は種実に類似するが、着点や臍などの種実類としての構造が不明瞭であるために、材や冬芽、莢などの植物の器官、あるいは菌核や昆虫、貝類などと明確に区別ができない圧痕である。

基本的には種実圧痕の検出を目的に調査をおこなったため、種実圧痕以外の材や茎、枝などの圧痕は調査の対象外とした。ただし、一部検出された種実以外の圧痕は、表 5 に示した。

分類群の記載事項については、本論文の記載法を示したものであるが、本巻資料編では必ずしも適用されるものではなく、著者や調査者によって不明種実などに関する記載事項が異なることがある。

また、確実な同定根拠は有していないが、同定される可能性が高い圧痕については、文章中では例えば「イネ籾？」のように「？」を付記して記載した。データ表では、別の列に分けているため「イネ？」・「籾？」という表記となっている。

④レプリカの保管

レプリカは、東京大学大学院人文社会系研究科考古学研究室において、記載事項を記入したラベルとともにチャック付ポリ袋に封入し、引き出し付棚に保管されている。また、写真・表データについても、東京大学大学院人文社会系研究科考古学研究室において PC および外付け HDD に保管されている。

(守屋・佐々木・那須)

3 分析結果

(1)各遺跡における植物種実圧痕の同定結果(表3・4)

　次に、1で示した土器圧痕調査を実施した遺跡について、各遺跡における同定結果と時期について記載する(2(3) 参照)。

①青森県砂沢遺跡(表 -1・2)

　縄文時代晩期後半の聖山式土器から、草本植物のアサ核1点が検出された。弥生時代前期の砂沢式土器から、不明種実1点が検出された。

②群馬県千網谷戸遺跡(表3-3～6)

　縄文時代晩期後半の千網式土器から、草本植物のイネ科有ふ果? 1点、ヌスビトハギ果実1点の2分類群が検出された。

　縄文時代晩期後半?の土器から、木本植物のケヤキ果実1点と草本植物のキビ有ふ果1点の、計2分類群が検出された。

③東京都下布田遺跡(表3-7～22)

　縄文時代晩期の土器から、木本植物のクロモジ属1点とケヤキ果実4点、堅果類果皮1点・果皮? 1点の3分類群、草本植物のアサ核1点、アカネ科核1点の2分類群の、計5分類群が検出された。このうち、キビ穎果?が検出された2点の土器は縄文後～晩期の製塩土器とされているが、土師器の可能性が高い。この他に不明種実4点が検出された。

　時期不明の土器から、草本植物のキビ穎果? 2点と不明種実1点が検出された。

④長野県エリ穴遺跡(表3-23～86)

　縄文時代後期の土器から、木本植物のミズキ核1点、縄文時代後・晩期の土器から、草本植物のシソ属果実14点と不明種実5点が検出された。縄文時代晩期中葉?の土器から、不明種実1点が検出された。シソ属果実については、サイズからエゴマ型であると判断される。

　縄文時代晩期後半～弥生時代前期の土器から、草本植物のキビ有ふ果14点・穎果4点、アワ有ふ果11点・有ふ果? 1点・穎果6点の2分類群が検出された。この他に、不明種実1点が検出された。このうち、キビ穎果1点とアワ穎果2点は発芽状態であった。

　時期不明の土器から、草本植物のキビ穎果1点、アワ有ふ果4点の2分類群が検出された。

他に、縄文時代後期後葉～末葉の土偶から、木本植物のクスノキ科核が1点検出された。

⑤長野県女鳥羽川遺跡（表3-87～106）

縄文時代晩期後半の女鳥羽川式土器から、草本植物のシソ属果実1点と不明種実2点が検出された。

他に、縄文時代後期～晩期後半の土器から、木本植物のコナラ属幼果1点とサンショウ種子2点の2分類群、草本植物のアワ有ふ果2点、ダイズ属種子1点、カナムグラ果実5点、シソ属果実2点の4分類群の、計6分類群が検出された。この他に、不明種実3点と不明種皮または果皮1点が検出された。シソ属果実については、サイズからエゴマ型であると判断される。

⑥長野県離山遺跡（表3-107～116）

縄文時代後期～晩期後半の土器から、木本植物のケヤキ果実1点と不明種実？1点が検出された。

縄文時代晩期後半？の土器から、草本植物のキビ有ふ果3点・頴果1点、アワ有ふ果2点の2分類群が検出された。この他に、不明種実2点が検出された。

⑦長野県トチガ原遺跡（表3-117～179）

縄文時代晩期終末の氷Ⅰ式新段階の土器から、草本植物のキビ有ふ果21点・頴果1点、アワ有ふ果27点・有ふ果？1点・頴果4点、シソ属果実5点の3分類群が検出された。この他に、不明種実4点が検出された。

⑧長野県福沢遺跡（表3-180～310）

縄文時代晩期終末～弥生時代前期の氷Ⅰ式新段階～氷Ⅱ式土器から、木本植物のコナラ属子葉1点と堅果類果皮1点の2分類群、草本植物のイネ籾2点、キビ有ふ果29点・頴果3点・頴果？1点、アワ有ふ果67点・頴果11点・頴果？3点、シソ属果実4点の4分類群の、計6分類群が検出された。この他に不明種実8点が検出された。このうち、アワ頴果1点は発芽状態であった。

⑨長野県境窪遺跡（表3-311～548）

弥生時代中期前半の境窪式土器から、草本植物のイネ籾16点、籾殻？1点、頴果21点、頴果？3点、キビ有ふ果24点・有ふ果？1点・頴果50点・頴果？14点、アワ有ふ果65点・有ふ果？2点・頴果18点・頴果？6点、ダイズ属種子1点、シソ属果実1点の5分類群が検出された。この他に不明種実13点、不明種実？2点が検出された。不明種実としたレプリカは、キビ頴果あるい

はアワ穎果の可能性がある圧痕が大半であった。

特筆すべき点として、イネ穎果1点とキビ穎果8点、アワ穎果1点が発芽した状態であった点と、イネ穎果8点が胴割れを起こして破損した状態で検出された点が挙げられる。

⑩静岡県清水天王山遺跡（表3-549～556）

縄文時代後期末～晩期中葉の土器から、木本植物のケヤキ果実1点とイヌシデ果実1点、カラスザンショウ種子1点、堅果類子葉1点の4分類群、草本植物のアサ？核1点の1分類群の、計5分類群が検出された。この他に、不明果実2点が検出された。

弥生時代前期の水神平式土器から、草本植物のキビ有ふ果1点が検出された。

⑪静岡県宮ノ台遺跡（表3-557～561）

縄文時代晩期後半の女鳥羽川式土器から、木本植物の堅果類果皮3点が検出された。その他に不明種実1点、不明果皮？1点が検出された。

⑫静岡県大平遺跡（表3-562～571）

弥生時代前期末の氷Ⅱ式土器から、草本植物のキビ有ふ果7点・有ふ果？1点・穎果？1点、アワ有ふ果1点の2分類群が検出された。

⑬大阪府馬場川遺跡（表3-572）

縄文時代晩期初頭の滋賀里Ⅲa式土器から、不明種実1点が検出された。

⑭大阪府船橋遺跡（表3-573～585）

縄文時代晩期後半の土器から、木本植物の堅果類果皮1点の1分類群、草本植物のイネ籾2点、ダイズ属種子1点、ヤエムグラ属種子1点の3分類群の、計4分類群が検出された。この他に不明種実1点が検出された。

また、縄文時代晩期末の長原式土器から、草本植物のイネ籾1点・穎果3点、アワ有ふ果1点、イネ科苞穎？1点の3分類群が検出された。

⑮大阪府讃良郡条里遺跡（表3-586～613）

縄文時代晩期末の長原式土器から、草本植物のアワ有ふ果9点・穎果1点が検出された。

また、弥生時代前期の遠賀川式土器から、草本植物のイネ籾7点・籾殻1点・籾または籾殻1点・穎果6点、アワ有ふ果1点の2分類群が検出された。この他に、不明種実2点、不明種実？1点が検出された。

⑯兵庫県篠原遺跡（表3-614～620）

縄文時代晩期前半の篠原式土器から、木本植物の堅果類果皮1点・種皮または果皮1点の1分類群、草本植物のササゲ属アズキ亜属種子？1点、イヌタデ属果実1点の2分類群の、計3分類群が検出された。この他に不明種実1点、不明種実または冬芽1点、不明果皮？1点が検出された。

⑰岡山県福田貝塚(表3-621～642)

縄文時代中期後半の土器から、木草植物のコナラ属アカガシ亜属幼果1点と堅果類子葉？1点の2分類群が検出された。

縄文時代後期の土器から、木本植物のケヤキ果実1点とイチイガシ子葉？1点、堅果類果皮6点・果皮？2点・子葉1点・子葉？3点の3分類群、草本植物のダイズ属種子1点、ヤマハギ果実1点の2分類群の、計5分類群が検出された。この他に不明種実1点、不明果皮1点、不明子葉1点が検出された。

縄文時代晩期前半の土器から、木本植物のコナラ属－シイノキ属子葉1点が検出された。

⑱広島県中山貝塚(表3-643～644)

縄文時代晩期前半の土器から、木本植物の堅果類果皮1点、草本植物のシソ属果実1点の2分類群が検出された。

⑲山口県岩田遺跡(表3-645～663)

縄文時代晩期前半の土器から、木本植物のコナラ属－シイノキ属子葉1点と堅果類果皮9点・果皮？3点・子葉？1点の2分類群、草本植物のアカネ科核1点の1分類群の、計2分類群が検出された。この他に不明種実3点、不明子葉？1点が検出された。

⑳大分県大石遺跡

縄文時代後期末の土器からは、種実圧痕は検出されなかった。

㉑熊本県ワクド石遺跡(表3-664～674)

縄文時代後期後半の土器から、草本植物のエゾムギ属有ふ果1点とササゲ属アズキ亜属種子1点の2分類群が検出された。この他に、不明種実6点と不明種実？2点、不明果皮1点が検出された。

㉒熊本県鳥井原遺跡(表3-675～679)

縄文時代後期後半～晩期初頭の土器から、木本植物の堅果類果皮？1点・子葉？1点、カラスザンショウ種子1点の2分類群、草本植物のイネ科有ふ果1点の1分類群の、計3分類群が検出された。この他に、不明果皮1点が検出

された。

㉓熊本県古閑遺跡(表3-680～703)

縄文時代晩期初頭の古閑式土器から、木本植物のブナ科堅果片1点とイチイガシ子葉1点、堅果類果皮4点・果皮？1点、サルナシ種子1点の4分類群、草本植物のスゲ属果実1点とイヌコウジュ属－シソ属果実1点、シソ属果実4点の3分類群の、計7分類群が検出された。この他に不明種実5点、不明種実？3点、不明果皮1点が検出された。

他に、弥生時代後期の土器から草本植物のアワ有ふ果1点が検出された。

㉔鹿児島県黒川洞穴(表3-705～730)

縄文時代後・晩期の土器から、木本植物のスダジイ果実1点とコナラ属－イノキ属果皮3点、堅果類果皮7点・子葉2点・子葉？2点、カラスザンショウ果実1点・種子2点の4分類群、草本植物のダイズ属種子1点の1分類群の、計5分類群が検出された。この他に不明種実7点が検出された。

㉕鹿児島県上加世田遺跡(表3-704)

縄文時代後期終末の上加世田式土器から、木本植物の堅果類果皮が1点検出された。

㉖鹿児島県榎木原遺跡(表3-731～737)

縄時時代晩期前半の土器から、木本植物の堅果類果皮5点・果皮？1点、クマノミズキ核1点の2分類群が検出された。

(守屋・佐々木・那須・百原)

(2)検出された植物の同定記載

本論文における調査試料のうち、もっとも各分類群の特徴を示していると考えられるレプリカ試料を記載例として選択して図版に示し、分類群の特徴を記載した。分類群名の後に、抽出したレプリカ資料番号(表3の通し番号)を付した。

1. クロモジ属(*Lindera* sp.)**核 クスノキ科**(試料番号:15)

直径4.3mmの球形で、下部に細い稜線がある。表面は平滑。稜線の形態と大きさからクスノキ科クロモジ属に同定した。

2. クスノキ科(Lauraceae)**核？** (試料番号:86)

直径6mmの球形で、下部に低い稜線がある。表面は平滑。SEM写真で観察されるひだ状の突起は種子に付属するものではなく、土器内の亀裂である。

3. ケヤキ（*Zelkova serrata*）**果実　ニレ科**（試料番号：16）

　上面観は幅 3 mm の卵形、側面観は幅 4 mm の歪んだ半月形で、下部に着点が低く突出する。着点から上面、頂部へと顕著な稜線が走る。上面の稜線の左右は低く窪む。

4. スダジイ（*Castanopsis sieboldii*）**未熟殻斗　ブナ科**（試料番号：724）

　上面観は円形で、直径 5 mm。側面観はやや歪んだ卵形。殻斗部の圧痕の高さは 4 mm。頂部に高さ 1 mm の偏球形の堅果頂部が突出する。殻斗部の表面は鱗状の鱗片に覆われる。堅果頂部が縊れ、殻斗が歪んだ形状であることで、スダジイと同定した。

5. コナラ属コナラ亜属（*Quercus* subgen. *Lepidobalanus*）**幼果　ブナ科**（試料番号：98）

　堅果の先端を含む高さ 6.0 mm。堅果部は球形で、幅 4.5 mm。殻斗の表面は鱗状の鱗片に覆われる。堅果の頂部は棍棒上に先端が膨らみ、幅は 1.8 mm。堅果頂部が棍棒状で、殻斗が鱗状の鱗片に覆われる特徴から、コナラ亜属と同定した。

6. イチイガシ（*Quercus gilva*）**子葉　ブナ科**（試料番号：685）

　上面観は円形で、側面観は円形に近い楕円形。先端が突出する。縦方向に緩やかな溝があり、1 本のみ、深い溝が見られる点から、イチイガシ子葉と同定した。未熟果か。

7. コナラ属アカガシ亜属（*Quercus* subgen. *Cyclobalanopsis*）**幼果　ブナ科**（試料番号：626）

　側面観は俵状の円形で、高さ 4.0 mm、幅 3.6 mm。上面観は円形。4 列ほどの同心円状の殻斗鱗片が認識できる。

8. コナラ属（*Quercus* sp.）**子葉　ブナ科**（試料番号：307）

　完形ならば、上面観は円形で、側面観は楕円形。先端が尖る。表面は平滑。全体の 1/4 程度が残る。高さ 6.9 mm、破片の最大幅 4.1 mm。複数種含まれる可能性がある。

9. コナラ属－シイノキ属（*Quercus* sp. - *Castanopsis* sp.）**果皮　ブナ科**（試料番号：719）**・子葉**（試料番号：640）**・子葉**（試料番号：657）

　果皮は完形ならば楕円体か。縦方向に微細な縦筋が密に存在する。破片の高さは 7.3 mm、幅 8.5 mm、厚さ 0.95 mm。厚みがある点から、アカガシ亜属である可能性がある。試料番号 640 の子葉は、破片であるが、完形ならば上面観は円形で、側面観は長卵形で、先端が太く短く突出する。表面には浅い縦筋が存

在し、1本太く深い溝があるため、イチイガシの可能性がある。左右非対称に割れている。試料番号657の子葉は、半分の破片であるが、完形ならば上面観は円形で、側面観は長卵形で、先端が太く短く突出する。左右対称に割れている。破片の高さ8.1mm、幅5.4mm。

10. ブナ科(Fagaceae)堅果片(試料番号：688)

破片高11mm、幅7.5mm。堅果果皮の厚み最大0.8mm。果皮の内側は平滑。

11. イヌシデ(*Carpinus tschonoskii*)果実　カバノキ科(試料番号：556)

側面観は卵形で、上面観は両凸レンズ形。高さ3.8mm、幅2.5mm。基部から頂部へと細い隆線が走る。

12. カラスザンショウ(*Zanthoxylum ailanthoides*) 果実　ミカン科(試料番号：713)・種子(試料番号：707)

果実は、下面観の長さ8.5mm、幅4.3mm、側面観の高さ2.5mm。2枚の歪んだ半球形の心皮が果托に付着した状態。果皮表面には不規則な低い皺がある。

種子は、側面観幅3mm、高さ2.5mmの半円形、下面観は幅2.5mmの楕円形で、基部には下面を縦断する細長い突出した臍がある。種子表面には粗く、高い網状隆線がある。

13. サンショウ(*Zanthoxylum piperitum*)種子　ミカン科(試料番号：88)

側面観は幅3mm、高さ2.8mmの円形で、下面観は幅2.8mmの広楕円形。基部の背線は幅広い隆線となり、臍部の窪みの長さは下面の2分の1程度である。種子表面網状隆線は、細かくて低く、目立たない。

14. ミズキ(*Cornus controversa*)核　ミズキ科(試料番号：23)

核の基部を欠き、完形では側面観が幅4.5mmの広円形、上面観が広楕円形、頂部に収束する複数の太い隆線が走る。隆線の形態からミズキに同定した。

15. クマノミズキ(*Cornus macrophylla*)核　ミズキ科(試料番号：733)

2子房室で構成される球形の核のうち、内果皮がはずれ、片方の子房室の内側が表面に露出している。核の直径は5mm、内果皮表面は平滑で上下に走る浅い溝が確認できる。

16. サルナシ(*Actinidia arguta*)種子　マタタビ科(試料番号：701)

側面観が高さ2.1mm、幅1.1mmの長円形で扁平、表面には細かい網状隆線がある。中央部の網目はマタタビよりも細かい。

17. 堅果類（Acon）果皮（試料番号：699・614）

　果皮は一定の厚みがあり、湾曲している一群を堅果類の果皮とした。699 は、内側で断面は層理状に見える。長軸 8.2 mm、短軸 6.8 mm、厚さ 0.83 mm。614 は、幅 6.0 mmの円形の皿状の破片。果皮の厚さ 9.0 mm。ブナ科の堅果果皮片の可能性がある。子葉は、肉厚で、大型の堅果の子葉と推定される一群をまとめた。いずれも子葉半分以下の残存率である。

18. イネ（Oryza sativa）有ふ果／籾　イネ科（試料番号：188）・穎果（試料番号：407）

　籾は、長さ 5.89 mm（両端の突出部を含むと 7.26 mm）、幅 3.68 mm、厚さ 1.94 mmのやや扁平な楕円体。表面にはイネ籾特有の顆粒状突起（約 0.05 mm）がほぼ全体に確認できる。また、表面には外穎が内穎を包み込んで鉤合することでできた 2 本の隆条がある。1 本の隆条は片側が急に深く落ち込んだ溝になっており、ここが内外穎の境界になる。やや厚みがあるので、中に穎果が入っている籾の状態ではあるが、厚みが薄く、未成熟の籾だと考えられる。先端の突出部は禾が折れた跡で、基部の突出部は小穂軸の一部とみられる。

　穎果は、長さ 5.36 mm（穎果の先端の付属物と芽の突出部分をあわせて 5.84 mm）、幅 3.48 mm、厚さ 1.96 mmのやや扁平な楕円体。表面は平滑で、長軸方向に 2 本の浅い縦溝があり、胚盤と反対側にある溝は輪郭が鋭く明瞭である。これは内外穎の鉤合部の痕にあたる。穎果は厚みがあり、成熟している。胚盤には付属物があり、胚から芽が発芽した状態と考えられる。

19. キビ（Panicum miliaceum）有ふ果　イネ科（試料番号：565）・穎果（試料番号：343）

　有ふ果は、長さ 2.65 mm（基部の付着物を含めた長さは 2.89 mm）、幅 2.13 mm、厚さ 1.60 mm（上部がやや欠けている）の扁球形。広い面の形状（腹面観）は広楕円形で、先端は低く突出するが、全体に丸みを帯びており、基部に向かって細くなる。最大幅は基部から 1.51 mmの位置にある。基部には長さ 0.38 mm、幅 0.6 mm程の付着物があり小穂軸の一部と見られる。側面観はいびつな倒卵形で、先端が丸く膨らみ基部に向かって急に細くなる。表面は全体に平滑。広い面の周囲には、線状の明瞭な段差が一周する。この線状の段差は、外側が高く内側が低いため、外穎の境界であることがわかる。以上の形状とサイズからキビの有ふ果と同定した。

　穎果は、長さ 2.19 mm、幅 2.24 mm、厚さ 1.62 mmの扁球形。全体に平滑で、広い面の中央基部には幅 1.13 mm、長さ 1.03 mmのやや幅広い A 字型の窪みがある。

この窪みは、胚が位置する胚盤と考えられる。胚盤の窪みの中から長さ0.73mmの先端が曲がった突起物が出ており、これは胚が成長（発芽）した芽の一部と考えられる。胚盤の長さが穎果の長さの2分の1以下であること、および穎果の形状とサイズからキビの穎果と同定した。

20. アワ (*Setaria italica*) 有ふ果　イネ科 (試料番号：277)・穎果 (試料番号：338)

　有ふ果は、長さ1.76mm、幅1.66mm、厚さ1.22mmの扁球形。基部はやや狭くなるが、明瞭な付属物はなく、先端は丸くほとんど尖らない。最大幅は基部から1.02mmの位置にある。広い面（腹面）の長軸を中心として、左右およそ0.5mmの範囲には、全体に径0.03mm程度の乳頭状突起（パピラ）が分布する。この面の上端はやや深く窪んでいる。この面の縁には長軸方向のやや明瞭な隆条（竜骨）があり、その外側の約0.3mmの範囲には乳頭状突起はみられず平滑である。これらは内穎だと考えられる。さらにその外側には明瞭な断差があり、外側の方が高くなっており内側の面を包み込んでいる。この段差より外側の面には径0.03mm程度の乳頭状突起が全体に分布しているため、これは外穎だと考えられる。内穎が外穎に包まれており、内穎縁の平滑部分が見えているので、内部にある穎果が完熟して厚さ方向に膨れた状態であることがわかる。　以上の形状とサイズ、乳頭状突起の分布状態からアワの有ふ果と同定した。

　穎果は、長さ1.73mm、幅1.58mm、厚さ1.05mm（レプリカの基部までは1.25mm）の扁球形。全体に平滑で、広い面の中央基部には幅0.42mm、長さ1.21mmの狭くて細長いへら型の窪みがある。この窪みは、胚が位置する胚盤だと考えられる。胚盤の窪みの中から長さ1.24mmの先端がやや鈍く尖った突起物が出ており、これは胚が成長（発芽）した芽の一部だと考えられる。胚盤の長さが穎果の長さの2分の1を超え、3分の2程度であること、および穎果の形状とサイズからアワの穎果と同定した。

21. エゾムギ属 (*Elymus* sp.) 有ふ果　イネ科 (試料番号：668)

　長さ（先端が破損した状態で）5.32mm、幅1.64mm、厚さ0.67mmの細長い半円柱形。先と基部はゆるやかに細くなり、基部はへら状になる。広い面の形状（背面観）は細長い紡錘形で、横断面は蒲鉾状の半円形となる。広い面の長軸方向には、中央と両縁より約0.3mmの位置に低くて細い隆条（竜骨）が見られる。表面には径0.03mm程度の低く円形の突起が全体に分布している。これらの特徴から、先端が欠けているが、エゾムギ属の有ふ果であると考えられる。

22. イネ科(Poaceae)有ふ果(試料番号：675)

長さ（先端と基部が破損した状態で）3.21㎜、幅1.02㎜、厚さ0.77㎜のやや細長い丸みを帯びた五角柱形。先端は急に細くなるが、基部はゆるやかに細くなる。広い面の形状はやや狭くて細長い長楕円形で、横断面はやや幅広い丸みを帯びた五角形。角は内外頴の竜骨にあたると考えられる。広い面の長軸方向には、約10本の低くて細い隆条が見られる。表面構造は不明瞭。これらの特徴からイネ科の有ふ果と同定した。

23. スゲ属(*Carex* sp.)果実　カヤツリグサ科(試料番号：687)

三稜形の果実で、側面観が高さ2.0㎜ 幅1.2㎜の両端が尖る両凸レンズ形、稜線は細い。

24. ヌスビトハギ(*Desmodium podocarpum* subsp. *oxyphyllum*)果実　マメ科(試料番号：4)

半月形で、表面には不規則な脈が走り、細かい網目がある。縁はやや肥厚する。

25. ダイズ属(*Glycine* spp.)種子　マメ科(試料番号：624)

背・腹面観は楕円形、側面観は臍側がやや直線的で中央がわずかに窪む長楕円形、上面観は楕円形。腹面には小畑ほか（2007）に示されたダイズ属の特徴である狭楕円形の臍で、周囲の隆線と中央の縦溝がある。試料番号624は、長さ4.32㎜、幅2.89㎜、厚さ2.23㎜、臍長1.76㎜、臍幅0.56㎜。

26. ヤマハギ(*Lespedeza bicolor*)果実　マメ科(試料番号：636)

上面観は中央部が盛り上がる両凸レンズ形、完形ならば側面観は先端が長く尖る不整卵形。周縁はわずかに肥厚する。表面には浅い不定形の網目状隆線がある。長さ5.45㎜、幅3.45㎜。

27. ササゲ属アズキ亜属(*Vigna* subgen. *Ceratotropis* spp.)種子　マメ科(試料番号：664)

腹面観と側面観は広矩形に近い楕円形、断面は三角形に近い広卵形。腹面中央から下寄りに、小畑ほか（2007）が指摘したアズキ亜属の特徴である狭楕円形で厚膜の臍がある。臍は全長の半分から2/3ほどの長さ。臍の下には種瘤があり、膨らむ。臍側は平滑で、その反対側はやや稜がある。残存長4.67㎜、幅3.21㎜、厚さ2.85㎜、残存臍長2.72㎜、臍幅0.63㎜。

28. アサ(*Cannabis sativa*)核　アサ科(試料番号：14)

上面観は両凸レンズ形、側面観は卵形。着点はやや突出し、円形で中央部が窪む臍がある。長さ3.48㎜、幅2.54㎜、厚さ2.10㎜。

29. カナムグラ(*Humulus japonicus*)**果実 アサ科**(試料番号：**101**)

　上面観は稜のある両凸レンズ型で側面観は直径 4.5 mm の円形、大きさ・外形と稜線の形態からカナムグラと同定した。

30. イヌタデ属(*Persicaria* sp.)**果実 タデ科**(試料番号：**617**)

　三稜形の果実で、側面観は高さ 2.2 mm、幅 1.2 mm の両凸レンズ形、稜線は太く、丸みを帯びる。基部は幅 2 mm の切形となり、頂部は丸みをおびた微凸形。表面は平滑。

31. ヤエムグラ属(*Galium* sp.)**種子 アカネ科**(試料番号：**579**)

　側面観は腎形、下面観は広楕円形で、中央に大きな臍穴がある。長さ 1.70 mm、幅 1.23 mm、厚さ 1.16 mm。

32. アカネ科(*Rubiace*)**核**(試料番号：**659**)

　偏球形で、下面観は高さ 3.6 mm、幅 2.8 mm の広楕円形。側面観は高さ 2.5 mm の腎形。下面中央に高さ 1.6 mm、幅 1.1 mm の大きな卵形の臍穴がある。アカネに似る。

33. イヌコウジュ属－シソ属(*Mosla* spp.‐ *Perilla* spp.)**果実 シソ科**(試料番号：**693**)

　いびつな球形。端部にやや突出する着点がある。表面には不規則で多角形の低い網目状隆線があり、大きさに対してやや太い。長さ 1.59 mm、幅 1.42 mm、厚さ 1.09 mm。

34. シソ属(*Perilla* sp.)**果実 シソ科**(試料番号：**686**)

　いびつな球形。端部にやや突出する着点がある。表面には不規則で多角形の低い網目状隆線がある。網目部分の周囲はわずかに凹む。長さ 1.51 mm、幅 1.41 mm、厚さ 1.12 mm。

(百原・佐々木・那須)

(3)各遺跡における種実以外の圧痕の同定結果(表5)

　前項で記載した種実圧痕以外に、広葉樹葉やシダ植物葉柄、単子葉植物稈、不明冬芽、不明芽鱗、茎・枝・材などの植物圧痕と、コクゾウムシ属甲虫などの昆虫圧痕、貝類殻などの動物圧痕が検出された。茎・枝・材の類については、レプリカ調査の段階で除外し、レプリカを作製していない資料も多いことから、これらを除いた結果を表5に記載した。

　種実と茎・枝・材以外の植物圧痕は、千網谷戸遺跡の縄文時代晩期後半の大洞 A₂ 式土器から不明芽鱗？1点と縄文時代晩期後半の千網式土器から不明芽

鱗1点、型式不明土器から不明芽1点、エリ穴遺跡の縄文時代後期〜晩期の土器から広葉樹冬芽1点、女鳥羽川遺跡の縄文時代後期〜晩期後半の土器から単子葉植物稈3点、清水天王山遺跡の縄文時代後期後半の清水天王山下層式土器から広葉樹葉1点と縄文時代後期後半〜晩期前半の土器からシダ植物葉柄？1点、宮ノ台遺跡の縄文時代晩期後葉の女鳥羽川式土器からシダ植物葉柄？1点、馬場川遺跡の縄文時代晩期初頭の滋賀里Ⅲa式土器から不明冬芽？1点、船橋遺跡の縄文時代晩期後半の船橋式土器から針葉樹葉1点、篠原遺跡の縄文時代晩期前半の篠原式土器から不明冬芽2点と不明冬芽？1点、福田貝塚の縄文時代後期前半の土器から不明冬芽3点、岩田遺跡の縄文時代晩期前半の土器から不明冬芽1点、ワクド石遺跡の縄文時代後期後半の土器から広葉樹葉1点と単子葉植物稈1点、ワラビ裂片1点、ワラビ裂片？1点、シダ植物葉柄1点、シダ植物裂片？1点、鳥井原遺跡の縄文時代後期後半〜晩期初頭の土器から単子葉植物葉？1点とシダ植物葉柄？1点、古閑遺跡の縄文時代晩期初頭の土器から不明冬芽1点、榎木原遺跡の縄文時代晩期前半の黒川式土器から不明冬芽1点が検出された。

　昆虫圧痕は、女鳥羽川遺跡の縄文時代後期〜晩期後半の土器から昆虫または微小貝1点と虫の糞1点が検出された。宮ノ台遺跡の縄文時代晩期後葉の女鳥羽川式土器からコクゾウムシ属甲虫1点、篠原遺跡の縄文時代晩期前半の篠原式土器からコクゾウムシ属甲虫2点、ワクド石遺跡の縄文時代後期後半の土器から昆虫胸部1点と黒川洞穴の縄文晩期時代前半の土器からコクゾウムシ甲虫1点が検出された。

　動物圧痕は、エリ穴遺跡の縄文時代後期の土器から巻貝殻1点と女鳥羽川遺跡の縄文時代後期から晩期後半の土器から巻貝殻1点と二枚貝殻1点、篠原遺跡の縄文時代晩期前半の篠原式土器から貝類殻1点、福田貝塚の縄文時代後期前半の土器から貝類蓋？が1点、黒川洞穴の縄文時代晩期前半の土器から巻貝殻1点が検出された。

（守屋・佐々木・那須・百原）

4　まとめ

　3の結果から、縄文時代後期から弥生時代中期前半に確認された種実圧痕の組成を概観すると、地域や時期によって差異が確認された。その詳細は下巻に譲り、本項では、確認された事実関係を簡単にまとめることとする。

まず、圧痕種実の組成に関して、地域毎の差異を挙げる。

縄文時代後期後半から晩期前半の九州地方と中国地方では、堅果類の果実や子葉などの圧痕の検出率が高い傾向がある。特に堅果類の果実はすべて破片、すなわち果皮が多数確認されており、堅果類の果皮を粘土に意図的に混入した可能性がある。しかし、本科研では当該地域の弥生時代以降の土器圧痕は未調査であるため、弥生時代以降の土器における堅果類の出現傾向については不明である。

縄文時代晩期前半から弥生時代初頭の近畿地方では、兵庫県篠原遺跡と大阪府讃良郡条里遺跡の圧痕組成の差が注目される。篠原遺跡では、縄文時代晩期前半の土器からアズキ亜属種子の可能性のある圧痕や堅果類果皮などの圧痕が確認された。一方、讃良郡条里遺跡では、縄文時代晩期後半の突帯文土器の最終段階である長原式土器と、弥生時代前期の遠賀川式土器が出土しているが、両者の種実圧痕の間に明確な差異が認められた。長原式土器からは、アワの圧痕のみが確認されたのに対し、遠賀川式土器からは、イネとアワがともに確認され、その割合はイネが大多数を占めた。この差異は、近畿地方においては、縄文時代晩期前半から晩期末と、縄文時代晩期末から弥生時代前期のそれぞれの間に植物種実利用の変化があった可能性と、同時期の型式ごとにも差違がみられる可能性を示唆している。

縄文時代後期から弥生時代中期前半の東海地方と中部高地では、特徴的な時期差が認められた。縄文時代後期から晩期前半の土器からは、堅果類やマメ類、シソ属などの圧痕が確認されるが、縄文時代晩期後半になると、イネやアワ、キビなどの穀物の圧痕がセットで確認されるようになる。縄文時代晩期後半から弥生時代前期にかけては、穀物の割合はアワとキビが大多数で、イネの割合が少ない。弥生時代中期前半になるとアワとキビの割合が多いものの、イネの割合も若干多くなる。したがって、東海地方と中部高地では、縄文時代晩期前半から後半と、弥生時代前期から中期前半のそれぞれの間の植物種実利用に変化のあったことが想定される。

全国的に見ると、縄文時代で圧痕確認数の多いマメ類とシソ属は、弥生時代以降の圧痕での確認数が激減する。マメ類の圧痕は、縄文時代後期から晩期にかけて、関東地方から九州地方まで、地理的な偏りはなく、広く確認されている。一方で、弥生時代以降の土器から確認されたマメ類は、長野県境窪遺跡の

中期前半の土器のみであり、マメ類圧痕が確認されなくなる傾向がある。シソ属も、縄文時代後期から弥生時代初頭にかけて特に中部高地で集中的に確認される傾向があるが、弥生時代中期以降では、長野県境窪遺跡の弥生時代中期前半の土器から1点確認されたのみである。マメ類やシソ属は炭化種実としては、弥生時代以降にも全国的に出土している（石田ほか2016）ことと比較すると、対照的である。

　次に、種実圧痕の検出状況に関する特色として、特に中部高地において種実多量混入土器が多く見られることが挙げられる。種実多量混入土器の時期は、従来明らかとなっていた縄文時代前期から中期に加え（会田ほか2017）、本科研では縄文時代晩期から弥生時代中期前半に至るまで継続して存在することを明らかにした。したがって、中部高地における地域的な土器作りの慣習として意図的に特定の種実を混入していた可能性を考慮する必要がある。

　また、種実の生育状況に関して、中部高地の3遺跡から発芽状態のイネやアワ、キビの頴果圧痕が確認されたことが注目される。これらが、発芽状態となった後に土器に混入したのか、あるいは土器胎土内に混入した後に胎土内の水分の影響を受けて発芽したのかを検討する必要があるが、縄文時代晩期後半から弥生時代中期前半における中部高地での穀物種実の保管状況を推察することが可能となる。

　以上、種実圧痕の調査結果から得られた知見を挙げたが、個々の事象の詳細な検討は下巻に譲ることとしたい。

（守屋・設楽・佐々木）

参考文献

会田　進・酒井幸則・佐々木由香・山田武文・那須浩郎・中沢道彦 2017「アズキ亜属種子が多量に混入する縄文土器と種実が多量に混入する意味」『資源環境と人類』7、明治大学黒耀石研究センター、pp.23-49

旭　慶男 編 1987『上加世田遺跡－2 加世田川河川激じん災害対策特別緊急事業に伴う発掘調査報告書』加世田市教育委員会

新井正樹 編 2008『清水天王山遺跡 第4次－5次発掘報告』静岡市教育委員会

石田糸絵・工藤雄一郎・百原　新 2016「日本の遺跡出土大型植物遺体データベース」『植生史研究』24－1、pp.18-24.（https://www.rekihaku.ac.jp/up-cgi/login.pl?p=param/issi/db_param）

石田英一郎ほか 1975『シンポジウム日本文化の源流 農耕文化の起源』角川選書82、角川書店

上ノ原遺跡調査委員会 編 1971『熊本市健軍町上ノ原遺跡調査報告書』熊本市教育委員会

遠藤英子 2011「レプリカ法による群馬県沖II遺跡の植物利用の分析」『古代文化』63－3、pp.122-132

遠藤英子・高瀬克範 2011「伊那盆地における縄文時代晩期の雑穀」『考古学研究』58−2、pp.74 - 85

小畑弘己・佐々木由香・仙波靖子 2007「土器圧痕からみた縄文時代後・晩期における九州のダイズ栽培」『植生史研究』15−2、pp.97 - 114

賀川光夫 1972『農耕の起源』講談社

勝又直人・岩崎しのぶ・望月明彦 編 2014『御殿場市神山・駒門の遺跡群 宮ノ台遺跡（第二東名 No.159 地点）』静岡県埋蔵文化財センター調査報告 42、中日本高速道路株式会社東京支社・静岡県埋蔵文化財センター

鎌木義昌 1986「福田古城貝塚」『岡山県史』第 18 巻 考古資料、岡山県

河口貞徳 1967「鹿児島県黒川洞穴」『日本の洞穴遺跡』平凡社

隈　昭志 編 1980『古保山・古閑・天城』熊本県文化財調査報告 47、熊本県教育委員会

熊本県教育委員会 編 1994『ワクド石遺跡　熊本県菊池台地における縄文時代後期集落の調査・県営畑地帯総合土地改良事業に伴う文化財調査』熊本県文化財調査報告 144、熊本県教育委員会

小林康男・鳥羽嘉彦 編 1985『堂の前・福沢・青木沢 塩尻東地区県営圃場整備事業発掘調査報告書』塩尻市教育委員会

小山田宏・三木　弘 2006『船橋遺跡出土資料 1 弥生土器編』大阪府立弥生文化博物館資料図録 1、大阪府立弥生文化博物館

佐野暢彦・水上綾子 2001『大平遺跡Ⅱ 平成 12 年度東駿河湾環状道路建設に伴う埋蔵文化財調査報告書』静岡県埋蔵文化財調査研究所調査報告 129、財団法人静岡県埋蔵文化財調査研究所

潮見　浩 1960「山口県岩田遺跡出土縄文時代遺物の研究」『広島大学文学部紀要』18

潮見　浩 1964「中・四国の縄文晩期文化をめぐる二、三の問題」『日本考古学の諸問題−考古学研究会十周年記念論文集−』河出書房新社

潮見　浩 1969『1969 年山口県岩田遺跡発掘調査概報』岩田遺跡発掘調査団

潮見　浩ほか 1974『岩田遺跡−山口県熊毛郡平生町−』山口県平生町教育委員会

設楽博己・高瀬克範 2014「西関東地方における穀物栽培の開始」『国立歴史民俗博物館研究報告』185、pp.511 - 530

薗田芳雄 1954『千網谷戸』両毛考古学会

薗田芳雄 1972『群馬県桐生市千網谷戸 C - ES 地点の調査（須永式土器予報）』両毛考古学会

高橋　護 1992『縄文時代の籾痕土器』『考古学ジャーナル』355、pp.15 - 17

竹原　学 1997『エリ穴遺跡−掘り出された縄文後晩期のムラ−』松本市文化財調査報告 127、松本市教育委員会

竹原　学ほか 編 1998『長野県松本市境窪遺跡 川西開田遺跡Ⅰ・Ⅱ−緊急発掘調査報告書−』松本市文化財調査報告 130、松本市教育委員会

立川明子ほか 編 2017『東京都調布市史跡下布田遺跡総括報告書』調布市埋蔵文化財調査報告、調布市教育委員会

堂込秀人・児玉健一郎 編 1990『榎木原遺跡Ⅲ 一般地方道永吉高須線改良工事に伴う埋蔵文化財発掘調査報告書』鹿児島県埋蔵文化財発掘調査報告書 53、鹿児島県教育委員会

富田紘一 1977『鳥井原遺跡発掘調査報告書−熊本市健軍町−』熊本市教育委員会

外山秀一 2001「川崎市下原遺跡出土土器のプラント・オパール胎土分析」『下原遺跡Ⅱ』川崎市市民ミュージアム考古学叢書 5、pp.43 - 55

中尾智行・山根　航ほか編 2009『寝屋川市讃良郡条里遺跡Ⅷ　一般国道１号バイパス（大阪北道路）・第二京阪道路建設に伴う埋蔵文化財発掘調査報告書』（財）大阪府文化財センター調査報告書 187、財団法人大阪府文化財センター

中沢道彦・丑野　毅 1998「レプリカ法による縄文時代晩期土器の籾状圧痕の観察」『縄文時代』9、縄文時代文化研究会、pp.1 - 28

中沢道彦・丑野　毅 2005「レプリカ法による熊本県ワクド石遺跡出土土器の種子状圧痕の観察」『肥後考古』13、肥後考古学会、pp.24 - 37

成田正彦ほか編 1991『砂沢遺跡発掘調査報告書』青森県弘前市教育委員会

原田　曠 1980『借馬Ⅱ（付トチガ原遺跡立ち合い調査報告）』大町市教育委員会

穂高町教育委員会 1972『離山遺跡－長野県南安曇野郡穂高町離山遺跡発掘調査報告書』

松崎寿和・潮見　浩 1961「広島県中山遺跡」『日本農耕文化の生成』東京堂出版

松本市教育委員会編 1972『長野県松本市女鳥羽川遺跡緊急発掘調査報告書』松本市教育委員会

百瀬長秀 1983「エリ穴遺跡」『長野県史　考古資料編全１巻(3)主要遺跡(中・南信)』長野県史刊行会

弥栄久志・前迫亮一編 1987『榎木原遺跡 国道 269 号線高須バイパス建設に伴う埋蔵文化財発掘調査報告書』鹿児島県埋蔵文化財発掘調査報告書 44、鹿児島県教育委員会

家根祥多 1994「篠原式の提唱－神戸市篠原中町遺跡出土土器の検討－」『縄紋晩期前葉－中葉の広域編年』平成４年度科学研究費補助（総合 A）研究成果報告書、北海道大学文学部、pp.50 - 139

表・図版編

表1　分析対象遺跡と調査資料の概要一覧
表2　各遺跡における調査資料の数量
表3　各遺跡における植物種実圧痕の同定結果
表4　各遺跡における植物種実圧痕検出土器一覧
表5　各遺跡における植物種実以外の圧痕の同定結果

図版集成1　植物種実圧痕検出土器写真とレプリカ SEM 写真図版
図版集成2　検出された植物種実圧痕の同定根拠図版

文献リスト

＊各表の文献番号は文献一覧に付した番号と一致する。
＊観察資料数は観察した土器の破片数である。
＊2次同定・3次同定については、2分析方法(3)を参照。
＊表3の所蔵者は各遺跡の最上段に示し、以下省略した。

230　第4章　日本列島における穀物栽培の起源を求めて―レプリカ法による土器圧痕調査結果報告―

表1　分析対象遺跡と調査資料の概要一覧

遺跡名	文献番号等	肉眼観察資料	観察資料数 表2も	時期
青森県弘前市 砂沢遺跡	未報告資料	岡山理科大学所蔵資料	3	縄文晩期後半 ～弥生前期末
群馬県桐生市 千網谷戸遺跡	未報告資料	〔C-ES 地点〕 箱番号 G199F・1～3・5～14・16・18～22・24～27・29 〔石塚地点〕 箱番号 G199C・1～4・6～16・18～23	4,096	縄文晩期後半
東京都調布市 下布田遺跡	13-1・13-2・ 13-3・13-4・13-5	下布田製塩土器の一部 箱番号 88・90・97 の一部，98 の一部，103 の一部		縄文晩期～ 弥生前期
	未報告資料	箱番号 2～20・31・35～39・53・57～59・75～88・90・92・94～95・97～98・101～105	10,841	縄文晩期
長野県松本市 エリ穴遺跡	未報告資料	抽出	56	縄文後～晩期
長野県松本市 女鳥羽川遺跡	20-1	第 14 図 1～41，第 15 図 42～87，第 16 図 88～110・112～116・118～129・131～135，第 17 図 136～171，第 18 図 172～212・214～220，第 19 図 221～241・243～250・252・253，第 20 図 254～285	299	縄文晩期前半
	未報告資料	箱番号 6～7・13～23	9,364	縄文後 ～晩期後半
長野県安曇野市 離山遺跡	未報告資料	袋 1～80	5,784	縄文後 ～晩期後半
長野県大町市 トチガ原遺跡	20-2	第 4 図 1～30，第 5 図 31～55，第 6 図 56～84，第 7 図 85～107	97	縄文晩期終末
	未報告資料	箱 1～12	1,200	縄文晩期終末
長野県塩尻市 福沢遺跡	20-3	第 146 図 1～15，第 147 図 16～19，第 148 図 20～35，第 149 図 36～56，第 150 図 57～76，第 151 図 77～92，第 152 図 93～111，第 153 図 112～127，第 154 図 128～139， 第 155 図 140～148，第 156 図 149～162，第 157 図 163～181，第 158 図 182～201，第 159 図 202～221	224	縄文晩期終末～弥生 前期
	未報告資料	テン箱 1 箱（袋 1～10〔任意〕）	1,008	縄文晩期終末～弥生 前期
長野県松本市 境窪遺跡	20-4	第 26 図 1～5・7～12，第 27 図 13・14～16・18～26，第 28 図 27～42・44，第 29 図 45～52・ 54・56，第 30 図 57～70，第 31 図 71～90，第 32 図 91～130，第 33 図 131～172，第 34 図 173～210，第 35 図 211～247，第 36 図 248～271，第 37 図 295～339，第 38 図 340～375，第 39 図 376～407，第 40 図 408～434，第 41 図 435～456	451	弥生中期前半
	未報告資料	A 土集 1 の箱	97	弥生中期中葉
静岡県静岡市 清水天王山遺跡	22-1	（図 36～ 図 137）1～4・6～11・13～31・33～37・39～45・49・53～55・57・58・61～63・ 65～74・76～81・83～93・95～106・108～118・120～139・141・142・144・145・148・ 149・151～155・158～161・163～167・172・173・176～200・203～212・215～219・ 221～231・234～270・272～276・278～285・287～300・302・303・305～331・333・335・ 336・341・343～347・349～365・367～369・371～375・377・382・391・397・399～410・ 412～427・431・433～454・456・458～510・512～514・516～570・572～591・593・ 595～601・604～607・615～629・631～649・651～656・658～666・668～678・680～722・ 726～729・740・742・747～762・764～768・770～779・781～783・785・786・789・ 794～799・801～825・827・828・830～833・835～837・840～863・865～868・870～880・ 882～890・892～895・897～904・906～910・912・918・920～948・950～953・ 956～961・964～971・974～988・992～999・1001～1009・1011・1017～1040・1043～1050・ 1052～1068・1070～1080・1082～1092・1094～1148・1150～1152・1155～1167・ 1170～1189・1191～1194・1196～1198・1200～1204・1206～1241・1243～1246・1249・ 1250・1252～1268・1270～1275・1280～1282・1287～1300・1311・1317～1338・ 1341・1343～1345・1346・1350～1382・1384～1388・1390～1398・1400・1401・ 1403～1405・1408・1410～1444・1446～1448・1444・1445・1447～1450・ 1452～1471・1473～1493・1495～1507・1509～1549・1551・1552・1555～1567・ 1569～1581・1584～1653・1615～1636・1638～1653・1655～1666・1669・1670・ 1672～1681・1684～1686・1688～1693・1695・1696・1700～1715・1717～1730・1732・ 1733・1735～1737・1739・1741～1745・1747・1749・1751～1786・1790～1792・	2,167	縄文後期末 ～弥生前期末

表1 分析対象遺跡と調査資料の概要一覧 231

レプリカ製作資料	2次同定資料	3次同定資料
No.1~3	No.2~3	No.2~3
〔C-ES地点〕 108・110・145・188・189・198・242・253・257・261・282・375・387・423・448・452・477・647・662・666・679・683・778・779・808・841・846・870・895・975・1063・1161・1216・1258・1381・1616・1698・1711・1712・1814・1984・2004・2176・2193 〔石塚地点〕 1・51・53・275・315・543・704・845・846・854・1035・1085・1153・1241・1337・1437・1406・1437・1760・1790・1886・1873・1926	〔C-ES地点〕 108・145・189・253・282・375・387・448・477・662・683・778・808・846・870・895・975・1063・1616・1711・1712・1984・2176 〔石塚地点〕 1・275・315・845・846・1035・1085・1153・1348・1391・1437・1760・1790・1886・1926	〔C-ES地点〕 108・145・189・253・808・846・870・1711・2176 〔石塚地点〕 854・1085・1348・1790・1886
箱98-5-1, 箱「掲②」-24-1, 箱「掲3」-6-1, 箱「掲4」-1-1, 箱「掲①」-3-1, 箱「掲②」-3-1	箱98-5-1, 箱「掲②」-24-1, 箱「掲4」-1-1, 箱「掲①」-3-1, 箱「掲②」-3-1	箱98-5-1, 箱「掲②」-24-1, 箱「掲②」-3-1
箱2-2-1・2-2-2・3-4-1・7-18-1・8-1・10-1・14-1, 箱3-1-1, 箱19-1・21-1, 箱4-2-1・10-1, 箱5-20-1・25-1・29-1, 箱6-5-1・5-2・18-1・20-1・29-2, 箱7-18-1・20-1, 箱10-5-1, 箱11-1-2・1-3・11-1, 箱13-1-1・1-2, 箱14-1-1, 箱16-1-1・1-2・1-3, 箱17-1-1, 箱18-1-1・1-2, 箱19-1-1, 箱20-1-1・1-2・1-3, 箱36-10-1, 箱39-3-1・1-3-1, 箱59-2-1, 箱81-1-1・1-2・1-3, 箱84-1-1, 箱87-1-1, 箱94-11-1, 箱101-17-1, 箱104-61-1, 箱「製塩」-31-1	箱2-2-1・10-1・14-1, 箱3-1-1・1-2・3-4-1, 箱19-1・21-1, 箱4-2-1, 箱5-18-1・20-1, 箱7-18-1, 箱10-5-1, 箱11-1-2・1-3, 箱16-1-1, 箱18-1-1・1-2, 箱20-1-2・1-3, 箱36-10-1, 箱39-3-1, 箱59-2-1, 箱81-1-1・1-2・1-3, 箱101-17-1, 箱104-61-1, 箱「製塩」-31-1	箱3-19-1, 箱6-5-1, 箱7-18-1, 箱10-5-1, 箱11-1-2・1-3, 箱16-1-1, 箱18-1-2, 箱39-3-1・1-3, 箱59-2-1, 箱81-1-1, 箱101-17-1, 箱104-61-1, 箱「製塩」-31-1
No.1~56	No.5・9~13・16~20・22・24~27・29~49・51・53~56	No.11~13・25~27・31・35~36・38・43~44・46・49
3・7・8・12・23・27・34・41・42・58・75・81・82・97・102・103・105・126・144・150・155・157・159・173・178・182・240・263・270・277・279・280・284	3・7・12・23・27・34・42・58・75・97・102・103・105・126・144・155・182・270・277・284	97・155
箱6, 箱7, 箱13, 箱14, 箱15, 箱16, 箱17, 箱18, 箱19, 箱20, 箱21, 箱22, 箱23	箱6, 箱7, 箱14, 箱15, 箱16, 箱17, 箱18, 箱19, 箱20, 箱21, 箱22, 箱23	箱6, 箱15, 箱16, 箱17, 箱18, 箱19, 箱20, 箱21, 箱22, 箱23
袋1-1, 袋3-1~2, 袋4-1, 袋9-1, 袋10-1~2, 袋11-1, 袋12-1~3, 袋13-1~2, 袋14-1~2, 袋15-1~2, 袋17-1~2, 袋26-1, 袋31-1, 袋34-1, 袋35-1~3, 袋42-1, 袋51-1~2, 袋56-1, 袋57-1~2, 袋62-1, 袋63-1, 袋68-1~3, 袋69-1~2, 袋72-1, 袋79-1	袋1-1, 袋3-1~2, 袋4-1, 袋7-1, 袋9-1, 袋10-1~2, 袋11-1, 袋12-1~3, 袋13-1, 袋14-1~2, 袋15-1~2, 袋17-1~2, 袋26-1, 袋31-1, 袋34-1, 袋35-1~2, 袋39-1, 袋42-2, 袋51-1~2, 袋52-1, 袋57-1~2, 袋63-1, 袋68-1~3, 袋69-1~2, 袋72-1, 袋79-1	袋12-2, 袋17-1, 袋42-1
第4図2・5・8, 第5図31・47, 第6図56・57・60・64・84, 第7図91	第4図2・5・8, 第5図31・47, 第6図56・57・60・64・84, 第7図91	第4図2, 第5図47, 第6図56・57・84
箱3-1, 箱4-1・3・5・8, 箱4袋3-1, 箱5-2・3, 箱6-1, 箱8-1~4, 箱9-1~16, 箱10-1~12, 箱11-2~15, 箱10-1~12, 箱11-2・7・10・13・15	箱3-1, 箱4・3-1, 箱5-2・3, 箱6-1, 箱8-1~4, 箱9-1~16, 箱10-1~12, 箱11-2~15, 箱10-1~12, 箱11-2・7・10・13・15	箱4-2・8, 箱4袋3-1, 箱5-3, 箱6-1, 箱8-3・4, 箱9-5・6・12~14, 箱10-8・10・12, 箱11-2・7・10・13・15
第146図3・8, 第148図29~30・35, 第149図38・43・46・53, 第150図60~68, 第151図85~86・91, 第152図93・97・100~101・107, 第153図118・127, 第154図135・140・143~144, 第156図158・162, 第158図185, 第159図214・216・220	第146図3・8, 第148図29~30・35, 第149図38・43・46・53, 第150図60・68, 第151図85~86・91, 第152図93・97・100, 第153図118・127, 第154図135・140・143~144, 第156図158・162, 第158図185, 第159図214・216・220	第148図29~30, 第149図43・46, 第151図85, 第155図143~144, 第159図214
袋1-1~8, 袋2-1~6, 袋3-1~14, 袋4-1~6, 袋5-1~3, 袋6-1, 袋7-1~3, 袋8-1~5, 袋9-1~6, 袋10-1~4	袋1-1~8, 袋2-1~6, 袋3-1, 3, 14, 袋4-1~6, 袋5-1~3, 袋6-1, 袋7-1~3, 袋8-1~5, 袋9-1~6, 袋10-1~4	袋1-1~2, 袋2-6, 袋3-1, 3, 14, 袋4-1, 袋7-1~2, 袋8-1, 2, 4, 袋9-1, 2, 5~6, 袋10-2~4
第26図1~3・6・8・10~12, 第27図13・15・18・21・23~26, 第28図29・32・34~35・38・40, 第29図45・47~49・51・52・54・56, 第30図58・60~61・65・68・70, 第31図71, 第32図107・112~113・128, 第33図170, 第34図183・184・189・207・208, 第35図250・232, 第36図250・274~275・288~289・292・294, 第37図296・303・307・334・339, 第38図341・357・359・363, 第39図388~389・394・401, 第40図413・423~425・435, 第41図439・447	第26図1~3・6・8・10~12, 第27図13・15・18・21・23~26, 第28図29・32・34~35・38・40, 第29図45・47~49・51・52・54・56, 第30図58・60・65・68, 第31図71, 第32図107・112~113・128, 第33図170, 第34図183・184・189・207・208, 第35図220・232, 第36図250・274~275・288~289・292・294, 第37図296・303・307・334・357・359・363, 第39図388~389・394・401, 第40図413・423~425・435, 第41図439・447	第26図1~3・8・11~12, 第27図18・24~26, 第28図29・34, 第29図45, 第30図65, 第31図71, 第33図170, 第36図274・288・294, 第37図303, 第38図357・359, 第39図388・394・401, 第40図424~425・435, 第41図439・447
無し	無し	無し
4・14・16・18・65・67・112・128・152・198・204・207・209・219・240・243・297・319・352・355・374・378・381・400・413・434・499・562・570・573・577・580~584・587・590・593・599・617・634・639・653・699・703・707・709・710・736・747・751・758・760・782・810・815・817・825・836・846・892・899・907・915・925・933・942・949・957・958・959・964・970・986・987・1002・1030・1035・1038・1068・1071・1098・1125・1129・1135・1148・1173・1176・1202・1203・1215・1221・1229・1241・1256・1265・1270・1280・1292・1308・1318・13281337・1368・1377・1429・1439・1486・1488・1495・1498・1503・1505・1507・1513・1523・1536・1540・1543・1558・1569・1579・1602・1640・1646・1647・1649・1658・1663・1704・1710・1711・1715・1721・1732・1736・1749・1751・1757・1773・1774・1790・1808・1820・1833・1839・1847・1863・1879・1893・1896・1898・1900・1901・1904・1906~1908・1942・1956・1963・1971・1982・2024・2036・2051・2063・2056・2068・2087・2100・2112・2113・2119・2120・2124・2127・2128・2137・2139・2145・2148・2151・2153・2156・2158・2161・2168・2174・2183・2187・2188・2193・2195・2196・2201・2212~2214・2216・2219・2224・2225・2230・2235・2237・2241・2243・2244・2250・2258	124・129・198・209・398・400・406・504・581・703・709・948・952・959・964・986・1061・1265・1280・1328・1513・1540・1678・1715・1720・1751・1833・2137・2158・2224・2225・2230	198・209・406・504・581・948・952・959・986・1196・1241・1265・1280・1328・1513・1540・1678・1715・1720・1751・1833・2137・2158・2224

遺跡名	文献番号等	肉眼観察資料	観察資料数表2も	時期
(静岡県静岡市清水天王山遺跡)	(22·1)	1794~1826・1829・1830・1832~1854・1856・1857・1589~1887・1889~1907・1910~1912・1914~1929・1931~1938・1940~1944・1946~1953・1955~1980・1982~2003・2005・2007・2008・2010~2021・2023~2044・2046~2051・2053~2079・2081・2082・2084・2092~2094・2100・2101・2103・2113~2115・2117・2118・2120~2122・2127~2131・2135・2137・2143~2149・2153・2155・2158~2161・2163~2171・2173・2174・2176・2177・2179~2183・2185・2187・2189~2203・2206~2115・2118~2221・2223~2226・2229~2232・2234~2237・2241~2243・2256・2258・2260・2261・2265		
	未報告資料	袋102・104・113~114・116・118~125・127~130・133・135~137・139~140・394~408・570~571・573~574・577~587・590~591・593・596~598・601・603・701~710・なし	3,569	縄文後~晩期
静岡県御殿場市宮ノ台遺跡	22·2	第29図1~13, 第33図14~18, 第34図19~29, 第35図30~40, 第36図41~46, 第37図47~51, 第38図52~59, 第39図60~74, 第40図75~81,	277	縄文晩期後半
	未報告資料	箱番号11~12	246	縄文晩期後半
静岡県駿東郡長泉町大平遺跡	22·3	第8図2~3, 第9図2~12	14	弥生前期末
	22·4	第26図1~24	24	弥生前期末
大阪府東大阪市馬場川遺跡	未報告資料	箱番号2541~2548・2575	2,731	縄文晩期初頭
大阪府藤井寺市・柏原市船橋遺跡	未報告資料	箱番号2·A-1~4・2·B-1~4右上・2·C-2左下~4右上・2·D-2左下~4右・3·A-2・3·B-1右下~2右下・3·C-1右~4右上・24·D-1左~4右・24·E-2左~4右・24·F-1左~4右・24·G-3左~4右(箱番号のみ)、および完形土器1点	1,586	縄文晩期後半~晩期末
大阪府四條畷市讃良郡条里遺跡	27·1	図246·2~25, 図247·26~34, 図250·3~11, 図258·1~8, 図263·1~15, 図264-16~25, 図265-26~39, 図266·1~17, 図268·1~8, 図269·1~10, 図270-11, 図271·1~2, 図272·1~7, 図273·1~25, 図274·26~41, 図275·42~73, 図276·74~94, 図284·1~23, 図286·1~17, 図287·18~33, 図291·1~20, 図294·1~8, 図295·1~5, 図296·9~16, 図298·1~27, 図299·28~49, 図301·1~25, 図302·26~37, 図305·1~19, 図306·20~39, 図307·40~75, 図310·1~20, 図311·21~53, 図312·54~83, 図325·2~5	565	弥生前期
兵庫県神戸市篠原遺跡	28·1	第9図~第58図(通し番号1~61・63~136・148・158~263・265・266・271~400・401・406~434・436~544・546~552・554~559・601~685・691~776・778~788・789~843・845~933・935~946)	919	縄文晩期前半
岡山県倉敷市福田貝塚	未報告資料	岡山理科大学所蔵資料		縄文中期後半~晩期前半
広島県広島市中山貝塚	未報告資料	広島大学所蔵資料		縄文晩期前半
山口県熊毛郡平生町岩田遺跡	未報告資料	広島大学所蔵資料		縄文晩期前半
大分県豊後大野市大石遺跡	未報告資料	広島大学所蔵資料		縄文後期終末
熊本県菊池郡大津町ワクド石遺跡	43·1	口絵1, 31図, 48図1~10, 49図12~47, 50図48~84, 51図85~99・101~106, 52図1~27, 53図28~42, 54図1~5, 55図1~22, 56図23~35, 57図37~48, 58図49~58・60~85, 59図86~128, 60図129~177, 61図178~233, 62図234~273, 63図274~306, 64図307~324・(176~180), 65図1~10・12~14, 66図15~25, 67図26~58・61・63~75・77~79, 68図80~110・112~128, 69図129~167, 70図168~174, 71図1~11, 21, 73図22~28, 74図30~40, 75図41~42・44~56, 76図57~67, 77図68~77・79~83, 78図84~106, 79図107~143, 80図144~175, 81図176~214, 82図215~258, 83図259~307, 84図308~322・324~350, 85図351~378, 86図379~413, 93図	1057	縄文後期後半
熊本県熊本市鳥井原遺跡	43·2	13図3	1	縄文後期後半
	未報告資料	箱番号	760	縄文後期後半~晩期初頭

レプリカ製作資料	2次同定資料	3次同定資料
112-1・124-1・128-1・129-1・396-1・398-1・400-1・406-1・570-1・570-2・573-1・1・577-1・580-1・581-1・582-1・583-1・583-2・583-3・587-1・590-1・593-1・703-1・707-1・709-1709-2・710-1・1	124-1・129-1・398-1・400-1・406-1・581-1・582-1・703-1・709-2	406-1・581-1
第29図8, 第33図14~17, 第34図29, 第35図30・32・35, 第36図41~42・44, 第38図59, 第39図62~63・66	第35図35, 第36図42・44, 第38図59, 第39図62~63	第36図44, 第39図62
無し	無し	無し
第8図2~3, 第9図1・4・6・10	第8図2~3, 第9図1・4・6	無し
第26図1・8	第26図1・8	第26図8
箱2547-1~4, 箱2546-5~6, 箱2545-7	箱2547-1~4, 箱2546-5~6, 箱2545-7	箱2547-1~2, 箱2546-5, 箱2545-7
2-A-1-566・2-A-3-R-008・2-B-1 右下-1158・2-B-4 左上・-R-033・2-C-2 左下-146・2-C-2 左中-249・2-C-2 左上-940・2-C-4 左上-1174・2-C-4 右上-120・252・2-D-2 左-1266・1272・1279・2-D-2 右下-1203・1228・2-D-2 右中-1231・2-D-3 右-2559・2-D-4 右-159・726・3-A-2-R-034・3-B-2 右下-387・3-B-1 右上-1030・3-C-2 左上-346・3-C-2 左下-160・187・3-C-2 右上-812・3-C-3 左下-447・461・473・491・3-C-3 中-507・3-C-4 右中-1056・1087・3-C-4 右上-1107・24-F-1 左・未注記・24-F-3 右・未注記・24-F-4 右・未注記・24-F-4 左・未注記・24-G-3 左・未注記	2-A-3-R-008・2-B-4 左上・-R-033・2-C-2 左中-249・2-C-2 左上-940・2-C-4 左上-1174・2-C-4 右上-120・252・2-D-2 左-1272・2-D-2 右下-1203・・2-D-2 右中-1231・2-D-3 右-2559・2-D-4 右-159・726・3-B-1 右上-1030・3-C-2 左上-346・3-C-2 左下-160・187・3-C-2 右上-812・3-C-3 左下-461・473・3-C-3 左中-507・3-C-4 右中-1087・3-C-4 右上-1107・24-F-1 左・未注記・24-G-3 左・未注記	2-A-3-R-008・2-D-2 左-1272・2-D-2 右下・1203・・2-D-2 右中-1231・2-D-4 右-159・726・3-C-2 左上-346・3-C-2 左下-160・187・3-C-2 右上-812・3-C-3 左下-461・473・3-C-4 右上-1107・24-F-1 左・未注記
図247-29・31, 図250-9, 図258-8, 図263-15, 図264-22, 図266-13~14, 図269-9~10, 図273-20, 図275-72, 図276-93, 図284-3・12, 図286-5・16, 図298-10・14, 図299-41・46, 図301-9, 図302-28, 図306-26・33~34, 図307-43・60・75, 図311-21, 図312-57・63・66・67・80	図247-29・31, 図250-9, 図258-8, 図263-15, 図264-22, 図266-13~14, 図269-72, 図276-93, 図284-3・12, 図286-5・16, 図298-10・14, 図299-41・46, 図301-9, 図302-28, 図306-26・33~34, 図307-43・60・75, 図311-21, 図312-57・63・66・67・80	図247-29・31, 図258-8, 図263-15, 図264-22, 図266-13, 図269-9, 図284-3・12, 図298-14, 図299-41, 図301-9, 図302-28, 図306-26, 図307-43, 図312-63・66・67・80
2・8・42・43・48・56・76・77・78・80・85・90・94・95・99・105・111・118・120・121・134・165・175・176・178・180・191・194・225・233・234・250・252・268・278・282・296・300・301・302・314・317・319・326・350・365・367・1・386・2・396・400・408・414・436・488・501・505・518・537・538・3・546・554・555・559・571・592・594・595・599・610・611・624・628・632・641・682・691・694・698・702・709・736・743・759・767・782・786・796・803・805・812・817・818・822・829・845・848・850・855・859・871・890・891・894・898・916・919・921・933・937・938・939・943・946	7・9・11・12・15・18・20・24・28・30・32・34・41・44・47・52・55・59・60・61・62・64・65・66・70・78・82・84・89・91・92・94・97・98・104・109・110・111・112	7・12・15・24・27・29・30・41・47・52・55・59・62・66・66・70・82・87・98・104・110・111
任意No.1~81	任意No.1・3・14~16・18~20・23・26~28・30・32・35・37~39・44・49・52・54~59・62~65・68・69・71・72・74・76・79	任意No.3・13・15・28・30・37・38・49・57~59・69・79
任意No.1~5	任意No.2・5	任意No.5
任意No.1~72	任意No.1・2・4・5・10・12・14~17・20~23・26・29・32・33・36・39・41・42・48・50・53・59・61・62・67・69・70・72	任意No.5・23・36・67・72
任意No.1~2	任意No.1~2	無し
31 図11・13・14・20・27・30・35, 48 図1・6・8, 49 図18・24・25・28・42, 50 図48・51・54・67, 51 図95・99, 52 図21, 53 図35, 55 図12・17・21, 56 図24・25・29・31・32・35, 57 図44, 58 図54・64・82, 59 図90・97・101, 60 図146・169・176, 61 図197・204・210・212・224・230, 62 図235~237・244・249・254・268・269, 63 図289・291・298, 64 図180・308・312~314・316・319・324, 65 図2・3・7・9, 66 図15・18・19, 67 図39・44・48・78, 68 図81・91・95・104・113・116・160, 69 図136・141・143・146・150・151・154・157・159・165・166, 70 図169, 71 図2・4~6, 72 図11・13, 73 図23・25・28, 74 図35・37, 75 図41・43・44・49・53, 76 図60・64・66, 77 図68・70~72・77, 78 図85・93・94・98・101~103, 79 図110・115・119・127・128・130・132・133・147・148・156, 80 図164・168・169, 81 図91・99・101・211, 82 図56・221・223・240, 83 図259・264・278・290・291・297・305, 84 図308・315・316・319・321・326・329・332・346, 85 図353・357・371, 86 図379・389・390・406・410	31 図11・13・14・20・27・30・35, 48 図6, 49 図18・24・25・28, 50 図48・51・54・67, 51 図99, 52 図21, 53 図35, 55 図12・17・21, 56 図24・29・31・32・35, 57 図44, 58 図54・64・82, 59 図90・97・101, 60 図146, 61 図197, 62 図236・244・249・254・269, 63 図289・291・298, 64 図180・308・312~314・316・319, 65 図2・3・7・9, 66 図15・18・19, 67 図39・44・48・78, 68 図81・91・95・104・113・116, 69 図136・143・150・151・154・157・159・165・166, 70 図169, 71 図2・4~6, 72 図11・13, 73 図23・25・28, 74 図37, 75 図41・43・44・49・53, 76 図60・64・66, 77 図68・70・77, 78 図85・93・94・98・101~103, 79 図110・115・127・128・130・133・147・148・156, 80 図168, 81 図176・179・181・201・211, 82 図56・221・223, 83 図240・264・278・290・297・305, 84 図315・316・321・326, 85 図357・371, 86 図389・390・406	31 図14・20・30・35, 48 図6, 49 図24, 55 図12, 56 図29・35, 58 図82, 59 図97, 60 図146, 61 図197, 62 図249・254, 65 図9, 66 図19, 67 図78, 68 図91・95・116, 69 図151・154・157・159・165・166, 72 図13, 73 図25・28, 74 図37, 75 図41・43・76, 64, 77, 78 図102, 79 図148, 83 図305, 85 図357, 86 図389
13 図3(No.46)	13 図3(No.46)	13 図3(No.46)
任意No.1~45・47~91	任意No.2・11・13・14・16~22・28~31・33~36・38~44・45~55・57・59~68・70・72~76・78・82・84・85・87~90	任意No.3・4・6・9~11・16・19~22・28・31・33・34・41・42・44・75・85・89・90

遺跡名	文献番号等	肉眼観察資料	観察資料数 表2も	時期
熊本県 上益城郡益城町 古閑遺跡	43-3	第18図1・3~7, 第19図2・3, 第20図1~6, 第21図1・2・4・6, 第22図2~7, 第23図1~3・6, 第24図1・2, 第25図3・4, 第26図1~3・5~9, 第27図1~4, 第28図1~4, 第29図2~5・7・9, 第30図1~4・6・8~15, 第31図1~3・5~7・9~12, 第32図1~7, 第33図1~7・9~11, 第34図1~8, 第35図1~3・5~7~9, 第36図2~6・8~10, 第37図1・3~5・7・8・10~12, 第38図2~14, 第39図2・5, 第40図1~6・8・10~13	175	縄文晩期初頭
	未報告資料	箱番号1~12(袋番号1~210)	2,657	縄文晩期初頭
鹿児島県日置市 黒川洞穴	未報告資料			縄文後期 ~晩期
鹿児島県 上加世田遺跡	展示資料	KC82	1	縄文後期終末
鹿児島県鹿屋市 榎木原遺跡	46-1	第11図1・3-14, 第13図15~24, 第14図25~39 第15図40, 第88図・第120図	422	縄文晩期前半
	46-2	第20図81~94, 第30図179~188, 第31図189~207, 第32図208~229, 第33図230~243, 第34図244~252, 第35図253~260, 第36図261~277, 第37図278~286, 第38図287~299, 第39図300~319	169	縄文晩期前半

表2 各遺跡における調査資料の数量

遺跡名	文献No.等	時期	観察資料数(点数)			観察資料重量(g) 補填材含む		合計
			種実圧痕 有	種実圧痕 無	合計	種実圧痕 有	種実圧痕 無	
青森県砂沢遺跡	未報告資料	縄文晩期後半~弥生前期末	2	1	3	—	—	—
群馬県千網谷戸遺跡	未報告資料	縄文晩期後半	4	4,092	4,096	211.4	63,585.9	63,797.3
東京都下布田遺跡	13-1,2,3,4,5	縄文晩期~弥生前期	4	274	278	840.7	25,230.0	26,070.7
	未報告資料	縄文晩期	12	11,102	11,114	763.9	192,668.0	193,431.9
長野県エリ穴遺跡	未報告資料	縄文後~晩期	—		56	—	—	—
長野県女鳥羽川遺跡	20-1	縄文晩期前半	2	297	299	61.8	10,603.9	10,665.7
	未報告資料	縄文後~晩期後半	14	9,350	9,364	—		147,598.1
長野県離山遺跡	未報告資料(一次)	縄文後~晩期後半	1	193	194		2,925.0	2,925.0
	未報告資料(二次)	縄文後~晩期後半	8	5,582	5,590	214.4	62890.4	63104.8
長野県トチガ原遺跡	20-2	縄文晩期終末	11	86	97	980.5	3093.8	4074.3
	未報告資料	縄文晩期終末	50	1,150	1,200	995.7	17581.7	18577.4
長野県福沢遺跡	20-3	縄文晩期終末~弥生前期	27	197	224	4,338.5	7,863.9	12,202.4
	未報告資料	縄文晩期終末~弥生前期	47	961	1,008	755.8	9,429.4	10,185.2
長野県境窪遺跡	20-4	弥生中期前半	60	390	450	14,345.2	11,464.4	25,809.6
	未報告資料	弥生中期前半	0	97	97	0.0	2,824.5	2,824.5
静岡県清水天王山遺跡	22-1	縄文後期末~弥生前期末	5	2,162	2,167	—		65,838.6
	未報告資料	縄文後~晩期	3	3,566	3,569	95.0	34,591.2	34,686.2

表2 各遺跡における調査資料の数量　235

レプリカ製作資料	2次同定資料	3次同定資料
18図5・7, 21図4, 22図3, 24図2, 25図3, 26図6, 27図3・4, 30図4・6・7・10・12, 33図3, 33図5, 34図8, 35図2・3, 36図4・6・8, 37図1, 38図2・7, 39図5, 40図3・5	18図5・7, 21図4, 22図3, 24図2, 25図3, 26図6, 27図3・4, 30図4・6・11, 32図2, 33図3, 33図5, 34図8, 35図2, 36図5・6・8, 37図1, 38図2・7, 39図5, 40図3・5	26図6, 27図4, 33図5, 35図2, 36図5・6・8, 38図2・7, 39図5, 40図3
袋2-1・4-1・2・5-1・4・6-1・7-1・2・11-1・13-1・3・18-1・2・25-1・28-1・38-1・2・39-1・40-1・43-1・49-1・52-1・53-1・2・55-1・57-1・2・58-1・60-1・61-1・2・62-1・63-1・3・64-1・66-1・67-1・70-1・71-1・2・75-1・86-1・2・91-1・2・93-1・94-1・2・96-1・98-1・102-1・103-1・107-1・119-1・144-1・145-1・147-1・148-1・3・158-1・160-1・165-1・167-1・2・168-1・2・169-1・170-1・170-3・4・171-1・172-1・2・176-1・2・178-1・184-1・187-1・190-1・4・192-1・193-1・2・194-1・2・195-1・196-1・197-1・198-1・199-1・200-1・205-1	袋11-1・13-1・2・18-1・2・25-1・28-1・38-1・40-1・43-1・62-1・70-1・75-1・86-2・91-1・93-1・96-1・147-1・168-1・2・174-1・187-1・190-4・192-1・193-1・194-1・196-2・197-1	袋11-1・13-2・18-1・38-1・62-1・70-1・86-2・91-1・2・93-1・96-1・147-1・168-1・174-1・178-1・187-1・192-1
A109101_3_1・A109101_10_1・A109101_14_1_1・A109102_2_1・A109102_2_P1_1・A109102_2_P1_2・A109102_5_1・A109104_2_1_1・A109104_7_1_1・A109104_7_1_2・A109104_7_1_3・A109105_1_1・A109105_4_1・A109105_8_1・A109105_10_1_1・A109105_14_1・A109105_14_2_2・A109105_15_1・A109105_16_3_1・A110101_3_1・A110103_1_1・A111208_2_1・A111208_8_1・B20211_1_1・B20211_3_1_1・B20211_5_1_1・B20213_2_2_1・B20213_3_2_1_1・B20223_2_1・B20223_3_2・B20223_4_2・B20223_7_2_1・B20223_11_8_1・F_Ⅲ_周溝部(S42.8.2)・KC57_完形深鉢	A104111_1_1・A104113_3_1・A105701_1_3_1・A109101_6_2_1・A109101_3_1・A109101_10_1・A109102_2_1・A109102_2_P1_2・A109102_5_1・A109104_2_1_1・A109104_5_1・A109104_7_1_1・A109104_7_1_2・A109105_1_1・A109105_4_1・A109105_10_1_2・A109105_10_2_1・A109105_15_1・A109105_16_3_1・A110101_3_1・B20211_3_1_1・B20211_5_1_1・B20213_2_2_1・B20213_3_2_1_1・B20223_3_2・B20223_4_2・B20223_7_2_1・B20223_11_8_1・F_Ⅲ_周溝部(S42.8.2)・KC57_完形深鉢	A104111_1_1・A105701_1_3_1・A105701_1_3_2・A105702_2_2_2・A109101_6_2_1・A109101_10_1・A109102_2_P1_1・A109102_2_P1_2・A109104_7_1_2・A109105_4_1・A109105_10_1_2・A109105_10_2_1・A110103_1_1・B20211_3_1_1・B20213_2_2_1・B20213_3_2_1_1・B20223_4_2
KC82	KC82	無し
14図25・27・34, 15図40, 88図943, 89図964・965, 91図993, 95図1035, 97図1049, 99図1051, 100図1078・1081・1083, 101図1104, 102図1105・1109・1113・1121, 106図1169・1171, 107図1177, 109図1211, 110図1213, 116図1263, 118図1283, 119図1299・1300, 120図1308・1310	14図25・27, 15図40, 88図943, 89図965, 95図1035, 97図1049, 99図1076, 100図1078・1083, 102図1105・1109・1113, 102図1121, 106図1169・1171, 107図1177, 109図1211, 110図1213, 119図1299・1300, 120図1310	102図1113, 106図1171, 109図1211・1211
32図214, 34図246, 38図287	32図214, 34図246, 38図287	無し

遺跡名	文献No等	時期	観察資料数(点数)			観察資料重量(g)補填材含む		合計
			種実圧痕有	種実圧痕無	合計	種実圧痕有	種実圧痕無	
静岡県宮ノ台遺跡	22-2	縄文晩期後半	4	273	277	50.6	14,666.7	14,717.3
	未報告資料	縄文晩期後半	0	246	246	0.0	3,534.3	3,534.3
静岡県大平遺跡	22-3.4	弥生前期末	6	32	38	1,081.3	496.2	1,577.5
大阪府馬場川遺跡	未報告資料	縄文晩期初頭	1	2,732	2,733	15.2	65,778.6	65,793.8
大阪府船橋遺跡	未報告資料	縄文晩期後半～晩期末	8	1,578	1,586	485.0	64,710.8	65,195.8
大阪府讃良郡条里遺跡	27-1	弥生前期	20	545	565	7,701.4	76,570.2	84,271.6
兵庫県篠原遺跡	28-1	縄文晩期前半	7	914	921	1,064.8	84,271.6	64,998.3
岡山県福田貝塚	未報告資料	縄文中期後半～晩期前半	22	7,986	8,008	920.1	97,880.0	98,800.1
広島県中山貝塚	未報告資料	縄文晩期前半	2	165	167	247.6	6,816.5	7,064.1
山口県岩田遺跡	未報告資料	縄文晩期後半	17	7,762	7,779	2,415.8	108,660.1	111,075.9
大分県大石遺跡	未報告資料	縄文後期終末	0	284	284	0.0	3,561.7	3,561.7
熊本県ワクド石遺跡	43-1	縄文後期後半	10	1,051	1,061	467.1	36,722.8	37,189.9
熊本県鳥井原遺跡	43-2	縄文後期後半	0	1	1	0.0	1,269.0	1,269.0
	未報告資料	縄文後期後半～晩期初頭	5	755	760	177.2	20,108.4	20,285.6
熊本県古閑遺跡	43-3	縄文晩期初頭	4	171	175	646.6	22,079.3	22,725.9
	未報告資料	縄文晩期初頭	17	2,640	2,657	819.5	80,813.5	81,633.0
鹿児島県黒川洞穴	未報告資料	縄文後期～晩期	25	—	—	—	—	—
鹿児島県上加世田遺跡	展示資料	縄文晩期終末						
鹿児島県榎木原遺跡	46-1	縄文晩期前半	6	415	421	658.0	28,337.2	28,337.2
	46-2	縄文晩期前半	1	168	169	19.0	10,050.3	10,069.3

236 第4章 日本列島における穀物栽培の起源を求めて―レプリカ法による土器圧痕調査結果報告―

表3 各遺跡における植物種実圧痕の同定結果

青森県

圧痕番号	遺跡名	遺跡所在地	資料番号			時期	土器型式	器種	部位	圧痕残存部位
1	砂沢遺跡	青森県弘前市	02SNZ	001	02	弥生前期末	砂沢式	浅鉢	口縁部～底部	底部
2			02SNZ	002	01	縄文晩期後半	聖山式	浅鉢	口縁部～底部	胴部

群馬県

圧痕番号	遺跡名	遺跡所在地	資料番号			時期	土器型式	器種	部位	圧痕残存部位
3	千網谷戸遺跡	群馬県桐生市	10CYC	007	03	縄文晩期後半	千網式	深鉢	口縁部	口縁部
4	(C-ES地点)		10CYC	028	01	縄文晩期後半	千網式	深鉢	口縁部	口縁部
5			10CYC	042	01	縄文晩期後半？	不明	浅鉢	胴部	胴部
6	(石塚地点)		10CYI	020	01	縄文晩期後半？	不明	深鉢	胴部	胴部

東京都

圧痕番号	遺跡名	遺跡所在地	資料番号			時期	土器型式	器種	部位	圧痕残存部位
7	下布田遺跡	東京都調布市	13SFD	020	01	縄文晩期中葉	前浦式	深鉢		
8			13SFD	025	01	縄文晩期中葉	安行3c式	深鉢	胴部	胴部
9			13SFD	028	01	縄文晩期	不明	深鉢	胴部	胴部
10			13SFD	030	01	縄文晩期	不明	深鉢	胴部	胴部
11			13SFD	036	01	縄文晩期	不明	深鉢	底部	底部
12			13SFD	041	01	縄文晩期	不明	深鉢	胴部	胴部
13			13SFD	047	01	縄文晩期中葉	安行3d式	深鉢	口縁部	口縁部
14			13SFD	049	01	縄文晩期	不明	深鉢	口縁部	口縁部
15			13SFD	050	01	縄文晩期	不明	深鉢	胴部	胴部
16			13SFD	052	01	縄文晩期	不明	深鉢	底部	底部
17			13SFD	056	01	縄文晩期中葉	安行3d式	浅鉢	口縁部～胴部	胴部
18			13SFD	058	01	縄文晩期	大洞系	遮光器土偶？		
19			13SFD	059	01	不明	不明	深鉢	底部	底部
20			13SFD	061	01	縄文晩期前半	安行3b式並行	深鉢	口縁部～胴部	胴部
21			13SFD	063	01	不明	不明	深鉢	口縁部～胴部	胴部
22			13SFD	064	01	不明	不明	深鉢	胴部	胴部

長野県

圧痕番号	遺跡名	遺跡所在地	資料番号			時期	土器型式	器種	部位	圧痕残存部位
23	エリ穴遺跡	長野県松本市	20ERA	009	01	縄文後期	加曽利B？	深鉢	口縁	口縁
24			20ERA	010	02	縄文晩期後半		深鉢		
25			20ERA	010	03	縄文晩期後半		深鉢		
26			20ERA	010	04	縄文晩期後半		深鉢		
27			20ERA	010	05	縄文晩期後半		深鉢		
28			20ERA	011	01	縄文晩期中葉？		鉢	口縁	口縁
29			20ERA	012	01	縄文後～晩期	佐野1b～2a	深鉢	口縁・胴部	口縁
30			20ERA	013	01	縄文後～晩期	上ノ段	鉢	口縁	口縁
31			20ERA	025	01	縄文後～晩期		深鉢		
32			20ERA	025	02	縄文後～晩期		深鉢		
33			20ERA	025	03	縄文後～晩期		深鉢		
34			20ERA	025	04	縄文後～晩期		深鉢		
35			20ERA	025	05	縄文後～晩期		深鉢		
36			20ERA	025	06	縄文後～晩期		深鉢		
37			20ERA	025	07	縄文後～晩期		深鉢		
38			20ERA	025	08	縄文後～晩期		深鉢		
39			20ERA	026	01	縄文後～晩期		浅鉢		
40			20ERA	026	02	縄文後～晩期		深鉢		
41			20ERA	026	03	縄文後～晩期		深鉢		
42			20ERA	026	04	縄文後～晩期		深鉢		
43			20ERA	026	05	縄文後～晩期		深鉢		

圧痕残存面	観察者	分類群	部位	分類群備考	所蔵者(土器)	報告書記載箇所あるいは注記番号	文献 No.
外面	百原・佐々木・那須・守屋	不明	種実		岡山理科大学	未報告	未報告資料
内面	百原・佐々木・那須・守屋	アサ	核			未報告	未報告資料

圧痕残存面	観察者	分類群	部位	分類群備考	所蔵者(土器)	報告書記載箇所あるいは注記番号	文献 No.
内面	百原・佐々木・那須・守屋	イネ科?	有ふ果?		群馬県立歴史博物館	253	未報告資料
外面	百原・佐々木・那須・守屋	ヌスビトハギ	果実			846	未報告資料
内面	佐々木・那須・守屋	キビ	有ふ果			1984	未報告資料
外面	百原・佐々木・那須・守屋	ケヤキ	果実			1790	未報告資料

圧痕残存面	観察者	分類群	部位	分類群備考	所蔵者(土器)	報告書記載箇所あるいは注記番号	文献 No.
内面	百原・佐々木・那須・守屋	不明	種実		調布市郷土博物館	箱6袋5-1	未報告資料
内面	百原・佐々木・那須・守屋	ケヤキ	果実			箱7袋18-1	未報告資料
内面	百原・佐々木・那須・守屋	ケヤキ	果実			箱10袋5-1	未報告資料
外面	百原・佐々木・那須・守屋	不明	種実			箱11袋1-2	未報告資料
外底面	百原・佐々木・那須・守屋	不明	種実			箱16袋1-1	未報告資料
外底面	百原・佐々木・那須・守屋	堅果類	果皮	クリの可能性あり		箱18袋1-2	未報告資料
内面	百原・佐々木・那須・守屋	アカネ科	核			箱39袋3-1	未報告資料
内面	百原・佐々木・那須・守屋	アサ	核			箱59袋2-1	未報告資料
外面	百原・佐々木・那須・守屋	クロモジ属	核			箱81袋1-1	未報告資料
外面	佐々木・那須・守屋	ケヤキ	果実			箱81袋1-3	13-4
外面	百原・佐々木・那須・守屋	不明	種実			箱98袋5-1	未報告資料
外面	百原・佐々木・那須・守屋	堅果類?	果皮?			箱104袋61-1	未報告資料
内底面	百原・佐々木・那須・守屋	キビ?	頴果			箱揚2袋24-1	13-3
外面	佐々木・那須・守屋	ケヤキ	果実			箱揚4袋1-1	13-5
内面	百原・佐々木・那須・守屋	不明	種実	ヤマコウバシ核の可能性あり(根拠無し)		箱揚②袋3-1	13-2
内面	百原・佐々木・那須・守屋	キビ?	頴果?			箱製塩坑31-1	未報告資料

圧痕残存面	観察者	分類群	部位	分類群備考	所蔵者(土器)	報告書記載箇所あるいは注記番号	文献 No.
断面	佐々木・那須・守屋	ミズキ	核		松本市教育委員会	堅穴3	未報告資料
内面	佐々木・那須・守屋	キビ	有ふ果			堅穴3	未報告資料
内面	佐々木・那須・守屋	キビ	有ふ果			堅穴3	未報告資料
内面	佐々木・那須・守屋	キビ	頴果			堅穴3	未報告資料
外面	佐々木・那須・守屋	アワ	有ふ果			堅穴3	未報告資料
内面	百原・佐々木・那須・守屋	不明	種実	エゴマの可能性あり		配石18	未報告資料
内面	百原・佐々木・那須・守屋	シソ属	果実	エゴマ型		配石18	未報告資料
断面	百原・佐々木・那須・守屋	不明	種実			配石18	未報告資料
外面	百原・佐々木・那須・守屋	シソ属	果実	エゴマ型		N3W6	未報告資料
外面	百原・佐々木・那須・守屋	シソ属	果実	エゴマ型		N3W6	未報告資料
外面	百原・佐々木・那須・守屋	シソ属	果実	エゴマ型		N3W6	未報告資料
外面	百原・佐々木・那須・守屋	シソ属	果実	エゴマ型		N3W6	未報告資料
内面	百原・佐々木・那須・守屋	シソ属	果実	エゴマ型		N3W6	未報告資料
断面	百原・佐々木・那須・守屋	シソ属	果実	エゴマ型		N3W6	未報告資料
断面	百原・佐々木・那須・守屋	シソ属	果実	エゴマ型		N3W6	未報告資料
外面	百原・佐々木・那須・守屋	シソ属	果実	エゴマ型		N3W6	未報告資料
外面	百原・佐々木・那須・守屋	シソ属	果実	エゴマ型		N3W6	未報告資料
外面	百原・佐々木・那須・守屋	シソ属	果実	エゴマ型		N3W6	未報告資料
外面	百原・佐々木・那須・守屋	シソ属	果実	エゴマ型		N3W6	未報告資料
内面	百原・佐々木・那須・守屋	シソ属	果実	エゴマ型		N3W6	未報告資料

238 第4章 日本列島における穀物栽培の起源を求めて―レプリカ法による土器圧痕調査結果報告―

圧痕番号	遺跡名	遺跡所在地	資料番号		時期	土器型式	器種	部位	圧痕残存部位
44	(エリ穴遺跡)	(長野県松本市)	20ERA 027	01	縄文晩期後半～弥生前期	氷Ⅰ～Ⅱ式	深鉢	口縁	口縁
45			20ERA 027	02	縄文晩期後半～弥生前期	氷Ⅰ～Ⅱ式	深鉢	口縁	口縁
46			20ERA 027	03	縄文晩期後半～弥生前期	氷Ⅰ～Ⅱ式	深鉢	口縁	口縁
47			20ERA 027	04	縄文晩期後半～弥生前期	氷Ⅰ～Ⅱ式	深鉢	口縁	口縁
48			20ERA 027	05	縄文晩期後半～弥生前期	氷Ⅰ～Ⅱ式	深鉢	口縁	口縁
49			20ERA 027	07	縄文晩期後半～弥生前期	氷Ⅰ～Ⅱ式	深鉢	口縁	口縁
50			20ERA 027	08	縄文晩期後半～弥生前期	氷Ⅰ～Ⅱ式	深鉢	口縁	口縁
51			20ERA 027	09	縄文晩期後半～弥生前期	氷Ⅰ～Ⅱ式	深鉢	口縁	口縁
52			20ERA 027	10	縄文晩期後半～弥生前期	氷Ⅰ～Ⅱ式	深鉢	口縁	口縁
53			20ERA 027	11	縄文晩期後半～弥生前期	氷Ⅰ～Ⅱ式	深鉢	口縁	口縁
54			20ERA 030	01	縄文晩期後半～弥生前期	氷Ⅰ～Ⅱ式	深鉢	胴部	胴部
55			20ERA 030	02	縄文晩期後半～弥生前期	氷Ⅰ～Ⅱ式	深鉢	胴部	胴部
56			20ERA 030	03	縄文晩期後半～弥生前期	氷Ⅰ～Ⅱ式	深鉢	胴部	胴部
57			20ERA 031	01	縄文晩期後半～弥生前期	氷Ⅰ～Ⅱ式	深鉢	胴部	胴部
58			20ERA 031	03	縄文晩期後半～弥生前期	氷Ⅰ～Ⅱ式	深鉢	胴部	胴部
59			20ERA 031	04	縄文晩期後半～弥生前期	氷Ⅰ～Ⅱ式	深鉢	胴部	胴部
60			20ERA 031	05	縄文晩期後半～弥生前期	氷Ⅰ～Ⅱ式	深鉢	胴部	胴部
61			20ERA 032	01	縄文晩期後半		深鉢	胴部	胴部
62			20ERA 032	02	縄文晩期後半		深鉢	胴部	胴部
63			20ERA 033	01	縄文晩期後半		深鉢	胴部	胴部
64			20ERA 034	01	縄文晩期後半		深鉢	胴部	胴部
65			20ERA 037	01	縄文晩期後半		深鉢	胴部	胴部
66			20ERA 038	01	縄文晩期後半		深鉢	胴部	胴部
67			20ERA 038	03	縄文晩期後半		深鉢	胴部	胴部
68			20ERA 039	01	縄文晩期後半		深鉢	胴部	胴部
69			20ERA 039	02	縄文晩期後半		深鉢	胴部	胴部
70			20ERA 040	01	縄文晩期後半		深鉢	胴部	胴部
71			20ERA 041	01	縄文晩期後半		深鉢	胴部	胴部
72			20ERA 042	01	縄文晩期後半		深鉢	胴部	胴部
73			20ERA 043	01	縄文晩期後半～弥生前期	氷Ⅰ～Ⅱ式	深鉢	胴部	胴部
74			20ERA 044	01	縄文晩期後半～弥生前期	氷Ⅰ～Ⅱ式	深鉢	胴部	胴部
75			20ERA 045	01	縄文晩期後半		深鉢	胴部	胴部
76			20ERA 045	02	縄文晩期後半		深鉢	胴部	胴部
77			20ERA 046	01	縄文後～晩期		深鉢	口縁?	口縁?
78			20ERA 049	01	縄文後～晩期		深鉢	胴部	胴部
79			20ERA 049	02	縄文後～晩期		深鉢	胴部	胴部
80			20ERA 049	03	縄文後～晩期		深鉢	胴部	胴部
81			20ERA 053	02	時期不明		深鉢	胴部	胴部
82			20ERA 053	03	時期不明		深鉢	胴部	胴部
83			20ERA 054	02	時期不明		深鉢	胴部	胴部
84			20ERA 054	04	時期不明		深鉢	胴部	胴部
85			20ERA 055	01	時期不明		深鉢	胴部	胴部
86			20ERA 056	01	縄文後期後葉～末葉		顔面付分銅形土偶		
87	女鳥羽川遺跡	長野県松本市	20MTG 015	01	縄文晩期前半		深鉢	口縁部	口唇部
88			20MTG 020	01	縄文晩期前半		深鉢	口縁部	口縁部
89			20MTG 038	01	縄文後～晩期後半	型式不明	深鉢	口縁部	口縁部
90			20MTG 044	01	縄文晩期後半	女鳥羽川式	深鉢	口縁部	口縁部
91			20MTG 044	02	縄文晩期後半	女鳥羽川式	深鉢	口縁部	口縁部
92			20MTG 046	04	縄文晩期後半	女鳥羽川式	鉢	口縁部	口縁部
93			20MTG 051	01	縄文後～晩期後半	型式不明	深鉢	胴部	胴部
94			20MTG 060	01	縄文後～晩期後半	型式不明	深鉢	胴部	胴部
95			20MTG 072	01	縄文後～晩期後半	型式不明	深鉢	胴部	胴部
96			20MTG 081	01	縄文後～晩期後半	型式不明	深鉢	胴部	胴部
97			20MTG 082	01	縄文後～晩期後半	型式不明	深鉢	胴部	胴部
98			20MTG 086	01	縄文後～晩期後半	型式不明	深鉢	胴部	胴部
99			20MTG 094	01	縄文後～晩期後半	型式不明	深鉢	胴部	胴部
100			20MTG 109	01	縄文後～晩期後半	型式不明	深鉢	胴部	胴部
101			20MTG 109	02	縄文後～晩期後半	型式不明	深鉢	胴部	胴部

表 3　各遺跡における植物種実圧痕の同定結果　239

圧痕残存面	観察者	分類群	部位	分類群備考	所蔵者（土器）	報告書記載箇所あるいは注記番号	文献 No.
外面	佐々木・那須・守屋	キビ	有ふ果		（松本市教育委員会）	SN0W9	未報告資料
外面	百原・佐々木・那須・守屋	アワ	穎果			SN0W9	未報告資料
外面	百原・佐々木・那須・守屋	アワ	穎果	発芽		SN0W9	未報告資料
外面	百原・佐々木・那須・守屋	不明	種実	割れ		SN0W9	未報告資料
内面	百原・佐々木・那須・守屋	アワ	穎果			SN0W9	未報告資料
断面	百原・佐々木・那須・守屋	アワ	穎果	発芽		SN0W9	未報告資料
外面	佐々木・那須・守屋	アワ	有ふ果			SN0W9	未報告資料
外面	百原・佐々木・那須・守屋	アワ	有ふ果			SN0W9	未報告資料
内面	百原・佐々木・那須・守屋	アワ？	有ふ果？			SN0W9	未報告資料
内面	佐々木・那須・守屋	アワ	有ふ果			SN0W9	未報告資料
外面	佐々木・那須・守屋	アワ	有ふ果			S6W24	未報告資料
外面	佐々木・那須・守屋	アワ	有ふ果			S6W24	未報告資料
内面	佐々木・那須・守屋	アワ	有ふ果			S6W24	未報告資料
外面	百原・佐々木・那須・守屋	キビ	穎果	発芽		S6W24	未報告資料
外面	佐々木・那須・守屋	アワ	有ふ果			S6W24	未報告資料
内面	百原・佐々木・那須・守屋	キビ	穎果			S6W24	未報告資料
内面	佐々木・那須・守屋	アワ	有ふ果			S6W24	未報告資料
外面	佐々木・那須・守屋	キビ	有ふ果			S6W24	未報告資料
外面	佐々木・那須・守屋	キビ	有ふ果			S6W24	未報告資料
外面	佐々木・那須・守屋	アワ	有ふ果			S6W24	未報告資料
外面	佐々木・那須・守屋	キビ	有ふ果			S6W24	未報告資料
外面	佐々木・那須・守屋	キビ	有ふ果			S6W24	未報告資料
断面	佐々木・那須・守屋	アワ	有ふ果			S6W24	未報告資料
外面	佐々木・那須・守屋	アワ	穎果			S6W24	未報告資料
外面	佐々木・那須・守屋	アワ	穎果			S6W24	未報告資料
外面	佐々木・那須・守屋	キビ	有ふ果			S6W24	未報告資料
外面	佐々木・那須・守屋	キビ	有ふ果			S6W24	未報告資料
外面	佐々木・那須・守屋	キビ	有ふ果			S6W24	未報告資料
外面	百原・佐々木・那須・守屋	キビ	有ふ果			S6W24	未報告資料
外面	百原・佐々木・那須・守屋	キビ	穎果			S6W24	未報告資料
外面	佐々木・那須・守屋	キビ	有ふ果			S6W24	未報告資料
外面	佐々木・那須・守屋	キビ	有ふ果			S6W24	未報告資料
外面	百原・佐々木・那須・守屋	不明	種実			S18W24	未報告資料
外面	百原・佐々木・那須・守屋	不明	種実			S33W15	未報告資料
外面	百原・佐々木・那須・守屋	不明	種実	エノキ属の可能性あり		S33W15	未報告資料
断面	百原・佐々木・那須・守屋	不明	種実			S33W15	未報告資料
	佐々木・那須・守屋	アワ	有ふ果			タテ3	未報告資料
	佐々木・那須・守屋	キビ	穎果			タテ3	未報告資料
	佐々木・那須・守屋	アワ	有ふ果			タテ3	未報告資料
	佐々木・那須・守屋	アワ	有ふ果			28住	未報告資料
	佐々木・那須・守屋	クスノキ科	種子？				未報告資料
外面	百原・佐々木・那須・守屋	不明	種実		松本市考古博物館	16 図 -97	20-1
外面	佐々木・那須・守屋	サンショウ	種子			17 図 -144	20-1
内面	佐々木・那須・守屋	ダイズ属	種子			箱6-1-4	未報告資料
内面	百原・佐々木・那須・守屋	不明	種実			箱6-3-1	未報告資料
内面	百原・佐々木・那須・守屋	不明	種実			箱6-3-1	未報告資料
内面	百原・佐々木・那須・守屋	シソ属	果実	エゴマ型		箱6-5-1	未報告資料
断面	佐々木・那須・守屋	アワ	有ふ果			箱7-2-2	未報告資料
内面	佐々木・那須・守屋	シソ属	果実	エゴマ型		箱15-2-2	未報告資料
外面	百原・佐々木・那須・守屋	不明	種実			箱16-2-3	未報告資料
外面	百原・佐々木・那須・守屋	シソ属	果実	エゴマ型		箱16-6-3	未報告資料
内面	百原・佐々木・那須・守屋	カナムグラ	果実			箱17-1-1	未報告資料
内面	百原・佐々木・那須・守屋	コナラ属	幼果			箱17-4-1	未報告資料
断面	佐々木・那須・守屋	アワ	有ふ果			箱18-5-2	未報告資料
外面	百原・佐々木・那須・守屋	カナムグラ	果実			箱21-1-1	未報告資料
外面	百原・佐々木・那須・守屋	カナムグラ	果実			箱21-1-1	未報告資料

240　第 4 章　日本列島における穀物栽培の起源を求めて―レプリカ法による土器圧痕調査結果報告―

圧痕番号	遺跡名	遺跡所在地	資料番号			時期	土器型式	器種	部位	圧痕残存部位
102	(女鳥羽川遺跡)	(長野県松本市)	20MTG	109	04	縄文後～晩期後半	型式不明	深鉢	胴部	胴部
103			20MTG	109	05	縄文後～晩期後半	型式不明	深鉢	胴部	胴部
104			20MTG	114	01	縄文後～晩期後半	型式不明	深鉢	胴部	胴部
105			20MTG	120	01	縄文後～晩期後半	型式不明			
106			20MTG	124	02	縄文後～晩期後半	型式不明			
107	離山遺跡	長野県安曇野市	20HRY	000	01	縄文後～晩期後半	型式不明	深鉢	口縁部	口縁部
108			20HRY	001	01	縄文晩期後半？	型式不明	不明	胴部	胴部
109			20HRY	010	01	縄文晩期後半？	型式不明	深鉢	胴部	胴部
110			20HRY	012	01	縄文晩期後半？	型式不明	深鉢	胴部	胴部
111			20HRY	017	01	縄文晩期後半？	型式不明	不明	口縁部	口縁部
112			20HRY	017	02	縄文晩期後半？	型式不明	不明	口縁部	口縁部
113			20HRY	018	01	縄文晩期後半？	型式不明	深鉢	底部	底面
114			20HRY	043	01	縄文晩期後半？	型式不明	深鉢	胴部	胴部
115			20HRY	026	02	縄文晩期後半？	型式不明	不明	胴部	胴部
116			20HRY	040	01	縄文後～晩期後半	型式不明	深鉢	口縁部	口縁部
117	トチガ原遺跡	長野県大町市	20TGH	001	01	縄文晩期終末	氷 I 式新	浅鉢	口縁部	口縁部
118			20TGH	002	01	縄文晩期終末	氷 I 式新	深鉢	口縁部	口縁部
119			20TGH	003	01	縄文晩期終末	氷 I 式新	不明	底部	底面
120			20TGH	004	01	縄文晩期終末	氷 I 式新	浅鉢	口縁部	口縁端部
121			20TGH	005	01	縄文晩期終末	氷 I 式新	甕	口縁部	口縁部
122			20TGH	006	01	縄文晩期終末	氷 I 式新	甕	口縁部	口縁部
123			20TGH	007	01	縄文晩期終末	氷 I 式新	甕	口縁部	口縁部
124			20TGH	008	01	縄文晩期終末	氷 I 式新	浅鉢	口縁部	口縁部
125			20TGH	009	01	縄文晩期終末	氷 I 式新	甕	胴部	胴部
126			20TGH	011	01	縄文晩期終末	氷 I 式新	甕	胴部	胴部
127			20TGH	013	01	縄文晩期終末	氷 I 式新	浅鉢	口縁部	口縁部
128			20TGH	014	01	縄文晩期終末	氷 I 式新	浅鉢	胴部	胴部
129			20TGH	015	01	縄文晩期終末	氷 I 式新	浅鉢	胴部	胴部
130			20TGH	016	01	縄文晩期終末	氷 I 式新	浅鉢	胴部	胴部
131			20TGH	017	01	縄文晩期終末	氷 I 式新	浅鉢	口縁部下	口縁部下
132			20TGH	018	01	縄文晩期終末	氷 I 式新	浅鉢	口縁部下～胴部	胴部
133			20TGH	018	02	縄文晩期終末	氷 I 式新	浅鉢		胴部
134			20TGH	019	01	縄文晩期終末	氷 I 式新	壼	胴部	胴部
135			20TGH	020	01	縄文晩期終末	氷 I 式新	深鉢	口縁部	口縁部
136			20TGH	021	01	縄文晩期終末	氷 I 式新	深鉢	口縁部	口縁部
137			20TGH	022	01	縄文晩期終末	氷 I 式新	深鉢	胴部	胴部
138			20TGH	023	01	縄文晩期終末	氷 I 式新	不明	胴部	胴部
139			20TGH	024	01	縄文晩期終末	氷 I 式新	不明	胴部	胴部
140			20TGH	025	01	縄文晩期終末	氷 I 式新	不明	胴部	胴部
141			20TGH	026	01	縄文晩期終末	氷 I 式新	不明	胴部	胴部
142			20TGH	027	01	縄文晩期終末	氷 I 式新	不明	胴部	胴部
143			20TGH	028	01	縄文晩期終末	氷 I 式新	不明	胴部	胴部
144			20TGH	029	01	縄文晩期終末	氷 I 式新	不明	胴部	胴部
145			20TGH	030	01	縄文晩期終末	氷 I 式新	不明	胴部	胴部
146			20TGH	031	01	縄文晩期終末	氷 I 式新	不明	胴部	胴部
147			20TGH	032	01	縄文晩期終末	氷 I 式新	不明	胴部	胴部
148			20TGH	033	01	縄文晩期終末	氷 I 式新	不明	胴部	胴部
149			20TGH	034	01	縄文晩期終末	氷 I 式新	不明	胴部	胴部
150			20TGH	035	01	縄文晩期終末	氷 I 式新	不明	胴部	胴部
151			20TGH	036	01	縄文晩期終末	氷 I 式新	不明	胴部	胴部
152			20TGH	037	01	縄文晩期終末	氷 I 式新	不明	胴部	胴部
153			20TGH	038	01	縄文晩期終末	氷 I 式新	不明	胴部	胴部
154			20TGH	039	01	縄文晩期終末	氷 I 式新	不明	胴部	胴部
155			20TGH	040	01	縄文晩期終末	氷 I 式新	不明	胴部	胴部
156			20TGH	041	01	縄文晩期終末	氷 I 式新	不明	胴部	胴部
157			20TGH	042	01	縄文晩期終末	氷 I 式新	不明	胴部	胴部
158			20TGH	043	01	縄文晩期終末	氷 I 式新	不明	胴部	胴部
159			20TGH	044	01	縄文晩期終末	氷 I 式新	不明	胴部	胴部

表 3　各遺跡における植物種実圧痕の同定結果　241

圧痕残存面	観察者	分類群	部位	分類群備考	所蔵者(土器)	報告書記載箇所あるいは注記番号	文献 No.
外面	百原・佐々木・那須・守屋	カナムグラ	果実		(松本市考古博物館)	箱 21-1-1	未報告資料
断面	百原・佐々木・那須・守屋	カナムグラ	果実			箱 21-1-1	未報告資料
内面	佐々木・那須・守屋	サンショウ	種子			箱 22-1-1	未報告資料
	百原・佐々木・山下	不明	種皮または果皮			箱 22-6-1	未報告資料
	百原・佐々木・山下	不明	種実			箱 23-1-1	未報告資料
外面	守屋	不明	種実？		安曇野市教育委員会	未報告	未報告資料
外面	百原・佐々木・山下	キビ	有ふ果			未報告	未報告資料
外面	百原・佐々木・山下	不明	種実	キク科？		未報告	未報告資料
内面	百原・佐々木・山下	キビ	有ふ果			未報告	未報告資料
内面	百原・佐々木・山下	キビ	有ふ果			未報告	未報告資料
外面	山下	アワ	有ふ果			未報告	未報告資料
内面	百原・佐々木・山下	不明	種実			未報告	未報告資料
内面	山下	アワ	有ふ果			未報告	未報告資料
外面	百原・佐々木・山下	キビ	穎果			未報告	未報告資料
外面	百原・佐々木・山下	ケヤキ	果実			未報告	未報告資料
内面	百原・佐々木・那須	アワ	有ふ果		大町市教育委員会	4 図 -2	20-2
内面	佐々木・那須	アワ	有ふ果			4 図 -5	20-2
内面	佐々木・那須	キビ	有ふ果			4 図 -8	20-2
外面	百原・佐々木・那須	アワ	有ふ果			5 図 -47	20-2
内面	百原・佐々木・那須	キビ	有ふ果			6 図 -56	20-2
内面	百原・佐々木・那須	キビ	有ふ果			6 図 -57	20-2
外面	佐々木・那須	アワ	有ふ果			6 図 -60	20-2
内面	佐々木・那須	アワ	有ふ果			6 図 -64	20-2
内面	佐々木・那須	キビ	有ふ果			6 図 -84	20-2
内面	佐々木・那須	アワ	有ふ果			箱 3-1	未報告資料
内面	佐々木・那須	アワ	穎果			箱 4-2	未報告資料
外面	佐々木・那須	キビ	有ふ果			箱 4-3	未報告資料
外面	佐々木・那須	アワ	穎果			箱 4-8	未報告資料
外面	佐々木・那須	アワ	有ふ果			5 図 -31	20-2
内面	佐々木・那須	アワ	有ふ果			5 図 -31	20-2
内面	佐々木・那須	キビ	有ふ果			5 図 -31	20-2
外面	百原・佐々木・那須	不明	種実	アサの可能性あり		箱 4- 袋 3-4-1	未報告資料
内面	佐々木・那須	アワ	有ふ果			箱 5-2	未報告資料
内面	百原・佐々木・那須	アワ	有ふ果			箱 5-3	未報告資料
外面	佐々木・那須	キビ	有ふ果			箱 6-1	未報告資料
内面	佐々木・那須	シソ属	果実			箱 8-2	未報告資料
外面	百原・佐々木・那須	不明	種実	キビの可能性あり		箱 8-3	未報告資料
外面	佐々木・那須	キビ	穎果			箱 9-1	未報告資料
内面	佐々木・那須	キビ	有ふ果			箱 9-2	未報告資料
外面	佐々木・那須	アワ	穎果			箱 9-3	未報告資料
内面	佐々木・那須	アワ	有ふ果			箱 9-4	未報告資料
内面	百原・佐々木・那須	不明	種実	イネ穎果の可能性あり		箱 9-5	未報告資料
外面	百原・佐々木・那須	キビ	有ふ果			箱 9-6	未報告資料
外面	佐々木・那須	アワ	有ふ果			箱 9-7	未報告資料
外面	佐々木・那須	キビ	有ふ果			箱 9-8	未報告資料
外面	佐々木・那須	キビ	有ふ果			箱 9-9	未報告資料
内面	佐々木・那須	アワ	有ふ果			箱 9-10	未報告資料
断面	佐々木・那須	キビ	有ふ果			箱 9-11	未報告資料
内面	百原・佐々木・那須	シソ属	果実	エゴマ型		箱 9-12	未報告資料
内面	百原・佐々木・那須	キビ	有ふ果			箱 9-13	未報告資料
内面	百原・佐々木・那須	シソ属	果実			箱 9-14	未報告資料
内面	佐々木・那須	アワ	有ふ果			箱 10-1	未報告資料
内面	佐々木・那須	アワ	有ふ果			箱 10-2	未報告資料
外面	佐々木・那須	キビ	有ふ果			箱 10-3	未報告資料
外面	佐々木・那須	アワ	有ふ果			箱 10-4	未報告資料
内面	佐々木・那須	アワ	有ふ果			箱 10-5	未報告資料

242 第4章 日本列島における穀物栽培の起源を求めて─レプリカ法による土器圧痕調査結果報告─

圧痕番号	遺跡名	遺跡所在地	資料番号		時期	土器型式	器種	部位	圧痕残存部位
160	(トチガ原遺跡)	(長野県大町市)	20TGH	045	01	縄文晩期終末	氷I式新	不明	胴部	胴部
161			20TGH	050	01	縄文晩期終末	氷I式新	不明	胴部	胴部
162			20TGH	051	01	縄文晩期終末	氷I式新	不明	胴部	胴部
163			20TGH	052	01	縄文晩期終末	氷I式新	不明	胴部	胴部
164			20TGH	053	01	縄文晩期終末	氷I式新	不明	胴部	胴部
165			20TGH	054	01	縄文晩期終末	氷I式新	不明	胴部	胴部
166			20TGH	056	01	縄文晩期終末	氷I式新	不明	胴部	胴部
167			20TGH	057	01	縄文晩期終末	氷I式新	不明	胴部	胴部
168			20TGH	058	01	縄文晩期終末	氷I式新	不明	胴部	胴部
169			20TGH	060	01	縄文晩期終末	氷I式新	不明	胴部	胴部
170			20TGH	061	01	縄文晩期終末	氷I式新	不明	胴部	胴部
171			20TGH	062	01	縄文晩期終末	氷I式新	不明	胴部	胴部
172			20TGH	063	01	縄文晩期終末	氷I式新	不明	胴部	胴部
173			20TGH	064	01	縄文晩期終末	氷I式新	不明	胴部	胴部
174			20TGH	064	02	縄文晩期終末	氷I式新	不明	胴部	胴部
175			20TGH	065	01	縄文晩期終末	氷I式新	不明	胴部	胴部
176			20TGH	066	01	縄文晩期終末	氷I式新	不明	胴部	胴部
177			20TGH	067	01	縄文晩期終末	氷I式新	不明	胴部	胴部
178			20TGH	068	01	縄文晩期終末	氷I式新	不明	胴部	胴部
179			20TGH	069	01	縄文晩期終末	氷I式新	不明	胴部	胴部
180	福沢遺跡	長野県塩尻市	20FKZ	001	01	縄文晩期終末～弥生前期	氷I新～II式	壺?	口縁部	口縁部
181			20FKZ	002	01	縄文晩期終末～弥生前期	氷I新～II式	壺	胴部	胴部
182			20FKZ	003	01	縄文晩期終末～弥生前期	氷I新～II式	甕	口縁部	口縁部
183			20FKZ	004	01	縄文晩期終末～弥生前期	氷I新～II式	甕	口縁部～胴部	口縁部
184			20FKZ	004	02	縄文晩期終末～弥生前期	氷I新～II式	甕	口縁部～胴部	胴部
185			20FKZ	004	03	縄文晩期終末～弥生前期	氷I新～II式	甕	口縁部～胴部	口縁部
186			20FKZ	004	04	縄文晩期終末～弥生前期	氷I新～II式	甕	口縁部～胴部	胴部
187			20FKZ	005	01	縄文晩期終末～弥生前期	氷I新～II式	甕	底部	底部
188			20FKZ	006	01	縄文晩期終末～弥生前期	氷I新～II式	甕	胴部	胴部
189			20FKZ	007	01	縄文晩期終末～弥生前期	氷I新～II式	甕	底部	底部
190			20FKZ	007	02	縄文晩期終末～弥生前期	氷I新～II式	甕	底部	底部
191			20FKZ	008	01	縄文晩期終末～弥生前期	氷I新～II式	甕	底部	底部
192			20FKZ	008	02	縄文晩期終末～弥生前期	氷I新～II式	甕	底部	底部
193			20FKZ	008	03	縄文晩期終末～弥生前期	氷I新～II式	甕	底部	底部
194			20FKZ	009	01	縄文晩期終末～弥生前期	氷I新～II式	甕	底部	底部
195			20FKZ	010	01	縄文晩期終末～弥生前期	氷I新～II式	浅鉢?	胴部	胴部
196			20FKZ	011	01	縄文晩期終末～弥生前期	氷I新～II式	浅鉢	浅鉢	口縁
197			20FKZ	012	01	縄文晩期終末～弥生前期	氷I新～II式	甕	口縁部～胴部	口縁部
198			20FKZ	012	02	縄文晩期終末～弥生前期	氷I新～II式	甕	口縁部～胴部	口縁部
199			20FKZ	012	03	縄文晩期終末～弥生前期	氷I新～II式	甕	口縁部～胴部	口唇部
200			20FKZ	012	04	縄文晩期終末～弥生前期	氷I新～II式	甕	口縁部～胴部	口縁部
201			20FKZ	012	05	縄文晩期終末～弥生前期	氷I新～II式	甕	口縁部～胴部	口縁部
202			20FKZ	012	06	縄文晩期終末～弥生前期	氷I新～II式	甕	口縁部～胴部	胴部
203			20FKZ	012	07	縄文晩期終末～弥生前期	氷I新～II式	甕	口縁部～胴部	胴部
204			20FKZ	012	08	縄文晩期終末～弥生前期	氷I新～II式	甕	口縁部～胴部	胴部
205			20FKZ	012	09	縄文晩期終末～弥生前期	氷I新～II式	甕	口縁部～胴部	口縁部
206			20FKZ	012	10	縄文晩期終末～弥生前期	氷I新～II式	甕	口縁部～胴部	口縁部
207			20FKZ	012	11	縄文晩期終末～弥生前期	氷I新～II式	甕	口縁部～胴部	胴部
208			20FKZ	012	12	縄文晩期終末～弥生前期	氷I新～II式	甕	口縁部～胴部	胴部
209			20FKZ	012	13	縄文晩期終末～弥生前期	氷I新～II式	甕	口縁部～胴部	胴部
210			20FKZ	013	01	縄文晩期終末～弥生前期	氷I新～II式	甕	口縁部～胴部	胴部
211			20FKZ	014	01	縄文晩期終末～弥生前期	氷I新～II式	甕	口縁部	口縁部
212			20FKZ	016	01	縄文晩期終末～弥生前期	氷I新～II式	甕	口縁部	口縁部
213			20FKZ	017	01	縄文晩期終末～弥生前期	氷I新～II式	甕	口縁部	口縁部
214			20FKZ	017	02	縄文晩期終末～弥生前期	氷I新～II式	甕	口縁部	口縁部
215			20FKZ	018	01	縄文晩期終末～弥生前期	氷I新～II式	甕	口縁部	口縁部
216			20FKZ	020	01	縄文晩期終末～弥生前期	氷I新～II式	甕	胴部	胴部
217			22FKZ	020	03	縄文晩期終末～弥生前期	氷I新～II式	甕	胴部	胴部

表3 各遺跡における植物種実圧痕の同定結果　243

圧痕残存面	観察者	分類群	部位	分類群備考	所蔵者(土器)	報告書記載箇所あるいは注記番号	文献No.
外面	佐々木・那須	キビ	有ふ果		(大町市教育委員会)	箱10-6	未報告資料
内面	佐々木・那須	キビ	有ふ果			箱11-5	未報告資料
外面	佐々木・那須	アワ	有ふ果			箱11-6	未報告資料
内面	百原・佐々木・那須	アワ	有ふ果			箱11-7	未報告資料
外面	百原・佐々木・那須	キビ	有ふ果			箱11-8	未報告資料
外面	百原・佐々木・那須	キビ	有ふ果			箱11-9	未報告資料
内面	佐々木・那須	アワ	有ふ果			箱12-1	未報告資料
外面	百原・佐々木・那須	キビ	有ふ果			箱8-4	未報告資料
外面	佐々木・那須	アワ	有ふ果			箱9-15	未報告資料
外面	百原・佐々木・那須	アワ	有ふ果			箱10-8	未報告資料
外面	百原・佐々木・那須	アワ	有ふ果			箱10-9	未報告資料
内面	百原・佐々木・那須	アワ？	有ふ果？			箱10-10	未報告資料
断面	佐々木・那須	アワ	有ふ果			箱10-11	未報告資料
断面	百原・佐々木・那須	シソ属	果実			箱10-12	未報告資料
断面	百原・佐々木・那須	シソ属	果実			箱10-11	未報告資料
外面	佐々木・那須	アワ	有ふ果			箱11-11	未報告資料
外面	佐々木・那須	キビ	有ふ果			箱11-12	未報告資料
内面	百原・佐々木・那須	不明	種実			箱11-13	未報告資料
内面	佐々木・那須	アワ	有ふ果			箱11-14	未報告資料
内面	百原・佐々木・那須	アワ	頴果			箱11-15	未報告資料
外面	佐々木・那須・守屋	キビ	有ふ果		塩尻市立	146図-3	20-3
内面	佐々木・那須・守屋	アワ	有ふ果		平出博物館	146図-8	20-3
外面	百原・佐々木・那須・守屋	不明	種実	マツグサの可能性あり		148図-29	20-3
外面	百原・佐々木・那須・守屋	アワ	有ふ果	未熟		148図-30	20-3
外面	佐々木・那須・守屋	アワ	有ふ果			148図-30	20-3
断面	佐々木・那須・守屋	アワ	有ふ果			148図-30	20-3
外面	佐々木・那須・守屋	アワ	有ふ果			148図-35	20-3
内面	佐々木・那須・守屋	イネ	籾			149図-38	20-3
外面	百原・佐々木・那須・守屋	アワ	籾			149図-43	20-3
内底面	百原・佐々木・那須・守屋	アワ？	頴果？			149図-43	20-3
内底面	百原・佐々木・那須・守屋	アワ	有ふ果			149図-46	20-3
内底面	佐々木・那須・守屋	アワ	有ふ果			149図-46	20-3
外底面	百原・佐々木・那須・守屋	キビ	頴果			149図-46	20-3
外面	佐々木・那須・守屋	アワ	有ふ果			149図-53	20-3
外面	佐々木・那須・守屋	キビ	有ふ果			150図-60	20-3
内面	佐々木・那須・守屋	アワ	有ふ果			150図-68	20-3
外面	佐々木・那須・守屋	キビ	有ふ果			151図-85	20-3
外面	佐々木・那須・守屋	キビ	有ふ果			151図-85	20-3
外面	百原・佐々木・那須・守屋	不明	種実			151図-85	20-3
内面	百原・佐々木・那須・守屋	アワ	頴果			151図-85	20-3
内面	佐々木・那須・守屋	キビ	有ふ果			151図-85	20-3
内面	佐々木・那須・守屋	アワ	有ふ果			151図-85	20-3
内面	佐々木・那須・守屋	キビ	有ふ果			151図-85	20-3
内面	百原・佐々木・那須・守屋	不明	種実			151図-85	20-3
内面	佐々木・那須・守屋	キビ	有ふ果			151図-85	20-3
内面	佐々木・那須・守屋	アワ	有ふ果			151図-85	20-3
内面	佐々木・那須・守屋	キビ	有ふ果			151図-85	20-3
内面	佐々木・那須・守屋	キビ	有ふ果			151図-85	20-3
内面	佐々木・那須・守屋	キビ	有ふ果			151図-86	20-3
内面	佐々木・那須・守屋	シソ属	果実	エゴマ型		151図-91	20-3
内面	佐々木・那須・守屋	アワ	有ふ果			152図-97	20-3
外面	佐々木・那須・守屋	アワ	有ふ果			152図-100	20-3
外面	佐々木・那須・守屋	アワ	有ふ果			152図-100	20-3
外面	佐々木・那須・守屋	アワ	有ふ果			152図-101	20-3
外面	佐々木・那須・守屋	キビ	有ふ果			153図-118	20-3
外面	佐々木・那須・守屋	キビ	有ふ果			153図-118	20-3

244　第4章　日本列島における穀物栽培の起源を求めて―レプリカ法による土器圧痕調査結果報告―

圧痕番号	遺跡名	遺跡所在地	資料番号			時期	土器型式	器種	部位	圧痕残存部位
218	(福沢遺跡)	(長野県塩尻市)	23FKZ	020	04	縄文晩期終末～弥生前期	氷I新～II式	甕	胴部	胴部
219			24FKZ	020	05	縄文晩期終末～弥生前期	氷I新～II式	甕	胴部	胴部
220			25FKZ	020	06	縄文晩期終末～弥生前期	氷I新～II式	甕	胴部	胴部
221			20FKZ	021	01	縄文晩期終末～弥生前期	氷I新～II式	甕	胴部	胴部
222			20FKZ	022	01	縄文晩期終末～弥生前期	氷I新～II式	甕	胴部	胴部
223			20FKZ	023	01	縄文晩期終末～弥生前期	氷I新～II式	壺	胴部	胴部
224			20FKZ	023-2	01	縄文晩期終末～弥生前期	氷I新～II式 (条痕文系)	壺	胴部	胴部
225			20FKZ	024	01	縄文晩期終末～弥生前期	氷I新～II式	壺	口縁部～底部	頸部
226			20FKZ	024	02	縄文晩期終末～弥生前期	氷I新～II式	壺	口縁部～底部	胴部
227			20FKZ	024	03	縄文晩期終末～弥生前期	氷I新～II式	壺	口縁部～底部	胴部
228			20FKZ	024	04	縄文晩期終末～弥生前期	氷I新～II式	壺	口縁部～底部	胴部
229			20FKZ	024	05	縄文晩期終末～弥生前期	氷I新～II式	壺	口縁部～底部	胴部
230			20FKZ	025	01	縄文晩期終末～弥生前期	氷I新～II式	甕	胴部	胴部
231			20FKZ	026	01	縄文晩期終末～弥生前期	氷I新～II式		底部	底部
232			20FKZ	027	01	縄文晩期終末～弥生前期	氷I新～II式	壺	胴部	胴部
233			20FKZ	028	01	縄文晩期終末～弥生前期	氷I新～II式	甕?	胴部	胴部
234			20FKZ	029	01	縄文晩期終末～弥生前期	氷I新～II式	甕?	胴部	胴部
235			20FKZ	031	01	縄文晩期終末～弥生前期	氷I新～II式	深鉢	胴部	胴部
236			20FKZ	031	02	縄文晩期終末～弥生前期	氷I新～II式	深鉢	胴部	胴部
237			20FKZ	031	03	縄文晩期終末～弥生前期	氷I新～II式	深鉢	胴部	胴部
238			20FKZ	031	04	縄文晩期終末～弥生前期	氷I新～II式	深鉢	胴部	胴部
239			20FKZ	031	05	縄文晩期終末～弥生前期	氷I新～II式	深鉢	胴部	胴部
240			20FKZ	031	06	縄文晩期終末～弥生前期	氷I新～II式	深鉢	胴部	胴部
241			20FKZ	031	07	縄文晩期終末～弥生前期	氷I新～II式	深鉢	胴部	胴部
242			20FKZ	031	08	縄文晩期終末～弥生前期	氷I新～II式	深鉢	胴部	胴部
243			20FKZ	031	09	縄文晩期終末～弥生前期	氷I新～II式	深鉢	胴部	胴部
244			20FKZ	031	12	縄文晩期終末～弥生前期	氷I新～II式	深鉢	胴部	胴部
245			20FKZ	031	11	縄文晩期終末～弥生前期	氷I新～II式	深鉢	胴部	胴部
246			20FKZ	031	13	縄文晩期終末～弥生前期	氷I新～II式	深鉢	胴部	胴部
247			20FKZ	031	14	縄文晩期終末～弥生前期	氷I新～II式	深鉢	胴部	胴部
248			20FKZ	031	15	縄文晩期終末～弥生前期	氷I新～II式	深鉢	胴部	胴部
249			20FKZ	031	16	縄文晩期終末～弥生前期	氷I新～II式	深鉢	胴部	胴部
250			20FKZ	031	17	縄文晩期終末～弥生前期	氷I新～II式	深鉢	胴部	胴部
251			20FKZ	031	18	縄文晩期終末～弥生前期	氷I新～II式	深鉢	胴部	胴部
252			20FKZ	032	01	縄文晩期終末～弥生前期	氷I新～II式	深鉢	胴部	胴部
253			20FKZ	032	02	縄文晩期終末～弥生前期	氷I新～II式	深鉢	胴部	胴部
254			20FKZ	032	03	縄文晩期終末～弥生前期	氷I新～II式	深鉢	胴部	胴部
255			20FKZ	032	04	縄文晩期終末～弥生前期	氷I新～II式	深鉢	胴部	胴部
256			20FKZ	033	01	縄文晩期終末～弥生前期	氷I新～II式	深鉢	胴部	胴部
257			20FKZ	034	01	縄文晩期終末～弥生前期	氷I新～II式	深鉢	胴部	胴部
258			20FKZ	035	01	縄文晩期終末～弥生前期	氷I新～II式	深鉢	胴部	胴部
259			20FKZ	035	02	縄文晩期終末～弥生前期	氷I新～II式	深鉢	胴部	胴部
260			20FKZ	036	01	縄文晩期終末～弥生前期	氷I新～II式	深鉢	胴部	胴部
261			20FKZ	037	01	縄文晩期終末～弥生前期	氷I新～II式	深鉢	胴部	胴部
262			20FKZ	038	01	縄文晩期終末～弥生前期	氷I新～II式	深鉢	胴部	胴部
263			20FKZ	038	02	縄文晩期終末～弥生前期	氷I新～II式	深鉢	胴部	胴部
264			20FKZ	038	03	縄文晩期終末～弥生前期	氷I新～II式	深鉢	胴部	胴部
265			20FKZ	038	04	縄文晩期終末～弥生前期	氷I新～II式	深鉢	胴部	胴部
266			20FKZ	039	01	縄文晩期終末～弥生前期	氷I新～II式	不明	胴部	胴部
267			20FKZ	039	02	縄文晩期終末～弥生前期	氷I新～II式	不明	胴部	胴部
268			20FKZ	039	03	縄文晩期終末～弥生前期	氷I新～II式	不明	胴部	胴部
269			20FKZ	040	01	縄文晩期終末～弥生前期	氷I新～II式	深鉢	胴部	胴部
270			20FKZ	040	02	縄文晩期終末～弥生前期	氷I新～II式	深鉢	胴部	胴部
271			20FKZ	041	01	縄文晩期終末～弥生前期	氷I新～II式	深鉢	胴部	胴部
272			20FKZ	042	01	縄文晩期終末～弥生前期	氷I新～II式	深鉢	胴部	胴部
273			20FKZ	043	01	縄文晩期終末～弥生前期	氷I新～II式	深鉢	胴部	胴部
274			20FKZ	045-1	02	縄文晩期終末～弥生前期	氷I新～II式	深鉢	胴部	胴部

表3 各遺跡における植物種実圧痕の同定結果 245

圧痕残存面	観察者	分類群	部位	分類群備考	所蔵者（土器）	報告書記載箇所あるいは注記番号	文献 No.
外面	百原・佐々木・那須・守屋	アワ	頴果		（塩尻市立	153 図 -118	20-3
外面	佐々木・那須・守屋	キビ	有ふ果		平出博物館）	153 図 -118	20-3
外面	佐々木・那須・守屋	アワ	有ふ果			153 図 -118	20-3
外面	佐々木・那須・守屋	アワ	有ふ果			153 図 -127	20-3
内面	佐々木・那須・守屋	アワ	有ふ果			154 図 -135	20-3
内面	佐々木・那須・守屋	アワ	有ふ果			155 図 -140	20-3
内面	百原・佐々木・那須・守屋	堅果類	果皮			155 図 -143	20-3
外面	佐々木・那須・守屋	アワ	有ふ果			155 図 -144	20-3
外面	佐々木・那須・守屋	アワ	有ふ果			155 図 -144	20-3
外面	百原・佐々木・那須・守屋	アワ	頴果			155 図 -144	20-3
外面	佐々木・那須・守屋	アワ	有ふ果			155 図 -144	20-3
外面	佐々木・那須・守屋	アワ	有ふ果			156 図 -158	20-3
外底面	佐々木・那須・守屋	イネ	籾			156 図 -162	20-3
外面	佐々木・那須・守屋	キビ	有ふ果			158 図 -185	20-3
外面	百原・佐々木・那須・守屋	キビ？	頴果？			159 図 -214	20-3
内面	佐々木・那須・守屋	キビ	有ふ果			159 図 -216	20-3
外面	百原・佐々木・那須・守屋	アワ	頴果？			袋 1-1	未報告資料
外面	佐々木・那須・守屋	アワ	有ふ果			袋 1-1	未報告資料
外面	百原・佐々木・那須・守屋	不明	種実			袋 1-1	未報告資料
外面	百原・佐々木・那須・守屋	アワ？	頴果？			袋 1-1	未報告資料
外面	百原・佐々木・那須・守屋	アワ	有ふ果			袋 1-1	未報告資料
外面	百原・佐々木・那須・守屋	アワ	頴果			袋 1-1	未報告資料
外面	佐々木・那須・守屋	アワ	有ふ果			袋 1-1	未報告資料
外面	百原・佐々木・那須・守屋	アワ	頴果			袋 1-1	未報告資料
外面	佐々木・那須・守屋	アワ	有ふ果			袋 1-1	未報告資料
内面	百原・佐々木・那須・守屋	アワ	頴果			袋 1-1	未報告資料
内面	百原・佐々木・那須・守屋	アワ	頴果			袋 1-1	未報告資料
内面	佐々木・那須・守屋	アワ	有ふ果			袋 1-1	未報告資料
内面	百原・佐々木・那須・守屋	アワ	頴果			袋 1-1	未報告資料
内面	佐々木・那須・守屋	アワ	有ふ果			袋 1-1	未報告資料
内面	佐々木・那須・守屋	アワ	有ふ果			袋 1-1	未報告資料
外面	佐々木・那須・守屋	キビ	有ふ果			袋 1-2	未報告資料
外面	百原・佐々木・那須・守屋	不明	種実	アワ有ふ果の可能性あり		袋 1-2	未報告資料
内面	佐々木・那須・守屋	アワ	有ふ果			袋 1-2	未報告資料
外面	佐々木・那須・守屋	キビ	有ふ果			袋 1-3	未報告資料
外面	佐々木・那須・守屋	アワ	有ふ果			袋 1-4	未報告資料
外面	佐々木・那須・守屋	キビ	有ふ果			袋 1-5	未報告資料
断面	佐々木・那須・守屋	アワ	有ふ果			袋 1-5	未報告資料
内面	佐々木・那須・守屋	アワ	有ふ果			袋 1-6	未報告資料
		アワ	有ふ果			袋 1-7	未報告資料
外面	佐々木・那須・守屋	アワ	有ふ果			袋 1-8	未報告資料
内面	佐々木・那須・守屋	アワ	有ふ果			袋 1-8	未報告資料
内面	佐々木・那須・守屋	アワ	有ふ果			袋 1-8	未報告資料
内面	佐々木・那須・守屋	アワ	有ふ果			袋 1-8	未報告資料
内面	佐々木・那須・守屋	アワ	有ふ果			袋 2-1	未報告資料
外面	佐々木・那須・守屋	アワ	有ふ果			袋 2-1	未報告資料
外面	佐々木・那須・守屋	アワ	有ふ果			袋 2-1	未報告資料
内面	佐々木・那須・守屋	アワ	有ふ果			袋 2-2	未報告資料
内面	佐々木・那須・守屋	アワ	有ふ果			袋 2-2	未報告資料
外面	佐々木・那須・守屋	アワ	有ふ果			袋 2-3	未報告資料
外面	佐々木・那須・守屋	アワ	有ふ果			袋 2-4	未報告資料
外面	佐々木・那須・守屋	シソ属	果実	エゴマ型		袋 2-5	未報告資料
外面	佐々木・那須・守屋	アワ	有ふ果			袋 3-1	未報告資料

246　第4章　日本列島における穀物栽培の起源を求めて―レプリカ法による土器圧痕調査結果報告―

圧痕番号	遺跡名	遺跡所在地	資料番号		時期	土器型式	器種	部位	圧痕残存部位
275	（福沢遺跡）	（長野県塩尻市）	20FKZ 045-2	01	縄文晩期終末～弥生前期	氷I新～II式	深鉢	胴部	胴部
276			20FKZ 045-4	01	縄文晩期終末～弥生前期	氷I新～II式	深鉢	胴部	胴部
277			20FKZ 045-5	01	縄文晩期終末～弥生前期	氷I新～II式	深鉢	胴部	胴部
278			20FKZ 046	02	縄文晩期終末～弥生前期	氷I新～II式	深鉢	胴部	胴部
279			20FKZ 047	01	縄文晩期終末～弥生前期	氷I新～II式	深鉢	胴部	胴部
280			20FKZ 048	01	縄文晩期終末～弥生前期	氷I新～II式	深鉢	胴部	胴部
281			20FKZ 049	01	縄文晩期終末～弥生前期	氷I新～II式	深鉢	胴部	胴部
282			20FKZ 050	01	縄文晩期終末～弥生前期	氷I新～II式	深鉢	胴部	胴部
283			20FKZ 051	01	縄文晩期終末～弥生前期	氷I新～II式	深鉢	胴部	胴部
284			20FKZ 052	01	縄文晩期終末～弥生前期	氷I新～II式	深鉢	胴部	胴部
285			20FKZ 053	01	縄文晩期終末～弥生前期	氷I新～II式	深鉢	胴部	胴部
286			20FKZ 054	01	縄文晩期終末～弥生前期	氷I新～II式	深鉢	胴部	胴部
287			20FKZ 055	01	縄文晩期終末～弥生前期	氷I新～II式	深鉢	胴部	胴部
288			20FKZ 056	01	縄文晩期終末～弥生前期	氷I新～II式	深鉢	胴部	胴部
289			20FKZ 056	03	縄文晩期終末～弥生前期	氷I新～II式	深鉢	胴部	胴部
290			20FKZ 056	05	縄文晩期終末～弥生前期	氷I新～II式	深鉢	胴部	胴部
291			20FKZ 057	01	縄文晩期終末～弥生前期	氷I新～II式	深鉢	胴部	胴部
292			20FKZ 058	01	縄文晩期終末～弥生前期	氷I新～II式	深鉢	胴部	胴部
293			20FKZ 059	01	縄文晩期終末～弥生前期	氷I新～II式	深鉢	胴部	胴部
294			20FKZ 060	01	縄文晩期終末～弥生前期	氷I新～II式	深鉢	胴部	胴部
295			20FKZ 061	01	縄文晩期終末～弥生前期	氷I新～II式	深鉢	胴部	胴部
296			20FKZ 062	01	縄文晩期終末～弥生前期	氷I新～II式	深鉢	胴部	胴部
297			20FKZ 063	01	縄文晩期終末～弥生前期	氷I新～II式	深鉢	胴部	胴部
298			20FKZ 064	01	縄文晩期終末～弥生前期	氷I新～II式	深鉢	胴部	胴部
299			20FKZ 065	01	縄文晩期終末～弥生前期	氷I新～II式	深鉢	胴部	胴部
300			20FKZ 067	01	縄文晩期終末～弥生前期	氷I新～II式	深鉢	胴部	胴部
301			20FKZ 068	01	縄文晩期終末～弥生前期	氷I新～II式	深鉢	胴部	胴部
302			20FKZ 070	01	縄文晩期終末～弥生前期	氷I新～II式	深鉢	胴部	胴部
303			20FKZ 071	01	縄文晩期終末～弥生前期	氷I新～II式	深鉢	胴部	胴部
304			20FKZ 072	01	縄文晩期終末～弥生前期	氷I新～II式	深鉢	胴部	胴部
305			20FKZ 076	01	縄文晩期終末～弥生前期	氷I新～II式	深鉢	胴部	胴部
306			20FKZ 077	01	縄文晩期終末～弥生前期	氷I新～II式	深鉢	胴部	胴部
307			20FKZ 079	01	縄文晩期終末～弥生前期	氷I新～II式	深鉢	胴部	胴部
308			20FKZ 080	01	縄文晩期終末～弥生前期	氷I新～II式	深鉢	胴部	胴部
309			20FKZ 081	01	縄文晩期終末～弥生前期	氷I新～II式	深鉢	胴部	胴部
310			20FKZ 083	01	縄文晩期終末～弥生前期	氷I新～II式	深鉢	胴部	胴部
311	境窪遺跡	長野県松本市	20SKK 001	01a	弥生中期前半	境窪式	甕	底部	底部
312			20SKK 001	01b	弥生中期前半	境窪式	甕	底部	底部
313			20SKK 002	01	弥生中期前半	境窪式	甕	底部	底部
314			20SKK 003	01	弥生中期前半	境窪式	壺	口縁部～胴部	頸部
315			20SKK 003	02	弥生中期前半	境窪式	壺	口縁部～胴部	胴部
316			20SKK 006	02	弥生中期前半	境窪式	壺	口縁部～胴部	胴部
317			20SKK 007	01	弥生中期前半	境窪式	壺	口縁部～胴部	口縁部
318			20SKK 008	01	弥生中期前半	境窪式	壺	胴部	内面
319			20SKK 008	01a	弥生中期前半	境窪式	壺	胴部	内面
320			20SKK 011	05	弥生中期前半	境窪式	甕	口縁部～胴部	口縁部
321			20SKK 012	01	弥生中期前半	境窪式	壺	口縁部～底部	底部
322			20SKK 012	02	弥生中期前半	境窪式	壺	口縁部～底部	底部
323			20SKK 012	03	弥生中期前半	境窪式	壺	口縁部～底部	底部
324			20SKK 013	01	弥生中期前半	境窪式	壺	口縁部	口縁部
325			20SKK 018	01	弥生中期前半	境窪式	甕	口縁部～底部	口縁部
326			20SKK 018	02	弥生中期前半	境窪式	甕	口縁部～底部	胴部
327			20SKK 018	03	弥生中期前半	境窪式	甕	口縁部～底部	口縁部
328			20SKK 023	02	弥生中期前半	境窪式	壺	口縁部～頸部	口縁部
329			20SKK 024	01	弥生中期前半	境窪式	甕	口縁部～底部	底部
330			20SKK 024	02	弥生中期前半	境窪式	甕	口縁部～底部	口縁部
331			20SKK 024	04	弥生中期前半	境窪式	甕	口縁部～底部	胴部
332			20SKK 025	01	弥生中期前半	境窪式	甕	口縁部～底部	胴部

表3 各遺跡における植物種実圧痕の同定結果 247

圧痕残存面	観察者	分類群	部位	分類群備考	所蔵者（土器）	報告書記載箇所あるいは注記番号	文献 No.
内面	佐々木・那須・守屋	アワ	有ふ果		（塩尻市立	袋3-2	未報告資料
内面	佐々木・那須・守屋	キビ	有ふ果		平出博物館）	袋3-4	未報告資料
外面	佐々木・那須・守屋	アワ	有ふ果			袋3-5	未報告資料
	佐々木・那須・守屋	アワ	有ふ果			袋3-5	未報告資料
内面	佐々木・那須・守屋	キビ	有ふ果			袋3-6	未報告資料
外面	佐々木・那須・守屋	アワ	有ふ果			袋3-7	未報告資料
断面	佐々木・那須・守屋	キビ	有ふ果			袋3-8	未報告資料
外面	佐々木・那須・守屋	キビ	有ふ果			袋3-9	未報告資料
外面	佐々木・那須・守屋	アワ	頴果			袋3-10	未報告資料
内面	佐々木・那須・守屋	キビ	頴果			袋3-11	未報告資料
内面	佐々木・那須・守屋	アワ	有ふ果			袋3-12	未報告資料
内面	佐々木・那須・守屋	アワ	有ふ果			袋3-13	未報告資料
内面	佐々木・那須・守屋	キビ	有ふ果			袋3-14	未報告資料
外面	佐々木・那須・守屋	キビ	有ふ果			袋4-1	未報告資料
内面	佐々木・那須・守屋	キビ	有ふ果			袋4-1	未報告資料
内面	佐々木・那須・守屋	キビ	有ふ果			袋4-1	未報告資料
外面	佐々木・那須・守屋	不明	種実			袋4-2	未報告資料
内面	佐々木・那須・守屋	アワ	有ふ果			袋4-3	未報告資料
内面	佐々木・那須・守屋	アワ				袋4-5	未報告資料
内面	佐々木・那須・守屋	アワ・キビ	有ふ果	ともに有ふ果		袋4-5	未報告資料
外面	佐々木・那須・守屋	アワ	頴果	発芽		袋4-6	未報告資料
内面	佐々木・那須・守屋	アワ	有ふ果			袋5-1	未報告資料
外面	佐々木・那須・守屋	アワ	有ふ果	未熟		袋5-2	未報告資料
内面	佐々木・那須・守屋	アワ	有ふ果			袋5-3	未報告資料
外面	佐々木・那須・守屋	アワ	有ふ果			袋6-1	未報告資料
外面	百原・佐々木・那須・守屋	シソ属	果実	エゴマ型		袋7-2	未報告資料
内面	佐々木・那須・守屋	アワ	頴果			袋7-3	未報告資料
外面	百原・佐々木・那須・守屋	キビ	頴果	膨らむ		袋8-2	未報告資料
内面	佐々木・那須・守屋	アワ	有ふ果			袋8-3	未報告資料
外面	百原・佐々木・那須・守屋	不明	種実	キビ頴果の可能性あり		袋8-4	未報告資料
内面	佐々木・那須・守屋	キビ	有ふ果			袋9-3	未報告資料
内面	佐々木・那須・守屋	キビ	有ふ果			袋9-4	未報告資料
内面	百原・佐々木・那須・守屋	コナラ属	子葉			袋9-6	未報告資料
外面	佐々木・那須・守屋	アワ	有ふ果			袋10-1	未報告資料
内面	百原・佐々木・那須・守屋	不明	種実			袋10-2	未報告資料
内面	百原・佐々木・那須・守屋	シソ属	果実	エゴマ型		袋10-4	未報告資料
外底面	百原・佐々木・那須・守屋	キビ	有ふ果		松本市立	26図-1	20-4
外底面	百原・佐々木・那須・守屋	アワ	頴果		考古博物館	26図-1	20-4
外底面	百原・佐々木・那須・守屋	イネ	頴果			26図-2	20-4
外面	佐々木・那須・守屋	イネ	頴果			26図-3	20-4
外面	佐々木・那須・守屋	イネ	頴果			26図-3	20-4
外面	佐々木・那須・守屋	アワ	頴果			26図-6	20-4
内面	佐々木・那須・守屋	アワ	有ふ果			26図-7	20-4
内面	百原・佐々木・那須・守屋	アワ	頴果			26図-8	20-4
内面	百原・佐々木・那須・守屋	キビ	有ふ果			26図-8	20-4
内面	佐々木・那須・守屋	イネ	籾	欠損		26図-11	20-4
外底面	佐々木・那須・守屋	イネ	籾			26図-12	20-4
外底面	佐々木・那須・守屋	イネ?	籾殻?			26図-12	20-4
外底面	佐々木・那須・守屋	イネ	籾			26図-12	20-4
内面	佐々木・那須・守屋	アワ	有ふ果			27図-13	20-4
外面	百原・佐々木・那須・守屋	アワ	有ふ果	未熟		27図-18	20-4
内面	百原・佐々木・那須・守屋	アワ	頴果			27図-18	20-4
内面	佐々木・那須・守屋	ダイズ属	種子	ツルマメ型		27図-23	20-4
外面	佐々木・那須・守屋	アワ	有ふ果	未熟		27図-24	20-4
外面	百原・佐々木・那須・守屋	アワ	有ふ果			27図-24	20-4
内面	百原・佐々木・那須・守屋	不明	種実	アカザ属種子の可能性あり		27図-24	20-4
外面	百原・佐々木・那須・守屋	キビ	有ふ果			27図-25	20-4

248 第4章 日本列島における穀物栽培の起源を求めて―レプリカ法による土器圧痕調査結果報告―

圧痕番号	遺跡名	遺跡所在地	資料番号			時期	土器型式	器種	部位	圧痕残存部位
333	(境窪遺跡)	(長野県松本市)	20SKK	025	02	弥生中期前半	境窪式	甕	口縁部〜底部	胴部
334			20SKK	025	03	弥生中期前半	境窪式	甕	口縁部〜底部	口縁部
335			20SKK	025	04	弥生中期前半	境窪式	甕	口縁部〜底部	胴部
336			20SKK	025	05	弥生中期前半	境窪式	甕	口縁部〜底部	胴部
337			20SKK	025	07	弥生中期前半	境窪式	甕	口縁部〜底部	胴部
338			20SKK	025	08	弥生中期前半	境窪式	甕	口縁部〜底部	胴部
339			20SKK	025	09	弥生中期前半	境窪式	甕	口縁部〜底部	底部
340			20SKK	025	10	弥生中期前半	境窪式	甕	口縁部〜底部	胴部
341			20SKK	025	12	弥生中期前半	境窪式	甕	口縁部〜底部	胴部
342			20SKK	025	13	弥生中期前半	境窪式	甕	口縁部〜底部	胴部
343			20SKK	025	14	弥生中期前半	境窪式	甕	口縁部〜底部	底部
344			20SKK	025	15	弥生中期前半	境窪式	甕	口縁部〜底部	胴部
345			20SKK	025	16	弥生中期前半	境窪式	甕	口縁部〜底部	口縁部
346			20SKK	025	17	弥生中期前半	境窪式	甕	口縁部〜底部	胴部
347			20SKK	025	18	弥生中期前半	境窪式	甕	口縁部〜底部	胴部
348			20SKK	025	20	弥生中期前半	境窪式	甕	口縁部〜底部	胴部
349			20SKK	025	21	弥生中期前半	境窪式	甕	口縁部〜底部	底部
350			20SKK	025	22	弥生中期前半	境窪式	甕	口縁部〜底部	胴部
351			20SKK	025	24	弥生中期前半	境窪式	甕	口縁部〜底部	口縁部
352			20SKK	025	25	弥生中期前半	境窪式	甕	口縁部〜底部	胴部
353			20SKK	025	26	弥生中期前半	境窪式	甕	口縁部〜底部	口縁部
354			20SKK	025	27	弥生中期前半	境窪式	甕	口縁部〜底部	口縁部
355			20SKK	025	28	弥生中期前半	境窪式	甕	口縁部〜底部	胴部
356			20SKK	025	29	弥生中期前半	境窪式	甕	口縁部〜底部	胴部
357			20SKK	026	01	弥生中期前半	境窪式	甕	口縁部〜胴部	胴部
358			20SKK	026	02	弥生中期前半	境窪式	甕	口縁部〜胴部	胴部
359			20SKK	029	01	弥生中期前半	境窪式	壺	口縁部〜頸部	口縁部
360			20SKK	032	01	弥生中期前半	境窪式	甕	口縁部〜底部	胴部
361			20SKK	034	01	弥生中期前半	境窪式	壺?	胴部〜底部	胴部
362			20SKK	035	01	弥生中期前半	境窪式	甕	口縁部	口縁部
363			20SKK	038	01	弥生中期前半	境窪式	壺	胴部	胴部
364			20SKK	040	01	弥生中期前半	境窪式	壺	胴部	胴部
365			20SKK	040	02	弥生中期前半	境窪式	壺	胴部	胴部
366			20SKK	045	01	弥生中期前半	境窪式	甕	口縁部〜底部	口縁部
367			20SKK	045	02	弥生中期前半	境窪式	甕	口縁部〜底部	口縁部
368			20SKK	045	03	弥生中期前半	境窪式	甕	口縁部〜底部	口縁部
369			20SKK	045	04	弥生中期前半	境窪式	甕	口縁部〜底部	胴部
370			20SKK	045	05	弥生中期前半	境窪式	甕	口縁部〜底部	胴部
371			20SKK	045	06	弥生中期前半	境窪式	甕	口縁部〜底部	胴部
372			20SKK	045	07	弥生中期前半	境窪式	甕	口縁部〜底部	口縁部
373			20SKK	045	08	弥生中期前半	境窪式	甕	口縁部〜底部	胴部
374			20SKK	045	09	弥生中期前半	境窪式	甕	口縁部〜底部	胴部
375			20SKK	045	10	弥生中期前半	境窪式	甕	口縁部〜底部	胴部
376			20SKK	045	11	弥生中期前半	境窪式	甕	口縁部〜底部	胴部
377			20SKK	045	12	弥生中期前半	境窪式	甕	口縁部〜底部	胴部
378			20SKK	045	13	弥生中期前半	境窪式	甕	口縁部〜底部	胴部
379			20SKK	045	14	弥生中期前半	境窪式	甕	口縁部〜底部	胴部
380			20SKK	045	15	弥生中期前半	境窪式	甕	口縁部〜底部	胴部
381			20SKK	045	16	弥生中期前半	境窪式	甕	口縁部〜底部	胴部
382			20SKK	045	17	弥生中期前半	境窪式	甕	口縁部〜底部	胴部
383			20SKK	045	18	弥生中期前半	境窪式	甕	口縁部〜底部	胴部
384			20SKK	045	19	弥生中期前半	境窪式	甕	口縁部〜底部	底部
385			20SKK	045	21	弥生中期前半	境窪式	甕	口縁部〜底部	底部
386			20SKK	045	22	弥生中期前半	境窪式	甕	口縁部〜底部	底部
387			20SKK	045	24	弥生中期前半	境窪式	甕	口縁部〜底部	底部
388			20SKK	045	25	弥生中期前半	境窪式	甕	口縁部〜底部	胴部
389			20SKK	045	26	弥生中期前半	境窪式	甕	口縁部〜底部	胴部
390			20SKK	045	28	弥生中期前半	境窪式	甕	口縁部〜底部	胴部

表3 各遺跡における植物種実圧痕の同定結果 249

圧痕残存面	観察者	分類群	部位	分類群備考	所蔵者（土器）	報告書記載箇所あるいは注記番号	文献No.
外面	百原・佐々木・那須・守屋	キビ	穎果		（松本市立	27図-25	20-4
外面	百原・佐々木・那須・守屋	キビ	穎果		考古博物館）	27図-25	20-4
外面	百原・佐々木・那須・守屋	不明	種実	キビ穎果の可能性あり		27図-25	20-4
外面	佐々木・那須・守屋	アワ	有ふ果			27図-25	20-4
外面	佐々木・那須・守屋	アワ	有ふ果			27図-25	20-4
外面	百原・佐々木・那須・守屋	アワ	穎果	発芽		27図-25	20-4
外面	佐々木・那須・守屋	アワ	有ふ果			27図-25	20-4
外面	百原・佐々木・那須・守屋	不明	種実			27図-25	20-4
外面	百原・佐々木・那須・守屋	キビ	穎果	破損		27図-25	20-4
外面	百原・佐々木・那須・守屋	キビ	穎果			27図-25	20-4
外面	百原・佐々木・那須・守屋	キビ	穎果	発芽		27図-25	20-4
外面	佐々木・那須・守屋	アワ	有ふ果			27図-25	20-4
外面	佐々木・那須・守屋	アワ	有ふ果			27図-25	20-4
外面	佐々木・那須・守屋	アワ	穎果			27図-25	20-4
外面	佐々木・那須・守屋	アワ	有ふ果			27図-25	20-4
外面	佐々木・那須・守屋	キビ	穎果			27図-25	20-4
外面	佐々木・那須・守屋	キビ	穎果			27図-25	20-4
内面	佐々木・那須・守屋	アワ	有ふ果			27図-25	20-4
内面	百原・佐々木・那須・守屋	不明	種実			27図-25	20-4
内面	佐々木・那須・守屋	キビ？	穎果？			27図-25	20-4
内面	百原・佐々木・那須・守屋	キビ？	穎果？			27図-25	20-4
内面	百原・佐々木・那須・守屋	キビ？	穎果？			27図-25	20-4
内面	百原・佐々木・那須・守屋	キビ？	穎果？			27図-25	20-4
内面	佐々木・那須・守屋	イネ	穎果	割れ		27図-25	20-4
外面	百原・佐々木・那須・守屋	不明	種実			27図-26	20-4
外面	百原・佐々木・那須・守屋	アワ	穎果			27図-26	20-4
外面	百原・佐々木・那須・守屋	アワ	穎果			28図-29	20-4
内面	佐々木・那須・守屋	アワ	有ふ果			28図-32	20-4
外面	百原・佐々木・那須・守屋	アワ	穎果			28図-34	20-4
外面	佐々木・那須・守屋	アワ？	穎果？			28図-35	20-4
内面	佐々木・那須・守屋	アワ	有ふ果			28図-38	20-4
外面	佐々木・那須・守屋	アワ	有ふ果			28図-40	20-4
内面	佐々木・那須・守屋	アワ	有ふ果			28図-40	20-4
外面	百原・佐々木・那須・守屋	キビ	穎果			29図-45	20-4
外面	百原・佐々木・那須・守屋	キビ	穎果			29図-45	20-4
外面	百原・佐々木・那須・守屋	キビ	穎果			29図-45	20-4
外面	佐々木・那須・守屋	キビ	有ふ果	割れ		29図-45	20-4
外面	百原・佐々木・那須・守屋	キビ	穎果			29図-45	20-4
外面	佐々木・那須・守屋	キビ	穎果			29図-45	20-4
外面	百原・佐々木・那須・守屋	キビ	穎果			29図-45	20-4
外面	佐々木・那須・守屋	キビ	有ふ果			29図-45	20-4
外面	佐々木・那須・守屋	イネ	籾			29図-45	20-4
外面	佐々木・那須・守屋	キビ	穎果			29図-45	20-4
外面	百原・佐々木・那須・守屋	キビ	穎果	発芽		29図-45	20-4
外面	佐々木・那須・守屋	イネ	穎果	破片		29図-45	20-4
外面	百原・佐々木・那須・守屋	キビ	穎果	発芽		29図-45	20-4
外面	佐々木・那須・守屋	キビ	有ふ果			29図-45	20-4
外面	百原・佐々木・那須・守屋	キビ	穎果	発芽		29図-45	20-4
外面	佐々木・那須・守屋	イネ	穎果	破片		29図-45	20-4
外面	佐々木・那須・守屋	イネ	穎果	破片		29図-45	20-4
外面	佐々木・那須・守屋	キビ	穎果			29図-45	20-4
外面	百原・佐々木・那須・守屋	キビ？	穎果？			29図-45	20-4
外面	佐々木・那須・守屋	キビ	有ふ果			29図-45	20-4
外面	佐々木・那須・守屋	キビ	穎果			29図-45	20-4
外面	佐々木・那須・守屋	キビ？	穎果？			29図-45	20-4
外面	佐々木・那須・守屋	アワ？	穎果？			29図-45	20-4
外面	佐々木・那須・守屋	キビ	穎果			29図-45	20-4
外面	佐々木・那須・守屋	キビ	穎果			29図-45	20-4

圧痕番号	遺跡名	遺跡所在地	資料番号			時期	土器型式	器種	部位	圧痕残存部位
391	（境窪遺跡）	（長野県松本市）	20SKK	045	29	弥生中期前半	境窪式	甕	口縁部～底部	胴部
392			20SKK	045	30	弥生中期前半	境窪式	甕	口縁部～底部	口縁部
393			20SKK	045	31	弥生中期前半	境窪式	甕	口縁部～底部	口縁部
394			20SKK	045	32	弥生中期前半	境窪式	甕	口縁部～底部	胴部
395			20SKK	045	33	弥生中期前半	境窪式	甕	口縁部～底部	胴部
396			20SKK	045	35	弥生中期前半	境窪式	甕	口縁部～底部	胴部
397			20SKK	045	36	弥生中期前半	境窪式	甕	口縁部～底部	胴部
398			20SKK	045	37	弥生中期前半	境窪式	甕	口縁部～底部	胴部
399			20SKK	045	38	弥生中期前半	境窪式	甕	口縁部～底部	口縁部
400			20SKK	045	39	弥生中期前半	境窪式	甕	口縁部～底部	口縁部
401			20SKK	045	40	弥生中期前半	境窪式	甕	口縁部～底部	口縁部
402			20SKK	045	41	弥生中期前半	境窪式	甕	口縁部～底部	口縁部
403			20SKK	045	43	弥生中期前半	境窪式	甕	口縁部～底部	口唇部
404			20SKK	045	44	弥生中期前半	境窪式	甕	口縁部～底部	口縁部
405			20SKK	045	45	弥生中期前半	境窪式	甕	口縁部～底部	胴部
406			20SKK	045	46b	弥生中期前半	境窪式	甕	口縁部～底部	胴部
407			20SKK	045	47	弥生中期前半	境窪式	甕	口縁部～底部	胴部
408			20SKK	045	48	弥生中期前半	境窪式	甕	口縁部～底部	胴部
409			20SKK	045	49	弥生中期前半	境窪式	甕	口縁部～底部	胴部
410			20SKK	045	51	弥生中期前半	境窪式	甕	口縁部～底部	胴部
411			20SKK	045	52	弥生中期前半	境窪式	甕	口縁部～底部	胴部
412			20SKK	045	53	弥生中期前半	境窪式	甕	口縁部～底部	胴部
413			20SKK	045	54	弥生中期前半	境窪式	甕	口縁部～底部	口縁部
414			20SKK	045	55	弥生中期前半	境窪式	甕	口縁部～底部	胴部
415			20SKK	045	56	弥生中期前半	境窪式	甕	口縁部～底部	口唇部
416			20SKK	045	57	弥生中期前半	境窪式	甕	口縁部～底部	口縁部
417			20SKK	045	58	弥生中期前半	境窪式	甕	口縁部～底部	口縁部
418			20SKK	045	59	弥生中期前半	境窪式	甕	口縁部～底部	口縁部
419			20SKK	045	60	弥生中期前半	境窪式	甕	口縁部～底部	胴部
420			20SKK	045	61	弥生中期前半	境窪式	甕	口縁部～底部	胴部
421			20SKK	045	62	弥生中期前半	境窪式	甕	口縁部～底部	胴部
422			20SKK	045	63	弥生中期前半	境窪式	甕	口縁部～底部	胴部
423			20SKK	045	64	弥生中期前半	境窪式	甕	口縁部～底部	胴部
424			20SKK	045	65	弥生中期前半	境窪式	甕	口縁部～底部	胴部
425			20SKK	045	66	弥生中期前半	境窪式	甕	口縁部～底部	胴部
426			20SKK	045	67	弥生中期前半	境窪式	甕	口縁部～底部	胴部
427			20SKK	045	68	弥生中期前半	境窪式	甕	口縁部～底部	胴部
428			20SKK	045	70	弥生中期前半	境窪式	甕	口縁部～底部	胴部
429			20SKK	045	72	弥生中期前半	境窪式	甕	口縁部～底部	胴部
430			20SKK	045	73	弥生中期前半	境窪式	甕	口縁部～底部	胴部
431			20SKK	045	74	弥生中期前半	境窪式	甕	口縁部～底部	口縁部
432			20SKK	045	75	弥生中期前半	境窪式	甕	口縁部～底部	口縁部
433			20SKK	045	76	弥生中期前半	境窪式	甕	口縁部～底部	口縁部
434			20SKK	045	77	弥生中期前半	境窪式	甕	口縁部～底部	胴部
435			20SKK	045	78	弥生中期前半	境窪式	甕	口縁部～底部	胴部
436			20SKK	045	80	弥生中期前半	境窪式	甕	口縁部～底部	胴部
437			20SKK	045	81	弥生中期前半	境窪式	甕	口縁部～底部	胴部
438			20SKK	045	83	弥生中期前半	境窪式	甕	口縁部～底部	胴部
439			20SKK	045	84	弥生中期前半	境窪式	甕	口縁部～底部	口縁部
440			20SKK	045	88	弥生中期前半	境窪式	甕	口縁部～底部	胴部
441			20SKK	045	89	弥生中期前半	境窪式	甕	口縁部～底部	口唇部
442			20SKK	045	90	弥生中期前半	境窪式	甕	口縁部～底部	口縁部
443			20SKK	045	92	弥生中期前半	境窪式	甕	口縁部～底部	胴部
444			20SKK	045	93	弥生中期前半	境窪式	甕	口縁部～底部	胴部
445			20SKK	045	95	弥生中期前半	境窪式	甕	口縁部～底部	胴部
446			20SKK	045	96	弥生中期前半	境窪式	甕	口縁部～底部	胴部
447			20SKK	045	97	弥生中期前半	境窪式	甕	口縁部～底部	胴部
448			20SKK	045	98	弥生中期前半	境窪式	甕	口縁部～底部	胴部

表3　各遺跡における植物種実圧痕の同定結果　251

圧痕残存面	観察者	分類群	部位	分類群備考	所蔵者（土器）	報告書記載箇所あるいは注記番号	文献No.
外面	佐々木・那須・守屋	イネ	穎果		（松本市立 考古博物館）	29図-45	20-4
外面	佐々木・那須・守屋	キビ	穎果			29図-45	20-4
外面	百原・佐々木・那須・守屋	キビ?	穎果?			29図-45	20-4
外面	佐々木・那須・守屋	イネ	籾			29図-45	20-4
外面	百原・佐々木・那須・守屋	キビ	穎果			29図-45	20-4
外面	百原・佐々木・那須・守屋	キビ	穎果	発芽		29図-45	20-4
外面	佐々木・那須・守屋	アワ	穎果			29図-45	20-4
外面	佐々木・那須・守屋	イネ	籾			29図-45	20-4
外面	百原・佐々木・那須・守屋	キビ?	有ふ果?			29図-45	20-4
外面	佐々木・那須・守屋	キビ	穎果			29図-45	20-4
外面	佐々木・那須・守屋	キビ	穎果			29図-45	20-4
外面	佐々木・那須・守屋	イネ	穎果			29図-45	20-4
外面	佐々木・那須・守屋	イネ	籾			29図-45	20-4
外面	佐々木・那須・守屋	キビ	穎果			29図-45	20-4
外面	佐々木・那須・守屋	キビ?	穎果?			29図-45	20-4
外面	佐々木・那須・守屋	イネ	籾			29図-45	20-4
外面	百原・佐々木・那須・守屋	イネ	穎果	発芽		29図-45	20-4
外面	佐々木・那須・守屋	キビ	有ふ果	欠損		29図-45	20-4
外面	佐々木・那須・守屋	不明	種実?			29図-45	20-4
外面	百原・佐々木・那須・守屋	キビ	穎果			29図-45	20-4
内面	佐々木・那須・守屋	イネ	穎果	破片		29図-45	20-4
内面	佐々木・那須・守屋	キビ?	穎果?			29図-45	20-4
内面	百原・佐々木・那須・守屋	キビ	有ふ果			29図-45	20-4
内面	佐々木・那須・守屋	キビ	穎果			29図-45	20-4
内面	佐々木・那須・守屋	イネ	穎果			29図-45	20-4
内面	百原・佐々木・那須・守屋	キビ	有ふ果			29図-45	20-4
内面	百原・佐々木・那須・守屋	キビ	穎果			29図-45	20-4
内面	佐々木・那須・守屋	不明	種実?			29図-45	20-4
内面	佐々木・那須・守屋	イネ	籾			29図-45	20-4
内面	佐々木・那須・守屋	キビ	有ふ果			29図-45	20-4
内面	佐々木・那須・守屋	キビ	穎果	発芽		29図-45	20-4
内面	佐々木・那須・守屋	イネ	籾			29図-45	20-4
内面	佐々木・那須・守屋	イネ	穎果				20-4
内面	百原・佐々木・那須・守屋	キビ	穎果	発芽		29図-45	20-4
内面	佐々木・那須・守屋	イネ	穎果	破片		29図-45	20-4
内面	百原・佐々木・那須・守屋	不明	種実			29図-45	20-4
内面	佐々木・那須・守屋	不明	種実	破片		29図-45	20-4
内面	百原・佐々木・那須・守屋	キビ	有ふ果			29図-45	20-4
内面	百原・佐々木・那須・守屋	不明	種実	キビ穎果の可能性あり		29図-45	20-4
内面	佐々木・那須・守屋	キビ	有ふ果			29図-45	20-4
内面	佐々木・那須・守屋	イネ	穎果			29図-45	20-4
内面	佐々木・那須・守屋	キビ	穎果			29図-45	20-4
内面	百原・佐々木・那須・守屋	不明	種実	キビ穎果の可能性あり		29図-45	20-4
内面	佐々木・那須・守屋	イネ	籾			29図-45	20-4
内面	佐々木・那須・守屋	イネ	穎果			29図-45	20-4
内面	佐々木・那須・守屋	キビ	穎果			29図-45	20-4
内面	佐々木・那須・守屋	キビ	穎果			29図-45	20-4
内面	佐々木・那須・守屋	イネ	籾			29図-45	20-4
内面	佐々木・那須・守屋	イネ	籾			29図-45	20-4
内面	佐々木・那須・守屋	キビ	穎果			29図-45	20-4
内面	百原・佐々木・那須・守屋	イネ?	穎果?			29図-45	20-4
内面	佐々木・那須・守屋	キビ	有ふ果			29図-45	20-4
内面	佐々木・那須・守屋	キビ	穎果			29図-45	20-4
内面	佐々木・那須・守屋	キビ	穎果			29図-45	20-4
内面	佐々木・那須・守屋	キビ	穎果			29図-45	20-4
内面	佐々木・那須・守屋	イネ?	穎果			29図-45	20-4
内面	佐々木・那須・守屋	イネ?	穎果			29図-45	20-4
内面	佐々木・那須・守屋	キビ	穎果			29図-45	20-4

圧痕番号	遺跡名	遺跡所在地	資料番号			時期	土器型式	器種	部位	圧痕残存部位
449	(境窪遺跡)	(長野県松本市)	20SKK	045	100	弥生中期前半	境窪式	甕	口縁部～底部	口縁部
450			20SKK	045	101	弥生中期前半	境窪式	甕	口縁部～底部	胴部
451			20SKK	045	102	弥生中期前半	境窪式	甕	口縁部～底部	胴部
452			20SKK	045	103	弥生中期前半	境窪式	甕	口縁部～底部	胴部
453			20SKK	045	105	弥生中期前半	境窪式	甕	口縁部～底部	胴部
454			20SKK	045	106	弥生中期前半	境窪式	甕	口縁部～底部	胴部
455			20SKK	045	107	弥生中期前半	境窪式	甕	口縁部～底部	胴部
456			20SKK	045	108	弥生中期前半	境窪式	甕	口縁部～底部	胴部
457			20SKK	045	110	弥生中期前半	境窪式	甕	口縁部～底部	胴部
458			20SKK	045	111	弥生中期前半	境窪式	甕	口縁部～底部	胴部
459			20SKK	045	113	弥生中期前半	境窪式	甕	口縁部～底部	胴部
460			20SKK	047	01	弥生中期前半	境窪式	壺	胴部～底部	胴部
461			20SKK	048	01	弥生中期前半	境窪式	甕	口縁部～底部	胴部
462			20SKK	049	01	弥生中期前半	境窪式	壺	胴部	胴部
463			20SKK	049	03	弥生中期前半	境窪式	壺	胴部	胴部
464			20SKK	049	04	弥生中期前半	境窪式	壺	胴部	胴部
465			20SKK	051	01	弥生中期前半	境窪式	甕	口縁部	口縁部
466			20SKK	052	02	弥生中期前半	境窪式	甕	胴部	胴部
467			20SKK	052	03	弥生中期前半	境窪式	甕	胴部	胴部
468			20SKK	052	04	弥生中期前半	境窪式	甕	胴部	胴部
469			20SKK	052	05	弥生中期前半	境窪式	甕	胴部	胴部
470			20SKK	052	06	弥生中期前半	境窪式	甕	胴部	胴部
471			20SKK	052	07	弥生中期前半	境窪式	甕	胴部	胴部
472			20SKK	052	08	弥生中期前半	境窪式	甕	胴部	胴部
473			20SKK	052	09	弥生中期前半	境窪式	甕	胴部	胴部
474			20SKK	052	10	弥生中期前半	境窪式	甕	胴部	胴部
475			20SKK	052	11	弥生中期前半	境窪式	甕	胴部	胴部
476			20SKK	052	12	弥生中期前半	境窪式	甕	胴部	胴部
477			20SKK	052	13	弥生中期前半	境窪式	甕	胴部	胴部
478			20SKK	054	01	弥生中期前半	境窪式	壺	口縁部～底部	胴部
479			20SKK	054	02	弥生中期前半	境窪式	壺	口縁部～底部	口縁部
480			20SKK	054	03	弥生中期前半	境窪式	壺	口縁部～底部	胴部
481			20SKK	054	04	弥生中期前半	境窪式	壺	口縁部～底部	胴部
482			20SKK	054	05	弥生中期前半	境窪式	壺	口縁部～底部	胴部
483			20SKK	054	11	弥生中期前半	境窪式	壺	口縁部～底部	胴部
484			20SKK	056	02	弥生中期前半	境窪式	壺	口縁部～底部	胴部
485			20SKK	056	03	弥生中期前半	境窪式	甕	口縁部～底部	胴部
486			20SKK	058	01	弥生中期前半	境窪式	壺	胴部	胴部
487			20SKK	065	01	弥生中期前半	境窪式	甕	口縁部～胴部	胴部
488			20SKK	065	02	弥生中期前半	境窪式	甕	口縁部～胴部	胴部
489			20SKK	065	03	弥生中期前半	境窪式	甕	口縁部～胴部	胴部
490			20SKK	068	01	弥生中期前半	境窪式	壺	胴部～底部	胴部
491			20SKK	071	01	弥生中期前半	境窪式	壺	頸部～胴部	胴部
492			20SKK	071	02	弥生中期前半	境窪式	壺	頸部～胴部	胴部
493			20SKK	071	03	弥生中期前半	境窪式	壺	頸部～胴部	胴部
494			20SKK	071	04	弥生中期前半	境窪式	壺	頸部～胴部	胴部
495			20SKK	107	01	弥生中期前半	境窪式	甕	口縁部	口縁部
496			20SKK	107	02	弥生中期前半	境窪式	甕	口縁部	口縁部
497			20SKK	112	01	弥生中期前半	境窪式	壺	頸部	頸部
498			20SKK	113	01	弥生中期前半	境窪式	壺	頸部	頸部
499			20SKK	113	02	弥生中期前半	境窪式	壺	頸部	頸部
500			20SKK	128	01	弥生中期前半	境窪式	甕	口縁部	口縁部
501			20SKK	170	01	弥生中期前半	境窪式	甕	口縁部	口縁部
502			20SKK	170	02	弥生中期前半	境窪式	甕	口縁部	口縁部
503			20SKK	183	01	弥生中期前半	境窪式	甕	口縁部	口縁部
504			20SKK	184	01	弥生中期前半	境窪式	甕	口縁部	口縁部
505			20SKK	189	01	弥生中期前半	境窪式	甕	胴部	胴部
506			20SKK	207	01	弥生中期前半	境窪式	甕	口縁部	口縁部

表3 各遺跡における植物種実圧痕の同定結果　253

圧痕残存面	観察者	分類群	部位	分類群備考	所蔵者（土器）	報告書記載箇所あるいは注記番号	文献 No.
内面	佐々木・那須・守屋	キビ	頴果		（松本市立考古博物館）	29図-45	20-4
内面	佐々木・那須・守屋	キビ？	頴果？			29図-45	20-4
内面	佐々木・那須・守屋	イネ	籾			29図-45	20-4
内面	百原・佐々木・那須・守屋	キビ	頴果			29図-45	20-4
内面	佐々木・那須・守屋	キビ	頴果			29図-45	20-4
内面	佐々木・那須・守屋	イネ	籾			29図-45	20-4
内面	佐々木・那須・守屋	イネ	頴果			29図-45	20-4
内面	佐々木・那須・守屋	キビ	有ふ果			29図-45	20-4
内面	百原・佐々木・那須・守屋	キビ	頴果			29図-45	20-4
内面	佐々木・那須・守屋	イネ	頴果			29図-45	20-4
内面	佐々木・那須・守屋	キビ	有ふ果			29図-45	20-4
外面	佐々木・那須・守屋	アワ	有ふ果			29図-47	20-4
内面	佐々木・那須・守屋	イネ	頴果	破片		29図-48	20-4
外面	佐々木・那須・守屋	アワ	頴果			29図-49	20-4
内面	佐々木・那須・守屋	アワ	有ふ果			29図-49	20-4
内面	佐々木・那須・守屋	アワ	有ふ果			29図-49	20-4
内面	百原・佐々木・那須・守屋	アワ	頴果			29図-51	20-4
外面	佐々木・那須・守屋	アワ	有ふ果			29図-52	20-4
外面	佐々木・那須・守屋	アワ	有ふ果			29図-52	20-4
外面	佐々木・那須・守屋	アワ	頴果			29図-52	20-4
外面	佐々木・那須・守屋	アワ	有ふ果			29図-52	20-4
外面	佐々木・那須・守屋	アワ	有ふ果			29図-52	20-4
内面	百原・佐々木・那須・守屋	アワ？	頴果？			29図-52	20-4
内面	佐々木・那須・守屋	アワ	有ふ果			29図-52	20-4
内面	佐々木・那須・守屋	アワ	頴果			29図-52	20-4
内面	百原・佐々木・那須・守屋	不明	種実	アワ頴果の可能性有り		29図-52	20-4
内面	佐々木・那須・守屋	キビ	有ふ果			29図-52	20-4
内面	百原・佐々木・那須・守屋	アワ？	有ふ果？			29図-52	20-4
断面	佐々木・那須・守屋	アワ	有ふ果			29図-52	20-4
外面	百原・佐々木・那須・守屋	キビ	頴果	発芽		29図-54	20-4
内面	百原・佐々木・那須・守屋	アワ	頴果			29図-54	20-4
外面	百原・佐々木・那須・守屋	キビ	頴果			29図-54	20-4
内面	百原・佐々木・那須・守屋	キビ	頴果			29図-54	20-4
内面	百原・佐々木・那須・守屋	キビ？	頴果？			29図-54	20-4
内面	百原・佐々木・那須・守屋	キビ	頴果			29図-54	20-4
内面	佐々木・那須・守屋	アワ	有ふ果			29図-56	20-4
外面	佐々木・那須・守屋	アワ	有ふ果			29図-56	20-4
内面	佐々木・那須・守屋	アワ	有ふ果			30図-58	20-4
外面	佐々木・那須・守屋	キビ	有ふ果			30図-65	20-4
外面	佐々木・那須・守屋	アワ	有ふ果			30図-65	20-4
内面	百原・佐々木・那須・守屋	不明	種実	アワ頴果の可能性有り		30図-65	20-4
外面	佐々木・那須・守屋	アワ	有ふ果			30図-68	20-4
外面	佐々木・那須・守屋	アワ	有ふ果			31図-71	20-4
外面	百原・佐々木・那須・守屋	不明	種実	アワ頴果の可能性有り		31図-71	20-4
外面	百原・佐々木・那須・守屋	アワ	有ふ果			31図-71	20-4
内面	佐々木・那須・守屋	キビ	頴果			31図-71	20-4
外面	佐々木・那須・守屋	アワ	有ふ果			32図-107	20-4
外面	佐々木・那須・守屋	アワ	有ふ果			32図-107	20-4
内面	佐々木・那須・守屋	イネ	籾			32図-112	20-4
外面	佐々木・那須・守屋	キビ？	頴果？			32図-113	20-4
外面	佐々木・那須・守屋	イネ	頴果			32図-113	20-4
外面	佐々木・那須・守屋	イネ	頴果			32図-128	20-4
外面	百原・佐々木・那須・守屋	キビ？	頴果？			33図-170	20-4
外面	佐々木・那須・守屋	アワ	有ふ果			33図-170	20-4
外面	佐々木・那須・守屋	アワ	有ふ果			34図-183	20-4
外面	佐々木・那須・守屋	アワ	有ふ果			34図-184	20-4
断面	佐々木・那須・守屋	アワ	有ふ果			34図-189	20-4
内面	佐々木・那須・守屋	アワ？	頴果？			34図-207	20-4

圧痕番号	遺跡名	遺跡所在地	資料番号			時期	土器型式	器種	部位	圧痕残存部位
507	(境窪遺跡)	(長野県松本市)	20SKK	208	01	弥生中期前半	境窪式	甕	口縁部	口縁部
508			20SKK	232	01	弥生中期前半	境窪式	甕	胴部	胴部
509			20SKK	250	01	弥生中期前半	境窪式	甕	口縁部	口唇部
510			20SKK	274	01	弥生中期前半	境窪式	甕	口縁部	口縁部
511			20SKK	275	01	弥生中期前半	境窪式	甕	胴部	胴部
512			20SKK	288	01	弥生中期前半	境窪式	甕	胴部	胴部
513			20SKK	288	02	弥生中期前半	境窪式	甕	胴部	胴部
514			20SKK	288	03	弥生中期前半	境窪式	甕	胴部	胴部
515			20SKK	288	04	弥生中期前半	境窪式	甕	胴部	胴部
516			20SKK	288	07 ·	弥生中期前半	境窪式	甕	胴部	胴部
517			20SKK	288	08	弥生中期前半	境窪式	甕	胴部	胴部
518			20SKK	288	09	弥生中期前半	境窪式	甕	胴部	胴部
519			20SKK	288	11	弥生中期前半	境窪式	甕	胴部	胴部
520			20SKK	288	13	弥生中期前半	境窪式	甕	胴部	胴部
521			20SKK	288	15	弥生中期前半	境窪式	甕	胴部	胴部
522			20SKK	288	16	弥生中期前半	境窪式	甕	胴部	胴部
523			20SKK	288	17	弥生中期前半	境窪式	甕	胴部	胴部
524			20SKK	289	01	弥生中期前半	境窪式	甕?	胴部	胴部
525			20SKK	289	02	弥生中期前半	境窪式	甕?	胴部	胴部
526			20SKK	292	01	弥生中期前半	境窪式	甕	胴部	胴部
527			20SKK	307	01	弥生中期前半	境窪式	甕	胴部	胴部
528			20SKK	341	01	弥生中期前半	境窪式	壺	胴部	胴部
529			20SKK	359	02	弥生中期前半	境窪式	甕	口縁部	口縁部
530			20SKK	363	01	弥生中期前半	境窪式	甕	胴部	胴部
531			20SKK	363	02	弥生中期前半	境窪式	甕	胴部	胴部
532			20SKK	388	01	弥生中期前半	境窪式	壺	胴部	胴部
533			20SKK	389	01	弥生中期前半	境窪式	壺	胴部	胴部
534			20SKK	413	02	弥生中期前半	境窪式	甕	胴部	胴部
535			20SKK	413	03	弥生中期前半	境窪式	甕	胴部	胴部
536			20SKK	435	01	弥生中期前半	境窪式	壺	胴部	胴部
537			20SKK	435	04	弥生中期前半	境窪式	壺	胴部	胴部
538			20SKK	435	05	弥生中期前半	境窪式	壺	胴部	胴部
539			20SKK	435	06	弥生中期前半	境窪式	壺	胴部	胴部
540			20SKK	439	01	弥生中期前半	境窪式	壺	胴部	胴部
541			20SKK	447	01	弥生中期前半	境窪式	甕	口縁部	口唇部
542			20SKK	447	02	弥生中期前半	境窪式	甕	口縁部	口唇部
543			20SKK	447	03	弥生中期前半	境窪式	甕	口縁部	口縁部
544			20SKK	447	04	弥生中期前半	境窪式	甕	口縁部	口縁部
545			20SKK	447	05	弥生中期前半	境窪式	甕	口縁部	口縁部
546			20SKK	447	06	弥生中期前半	境窪式	甕	口縁部	口縁部
547			20SKK	447	09	弥生中期前半	境窪式	甕	口縁部	口縁部
548			20SKK	447	10	弥生中期前半	境窪式	甕	口縁部	口縁部

静岡県

圧痕番号	遺跡名	遺跡所在地	資料番号			時期	土器型式	器種	部位	圧痕残存部位
549	清水天王山遺跡	静岡県静岡市	22STS	209	01	縄文後期末～晩期中葉	型式不明	深鉢	口縁部	口縁部
550			22STS	504	03	弥生前期末	水神平式	甕	口縁部	口縁部
551			22STS	1196	02	縄文後期末～晩期中葉	型式不明	深鉢	口縁部	口縁部
552			22STS	1540	01	縄文後期末～晩期中葉	型式不明	深鉢	口縁部	口縁部
553			22STS	1720	02	縄文後期末～晩期中葉	型式不明	深鉢	口縁部	口縁部
554			22STS	124	01	縄文後期末～晩期中葉	型式不明	深鉢	胴部	胴部
555			22STS	406	01	縄文後期末～晩期中葉	型式不明	深鉢	胴部	胴部
556			22STS	581-2	01	縄文後期末～晩期中葉	型式不明	深鉢	胴部	胴部
557	宮ノ台遺跡	静岡県静岡市	22MYD	035	02	縄文晩期後半	女鳥羽川式	浅鉢	口縁部	口縁部
558			22MYD	059_未3	01	縄文晩期後半	女鳥羽川式	深鉢	口縁部	口縁部
559			22MYD	059_未3	02	縄文晩期後半	女鳥羽川式	深鉢	口縁部	口縁部
560			22MYD	062	01	縄文晩期後半	女鳥羽川式	深鉢	胴部	胴部
561			22MYD	063_未1	01	縄文晩期後半	女鳥羽川式	深鉢	胴部	胴部

表3 各遺跡における植物種実圧痕の同定結果 255

圧痕残存面	観察者	分類群	部位	分類群備考	所蔵者(土器)	報告書記載箇所あるいは注記番号	文献 No.
外面	佐々木・那須・守屋	アワ	有ふ果		(松本市立考古博物館)	34図-208	20-4
外面	佐々木・那須・守屋	キビ?	穎果?	破片		35図-239	20-4
外面	佐々木・那須・守屋	アワ	有ふ果			36図-250	20-4
内面	百原・佐々木・那須・守屋	キビ	穎果			36図-274	20-4
外面	佐々木・那須・守屋	アワ	有ふ果			36図-275	20-4
外面	百原・佐々木・那須・守屋	アワ?	穎果?			36図-288	20-4
外面	佐々木・那須・守屋	アワ	有ふ果			36図-288	20-4
外面	佐々木・那須・守屋	キビ	有ふ果			36図-288	20-4
外面	佐々木・那須・守屋	アワ	有ふ果			36図-288	20-4
内面	佐々木・那須・守屋	アワ	有ふ果			36図-288	20-4
内面	佐々木・那須・守屋	アワ	有ふ果			36図-288	20-4
内面	佐々木・那須・守屋	アワ?	穎果?			36図-288	20-4
内面	佐々木・那須・守屋	アワ?	有ふ果?			36図-288	20-4
内面	佐々木・那須・守屋	アワ	有ふ果			36図-288	20-4
内面	佐々木・那須・守屋	アワ	有ふ果			36図-288	20-4
内面	百原・佐々木・那須・守屋	不明	種実	キビ穎果の可能性あり)		36図-288	20-4
内面	佐々木・那須・守屋	アワ	有ふ果			36図-289	20-4
断面	佐々木・那須・守屋	アワ	有ふ果			36図-289	20-4
外面	佐々木・那須・守屋	アワ	有ふ果			36図-292	20-4
内面	佐々木・那須・守屋	アワ	有ふ果			37図-307	20-4
外面	佐々木・那須・守屋	アワ	穎果			38図-341	20-4
外面	佐々木・那須・守屋	アワ	穎果			38図-359	20-4
外面	佐々木・那須・守屋	アワ	有ふ果			38図-363	20-4
内面	佐々木・那須・守屋	アワ	有ふ果			38図-363	20-4
外面	佐々木・那須・守屋	アワ	有ふ果			39図-388	20-4
外面	佐々木・那須・守屋	アワ	有ふ果			39図-389	20-4
外面	佐々木・那須・守屋	アワ	有ふ果			40図-413	20-4
内面	百原・佐々木・那須・守屋	アワ	有ふ果			40図-413	20-4
外面	佐々木・那須・守屋	アワ	有ふ果			40図-435	20-4
内面	佐々木・那須・守屋	アワ	有ふ果			40図-435	20-4
内面	佐々木・那須・守屋	アワ	有ふ果			40図-435	20-4
内面	百原・佐々木・那須・守屋	アワ	穎果			40図-435	20-4
外面	佐々木・那須・守屋	アワ	有ふ果	未熟		41図-439	20-4
外面	佐々木・那須・守屋	キビ	有ふ果			41図-447	20-4
外面	佐々木・那須・守屋	キビ	有ふ果			41図-447	20-4
外面	佐々木・那須・守屋	キビ	有ふ果			41図-447	20-4
外面	佐々木・那須・守屋	キビ	有ふ果			41図-447	20-4
外面	佐々木・那須・守屋	シソ属	果実	エゴマ型		41図-447	20-4
外面	佐々木・那須・守屋	アワ	有ふ果			41図-447	20-4
外面	佐々木・那須・守屋	キビ	有ふ果			41図-447	20-4
外面	佐々木・那須・守屋	イネ	穎果	割れ		41図-447	20-4

圧痕残存面	観察者	分類群	部位	分類群備考	所蔵者(土器)	報告書記載箇所あるいは注記番号	文献 No.
外面	百原・佐々木・那須・守屋	アサ?	果実?		静岡市埋蔵文化財センター	図44-209	22-1
内面	百原・佐々木・那須・守屋	キビ	有ふ果		文化財センター	図55-504	22-1
内面	百原・佐々木・那須・守屋	不明		ガマズミ属果実の可能性あり		図80-1196	22-1
内面	百原・佐々木・那須・守屋	不明	種実	核果		図95-1540	22-1
外面	百原・佐々木・那須・守屋	ケヤキ	果実			図102-1720	22-1
外面	佐々木・那須・守屋	堅果類	子葉			図41-124	22-1
内面	百原・佐々木・那須・守屋	カラスザンショウ	種子			図51-406	22-1
外面	百原・佐々木・那須・守屋	イヌシデ	果実			図57-581と同一個体	22-1
外面	佐々木・那須・守屋	堅果類	果皮		静岡市埋蔵文化財センター	35図-35	22-2
外面	佐々木・那須・守屋	堅果類	果皮		文化財センター	38図-59と同一個体	22-2
外面	佐々木・那須・守屋	不明	果皮?			38図-59と同一個体	22-2
断面	百原・佐々木・那須・守屋	不明	種実			39図-62	22-2
断面	佐々木・那須・守屋	堅果類	果皮			39図-63と同一個体	22-2

圧痕番号	遺跡名	遺跡所在地	資料番号			時期	土器型式	器種	部位	圧痕残存部位
562	大平遺跡	静岡県静岡市	22OD2	001	01	弥生前期末	氷II式	甕	胴部	胴部
563			22OD2	001	02	弥生前期末	氷II式	甕	胴部	胴部
564			22OD2	002	02	弥生前期末	氷II式	甕	胴部	胴部
565			22OD2	003	01	弥生前期末	氷II式	甕	口縁部～胴部	胴部
566			22OD2	003	02	弥生前期末	氷II式	甕	口縁部～胴部	胴部
567			22OD2	003	03	弥生前期末	氷II式	甕	口縁部～胴部	胴部
568			22OD2	005	01	弥生前期末	氷II式	甕	口縁部	口縁部
569			22OD3	001	01	弥生前期末	氷II式	甕	口縁部～胴部	口縁部
570			22OD3	002	01	弥生前期末	氷II式	甕	胴部～底部	胴部
571			22OD3	002	02	弥生前期末	氷II式	甕	胴部～底部	底部

大阪府

圧痕番号	遺跡名	遺跡所在地	資料番号			時期	土器型式	器種	部位	圧痕残存部位
572	馬場川遺跡	大阪府東大阪市	27BBG	002	01	縄文晩期初頭	滋賀里IIIa式		口縁部	口縁部
573	船橋遺跡	大阪府柏原市・	27FNH	006	01	縄文晩期末	長原式	甕	口縁部	口縁部
574		藤井寺市	27FNH	007	01	縄文晩期末	長原式	甕	口縁部	口縁部
575			27FNH	007	02	縄文晩期末	長原式	甕	口縁部	口縁部
576			27FNH	007	04	縄文晩期末	長原式	甕	口縁部	口縁部
577			27FNH	007	05	縄文晩期末	長原式	甕	口縁部	口縁部
578			27FNH	009	01	縄文晩期末	長原式	甕	口縁部	口縁部
579			27FNH	009	03	縄文晩期後半	船橋式	甕	口縁部	口縁部
580			27FNH	014	02	縄文晩期後半	船橋式	鉢	口縁部	口縁部
581			27FNH	015	01	縄文晩期後半	型式不明	不明	底部	底部
582			27FNH	022	01	縄文晩期後半	船橋式	甕	口縁部	口縁部
583			27FNH	027	01	縄文晩期後半	型式不明	甕	胴部	胴部
584			27FNH	032	01	縄文晩期後半	型式不明	甕	胴部	胴部
585			27FNH	034	02	縄文晩期後半	型式不明	甕	胴部	胴部
586	讃良郡条里遺跡	大阪府四條畷市	27SGJ	002	01	弥生前期	遠賀川式	甕	底部	底部
587			27SGJ	003	01	弥生前期	遠賀川式	甕	口縁～胴部	胴部
588			27SGJ	005	01	縄文晩期末	長原式	深鉢	口縁～胴部	胴部
589			27SGJ	005	03	縄文晩期末	長原式	深鉢	口縁～胴部	胴部
590			27SGJ	005	05	縄文晩期末	長原式	深鉢	口縁～胴部	胴部
591			27SGJ	005	06	縄文晩期末	長原式	深鉢	口縁～胴部	胴部
592			27SGJ	006	01	弥生前期	遠賀川式	不明	底部	底部
593			27SGJ	008	01	縄文晩期末	長原式	深鉢	口縁～胴部	胴部
594			27SGJ	008	02	縄文晩期末	長原式	深鉢	口縁～胴部	胴部
595			27SGJ	008	03	縄文晩期末	長原式	深鉢	口縁～胴部	胴部
596			27SGJ	012	01	縄文晩期末	長原式	鉢(楕円形)	底部	底部
597			27SGJ	012	02	縄文晩期末	長原式	鉢(楕円形)	底部	底部
598			27SGJ	013	01	弥生前期	遠賀川式	壺／鉢	底部	底部
599			27SGJ	015	01	弥生前期	遠賀川式	不明	底部	底部
600			27SGJ	016	01	弥生前期	遠賀川式	ミニチュア	完形	胴部
601			27SGJ	017	01	弥生前期	遠賀川式	甕	口縁～胴部	口縁
602			27SGJ	018	01	弥生前期	遠賀川式	甕または壺	口縁～胴部	胴部
603			27SGJ	019	01	弥生前期	遠賀川式	壺	肩部	肩部
604			27SGJ	021	01	弥生前期	遠賀川式	不明	底部	胴部
605			27SGJ	023	01	弥生前期	遠賀川式	不明	底部	胴部
606			27SGJ	028	01	弥生前期	遠賀川式	壺	底部	底部
607			27SGJ	030	02	弥生前期	遠賀川式	甕	完形	口縁
608			27SGJ	031	01	弥生前期	遠賀川式	不明	底部	底部
609			27SGJ	032	03	弥生前期	遠賀川式	不明	底部	底部
610			27SGJ	033	01	弥生前期	遠賀川式	不明	底部	底部
611			27SGJ	033	02	弥生前期	遠賀川式	不明	底部	底部
612			27SGJ	035	01	弥生前期	遠賀川式	不明	底部	底部
613			27SGJ	035	02	弥生前期	遠賀川式	不明	底部	底部

表3 各遺跡における植物種実圧痕の同定結果　257

圧痕残存面	観察者	分類群	部位	分類群備考	所蔵者（土器）	報告書記載箇所あるいは注記番号	文献 No.
外面	佐々木・那須・守屋	キビ	有ふ果		静岡市埋蔵	8図2	22-3
内面	佐々木・那須・守屋	キビ	有ふ果		文化財センター	8図2	22-3
内面	佐々木・那須・守屋	キビ	有ふ果			8図3	22-3
外面	佐々木・那須・守屋	キビ	有ふ果			9図1	22-3
内面	佐々木・那須・守屋	キビ	有ふ果			9図1	22-3
内面	佐々木・那須・守屋	キビ	有ふ果			9図1	22-3
外面	佐々木・那須・守屋	キビ？	有ふ果？	可能性有り		9図6	22-3
外面	佐々木・那須・守屋	キビ	有ふ果			26図1	22-4
内面	百原・佐々木・那須・守屋	キビ？	穎果？			26図8	22-4
内底面	佐々木・那須・守屋	アワ	有ふ果			26図8	22-4

圧痕残存面	観察者	分類群	部位	分類群備考	所蔵者（土器）	報告書記載箇所あるいは注記番号	文献 No.
外面	百原・佐々木・那須・守屋	不明	種実		東大阪市立埋蔵文化財センター	箱2547	未報告資料
外面	佐々木・那須・守屋	アワ	有ふ果		大阪府立	2559	未報告資料
外面	佐々木・那須・守屋	イネ	穎果		弥生文化博物館	940	未報告資料
外面	佐々木・那須・守屋	イネ	籾	割れ		940	未報告資料
内面	佐々木・那須・守屋	イネ	穎果			940	未報告資料
外面	百原・佐々木・那須・守屋	イネ科？	苞穎？			159	未報告資料
外面	佐々木・那須・守屋	ヤエムグラ属	種子			159	未報告資料
内面	佐々木・那須・守屋	イネ	籾			1231	未報告資料
外底面	佐々木・那須・守屋	イネ	籾			249	未報告資料
内面	佐々木・那須・守屋	堅果類	果皮			120	未報告資料
内面	佐々木・那須・守屋	ダイズ属	種子			473	未報告資料
外面	百原・佐々木・那須・守屋	不明	種実	破片、エゴノキなどの可能性あり		160	未報告資料
外面	百原・佐々木・那須・守屋	不明	種実			812	未報告資料
外底面	佐々木・那須・守屋	イネ	籾		大阪府文化財センター	図247-31	27-1
内面	佐々木・那須・守屋	イネ	穎果			図250-9	27-1
内面	佐々木・那須・守屋	アワ	有ふ果			図263-15	27-1
内面	佐々木・那須・守屋	アワ	有ふ果			図263-15	27-1
内面	佐々木・那須・守屋	アワ	有ふ果			図263-15	27-1
内面	佐々木・那須・守屋	アワ	有ふ果			図263-15	27-1
外底面	百原・佐々木・那須・守屋	不明	種実	破片		図264-22	27-1
内面	佐々木・那須・守屋	アワ	穎果			図266-14	27-1
外面	佐々木・那須・守屋	アワ	有ふ果			図266-14	27-1
外面	佐々木・那須・守屋	アワ	有ふ果			図266-14	27-1
外底面	佐々木・那須・守屋	アワ	有ふ果			図275-72	27-1
外底面	佐々木・那須・守屋	アワ	有ふ果	2点		図275-72	27-1
外底面	佐々木・那須・守屋	イネ	穎果			図276-93	27-1
内面	百原・佐々木・那須・守屋	不明	種実？			図284-12	27-1
外面	佐々木・那須・守屋	イネ	籾			図286-5	27-1
外面	佐々木・那須・守屋	イネ	籾			図286-16	27-1
内面	佐々木・那須・守屋	イネ	穎果			図298-10	27-1
外面	百原・佐々木・那須・守屋	アワ	有ふ果			図298-14	27-1
外面	佐々木・那須・守屋	イネ	籾殻			図299-46	27-1
外面	百原・佐々木・那須・守屋	イネ	籾または籾殻			図302-28	27-1
	佐々木・那須・守屋	イネ	籾			図307-60	27-1
内面	佐々木・那須・守屋	イネ	穎果			図311-21	27-1
外面	佐々木・那須・守屋	イネ	穎果			図312-57	27-1
内面	佐々木・那須・守屋	イネ	穎果			図312-63	27-1
外底面	百原・佐々木・那須・守屋	イネ	籾			図312-66	27-1
外底面	佐々木・那須・守屋	イネ	籾			図312-66	27-1
外底面	百原・佐々木・那須・守屋	不明	種実	イネの可能性あり		図312-80	27-1
外底面	百原・佐々木・那須・守屋	イネ	籾			図312-80	27-1

兵庫県

圧痕番号	遺跡名	遺跡所在地	資料番号			時期	土器型式	器種	部位	圧痕残存部位
614	篠原遺跡	兵庫県神戸市	28SNH	012	01	縄文晩期前半	篠原式	深鉢	口縁部	口縁部
615			28SNH	015	01	縄文晩期前半	篠原式	深鉢	口縁部〜胴部	胴部
616			28SNH	027	01	縄文晩期前半	篠原式	浅鉢	口縁部	口縁部
617			28SNH	029	01	縄文晩期前半	篠原式	深鉢	口縁部〜底部	胴部
618			28SNH	082	01	縄文晩期前半	篠原式	浅鉢	口縁部	口縁部
619			28SNH	087	02	縄文晩期前半	篠原式	浅鉢	口縁部〜胴部	口縁部
620			28SNH	098	02	縄文晩期前半	篠原式	深鉢	底部	底部

岡山県

圧痕番号	遺跡名	遺跡所在地	資料番号			時期	土器型式	器種	部位	圧痕残存部位
621	福田貝塚	岡山県倉敷市	33FKD	001	01	縄文後期		深鉢	胴部	胴部
622			33FKD	013	01	縄文中期後半	里木Ⅲ式？	深鉢	口縁部	口縁部
623			33FKD	018	01	縄文後期		深鉢	底部	底部
624			33FKD	019	01	縄文後期		不明	胴部	胴部
625			33FKD	026	01	縄文後期初頭	中津式	深鉢	口縁部〜胴部	胴部
626			33FKD	030	01	縄文中期後半	里木Ⅱ式？	深鉢	胴部	胴部
627			33FKD	032	01	縄文後期		深鉢	胴部	胴部
628			33FKD	035	01	縄文後期		深鉢	胴部	胴部
629			33FKD	039	01	縄文後期		深鉢	胴部	胴部
630			33FKD	044	01	縄文後期		深鉢	胴部	胴部
631			33FKD	049	01	縄文後期		深鉢	胴部	胴部
632			33FKD	052	01	縄文後期		深鉢	胴部	胴部
633			33FKD	054	01	縄文後期		深鉢	胴部	胴部
634			33FKD	055	01	縄文後期		深鉢	胴部	胴部
635			33FKD	056	01	縄文後期		深鉢	胴部	胴部
636			33FKD	058	01	縄文後期		深鉢	胴部	胴部
637			33FKD	059	01	縄文後期				
638			33FKD	062	01	縄文後期				
639			33FKD	063	01	縄文後期		深鉢	胴部	胴部
640			33FKD	064	01	縄文晩期前半		深鉢	口縁部	口縁部
641			33FKD	076	01	縄文後期		深鉢	胴部	胴部
642			33FKD	079	01	縄文後期		深鉢	胴部	胴部

広島県

圧痕番号	遺跡名	遺跡所在地	資料番号			時期	土器型式	器種	部位	圧痕残存部位
643	中山貝塚	広島県広島市	34NYM	002	01	縄文晩期前半		深鉢	底部	底部
644			34NYM	005	01	縄文晩期前半		深鉢	底部	底部

山口県

圧痕番号	遺跡名	遺跡所在地	資料番号			時期	土器型式	器種	部位	圧痕残存部位
645	岩田遺跡	山口県熊毛郡	35IWT	002	02	縄文晩期前半		深鉢	口縁部	口縁部
646		平生町	35IWT	004	01	縄文晩期前半	岩田4類	深鉢	胴部	胴部
647			35IWT	005	01	縄文晩期前半	岩田4類	深鉢	口縁部	口縁部
648			35IWT	014	01	縄文晩期前半		深鉢	胴部	胴部
649			35IWT	015	01	縄文晩期前半		深鉢	口縁部	口縁部
650			35IWT	016	01	縄文晩期前半		深鉢	胴部	胴部
651			35IWT	021	01	縄文晩期前半		深鉢	口縁部	口縁部
652			35IWT	022	01	縄文晩期前半	岩田4類	深鉢	胴部	胴部
653			35IWT	029	01	縄文晩期前半	岩田4類	深鉢	口縁部	口縁部
654			35IWT	031	01	縄文晩期前半	岩田4類	深鉢	口縁部	口縁部
655			35IWT	032	01	縄文晩期前半	岩田4類	深鉢	口縁部	口縁部

表3　各遺跡における植物種実圧痕の同定結果　259

圧痕残存面	観察者	分類群	部位	分類群備考	所蔵者(土器)	報告書記載箇所あるいは注記番号	文献No.
内面	百原・佐々木・那須・守屋	堅果類	果皮		神戸市埋蔵文化財センター	13 図90	28-1
内面	百原・佐々木・那須・守屋	アズキ亜属?	種子?			14 図105	28-1
外面	百原・佐々木・那須・守屋	不明	種実?			18 図194	28-1
外面	百原・佐々木・那須・守屋	イヌタデ属	果実			20 図233	28-1
内面	百原・佐々木・那須・守屋	不明	種実または冬芽			46 図743	28-1
外面	百原・佐々木・那須・守屋	堅果類	種皮または果皮			48 図796	28-1
外底面	百原・佐々木・那須・守屋	不明	種実			51 図855	28-1

圧痕残存面	観察者	分類群	部位	分類群備考	所蔵者(土器)	報告書記載箇所あるいは注記番号	文献No.
断面	佐々木・那須・守屋	堅果類	果皮		岡山理科大学	未報告	未報告資料
内面	百原・佐々木・那須・守屋	堅果類?	子葉?			未報告	未報告資料
外底面	佐々木・那須・守屋	堅果類?	果皮?			未報告	未報告資料
外面	佐々木・那須・守屋	ダイズ属	種子	ツルマメ型		未報告	未報告資料
内面	百原・佐々木・那須・守屋	アカガシ亜属	幼果			未報告	未報告資料
外面	佐々木・那須・守屋	堅果類	果皮			未報告	未報告資料
内面	佐々木・那須・守屋	堅果類	果皮			未報告	未報告資料
内面	佐々木・那須・守屋	堅果類?	子葉?			未報告	未報告資料
内面	佐々木・那須・守屋	堅果類?	子葉?			未報告	未報告資料
断面	百原・佐々木・那須・守屋	ケヤキ	果実			未報告	未報告資料
内面	佐々木・那須・守屋	不明	果皮			未報告	未報告資料
内面	佐々木・那須・守屋	堅果類?	子葉?			未報告	未報告資料
内面	佐々木・那須・守屋	堅果類	子葉			未報告	未報告資料
内面	佐々木・那須・守屋	堅果類?	果皮?			未報告	未報告資料
	百原・佐々木・那須・守屋	ヤマハギ	果実			未報告	未報告資料
	百原・佐々木・那須・守屋	不明	子葉			未報告	未報告資料
	佐々木・那須・守屋	堅果類	果皮			未報告	未報告資料
外面	佐々木・那須・守屋	イチイガシ?	子葉?			未報告	未報告資料
内面	佐々木・那須・守屋	コナラ属-シイノキ属	子葉			未報告	未報告資料
内面	佐々木・那須・守屋	堅果類	果皮			未報告	未報告資料
内面	百原・佐々木・那須・守屋	不明	種実			未報告	未報告資料

圧痕残存面	観察者	分類群	部位	分類群備考	所蔵者(土器)	報告書記載箇所あるいは注記番号	文献No.
内底面	佐々木・那須・守屋	堅果類	果皮		広島大学考古学研究室	未報告	未報告資料
外面	百原・佐々木・那須・守屋	シソ属	果実			未報告	未報告資料

圧痕残存面	観察者	分類群	部位	分類群備考	所蔵者(土器)	報告書記載箇所あるいは注記番号	文献No.
内面	佐々木・那須・守屋	堅果類	果皮		広島大学考古学研究室	未報告	未報告資料
外面	佐々木・那須・守屋	堅果類	果皮			未報告	未報告資料
内面	百原・佐々木・那須・守屋	堅果類	果皮			未報告	未報告資料
外面	佐々木・那須・守屋	堅果類	果皮			未報告	未報告資料
外面	佐々木・那須・守屋	不明	種実			未報告	未報告資料
外面	佐々木・那須・守屋	堅果類?	子葉?			未報告	未報告資料
内面	佐々木・那須・守屋	堅果類	果皮			未報告	未報告資料
内面	守屋	不明	種実			未報告	未報告資料
外面	佐々木・那須・守屋	堅果類	果皮			未報告	未報告資料

圧痕番号	遺跡名	遺跡所在地	資料番号		時期	土器型式	器種	部位	圧痕残存部位
656	（岩田遺跡）	（山口県熊毛郡	35IWT	033	01	縄文晩期前半	岩田4類	深鉢	口縁部	口縁部
657		平生町）	35IWT	036	01	縄文晩期前半	岩田4類	深鉢	胴部	胴部
658			35IWT	062	01	縄文晩期前半		深鉢	底部	底部
659			35IWT	067	01	縄文晩期前半	岩田4類	深鉢	胴部	胴部
660			35IWT	069	01	縄文晩期前半	岩田4類	鉢	完形	底部
661			35IWT	069	02	縄文晩期前半		鉢	完形	胴部
662			35IWT	069	03	縄文晩期前半		鉢	完形	底部
663			35IWT	072	04	縄文晩期前半	岩田4類	浅鉢	完形	胴部

熊本県

圧痕番号	遺跡名	遺跡所在地	資料番号		時期	土器型式	器種	部位	圧痕残存部位
664	ワクド石遺跡	熊本県菊池郡	43WDI	003	01	縄文後期後半	太朗迫式	深鉢	口縁部	口縁部
665		大津町	43WDI	008	02	縄文後期後半	太朗迫式	深鉢	口縁部～胴部	胴部
666			43WDI	023	01	縄文後期後半	太朗迫式	深鉢	胴部	胴部
667			43WDI	031	01	縄文後期後半	鳥井原式	深鉢	胴部	胴部
668			43WDI	035	01	縄文後期後半	太朗迫式	深鉢	胴部	胴部
669			43WDI	042	01	縄文後期後半	鳥井原式	深鉢	口縁部	口縁部
670			43WDI	053	01	縄文後期後半	三万田式	深鉢	口縁部～胴部	口縁部
671			43WDI	082	01	縄文後期後半	鳥井原式	鉢	口縁部	口縁部
672			43WDI	112	01	縄文後期後半	太朗迫式	深鉢	口縁部	口縁部
673			43WDI	141	01	縄文後期後半	太朗迫式	深鉢	口縁部	口縁部
674			43WDI	161	01	縄文後期後半	三万田式	浅鉢	口縁部～胴部	胴部
675	鳥井原遺跡	熊本県熊本市	43TIB	006	01	縄文後期後半～晩期初頭		深鉢	口縁部	口縁部
676			43TIB	044	01	縄文後期後半～晩期初頭		深鉢	口縁部	口縁部
677			43TIB	075	02	縄文後期後半～晩期初頭		深鉢	胴部	胴部
678			43TIB	089	01	縄文後期後半～晩期初頭		深鉢	胴部	胴部
679			43TIB	090	01	縄文後期後半～晩期初頭		深鉢	胴部	胴部
680	古閑遺跡	熊本県上益城郡	43KOG	1004	01	縄文晩期初頭	古閑式	深鉢	口縁部	口縁部
681		益城町	43KOG	1004	02	縄文晩期初頭	古閑式	深鉢	口縁部	口縁部
682			43KOG	1007	01	縄文晩期初頭	古閑式	深鉢	口縁部	口縁部
683			43KOG	1007	05	縄文晩期初頭	古閑式	深鉢	口縁部	口縁部
684			43KOG	1009	01	縄文晩期初頭	古閑式	深鉢	口縁部～胴部	胴部
685			43KOG	1031	01	縄文晩期初頭	古閑式	浅鉢	口縁部	口縁部
686			43KOG	011_01	01	縄文晩期初頭	古閑式	深鉢	口縁部	口縁部
687			43KOG	013_02	01	縄文晩期初頭	古閑式	深鉢	胴部	胴部
688			43KOG	018_01	02	縄文晩期初頭	古閑式	深鉢	底部	底部
689			43KOG	038_01	01	縄文晩期初頭	古閑式	浅鉢	胴部	胴部
690			43KOG	062_01	01	縄文晩期初頭	古閑式	深鉢	胴部	胴部
691			43KOG	070_01	01	縄文晩期初頭	古閑式	深鉢	底部	底部
692			43KOG	086_02	01	縄文晩期初頭	古閑式	深鉢	胴部	胴部
693			43KOG	091_01	01	縄文晩期初頭	古閑式	深鉢	胴部	胴部
694			43KOG	091_02	01	縄文晩期初頭	古閑式	深鉢	胴部	胴部
695			43KOG	093_01	01	縄文晩期初頭	古閑式	深鉢	胴部	胴部
696			43KOG	096_01	01	縄文晩期初頭	古閑式	深鉢	胴部	胴部
697			43KOG	147_01	01	弥生後期		壺	胴部	胴部
698			43KOG	168_01	01	縄文晩期初頭	古閑式	深鉢	口縁部～胴部	口縁部
699			43KOG	174_01	02	縄文晩期初頭	古閑式	深鉢	口縁部	口縁部
700			43KOG	174_01	03	縄文晩期初頭	古閑式	深鉢	口縁部	口縁部
701			43KOG	178_01	01	縄文晩期初頭	古閑式	鉢	口縁部	口縁部
702			43KOG	187_01	01	縄文晩期初頭	古閑式	鉢	口縁部	残縁部
703			43KOG	192_01	01					

表3 各遺跡における植物種実圧痕の同定結果

圧痕残存面	観察者	分類群	部位	分類群備考	所蔵者（土器）	報告書記載箇所あるいは注記番号	文献No.
外面	佐々木・那須・守屋	堅果類？	果皮？		（広島大学 考古学研究室）	未報告	未報告資料
外面	百原・佐々木・那須・守屋	コナラ属－シイノキ属	子葉			未報告	未報告資料
外面	佐々木・那須・守屋	堅果類	果皮			未報告	未報告資料
外面	百原・佐々木・那須・守屋	アカネ科	核			未報告	未報告資料
内底面	佐々木・那須・守屋	堅果類？	果皮？			未報告	未報告資料
内面	百原・佐々木・那須・守屋	堅果類？	果皮？			未報告	未報告資料
外底面	佐々木・那須・守屋	不明	子葉？			未報告	未報告資料
内面	百原・佐々木・那須・守屋	不明	種実			未報告	未報告資料

圧痕残存面	観察者	分類群	部位	分類群備考	所蔵者（土器）	報告書記載箇所あるいは注記番号	文献No.
断面	百原・佐々木・那須・守屋	アズキ亜属	種子		熊本県教育委員会	31図14	43-1
内面	百原・佐々木・那須・守屋	不明	果皮？			48図6	43-1
外面	百原・佐々木・那須・守屋	不明	種実			55図12	43-1
外面	百原・佐々木・那須・守屋	不明	種実			56図35	43-1
外面	百原・佐々木・那須・守屋	エゾムギ属	有ふ果			58図82	43-1
外面	百原・佐々木・那須・守屋	不明	種実			61図197	43-1
内面	佐々木・那須・守屋	不明	種実			62図254	43-1
内面	佐々木・那須・守屋	不明	種実			67図78	43-1
外面	佐々木・那須・守屋	不明	種実			72図13	43-1
	佐々木・那須・守屋	不明	種実？	破片？		79図110	43-1
内面	佐々木・那須・守屋	不明	種実？			81図211	43-1
	百原・佐々木・那須・守屋	イネ科	有ふ果		熊本市立熊本博物館	未報告	未報告資料
内面	百原・佐々木・那須・守屋	堅果類？	子葉？			未報告	未報告資料
内面	百原・佐々木・那須・守屋	堅果類？	果皮？			未報告	未報告資料
内面	百原・佐々木・那須・守屋	不明	果皮			未報告	未報告資料
外面	百原・佐々木・那須・守屋	カラスザンショウ				未報告	未報告資料
内面	佐々木・那須・守屋	不明	種実	堅果の果皮の可能性あり	熊本県教育委員会	22図_03	43-3
内面	佐々木・那須・守屋	不明	種実？			22図_03	43-3
内面	百原・佐々木・那須・守屋	不明	種実	マメ科の可能性あり		26図_06	43-3
内面	百原・佐々木・那須・守屋	不明	種実	ダイズ属種子の可能性あり)		26図_06	43-3
内面	百原・佐々木・那須・守屋	不明	果皮			27図_04	43-3
内面	百原・佐々木・那須・守屋	イチイガシ	子葉			40図_05	43-3
内面	佐々木・那須・守屋	シソ属	果実			未報告	未報告資料
外面	百原・佐々木・那須・守屋	スゲ属	果実	3稜型		未報告	未報告資料
外底面	百原・佐々木・那須・守屋	ブナ科	堅果	破片		未報告	未報告資料
内面	百原・佐々木・那須・守屋	堅果類	果皮			未報告	未報告資料
内面	佐々木・那須・守屋	シソ属	果実			未報告	未報告資料
外底面	百原・佐々木・那須・守屋	不明	種実	形態はシソ属に類似		未報告	未報告資料
外面	百原・佐々木・那須・守屋	シソ属	果実			未報告	未報告資料
外面	百原・佐々木・那須・守屋	イヌコウジュ属またはシソ属	果実			未報告	未報告資料
断面	佐々木・那須・守屋	不明	種実？			未報告	未報告資料
内面	百原・佐々木・那須・守屋	不明	種実？			未報告	未報告資料
外面	百原・佐々木・那須・守屋	不明	種実			未報告	未報告資料
外面	佐々木・那須・守屋	アワ	有ふ果			未報告	未報告資料
外面	佐々木・那須・守屋	シソ属	果実			未報告	未報告資料
内面	百原・佐々木・那須・守屋	堅果類	果皮			未報告	未報告資料
内面	百原・佐々木・那須・守屋	堅果類	果皮			未報告	未報告資料
外面	百原・佐々木・那須・守屋	サルナシ	種子			未報告	未報告資料
内面	百原・佐々木・那須・守屋	堅果類	果皮			未報告	未報告資料
	百原・佐々木・那須・守屋	堅果類？	果皮？			未報告	未報告資料

262　第4章　日本列島における穀物栽培の起源を求めて―レプリカ法による土器圧痕調査結果報告―

鹿児島県

圧痕番号	遺跡名	遺跡所在地	資料番号			時期	土器型式	器種	部位	圧痕残存部位
704	上加世田遺跡	鹿児島県南さつま市	46UKD	001	01	縄文後期終末	上加世田式	浅鉢	口縁部～底部	口縁部
705	黒川洞穴	鹿児島県日置市	46KRK	001	01	縄文後期～晩期		深鉢	胴部	胴部
706			46KRK	005	01	縄文晩期		鉢	口縁部	口縁部
707			46KRK	012	01	縄文後期～晩期		深鉢	胴部	胴部
708			46KRK	015	01	縄文後期～晩期		深鉢	胴部	胴部
709			46KRK	017	01	縄文後期中葉	市来式系	深鉢	口縁部	口縁部
710			46KRK	017	02	縄文後期終末	御領式	深鉢	口縁部	口縁部
711			46KRK	018	01	縄文後期～晩期		深鉢	胴部	胴部
712			46KRK	020	01	縄文後期～晩期		深鉢	胴部	胴部
713			46KRK	023	01	縄文後期		深鉢	胴部	胴部
714			46KRK	024	01	縄文後期中葉	市来式系	深鉢	口縁部～胴部	胴部
715			46KRK	025	01	縄文後期～晩期		深鉢	胴部	胴部
716			46KRK	026	01	縄文晩期前半		深鉢	胴部	胴部
717			46KRK	029	01	縄文晩期		深鉢	胴部	胴部
718			46KRK	034	01	縄文後期末	上加世田式～入佐式	深鉢	胴部	胴部
719			46KRK	037	01	縄文後期中葉		深鉢	底部	底部
720			46KRK	039	01	縄文晩期		深鉢	胴部	胴部
721			46KRK	042	01	縄文後期～晩期		深鉢	胴部	胴部
722			46KRK	043	01	縄文後期～晩期		深鉢	胴部	胴部
723			46KRK	044	01	縄文後期終末～晩期前半		深鉢	胴部	胴部
724			46KRK	045	01	縄文後期終末	上加世田式～入佐式	深鉢	胴部	胴部
725			46KRK	046	01	縄文後期中葉～後期後半		深鉢	口縁部	口縁部
726			46KRK	047	01	縄文晩期前半	黒川式	鉢	口縁部	口縁部
727			46KRK	048	01	縄文後期終末～晩期前半		深鉢	胴部	胴部
728			46KRK	049	01	縄文後期終末	入佐式	浅鉢	胴部	胴部
729			46KRK	050	01	縄文後期終末	入佐式	浅鉢	口縁部	口縁部
730			46KRK	051-2	01	縄文後期～晩期		深鉢	胴部	胴部
731	榎木原遺跡	鹿児島県鹿屋市	46EKB	1035	01	縄文晩期前半	黒川式	深鉢	口縁部	口縁部
732			46EKB	1109	01	縄文晩期前半	黒川式	深鉢	底部	底部
733			46EKB	1113	01	縄文晩期前半	黒川式	深鉢	底部	底部
734			46EKB	1169	01	縄文晩期前半	黒川式	鉢	口縁部	口縁部
735			46EKB	1171	01	縄文晩期前半	黒川式	深鉢	口縁部	口縁部
736			46EKB	1177	01	縄文晩期前半	黒川式(干河原段階)	浅鉢	胴部	胴部
737			46EKB	0214	01	縄文晩期前半	黒川式	深鉢	口縁部	口縁部

表3　各遺跡における植物種実圧痕の同定結果　263

圧痕残存面	観察者	分類群	部位	分類群備考	所蔵者(土器)	報告書記載箇所あるいは注記番号	文献No.
内面	佐々木・那須・守屋	堅果類	果皮		鹿児島県立埋蔵文化財センター	展示資料 KC82	展示資料
内面	百原・佐々木・那須・守屋	コナラ属－シイノキ属	果皮		鹿児島県立埋蔵文化財センター	A104111_1_1	未報告資料
内面	百原・佐々木・那須・守屋	堅果類	果皮			A105701_1_3_1	未報告資料
内面	百原・佐々木・那須・守屋	カラスザンショウ	種子			A109101_10_1	未報告資料
断面	百原・佐々木・那須・守屋	不明	種実			A109102_2_P1_1	未報告資料
外面	佐々木・那須・守屋	堅果類	果皮			A109102_5_1	未報告資料
内面	佐々木・那須・守屋	コナラ属－シイノキ属	果皮			A109102_5_1	未報告資料
断面	百原・佐々木・那須・守屋	不明	種実			A109104_2_1_1_1	未報告資料
外面	百原・佐々木・那須・守屋	不明	種実			A109104_4_2_1_1	未報告資料
断面	百原・佐々木・那須・守屋	カラスザンショウ	果実			A109104_7_1_2	未報告資料
外面	佐々木・那須・守屋	堅果類	果皮			A109104_7_1_3	未報告資料
外面	佐々木・那須・守屋	不明	種実			A110105_1_1	未報告資料
	百原・佐々木・那須・守屋	不明	種実			A109105_4_1	未報告資料
外面	百原・佐々木・那須・守屋	不明	種実			A109105_10_1_2	未報告資料
内面	佐々木・那須・守屋	堅果類	子葉			A109105_15_1	未報告資料
断面	百原・佐々木・那須・守屋	コナラ属－シイノキ属	果皮			A110103_1_1	未報告資料
内面	佐々木・那須・守屋	堅果類	果皮			A111208_2_1	未報告資料
外面	百原・佐々木・那須・守屋	不明	種実			B20211_3_1_1	未報告資料
内面	佐々木・那須・守屋	堅果類？	子葉？			B20211_5_1_1	未報告資料
外面	百原・佐々木・那須・守屋	カラスザンショウ	種子	破片		B20213_2_2_1	未報告資料
断面	百原・佐々木・那須・守屋	スダジイ	果実			B20213_3_2_1_1	未報告資料
断面	佐々木・那須・守屋	堅果類	果皮			B20223_3_1	未報告資料
外面	佐々木・那須・守屋	堅果類	子葉			B20223_3_2	未報告資料
内面	百原・佐々木・那須・守屋	ダイズ属	種子			B20223_4_2	未報告資料
内面	佐々木・那須・守屋	堅果類	果皮			B20223_7_2_1	未報告資料
内面	佐々木・那須・守屋	堅果類？	子葉？			B20223_11_8_1	未報告資料
内面	佐々木・那須・守屋	堅果類	果皮			F_Ⅲ_周溝部(S42.8.2)	未報告資料
内面	佐々木・那須・守屋	堅果類	果皮		鹿児島県立埋蔵文化財センター	95図1035	46-1
外底面	佐々木・那須・守屋	堅果類	果皮			102図1109	46-1
断面	百原・佐々木・那須・守屋	クマノミズキ	核			102図1113	46-1
外面	佐々木・那須・守屋	堅果類	果皮			106図1169	46-1
断面	百原・佐々木・那須・守屋	堅果類	果皮			106図1171	46-1
内面	佐々木・那須・守屋	堅果類？	果皮？			107図1177	46-1
内面	佐々木・那須・守屋	堅果類	果皮			32図214	46-2

264　第4章　日本列島における穀物栽培の起源を求めて―レプリカ法による土器圧痕調査結果報告―

表4　各遺跡における植物種実圧痕検出土器一覧

遺跡名	時期	土器型式	文献	土器番号	検出された種実
青森県砂沢遺跡	弥生前期末	砂沢式	未報告	001	不明種実
	縄文晩期後半	聖山式	未報告	002	アサ核
群馬県千網谷戸遺跡	縄文晩期後半	千網式	未報告	253	イネ科有ふ果?
(C-ES地点)	縄文晩期後半	千網式	未報告	846	ヌスビトハギ果実
	縄文晩期後半?	不明	未報告	1984	キビ有ふ果
群馬県千網谷戸遺跡 (石塚地点)	縄文晩期後半?	不明	未報告	1790	ケヤキ果実
東京都下布田遺跡	縄文晩期中葉	前浦式	未報告	箱6袋5-1	不明種実
	縄文晩期中葉	安行3c式	未報告	箱7袋18-1	ケヤキ果実
	縄文晩期	不明	未報告	箱10袋5-1	ケヤキ果実
	縄文晩期	不明	未報告	箱11袋1-2	不明種実
	縄文晩期	不明	未報告	箱16袋1-1	不明種実
	縄文晩期	不明	未報告	箱18袋1-2	堅果類果皮
	縄文晩期中葉	安行3d式	未報告	箱39袋3-1	アカネ科核
	縄文晩期	不明	未報告	箱59袋2-1	アサ核
	縄文晩期	不明	未報告	箱81袋1-1	クロモジ属核
	縄文晩期	不明	未報告	箱81袋1-3	ケヤキ果実
	縄文晩期中葉	安行3d式	未報告	箱98袋5-1	不明種実
	縄文晩期	大洞系	未報告	箱104袋61-1	堅果類?果皮?
	不明	不明	未報告	箱掲2袋24-1	キビ顕果?
	縄文晩期前半	安行3b式並行	未報告	箱掲4袋1-1	ケヤキ果実
	不明	不明	未報告	箱掲②袋3-1	不明種実
	不明	不明	未報告	箱製塩袋31-1	キビ顕果?
長野県エリ穴遺跡	縄文後期	加曽利B?	未報告	009	ミズキ核
	縄文晩期後半		未報告	010	キビ有ふ果2点、キビ顕果、アワ有ふ果
	縄文晩期中葉?		未報告	011	不明種実
	縄文後～晩期	佐野1b～2a	未報告	012	シソ属果実
	縄文後～晩期	上ノ段	未報告	013	不明種実
	縄文後～晩期		未報告	025	シソ属果実8点
	縄文後～晩期		未報告	026	シソ属果実5点
	縄文晩期後半～弥生前期	氷I～II式	未報告	027	キビ有ふ果、アワ有ふ果3点、アワ有ふ果?、アワ顕果4点、不明種実
	縄文晩期後半～弥生前期	氷I～II式	未報告	030	アワ有ふ果3点
	縄文晩期後半～弥生前期	氷I～II式	未報告	031	キビ有ふ果2点、アワ有ふ果2点
	縄文晩期後半		未報告	032	キビ有ふ果2点
	縄文晩期後半		未報告	033	キビ有ふ果
	縄文晩期後半		未報告	034	アワ有ふ果
	縄文晩期後半		未報告	037	キビ有ふ果
	縄文晩期後半		未報告	038	キビ有ふ果2点
	縄文晩期後半		未報告	039	アワ顕果2点
	縄文晩期後半		未報告	040	キビ有ふ果
	縄文晩期後半		未報告	041	キビ有ふ果
	縄文晩期後半		未報告	042	キビ有ふ果
	縄文晩期後半～弥生前期	氷I～II式	未報告	043	キビ有ふ果
	縄文晩期後半～弥生前期	氷I～II式	未報告	044	キビ顕果
	縄文晩期後半		未報告	045	キビ有ふ果2点
	縄文後～晩期		未報告	046	キビ有ふ果
	縄文後～晩期		未報告	049	不明種実3点
	時期不明			053	キビ顕果、アワ有ふ果
	時期不明			054	アワ有ふ果2点
	時期不明			055	アワ有ふ果
	縄文後期葉～末葉			056	クスノキ科核
長野県女鳥羽川遺跡	縄文晩期前半		20-1	16図-97	不明種実
	縄文晩期前半		20-1	17図-144	サンショウ種子
	縄文後～晩期後半	型式不明	未報告	箱6-1-4	ダイズ属種子
	縄文晩期後半	女鳥羽川式	未報告	箱6-3-1	不明種実2点
	縄文晩期後半	女鳥羽川式	未報告	箱6-5-1	シソ属果実

表4 各遺跡における植物種実圧痕検出土器一覧 265

遺跡名	時期	土器型式	文献	土器番号	検出された種実
(長野県女鳥羽川遺跡)	縄文後〜晩期後半	型式不明	未報告	箱7-2-2	アワ有ふ果
	縄文後〜晩期後半	型式不明	未報告	箱15-2-2	シソ属果実
	縄文後〜晩期後半	型式不明	未報告	箱16-2-3	不明種実
	縄文後〜晩期後半	型式不明	未報告	箱16-6-3	シソ属果実
	縄文後〜晩期後半	型式不明	未報告	箱17-1-1	カナムグラ果実
	縄文後〜晩期後半	型式不明	未報告	箱17-4-1	コナラ属幼果
	縄文後〜晩期後半	型式不明	未報告	箱18-5-2	アワ有ふ果
	縄文後〜晩期後半	型式不明	未報告	箱21-1-1	カナムグラ果実4点
	縄文後〜晩期後半	型式不明	未報告	箱22-1-1	サンショウ種子
	縄文後〜晩期後半	型式不明	未報告	箱22-6-1	不明種皮または果皮
	縄文後〜晩期後半	型式不明	未報告	箱23-1-1	不明種実
長野県離山遺跡	縄文後〜晩期後半	型式不明	未報告	000	不明種実？
	縄文晩期後半？	型式不明	未報告	001	キビ有ふ果
	縄文晩期後半？	型式不明	未報告	010	不明種実
	縄文晩期後半？	型式不明	未報告	012	キビ有ふ果
	縄文晩期後半？	型式不明	未報告	017	キビ有ふ果、アワ有ふ果
	縄文晩期後半？	型式不明	未報告	018	不明種実
	縄文晩期後半？	型式不明	未報告	043	アワ有ふ果
	縄文晩期後半？	型式不明	未報告	026	キビ頴果
	縄文後〜晩期後半	型式不明	未報告	040	ケヤキ果実
長野県トチガ原遺跡	縄文晩期終末	氷I式新	20-2	4図-2	アワ有ふ果
	縄文晩期終末	氷I式新	20-2	4図-5	アワ有ふ果
	縄文晩期終末	氷I式新	20-2	4図-8	キビ有ふ果
	縄文晩期終末	氷I式新	20-2	5図-47	キビ有ふ果
	縄文晩期終末	氷I式新	20-2	6図-56	キビ有ふ果
	縄文晩期終末	氷I式新	20-2	6図-57	キビ有ふ果
	縄文晩期終末	氷I式新	20-2	6図-60	アワ有ふ果
	縄文晩期終末	氷I式新	20-2	6図-64	アワ有ふ果
	縄文晩期終末	氷I式新	20-2	6図-84	キビ有ふ果
	縄文晩期終末	氷I式新	未報告	箱3-1	アワ有ふ果
	縄文晩期終末	氷I式新	未報告	箱4-2	アワ頴果
	縄文晩期終末	氷I式新	未報告	箱4-3	キビ有ふ果
	縄文晩期終末	氷I式新	未報告	箱4-5	アワ有ふ果
	縄文晩期終末	氷I式新	未報告	箱4-8	アワ頴果
	縄文晩期終末	氷I式新	20-2	5図-31	アワ有ふ果2点、キビ有ふ果
	縄文晩期終末	氷I式新	未報告	箱4・袋3-4-1	不明種実
	縄文晩期終末	氷I式新	未報告	箱5-2	アワ有ふ果
	縄文晩期終末	氷I式新	未報告	箱5-3	アワ有ふ果
	縄文晩期終末	氷I式新	未報告	箱6-1	キビ有ふ果
	縄文晩期終末	氷I式新	未報告	箱8-1	アワ有ふ果
	縄文晩期終末	氷I式新	未報告	箱8-2	シソ属果実
	縄文晩期終末	氷I式新	未報告	箱8-3	不明種実
	縄文晩期終末	氷I式新	未報告	箱8-4	キビ有ふ果
	縄文晩期終末	氷I式新	未報告	箱9-1	キビ頴果
	縄文晩期終末	氷I式新	未報告	箱9-2	キビ有ふ果
	縄文晩期終末	氷I式新	未報告	箱9-3	アワ頴果
	縄文晩期終末	氷I式新	未報告	箱9-4	アワ有ふ果
	縄文晩期終末	氷I式新	未報告	箱9-5	不明種実
	縄文晩期終末	氷I式新	未報告	箱9-6	キビ有ふ果
	縄文晩期終末	氷I式新	未報告	箱9-7	キビ有ふ果
	縄文晩期終末	氷I式新	未報告	箱9-8	キビ有ふ果
	縄文晩期終末	氷I式新	未報告	箱9-9	キビ有ふ果
	縄文晩期終末	氷I式新	未報告	箱9-10	アワ有ふ果
	縄文晩期終末	氷I式新	未報告	箱9-11	キビ有ふ果
	縄文晩期終末	氷I式新	未報告	箱9-12	シソ属果実
	縄文晩期終末	氷I式新	未報告	箱9-13	キビ有ふ果
	縄文晩期終末	氷I式新	未報告	箱9-14	シソ属果実

266　第4章　日本列島における穀物栽培の起源を求めて―レプリカ法による土器圧痕調査結果報告―

遺跡名	時期	土器型式	文献	土器番号	検出された種実
(長野県トチガ原遺跡)	縄文晩期終末	氷I式新	未報告	箱9-15	アワ有ふ果
	縄文晩期終末	氷I式新	未報告	箱10-1	アワ有ふ果
	縄文晩期終末	氷I式新	未報告	箱10-2	アワ有ふ果
	縄文晩期終末	氷I式新	未報告	箱10-3	キビ有ふ果
	縄文晩期終末	氷I式新	未報告	箱10-4	アワ有ふ果
	縄文晩期終末	氷I式新	未報告	箱10-5	アワ有ふ果
	縄文晩期終末	氷I式新	未報告	箱10-6	キビ有ふ果
	縄文晩期終末	氷I式新	未報告	箱10-8	アワ有ふ果
	縄文晩期終末	氷I式新	未報告	箱10-9	キビ有ふ果
	縄文晩期終末	氷I式新	未報告	箱10-10	アワ有ふ果型
	縄文晩期終末	氷I式新	未報告	箱10-11	アワ有ふ果
	縄文晩期終末	氷I式新	未報告	箱10-12	シソ属果実2点
	縄文晩期終末	氷I式新	未報告	箱11-5	キビ有ふ果
	縄文晩期終末	氷I式新	未報告	箱11-6	アワ有ふ果
	縄文晩期終末	氷I式新	未報告	箱11-7	アワ有ふ果
	縄文晩期終末	氷I式新	未報告	箱11-8	キビ有ふ果
	縄文晩期終末	氷I式新	未報告	箱11-9	キビ有ふ果
	縄文晩期終末	氷I式新	未報告	箱11-11	アワ有ふ果
	縄文晩期終末	氷I式新	未報告	箱11-12	キビ有ふ果
	縄文晩期終末	氷I式新	未報告	箱11-13	不明種実
	縄文晩期終末	氷I式新	未報告	箱11-14	アワ有ふ果
	縄文晩期終末	氷I式新	未報告	箱11-15	アワ穎果
	縄文晩期終末	氷I式新	未報告	箱12-1	アワ有ふ果
長野県福沢遺跡	縄文晩期終末～弥生前期	氷I新～II式	20-3	146図-3	キビ有ふ果
	縄文晩期終末～弥生前期	氷I新～II式	20-3	146図-8	アワ有ふ果
	縄文晩期終末～弥生前期	氷I新～II式	20-3	148図-29	不明種実
	縄文晩期終末～弥生前期	氷I新～II式	20-3	148図-30	アワ有ふ果4点
	縄文晩期終末～弥生前期	氷I新～II式	20-3	148図-35	アワ有ふ果
	縄文晩期終末～弥生前期	氷I新～II式	20-3	149図-38	イネ籾
	縄文晩期終末～弥生前期	氷I新～II式	20-3	149図-43	アワ有ふ果、アワ穎果？
	縄文晩期終末～弥生前期	氷I新～II式	20-3	149図-46	アワ有ふ果2点、キビ穎果
	縄文晩期終末～弥生前期	氷I新～II式	20-3	149図-53	アワ有ふ果
	縄文晩期終末～弥生前期	氷I新～II式	20-3	150図-60	キビ有ふ果
	縄文晩期終末～弥生前期	氷I新～II式	20-3	150図-68	アワ有ふ果
	縄文晩期終末～弥生前期	氷I新～II式	20-3	151図-85	キビ有ふ果8点、アワ有ふ果2点、アワ穎果、不明種実2点
	縄文晩期終末～弥生前期	氷I新～II式	20-3	151図-86	キビ有ふ果
	縄文晩期終末～弥生前期	氷I新～II式	20-3	151図-91	シソ属果実
	縄文晩期終末～弥生前期	氷I新～II式	20-3	152図-97	アワ有ふ果
	縄文晩期終末～弥生前期	氷I新～II式	20-3	152図-100	アワ有ふ果2点
	縄文晩期終末～弥生前期	氷I新～II式	20-3	152図-101	アワ有ふ果
	縄文晩期終末～弥生前期	氷I新～II式	20-3	153図-118	キビ有ふ果3点、アワ有ふ果、アワ穎果
	縄文晩期終末～弥生前期	氷I新～II式	20-3	153図-127	アワ有ふ果
	縄文晩期終末～弥生前期	氷I新～II式	20-3	154図-135	アワ有ふ果
	縄文晩期終末～弥生前期	氷I新～II式	20-3	155図-140	アワ有ふ果
	縄文晩期終末～弥生前期	氷I新～II式	20-3	155図-143	堅果類果皮
	縄文晩期終末～弥生前期	氷I新～II式	20-3	155図-144	アワ有ふ果4点、アワ穎果
	縄文晩期終末～弥生前期	氷I新～II式	20-3	156図-158	イネ籾
	縄文晩期終末～弥生前期	氷I新～II式	20-3	156図-162	キビ有ふ果
	縄文晩期終末～弥生前期	氷I新～II式	20-3	158図-185	キビ有ふ果
	縄文晩期終末～弥生前期	氷I新～II式	20-3	159図-214	キビ穎果？
	縄文晩期終末～弥生前期	氷I新～II式	20-3	159図-216	キビ有ふ果
	縄文晩期終末～弥生前期	氷I新～II式	未報告	袋1-1	アワ有ふ果10点、アワ穎果5点、アワ穎果？、不明種実
	縄文晩期終末～弥生前期	氷I新～II式	未報告	袋1-2	キビ有ふ果、アワ有ふ果2点、不明種実
	縄文晩期終末～弥生前期	氷I新～II式	未報告	袋1-3	キビ有ふ果
	縄文晩期終末～弥生前期	氷I新～II式	未報告	袋1-4	アワ有ふ果

表4 各遺跡における植物種実圧痕検出土器一覧　267

遺跡名	時期	土器型式	文献	土器番号	検出された種実
（長野県福沢遺跡）	縄文晩期終末～弥生前期	氷I新～II式	未報告	袋1-5	キビ有ふ果、アワ有ふ果
	縄文晩期終末～弥生前期	氷I新～II式	未報告	袋1-6	アワ有ふ果
	縄文晩期終末～弥生前期	氷I新～II式	未報告	袋1-7	アワ有ふ果
	縄文晩期終末～弥生前期	氷I新～II式	未報告	袋1-8	アワ有ふ果4点
	縄文晩期終末～弥生前期	氷I新～II式	未報告	袋2-1	アワ有ふ果3点
	縄文晩期終末～弥生前期	氷I新～II式	未報告	袋2-2	アワ有ふ果2点
	縄文晩期終末～弥生前期	氷I新～II式	未報告	袋2-3	アワ有ふ果
	縄文晩期終末～弥生前期	氷I新～II式	未報告	袋2-4	アワ有ふ果
	縄文晩期終末～弥生前期	氷I新～II式	未報告	袋2-5	シソ属果実
	縄文晩期終末～弥生前期	氷I新～II式	未報告	袋3-1	アワ有ふ果
	縄文晩期終末～弥生前期	氷I新～II式	未報告	袋3-2	アワ有ふ果
	縄文晩期終末～弥生前期	氷I新～II式	未報告	袋3-4	キビ有ふ果
	縄文晩期終末～弥生前期	氷I新～II式	未報告	袋3-5	アワ有ふ果2点
	縄文晩期終末～弥生前期	氷I新～II式	未報告	袋3-6	キビ有ふ果
	縄文晩期終末～弥生前期	氷I新～II式	未報告	袋3-7	アワ有ふ果
	縄文晩期終末～弥生前期	氷I新～II式	未報告	袋3-8	キビ有ふ果
	縄文晩期終末～弥生前期	氷I新～II式	未報告	袋3-9	キビ有ふ果
	縄文晩期終末～弥生前期	氷I新～II式	未報告	袋3-10	アワ頴果
	縄文晩期終末～弥生前期	氷I新～II式	未報告	袋3-11	キビ有ふ果
	縄文晩期終末～弥生前期	氷I新～II式	未報告	袋3-12	アワ有ふ果
	縄文晩期終末～弥生前期	氷I新～II式	未報告	袋3-13	アワ有ふ果
	縄文晩期終末～弥生前期	氷I新～II式	未報告	袋3-14	キビ有ふ果
	縄文晩期終末～弥生前期	氷I新～II式	未報告	袋4-1	キビ有ふ果3点
	縄文晩期終末～弥生前期	氷I新～II式	未報告	袋4-2	不明種実
	縄文晩期終末～弥生前期	氷I新～II式	未報告	袋4-3	アワ有ふ果
	縄文晩期終末～弥生前期	氷I新～II式	未報告	袋4-4	アワ有ふ果
	縄文晩期終末～弥生前期	氷I新～II式	未報告	袋4-5	アワ・キビ有ふ果
	縄文晩期終末～弥生前期	氷I新～II式	未報告	袋4-6	アワ頴果
	縄文晩期終末～弥生前期	氷I新～II式	未報告	袋5-1	アワ有ふ果
	縄文晩期終末～弥生前期	氷I新～II式	未報告	袋5-2	アワ有ふ果
	縄文晩期終末～弥生前期	氷I新～II式	未報告	袋5-3	アワ有ふ果
	縄文晩期終末～弥生前期	氷I新～II式	未報告	袋6-1	アワ有ふ果
	縄文晩期終末～弥生前期	氷I新～II式	未報告	袋7-2	シソ属果実
	縄文晩期終末～弥生前期	氷I新～II式	未報告	袋7-3	アワ頴果
	縄文晩期終末～弥生前期	氷I新～II式	未報告	袋8-2	キビ頴果
	縄文晩期終末～弥生前期	氷I新～II式	未報告	袋8-3	アワ有ふ果
	縄文晩期終末～弥生前期	氷I新～II式	未報告	袋8-4	不明種実
	縄文晩期終末～弥生前期	氷I新～II式	未報告	袋9-3	キビ有ふ果
	縄文晩期終末～弥生前期	氷I新～II式	未報告	袋9-4	キビ有ふ果
	縄文晩期終末～弥生前期	氷I新～II式	未報告	袋9-6	コナラ属子葉
	縄文晩期終末～弥生前期	氷I新～II式	未報告	袋10-1	アワ有ふ果
	縄文晩期終末～弥生前期	氷I新～II式	未報告	袋10-2	不明種実
	縄文晩期終末～弥生前期	氷I新～II式	未報告	袋10-4	シソ属果実
長野県境窪遺跡	弥生中期前半	境窪式	20-4	26図-1	キビ有ふ果、アワ頴果
	弥生中期前半	境窪式	20-4	26図-2	イネ頴果
	弥生中期前半	境窪式	20-4	26図-3	イネ頴果2点
	弥生中期前半	境窪式	20-4	26図-6	アワ頴果
	弥生中期前半	境窪式	20-4	26図-7	アワ有ふ果
	弥生中期前半	境窪式	20-4	26図-8	キビ有ふ果、アワ頴果
	弥生中期前半	境窪式	20-4	26図-11	イネ籾
	弥生中期前半	境窪式	20-4	26図-12	イネ籾2点、イネ籾殻?
	弥生中期前半	境窪式	20-4	27図-13	アワ有ふ果
	弥生中期前半	境窪式	20-4	27図-18	アワ有ふ果2点、アワ頴果
	弥生中期前半	境窪式	20-4	27図-23	ダイズ属種子
	弥生中期前半	境窪式	20-4	27図-24	アワ有ふ果2点、不明種実

268 第4章 日本列島における穀物栽培の起源を求めて―レプリカ法による土器圧痕調査結果報告―

遺跡名	時期	土器型式	文献	土器番号	検出された種実
（長野県境窪遺跡）	弥生中期前半	境窪式	20-4	27 図 -25	イネ頴果、キビ有ふ果、キビ頴果 7 点、キビ頴果？4 点、アワ有ふ果 7 点、アワ頴果 2 点、不明種実 3 点
	弥生中期前半	境窪式	20-4	27 図 -26	アワ頴果、不明種実
	弥生中期前半	境窪式	20-4	28 図 -29	アワ頴果
	弥生中期前半	境窪式	20-4	28 図 -32	アワ有ふ果
	弥生中期前半	境窪式	20-4	28 図 -34	アワ頴果
	弥生中期前半	境窪式	20-4	28 図 -35	アワ頴果？
	弥生中期前半	境窪式	20-4	28 図 -38	アワ有ふ果
	弥生中期前半	境窪式	20-4	28 図 -40	アワ有ふ果 2 点
	弥生中期前半	境窪式	20-4	29 図 -45	イネ籾 12 点、イネ頴果 14 点、イネ頴果？3 点、キビ有ふ果 13 点、キビ有ふ果？、キビ頴果 37 点、キビ頴果？6 点、アワ頴果、アワ頴果？、不明種実 4 点、不明種実？2 点
	弥生中期前半	境窪式	20-4	29 図 -47	アワ有ふ果
	弥生中期前半	境窪式	20-4	29 図 -48	イネ頴果
	弥生中期前半	境窪式	20-4	29 図 -49	アワ有ふ果 2 点、アワ頴果
	弥生中期前半	境窪式	20-4	29 図 -51	アワ頴果
	弥生中期前半	境窪式	20-4	29 図 -52	アワ有ふ果 6 点、アワ有ふ果？、アワ頴果 2 点、アワ頴果？、キビ有ふ果、不明種実
	弥生中期前半	境窪式	20-4	29 図 -54	キビ頴果 4 点、キビ頴果？、アワ頴果
	弥生中期前半	境窪式	20-4	29 図 -56	アワ有ふ果 2 点
	弥生中期前半	境窪式	20-4	30 図 -58	アワ有ふ果
	弥生中期前半	境窪式	20-4	30 図 -65	キビ有ふ果、アワ有ふ果、不明種実
	弥生中期前半	境窪式	20-4	30 図 -68	アワ有ふ果
	弥生中期前半	境窪式	20-4	31 図 -71	アワ有ふ果 2 点、キビ頴果、不明種実
	弥生中期前半	境窪式	20-4	32 図 -107	アワ有ふ果 2 点
	弥生中期前半	境窪式	20-4	32 図 -112	イネ籾
	弥生中期前半	境窪式	20-4	32 図 -113	キビ頴果？、アワ有ふ果
	弥生中期前半	境窪式	20-4	32 図 -128	イネ頴果
	弥生中期前半	境窪式	20-4	33 図 -170	キビ頴果？、アワ有ふ果
	弥生中期前半	境窪式	20-4	34 図 -183	アワ有ふ果
	弥生中期前半	境窪式	20-4	34 図 -184	アワ有ふ果
	弥生中期前半	境窪式	20-4	34 図 -189	アワ有ふ果
	弥生中期前半	境窪式	20-4	34 図 -207	アワ頴果？
	弥生中期前半	境窪式	20-4	34 図 -208	アワ有ふ果
	弥生中期前半	境窪式	20-4	35 図 -239	キビ頴果？
	弥生中期前半	境窪式	20-4	36 図 -250	アワ有ふ果
	弥生中期前半	境窪式	20-4	36 図 -274	キビ頴果
	弥生中期前半	境窪式	20-4	36 図 -275	キビ有ふ果、アワ有ふ果 7 点、アワ有ふ果？、アワ頴果？2 点、不明種実
	弥生中期前半	境窪式	20-4	36 図 -289	アワ有ふ果 2 点
	弥生中期前半	境窪式	20-4	36 図 -292	アワ有ふ果
	弥生中期前半	境窪式	20-4	37 図 -307	アワ有ふ果
	弥生中期前半	境窪式	20-4	38 図 -341	アワ頴果
	弥生中期前半	境窪式	20-4	38 図 -359	アワ頴果
	弥生中期前半	境窪式	20-4	39 図 -363	アワ有ふ果 2 点
	弥生中期前半	境窪式	20-4	39 図 -388	アワ有ふ果
	弥生中期前半	境窪式	20-4	39 図 -389	アワ有ふ果
	弥生中期前半	境窪式	20-4	40 図 -413	アワ有ふ果 2 点
	弥生中期前半	境窪式	20-4	40 図 -435	アワ有ふ果 3 点、アワ頴果
	弥生中期前半	境窪式	20-4	41 図 -439	アワ有ふ果
	弥生中期前半	境窪式	20-4	41 図 -447	イネ頴果、キビ有ふ果 5 点、アワ有ふ果、シソ属実
静岡県清水天王山遺跡	縄文後期末～晩期中葉	型式不明	22-1	図 44-209	アサ実？
	弥生前期末	水神平式	22-1	図 55-504	キビ有ふ果
	縄文後期末～晩期中葉	型式不明	22-1	図 80-1196	不明種実

表4 各遺跡における植物種実圧痕検出土器一覧　269

遺跡名	時期	土器型式	文献	土器番号	検出された種実
(静岡県清水天王山遺跡)	縄文後期末～晩期中葉	型式不明	22-1	図95-1540	不明核果
	縄文後期末～晩期中葉	型式不明	22-1	図102-1720	ケヤキ果実
	縄文後期末～晩期中葉	型式不明	22-1	図41-124	堅果類子葉
	縄文後期末～晩期中葉	型式不明	22-1	図51-406	カラスザンショウ種子
	縄文後期末～晩期中葉	型式不明	22-1	図57-581と同一個体	イヌシデ果実
静岡県宮ノ台遺跡	縄文晩期後半	女鳥羽川式	22-2	35 図 -35	堅果類果皮
	縄文晩期後半	女鳥羽川式	22-2	38 図 -59と同一個体	堅果類果皮、不明果皮？
	縄文晩期後半	女鳥羽川式	22-2	39 図 -62	不明種実
	縄文晩期後半	女鳥羽川式	22-2	39 図 -63と同一個体	堅果類果皮
静岡県大平遺跡	弥生前期末	氷Ⅱ式	22-3	8 図 2	キビ有ふ果2点
	弥生前期末	氷Ⅱ式	22-3	8 図 3	キビ有ふ果
	弥生前期末	氷Ⅱ式	22-3	9 図 1	キビ有ふ果3点
	弥生前期末	氷Ⅱ式	22-3	9 図 6	キビ有ふ果？
	弥生前期末	氷Ⅱ式	22-4	26 図 1	キビ有ふ果
	弥生前期末	氷Ⅱ式	22-4	26 図 8	キビ頴果？、アワ有ふ果
大阪府馬場川遺跡	縄文晩期初頭	滋賀里Ⅲa式	未報告	箱 2547	不明種実
大阪府船橋遺跡	縄文晩期末	長原式	未報告	2559	アワ有ふ果
	縄文晩期後半	船橋式	未報告	940	イネ頴果3点、イネ籾
	縄文晩期後半	船橋式	未報告	159	イネ科苞頴？、ヤエムグラ属種子
	縄文晩期後半	船橋式	未報告	1231	イネ籾
	縄文晩期後半	型式不明	未報告	249	イネ籾
	縄文晩期後半	船橋式	未報告	120	堅果類果皮
	縄文晩期後半	型式不明	未報告	473	ダイズ属種子
	縄文晩期後半	型式不明	未報告	160	不明種実
	縄文晩期後半	型式不明	未報告	812	不明種実
大阪府讃良郡条里遺跡	弥生前期	遠賀川式	27-1	図247-31	イネ籾
	弥生前期	遠賀川式	27-1	図250-9	イネ頴果
	弥生前期	長原式	27-1	図263-15	アワ有ふ果5点
	弥生前期	遠賀川式	27-1	図264-22	不明種実
	弥生前期	長原式	27-1	図266-14	アワ頴果、アワ有ふ果2点
	弥生前期	長原式	27-1	図275-72	アワ有ふ果2点
	弥生前期	遠賀川式	27-1	図276-93	イネ頴果
	弥生前期	遠賀川式	27-1	図284-12	不明種実？
	弥生前期	遠賀川式	27-1	図286-5	イネ籾
	弥生前期	遠賀川式	27-1	図286-16	イネ籾
	弥生前期	遠賀川式	27-1	図298-10	イネ頴果
	弥生前期	遠賀川式	27-1	図298-14	アワ有ふ果
	弥生前期	遠賀川式	27-1	図299-46	イネ籾籾殻
	弥生前期	遠賀川式	27-1	図302-28	イネ籾または籾殻
	弥生前期	遠賀川式	27-1	図307-60	イネ籾
	弥生前期	遠賀川式	27-1	図311-21	イネ頴果
	弥生前期	遠賀川式	27-1	図312-57	イネ頴果
	弥生前期	遠賀川式	27-1	図312-63	イネ頴果
	弥生前期	遠賀川式	27-1	図312-66	イネ籾2点
	弥生前期	遠賀川式	27-1	図312-80	イネ有ふ果、不明種実
兵庫県篠原遺跡	縄文晩期前半	篠原式	28-1	13 図 90	堅果類果皮
	縄文晩期前半	篠原式	28-1	14 図 105	アズキ亜属種子？
	縄文晩期前半	篠原式	28-1	18 図 194	不明種実？
	縄文晩期前半	篠原式	28-1	20 図 233	イヌタデ属果実
	縄文晩期前半	篠原式	28-1	46 図 743	不明種実または冬芽
	縄文晩期前半	篠原式	28-1	48 図 796	堅果類種皮または果皮
	縄文晩期前半	篠原式	28-1	51 図 855	不明種実
岡山県福田貝塚	縄文後期		未報告	001	堅果類果皮
	縄文中期後半	里木Ⅲ式？	未報告	013	堅果類葉？
	縄文後期		未報告	018	堅果類果皮？
	縄文後期		未報告	019	ダイズ属種子
	縄文後期初頭	中津式	未報告	026	堅果類果皮

270 第4章 日本列島における穀物栽培の起源を求めて―レプリカ法による土器圧痕調査結果報告―

遺跡名	時期	土器型式	文献	土器番号	検出された種実
(岡山県福田貝塚)	縄文中期後半	里木Ⅱ式?	未報告	030	アカガシ亜属幼果
	縄文後期		未報告	032	堅果類果皮
	縄文後期		未報告	035	堅果類果皮
	縄文後期		未報告	039	堅果類子葉?
	縄文後期		未報告	044	堅果類子葉?
	縄文後期		未報告	049	ケヤキ果実
	縄文後期		未報告	052	不明果皮
	縄文後期		未報告	054	堅果類子葉?
	縄文後期		未報告	055	堅果類子葉
	縄文後期		未報告	056	堅果類果皮?
	縄文後期		未報告	058	ヤマハギ果実
	縄文後期		未報告	059	不明子葉
	縄文後期		未報告	062	堅果類果皮
	縄文後期		未報告	063	イチイガシ子葉?
	縄文晩期前半		未報告	064	コナラ属・シイノキ属子葉
	縄文後期		未報告	076	堅果類果皮
	縄文後期		未報告	079	不明種実
広島県中山貝塚	縄文晩期前半		未報告	002	堅果類果皮
	縄文晩期前半		未報告	005	シソ属果実
山口県岩田遺跡	縄文晩期前半		未報告	002	堅果類果皮
	縄文晩期前半	岩田4類	未報告	004	堅果類果皮
	縄文晩期前半	岩田4類	未報告	005	堅果類果皮
	縄文晩期前半		未報告	014	堅果類果皮
	縄文晩期前半		未報告	015	堅果類果皮
	縄文晩期前半		未報告	016	不明種実
	縄文晩期前半		未報告	021	堅果類果皮
	縄文晩期前半	岩田4類	未報告	022	堅果類子葉?
	縄文晩期前半		未報告	029	堅果類果皮
	縄文晩期前半	岩田4類	未報告	031	不明種実
	縄文晩期前半	岩田4類	未報告	032	堅果類果皮
	縄文晩期前半	岩田4類	未報告	033	堅果類果皮?
	縄文晩期前半	岩田4類	未報告	036	コナラ属・シイノキ属子葉
	縄文晩期前半		未報告	062	堅果類果皮
	縄文晩期前半		未報告	067	アカネ科核
	縄文晩期前半	岩田4類	未報告	069	堅果類果皮?2点、不明子葉?
	縄文晩期前半	岩田4類	未報告	072	不明種実
熊本県ワクド石遺跡	縄文後期後半	太朗迫式	43-1	31図14	アズキ亜属種子
	縄文後期後半	太朗迫式	43-1	48図6	不明果皮?
	縄文後期後半	太朗迫式	43-1	55図12	不明種実
	縄文後期後半	鳥井原式	43-1	56図35	不明種実
	縄文後期後半	太朗迫式	43-1	58図82	エゾムギ属
	縄文後期後半	鳥井原式	43-1	61図197	不明種実
	縄文後期後半	三万田式	43-1	62図254	不明種実
	縄文後期後半	鳥井原式	43-1	67図78	不明種実
	縄文後期後半	太朗迫式	43-1	72図13	不明種実
	縄文後期後半	太朗迫式	43-1	79図110	不明種実?
	縄文後期後半	三万田式	43-1	81図211	不明種実?
熊本県鳥井原遺跡	縄文後期後半～晩期初頭		未報告	006	イネ科有ふ果
	縄文後期後半～晩期初頭		未報告	044	堅果類子葉?
	縄文後期後半～晩期初頭		未報告	075	堅果類果皮?
	縄文後期後半～晩期初頭		未報告	089	不明果皮
	縄文後期後半～晩期初頭		未報告	090	カラスザンショウ種子
熊本県古閑遺跡	縄文晩期初頭	古閑式	43-3	22図_03	不明種実、不明種実?
	縄文晩期初頭	古閑式	43-3	26図_06	不明種子2点
	縄文晩期初頭	古閑式	43-3	27図_04	不明果皮
	縄文晩期初頭	古閑式	43-3	40図_05	イチイガシ子葉
	縄文晩期初頭	古閑式	未報告	011_01	シソ属果実

表4　各遺跡における縄文時代晩期出土土器一覧

遺跡名	時期	土器器種式	文様	番号	接合などの種類
（岐阜県只洞遺跡）					
	晩期	深鉢形土器	縄文後半の条痕文	013.02	タ系土器晩期
	晩期	深鉢形土器	縄文後半の条痕文	018.01	タ条痕圧痕片
	晩期	深鉢形土器	縄文後半の条痕文	028.01	突瘤縄文帯
	晩期	深鉢形土器	縄文後半の条痕文	060.01	タ突縄文帯
	晩期	深鉢形土器	縄文後半の条痕文	070.01	タ突縄文帯
	晩期	深鉢形土器	縄文後半の条痕文	098.02	火明縄文帯
	晩期	深鉢形土器	縄文後半の条痕文	091.01	イネ科か、または突瘤縄文帯
	晩期	浅鉢形土器	縄文後半の条痕文	093.01	火明縄文帯?
	晩期	浅鉢形土器	縄文後半の条痕文	096.01	火明縄文帯
	晩期	壺形土器	磨消縄文	147.01	クサビ片
	晩期	深鉢形土器	縄文後半の条痕文	169.01	シン縄文帯
	晩期	深鉢形土器	縄文後半の条痕文	174.01	タ突縄文帯2系
	晩期	深鉢形土器	縄文後半の条痕文	178.01	ヤハラ種子
	晩期	深鉢形土器	縄文後半の条痕文	187.01	タ突縄文帯?
	晩期	深鉢形土器		192.01	タ突縄文帯?
（岐阜県梅田遺跡、上加茂遺跡）	縄文後半~晩期初頭	壺形式	頒布状縫製材	KC82	タ突縄文帯?
（岐阜県芥川遺跡・ライバス遺跡群）	晩期	未確認	頒布~晩期初頭	A104111.1.1	接合資料、タ突縄文帯
	晩期	未確認	頒布	A105701.1.3.1	突縄文帯
	晩期	壺形式	ラクサキシラショウ種子	A109101.1.1	タ突縄文帯
	晩期	壺形式	頒布~晩期初頭	A109102.2.P1.1	タ突縄文帯、タ突縄文帯・ライバス遺跡群
	晩期	壺形式	串本など式	A109102.5.1	接合中部材~晩期初頭
	晩期	壺形式		A109104.1.2.1.1	頒布~晩期
	晩期	壺形式		A109104.4.2.1.1	頒布~晩期
	晩期	壺形式	ラクサキシラショウ種子	A109104.7.1.2	タ突
	晩期	壺形式	串本など式	A109104.7.1.3	タ突中部材~晩期
	晩期	壺形式		A109106.1.1	頒布~晩期
	晩期	壺形式		A109105.4.1	タ突縄文帯
	晩期	壺形式		A109105.10.1.2	タ突
	晩期	壺形式	上加茂式~壺形式	A109103.15.1	タ突縄文帯、頒布状縫製材
	晩期	壺形式		A110103.1.1	タ突中部材~晩期
	晩期	壺形式		A111208.2.1	頒布状縫製材
	晩期	壺形式		B20211.3.1.1	頒布~晩期 小明縫製材
	晩期	壺形式		B20211.5.1.1	頒布~晩期 頒布状縫製材
	晩期	壺形式		B20213.2.2.1	タ突縄文帯~晩期 頒布状縫製材
	晩期	壺形式	上加茂式~壺形式	B20213.3.2.1.1	タ突縄文帯 頒布状縫製材
	晩期	壺形式		B20223.3.1	タ突中部材~晩期 頒布状縫製材
	晩期	壺形式		B20223.3.2	タ突縄文帯 頒布状縫製材
	晩期	壺形式		B20223.4.2	タ突縄文帯~晩期 クサビ種子
	晩期	壺形式	ラクサキシラショウ種子	B20223.7.2.1	タ突縄文帯 頒布状縫製材~壺
	晩期	壺形式	壺形式	B20223.11.8.1	タ突縄文帯 頒布状縫製材~壺?
（岐阜県芥川遺跡、宮西遺跡）				F・Ⅲ・四隅撚糸（S42282）	頒布状縫製材
	46-1	宮川式	宮川式	96図1035	タ突縄文帯、火明縫製材
	46-1	宮川式	宮川式	102図1109	タ突縄文帯 頒布状縫製材
	46-1	宮川式	タンポミズキ様	102図1113	タ突縄文帯 頒布状縫製材
	46-1	宮川式	宮川式	106図1169	タ突縄文帯 頒布状縫製材
	46-1	宮川式	宮川式	106図1171	タ突縄文帯 頒布状縫製材
	46-1	宮川式（千網式系統）	宮川式	107図1177	タ突縄文帯 頒布状縫製材?
	46-2	宮川式	宮川式	32図214	タ突縄文帯 頒布状縫製材

表5 各遺跡における植物種実以外の圧痕の同定結果

遺跡名	遺構所在地	器種	土器型式	時期	試料番号	圧痕の種類	器種	部位	残存部位/圧痕の位置
千綱屋戸	鹿児島県種子島	甕	大深A式	01	10CYC 001	機械の剥離痕	深鉢	口縁部	胴部
(C-ES地点)					10CYC 003				
				01	10CYC 006	機械の剥離痕	深鉢		胴部
エリ欠	長者前遺跡・水田		東海系？縄文早期	01	20ERA 029	機械の剥離痕			胴部
				01	20ERA 035				口縁部
	長者前遺跡・水田		機織	01	20MTG 016	機械の剥離痕	浅鉢	口縁部	口縁部
			縄文	01	20MTG 048	機械の剥離痕	深鉢	縄文	胴部
			縄文	01	20MTG 061	機械の剥離痕	深鉢	縄文	胴部
			縄文	01	20MTG 064	機械の剥離痕	深鉢	縄文	胴部
			縄文	01	20MTG 070	機械の剥離痕	深鉢	縄文	胴部
			縄文	01	20MTG 099	機械の剥離痕	深鉢	縄文	胴部
			縄文	01	20MTG 116	機械の剥離痕	深鉢	縄文	胴部
味岡北浦遺跡	清須市朝日貝塚		朝日式 王田式山下層式	01	22STS 848	機械の剥離痕	深鉢	口縁部	胴部
			朝日式	02	22STS 1280	機械の剥離痕	浅鉢	口縁部	胴部
	清須市朝日貝塚		朝日式 王田式山下層式	01	22STS 1720	機械の剥離痕	浅鉢	口縁部	胴部
セ/原	愛知県尾張旭市		矢作川式	01 * 01	22MYD 042	縄文後期前葉	浅鉢	矢作川式	胴部
			矢作川式	01	22MYD 063	縄文後期前葉	浅鉢	矢作川式	胴部
川西田	大阪府東大阪市		船橋式	01	27BDG 001	機械の剥離痕	浅鉢	西瀬戸内系III式	胴部
瀬面	人面付深鉢土器		船橋式	02	27FNH 009	機械の剥離痕	浅鉢	船橋式	胴部
	瀬田・吉生市		船橋式	01	27FNH 033	機械の剥離痕	浅鉢	船橋式	胴部
瀬田	名古屋市熱田区		凪居式	01	28SNH 009	機械の剥離痕	深鉢	凪居式	胴部
			凪居式	02	28SNH 031	機械の剥離痕	深鉢	凪居式	口縁部
			凪居式	01	28SNH 041	機械の剥離痕	深鉢	凪居式	口縁部
			凪居式	04	28SNH 062	機械の剥離痕	深鉢	凪居式	口縁部～胴部
			凪居式	01	28SNH 070	機械の剥離痕	深鉢	凪居式	口縁部～胴部
			凪居式	02	28SNH 110	機械の剥離痕	深鉢	凪居式	胴部
朝日貝塚	岡山県津山市			02	33FKD 016	機械の剥離痕			底部
				01	33FKD 023	機械の剥離痕	浅鉢		胴部
				01	33FKD 037				胴部
				01	33FKD 057	機械の剥離痕			
				01	33FKD 072	機械の剥離痕	浅鉢		胴部
岩田	山口県前生毛			01	33IWT 023	機械の剥離痕	浅鉢		胴部
	岩手町			01	33IWT 039	機械の剥離痕	浅鉢		口縁部
				01	33IWT 041	機械の剥離痕	浅鉢		胴部
ワテ K含む	熊本県大海原遺跡		大海原式	02	43WDI 110	機械の剥離痕	深鉢	大海原式	口縁部
大津町			大海原式	01	43WDI 145	機械の剥離痕	浅鉢	大海原式	口縁部
			大海原式	01	43WDI 151	機械の剥離痕	浅鉢	大海原式	口縁部
			大海原式	01	43WDI 157	機械の剥離痕	浅鉢	大海原式	口縁部
			三万田式	01	43WDI 160	機械の剥離痕	浅鉢	三万田式	口縁部
			御領式	02	43WDI 188	機械の剥離痕	甕	御領式	口縁部
板井寺	熊本県板井貝塚			03	43ITB 044	機械の剥離痕～縄文の剥離痕	浅鉢		口縁部
				01	43ITB 067	機械の剥離痕～縄文の剥離痕	浅鉢		口縁部～胴部
名護	鹿児島県上加世田			02	43KOG 1020				口縁部～胴部
ウカ貝塚	鹿児島県指宿市	甕		01	46KRK 016	機械の剥離痕	浅鉢		胴部
	鹿児島県指宿市			01	46KRK 038		浅鉢		胴部
檍貝塚	鹿児島県指宿市		種子島？	03	46ERK 0040	機械の剥離痕	浅鉢		口縁部～胴部

表5　名護親方における『御即位中山王代の図』史料群

主要	箱番号	分類他	技法種	歴史的	寸法（千円）	整理番号・記録図版番号	ページNo.	文献名
包匣・袋々・木・泥塗・泥塗・泥置	内題	曲水？	表具前立博物館		108			未確認資料
包匣・袋々・木・泥塗・泥塗・泥置	外題	水	内題		145			
包匣・袋々・木・泥塗・泥塗・泥置	内題	曲水？	表具		189			未確認資料
包匣・袋々・木・泥塗・泥塗・泥置	内題	桜	松本市教育委員会		S6W24			未確認資料
包匣・袋々・木・泥塗・泥塗・泥置	内題	曲水	表具		S6W24			未確認資料
包匣・袋々・木・泥塗・泥塗・泥置	桜の紋？	曲	電子顕微鏡		102	松本市教育博物館	20-1	
包匣・袋々・木・泥塗・泥塗・泥置	桜の紋？	曲	電子顕微鏡		欄7-1-2		20-1	
包匣・袋々・木・泥塗・泥塗・泥置	桜の紋？	曲	電子顕微鏡		欄15-2-3		20-1	
包匣・袋々・木・泥塗・泥塗・泥置	内題	小片薄暗	1/4面出		欄15-4-1		20-1	
包匣・袋々・木・泥塗・泥塗・泥置	桜の紋？	桜	電子顕微鏡・泥置		欄16-2-1		20-1	
包匣・袋々・木・泥塗・泥塗・泥置	曲の紋		欄19-5-1		20-1	
包匣・袋々・木・泥塗・泥塗・泥置	桜	二次泥	欄22-3-1		20-1	
包匣・袋々・木・泥塗・泥塗・泥置	曲水？	曲	表具		948	御即位前立国藏文化財センター	22-1	
包匣・袋々・木・泥塗・泥塗・泥置	小片薄	曲	内題		1280		22-1	
包匣・袋々・木・泥塗・泥塗・泥置	曲	内題		1720		22-1	
包匣・袋々・木・泥塗・泥塗・泥置	小片薄	小片薄		36図－42の図一個体		22-2	
包匣・袋々・木・泥塗・泥塗・泥置	内題	電子顕微鏡		39図－63	御即位前立国藏文化財センター	22-2	
包匣・袋々・木・泥塗・泥塗・泥置	桜	手前桜暗	曲水		159	沖縄県立埋蔵文化財博物館		未確認資料
包匣・袋々・木・泥塗・泥塗・泥置	曲水？	曲		187			未確認資料
包匣・袋々・木・泥塗・泥塗・泥置	内題	電子顕微鏡		13図78	御即位前立国藏文化財センター	28-1	
包匣・袋々・木・泥塗・泥塗・泥置		桜	電子顕微鏡		21図250		28-1	
包匣・袋々・木・泥塗・泥塗・泥置	内題	由中		24図319		28-1	
包匣・袋々・木・泥塗・泥塗・泥置	内題	曲水？		37図577		28-1	
包匣・袋々・木・泥塗・泥塗・泥置	内題	曲水		40図611		28-1	
包匣・袋々・木・泥塗・泥塗・泥置	内題	曲水		56図938		28-1	
包匣・袋々・木・泥塗・泥塗・泥置	内題	曲水	岡山理科大学		未確認資料	
包匣・袋々・木・泥塗・泥塗・泥置	曲？	内題		未確認資料	
包匣・袋々・木・泥塗・泥塗・泥置	曲水？	曲	曲水		未確認資料	
包匣・袋々・木・泥塗・泥塗・泥置	内題	曲水	曲水		未確認資料	
包匣・袋々・木・泥塗・泥塗・泥置	内題	曲水	以德大学名古屋研究室		未確認資料	
包匣・袋々・木・泥塗・泥塗・泥置	曲水？	曲		未確認資料	
包匣・袋々・木・泥塗・泥塗・泥置	以蔵館	書		72図11	御即位前立国藏文化財センター	43-1	
包匣・袋々・木・泥塗・泥塗・泥置	書？	吉		50図48		43-1	
包匣・袋々・木・泥塗・泥塗・泥置	桜片	桜片	電子顕微鏡		79図128		43-1	
包匣・袋々・木・泥塗・泥塗・泥置	薄桜	桜片		80図156		43-1	
包匣・袋々・木・泥塗・泥塗・泥置	？	桜片	桜片		81図179		43-1	
包匣・袋々・木・泥塗・泥塗・泥置	薄桜	桜片		81図201		43-1	
包匣・袋々・木・泥塗・泥塗・泥置	薄暗			86図406		43-1	
包匣・袋々・木・泥塗・泥塗・泥置	曲水	電子顕微鏡			未確認資料	
包匣・袋々・木・泥塗・泥塗・泥置	薄桜？	桜片			未確認資料	
包匣・袋々・木・泥塗・泥塗・泥置	曲水		御即位前立国藏文化財センター	35図2	43-3	
包匣・袋々・木・泥塗・泥塗・泥置	桜	内題	電子顕微鏡		A1091022.2 P1.2		未確認資料
包匣・袋々・木・泥塗・泥塗・泥置	由中	電子顕微鏡	御即位前立国藏文化財センター		A1101052.7.1		未確認資料
包匣・袋々・木・泥塗・泥塗・泥置	桜	曲水	御即位前立国藏文化財センター	15図40	46-1	

275

図版集成 1　植物種実圧痕検出土器写真とレプリカ SEM 写真図版

砂沢遺跡

千網谷戸遺跡

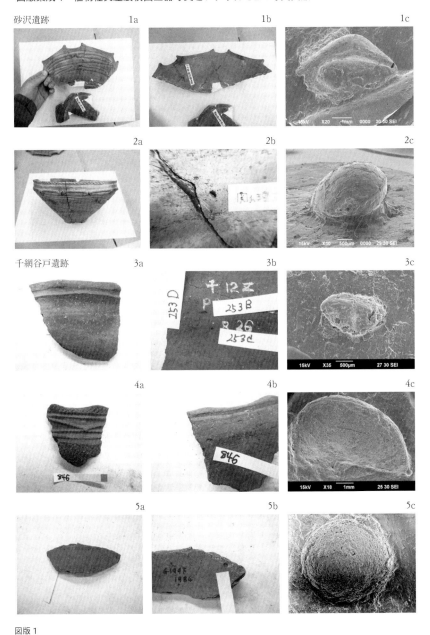

図版 1

番号は、表 3 の圧痕番号と対応。
a：土器写真　b：土器圧痕部写真　c：SEM 写真

276　第4章　日本列島における穀物栽培の起源を求めて―レプリカ法による土器圧痕調査結果報告―

図版2

図版集成 1　植物種実圧痕検出土器写真とレプリカ SEM 写真図版　277

図版 3

番号は、表 3 の圧痕番号と対応。
a：土器写真　b：土器圧痕部写真　c：SEM 写真

278　第4章　日本列島における穀物栽培の起源を求めて─レプリカ法による土器圧痕調査結果報告─

下布田遺跡

図版4

図版集成 1 植物種実圧痕検出土器写真とレプリカ SEM 写真図版 279

エリ穴遺跡

図版 5

番号は、表 3 の圧痕番号と対応。
a：土器写真　b：土器圧痕部写真　c：SEM 写真

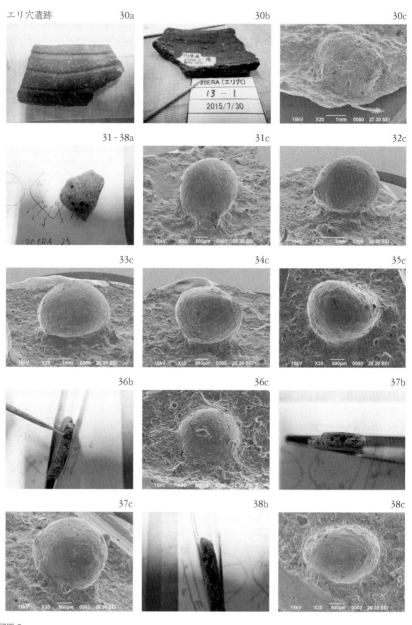

図版6

図版集成 1　植物種実圧痕検出土器写真とレプリカ SEM 写真図版　281

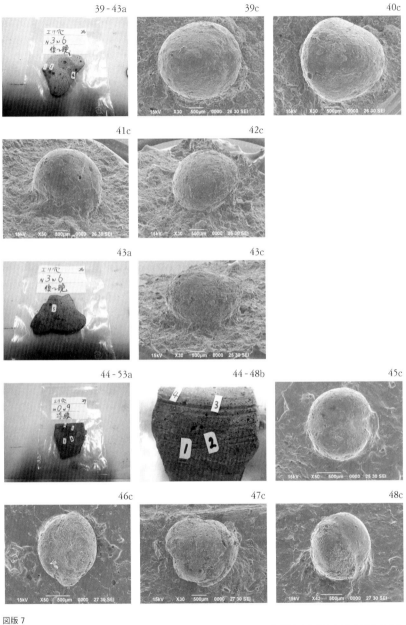

図版 7

番号は、表 3 の圧痕番号と対応。
a：土器写真　b：土器圧痕部写真　c：SEM 写真

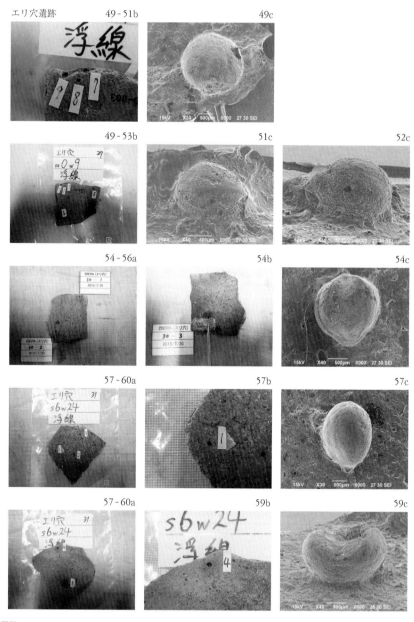

図版8

図版集成 1　植物種実圧痕検出土器写真とレプリカ SEM 写真図版　283

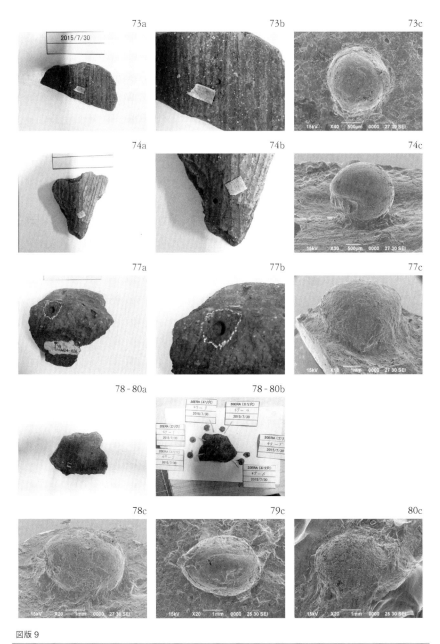

図版 9

番号は、表 3 の圧痕番号と対応。
a：土器写真　b：土器圧痕部写真　c：SEM 写真

284　第4章　日本列島における穀物栽培の起源を求めて―レプリカ法による土器圧痕調査結果報告―

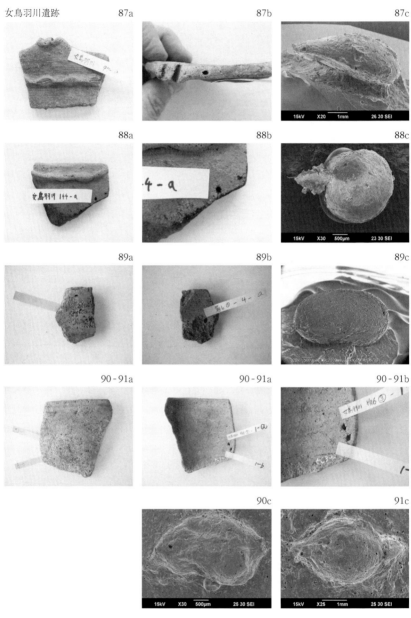

図版10

図版集成 1 植物種実圧痕検出土器写真とレプリカ SEM 写真図版 285

図版 11

番号は、表 3 の圧痕番号と対応。
a：土器写真　b：土器圧痕部写真　c：SEM 写真

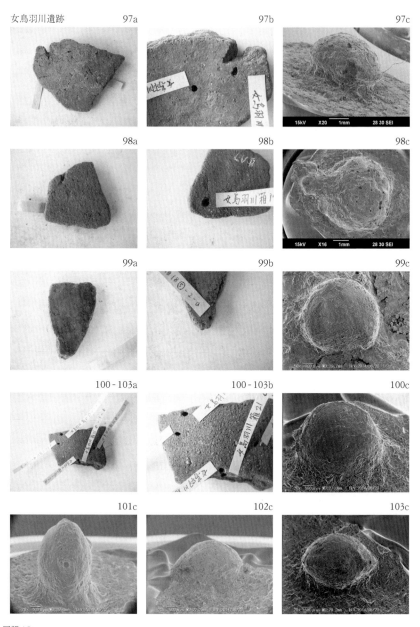

図版 12

図版集成1 植物種実圧痕検出土器写真とレプリカSEM写真図版 287

図版13

番号は、表3の圧痕番号と対応。
a：土器写真　b：土器圧痕部写真　c：SEM写真

288 第4章 日本列島における穀物栽培の起源を求めて―レプリカ法による土器圧痕調査結果報告―

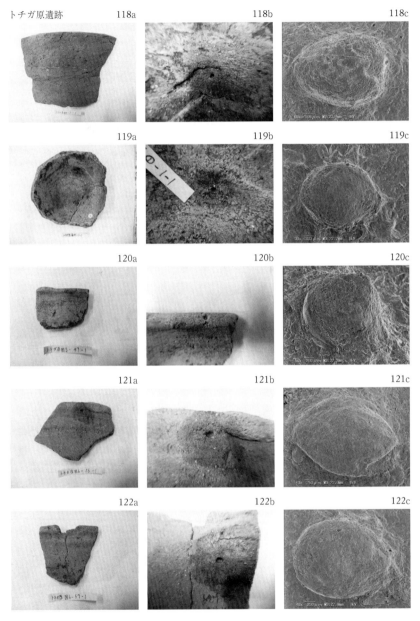

図版 14

図版集成1 植物種実圧痕検出土器写真とレプリカSEM写真図版 289

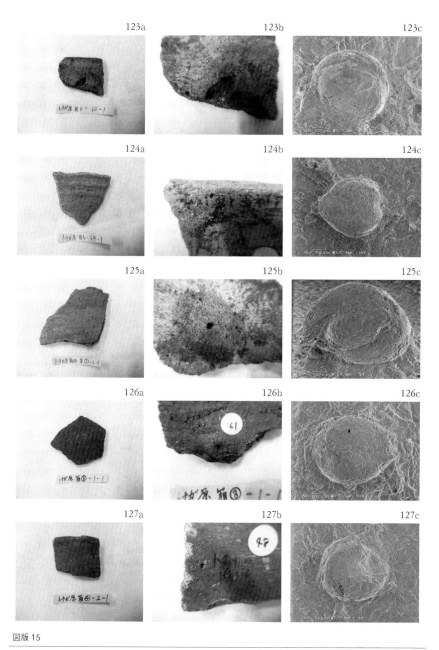

図版15

番号は、表3の圧痕番号と対応。
a：土器写真　b：土器圧痕部写真　c：SEM写真

290 第4章 日本列島における穀物栽培の起源を求めて―レプリカ法による土器圧痕調査結果報告―

図版 16

図版集成1　植物種実圧痕検出土器写真とレプリカSEM写真図版　291

図版17

番号は、表3の圧痕番号と対応。
a：土器写真　b：土器圧痕部写真　c：SEM写真

292 第4章 日本列島における穀物栽培の起源を求めて―レプリカ法による土器圧痕調査結果報告―

トチガ原遺跡

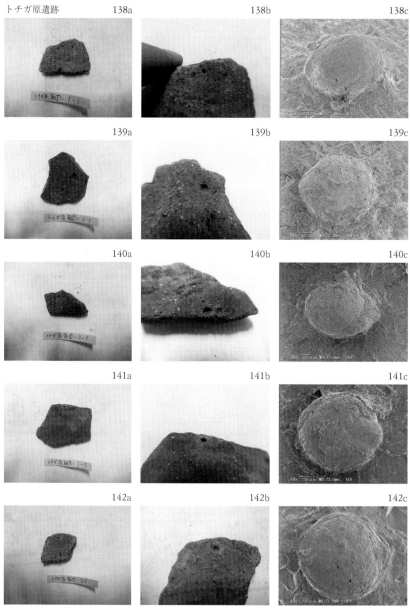

図版18

図版集成1　植物種実圧痕検出土器写真とレプリカSEM写真図版　293

図版 19

番号は、表3の圧痕番号と対応。
a：土器写真　b：土器圧痕部写真　c：SEM写真

294 第4章 日本列島における穀物栽培の起源を求めて―レプリカ法による土器圧痕調査結果報告―

図版20

図版集成 1　植物種実圧痕検出土器写真とレプリカ SEM 写真図版　295

図版 21

番号は、表 3 の圧痕番号と対応。
a：土器写真　b：土器圧痕部写真　c：SEM 写真

296　第4章　日本列島における穀物栽培の起源を求めて―レプリカ法による土器圧痕調査結果報告―

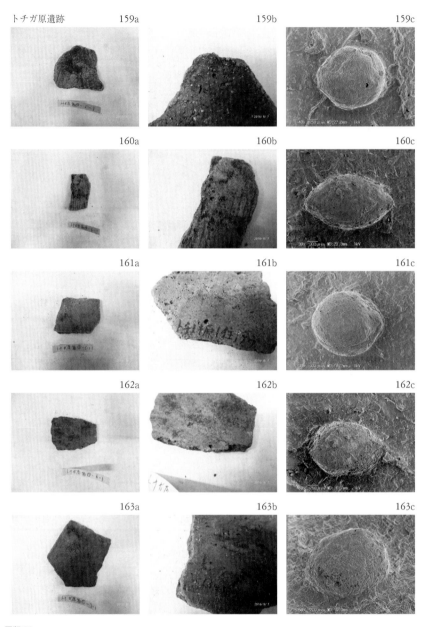

図版22

図版集成 1　植物種実圧痕検出土器写真とレプリカ SEM 写真図版　297

164a　164b 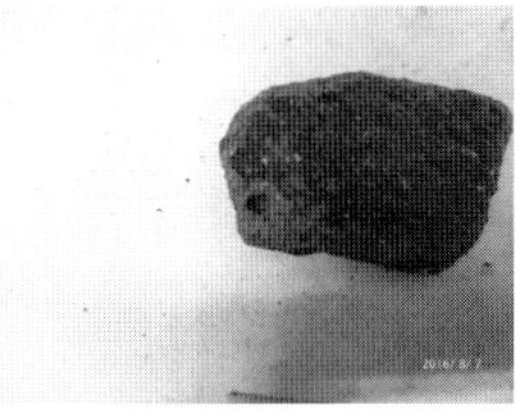　164c

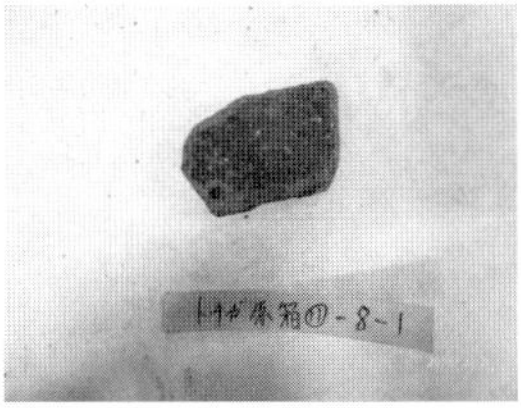

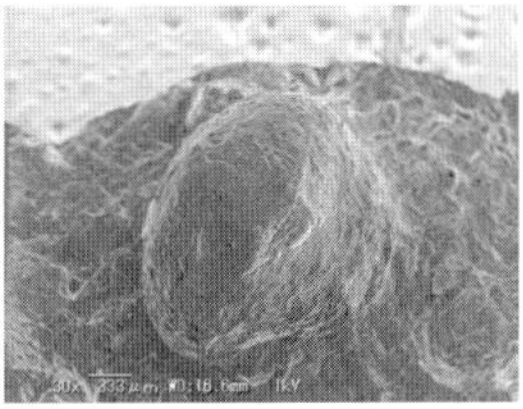

165a 　165b 　165c

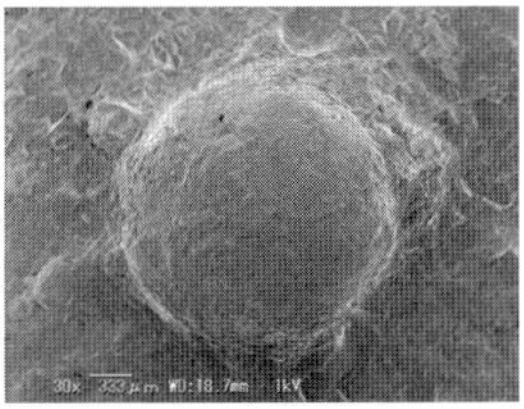

166a 　166b 　166c

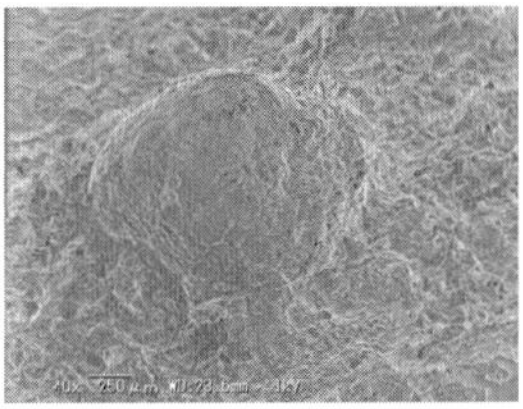

167a 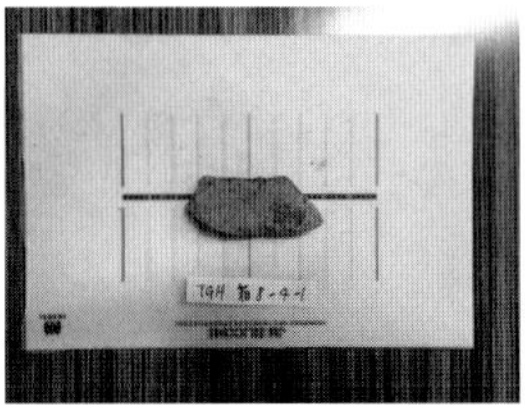　167b 　167c

169a 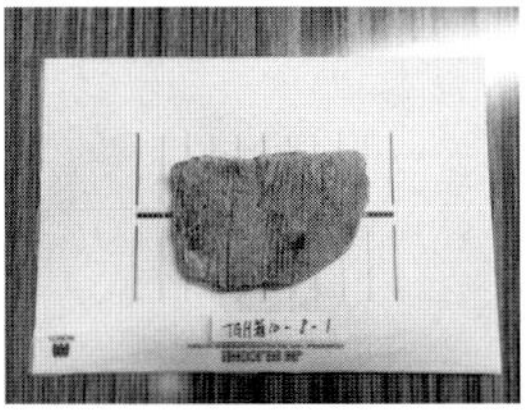　169b 　169c

図版 23

番号は、表 3 の圧痕番号と対応。
a：土器写真　b：土器圧痕部写真　c：SEM 写真

298　第4章　日本列島における穀物栽培の起源を求めて―レプリカ法による土器圧痕調査結果報告―

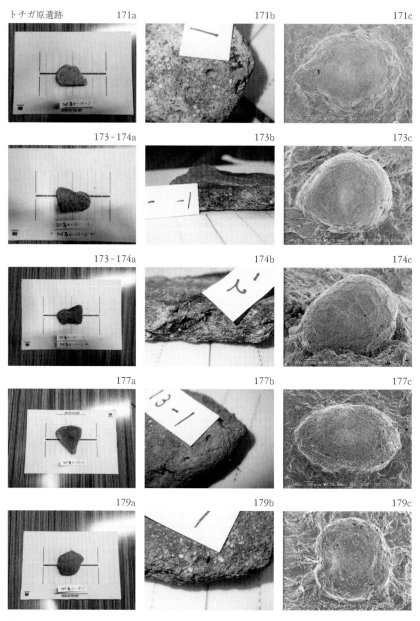

図版24

図版集成1 植物種実圧痕検出土器写真とレプリカSEM写真図版 299

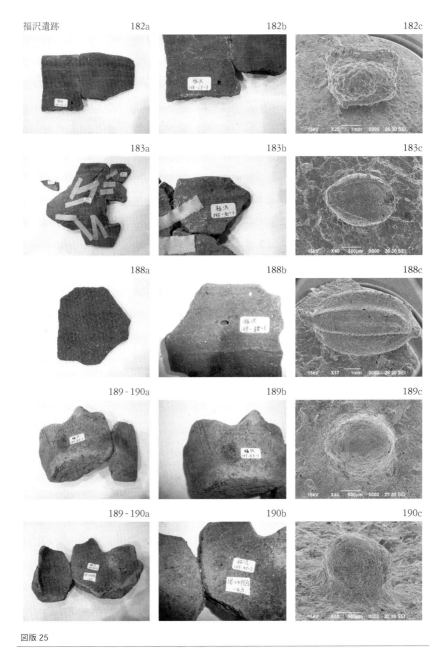

図版25

番号は、表3の圧痕番号と対応。
a：土器写真　b：土器圧痕部写真　c：SEM写真

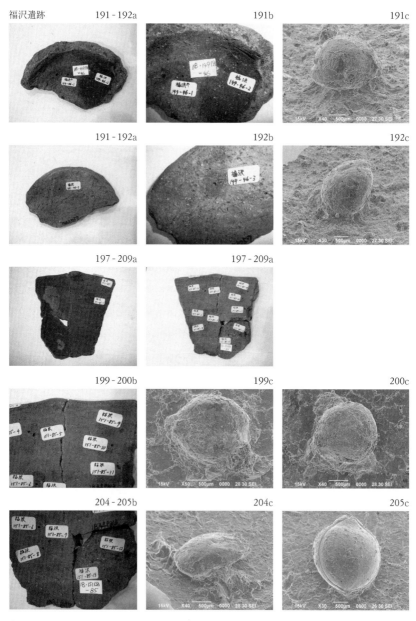

図版 26

図版集成1 植物種実圧痕検出土器写真とレプリカSEM写真図版 301

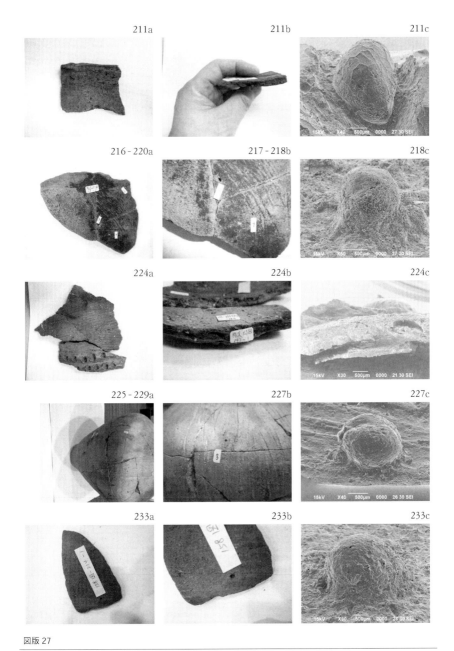

図版 27

番号は、表3の圧痕番号と対応。
a：土器写真　b：土器圧痕部写真　c：SEM写真

302　第4章　日本列島における穀物栽培の起源を求めて―レプリカ法による土器圧痕調査結果報告―

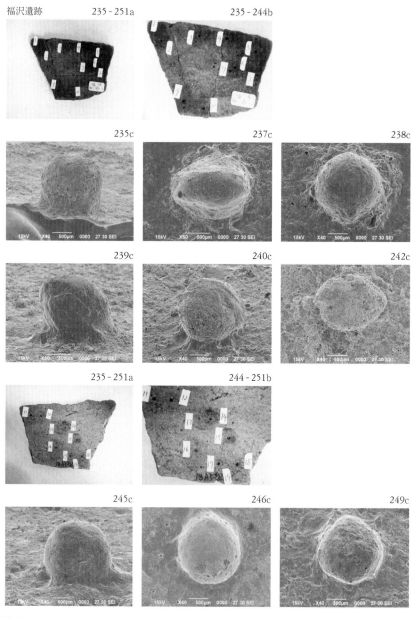

図版28

図版集成 1 植物種実圧痕検出土器写真とレプリカ SEM 写真図版 303

図版 29

番号は、表 3 の圧痕番号と対応。
a：土器写真　b：土器圧痕部写真　c：SEM 写真

304 第4章 日本列島における穀物栽培の起源を求めて―レプリカ法による土器圧痕調査結果報告―

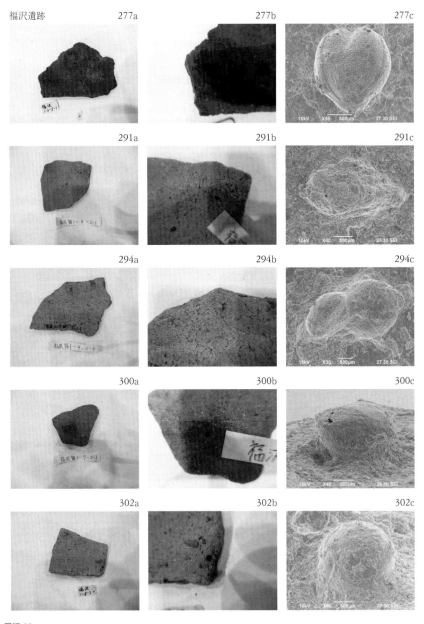

図版 30

図版集成1 植物種実圧痕検出土器写真とレプリカSEM写真図版 305

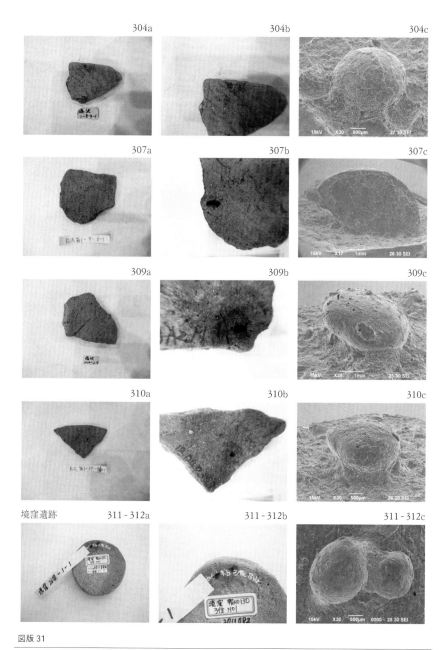

番号は、表3の圧痕番号と対応。
a：土器写真　b：土器圧痕部写真　c：SEM写真

306　第4章　日本列島における穀物栽培の起源を求めて―レプリカ法による土器圧痕調査結果報告―

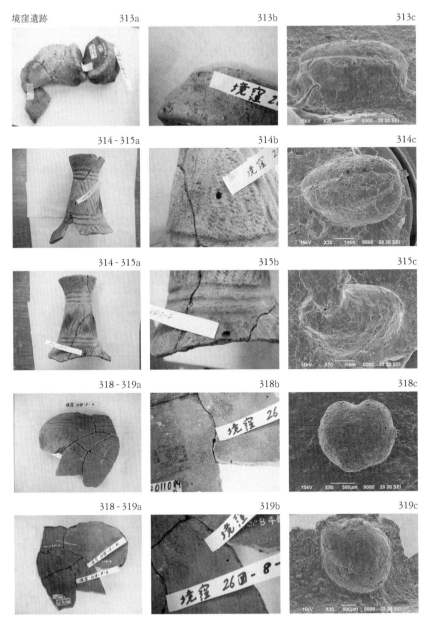

図版32

図版集成1　植物種実圧痕検出土器写真とレプリカSEM写真図版　307

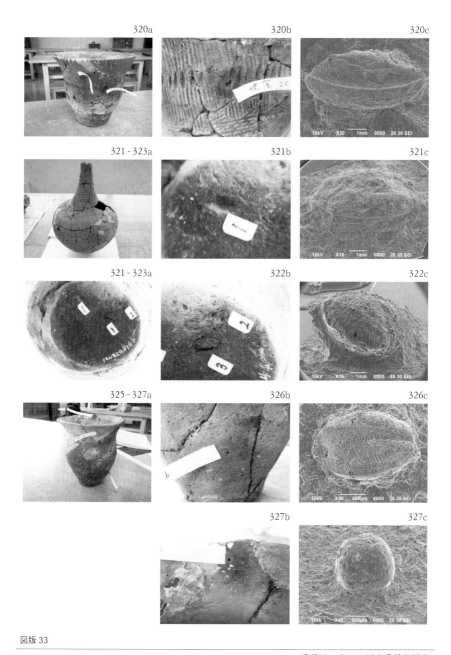

図版33

番号は、表3の圧痕番号と対応。
a：土器写真　b：土器圧痕部写真　c：SEM写真

308 第4章 日本列島における穀物栽培の起源を求めて―レプリカ法による土器圧痕調査結果報告―

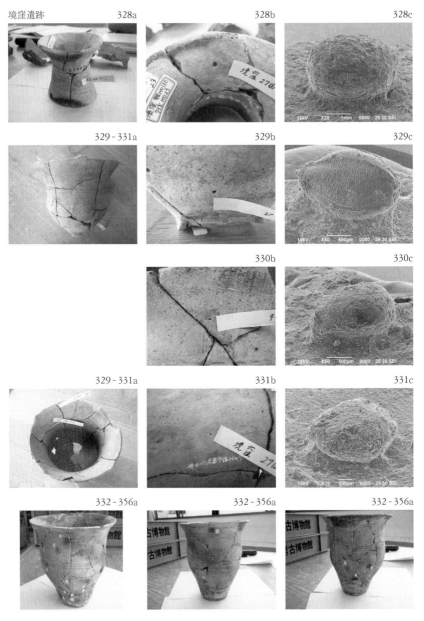

図版34

図版集成 1 植物種実圧痕検出土器写真とレプリカ SEM 写真図版 309

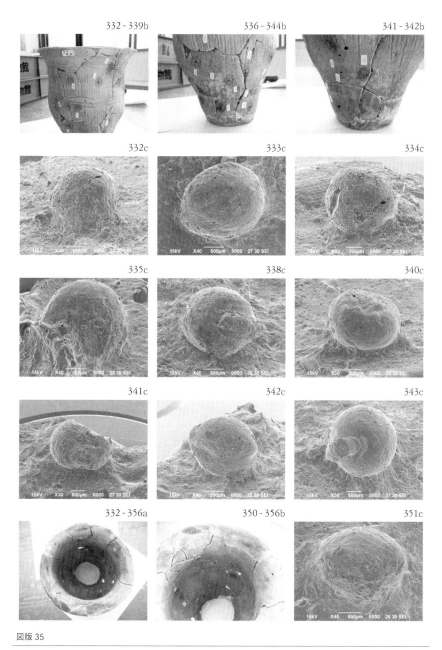

図版 35

番号は、表 3 の圧痕番号と対応。
a：土器写真　b：土器圧痕部写真　c：SEM 写真

310 第4章 日本列島における穀物栽培の起源を求めて―レプリカ法による土器圧痕調査結果報告―

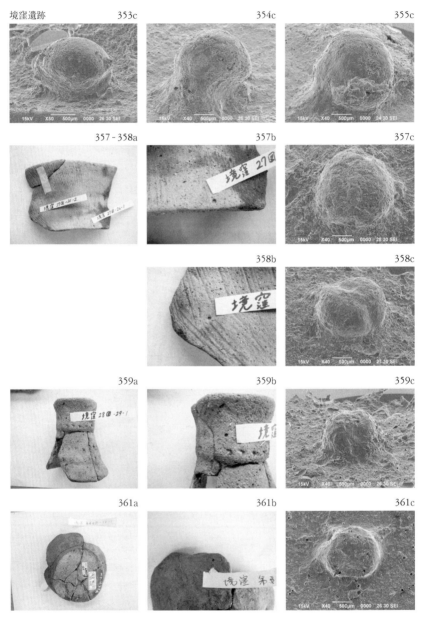

図版36

図版集成1 植物種実圧痕検出土器写真とレプリカSEM写真図版 311

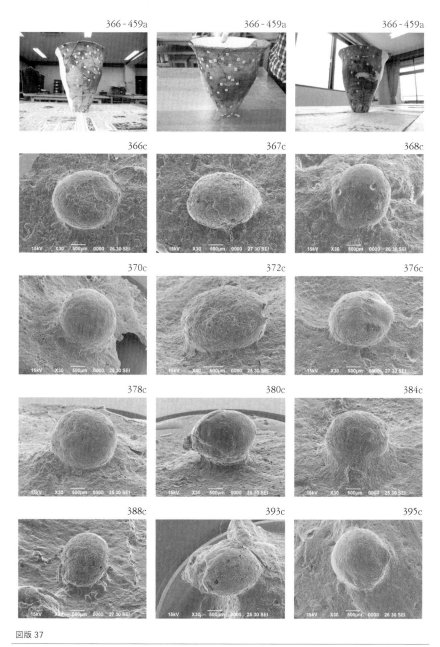

図版37

番号は、表3の圧痕番号と対応。
a：土器写真　b：土器圧痕部写真　c：SEM写真

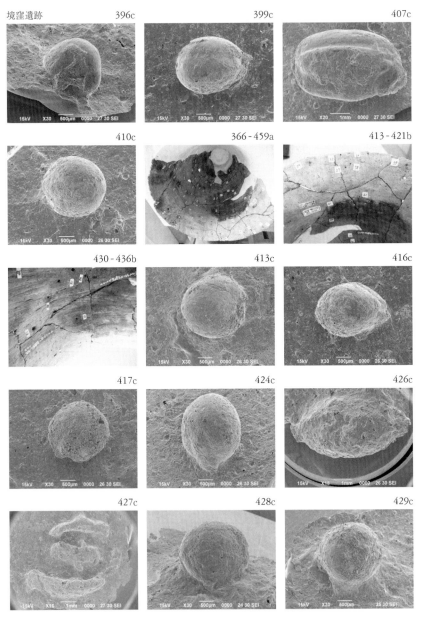

図版38

図版集成 1 植物種実圧痕検出土器写真とレプリカ SEM 写真図版 313

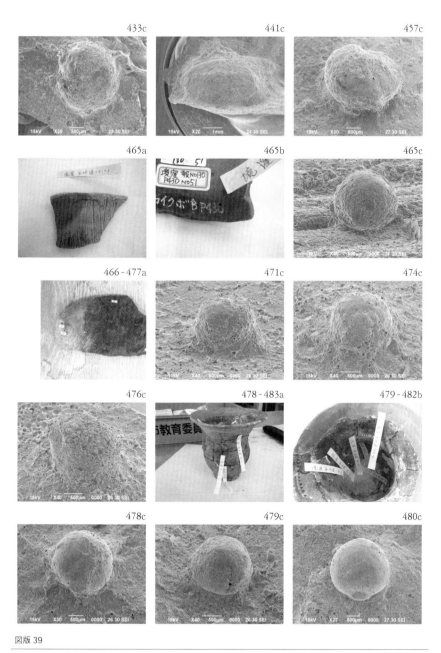

図版 39

番号は、表 3 の圧痕番号と対応。
a：土器写真　b：土器圧痕部写真　c：SEM 写真

図版 40

図版集成1 植物種実圧痕検出土器写真とレプリカSEM写真図版 315

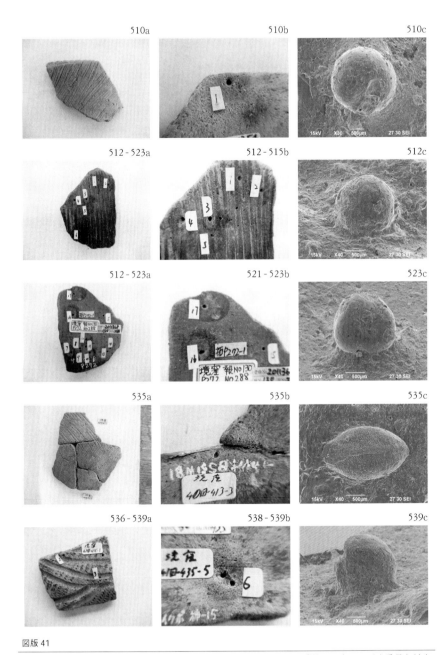

図版41

番号は、表3の圧痕番号と対応。
a:土器写真　b:土器圧痕部写真　c:SEM写真

316　第4章　日本列島における穀物栽培の起源を求めて―レプリカ法による土器圧痕調査結果報告―

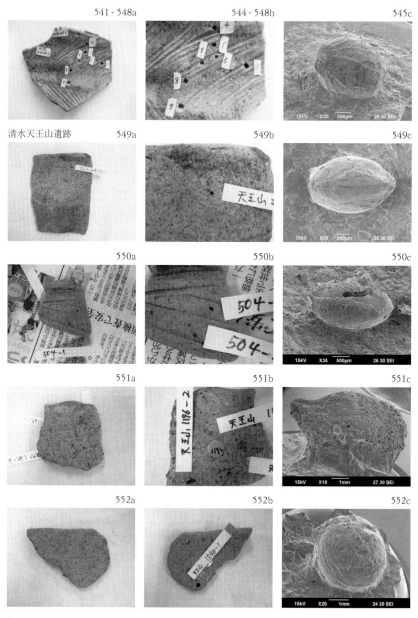

清水天王山遺跡

図版42

図版集成1　植物種実圧痕検出土器写真とレプリカSEM写真図版　317

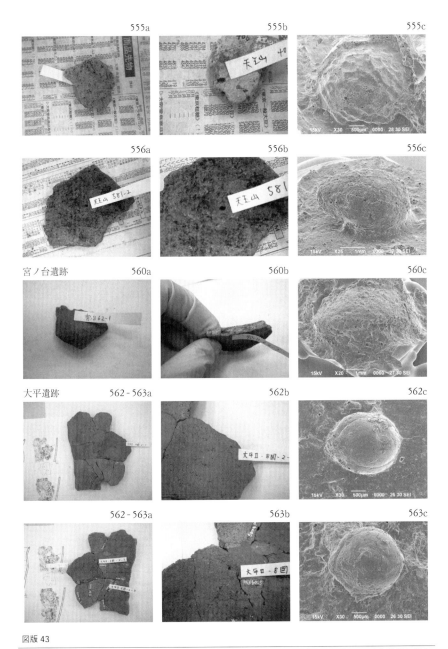

図版43

番号は、表3の圧痕番号と対応。
a：土器写真　b：土器圧痕部写真　c：SEM写真

318 第4章 日本列島における穀物栽培の起源を求めて―レプリカ法による土器圧痕調査結果報告―

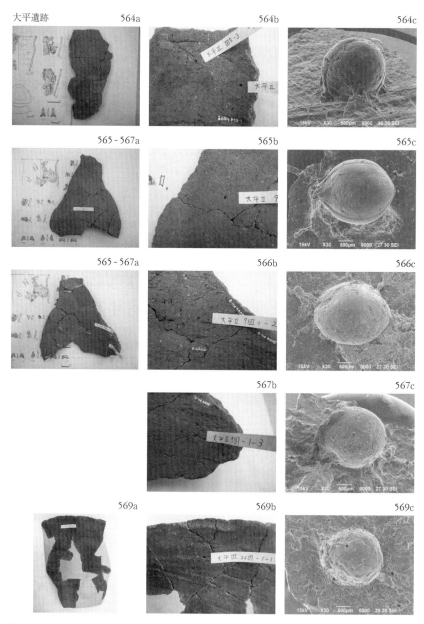

図版44

図版集成1 植物種実圧痕検出土器写真とレプリカSEM写真図版 319

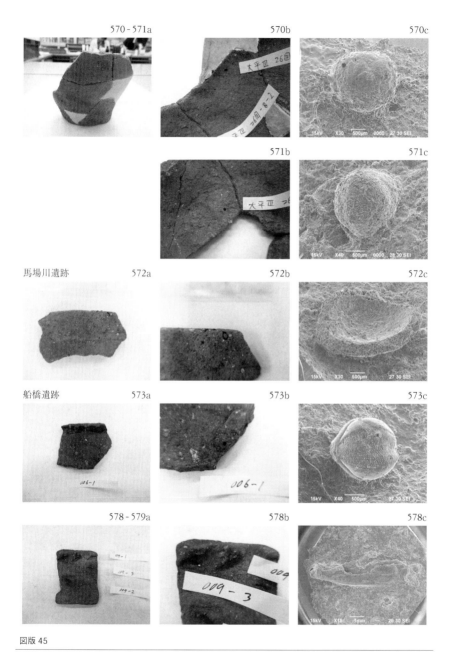

図版45

番号は、表3の圧痕番号と対応。
a：土器写真　b：土器圧痕部写真　c：SEM写真

320 第4章 日本列島における穀物栽培の起源を求めて―レプリカ法による土器圧痕調査結果報告―

図版46

図版集成1　植物種実圧痕検出土器写真とレプリカSEM写真図版　321

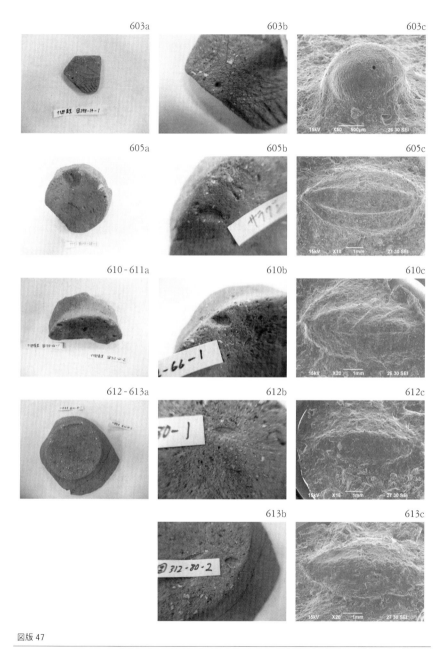

図版47

番号は、表3の圧痕番号と対応。
a：土器写真　b：土器圧痕部写真　c：SEM写真

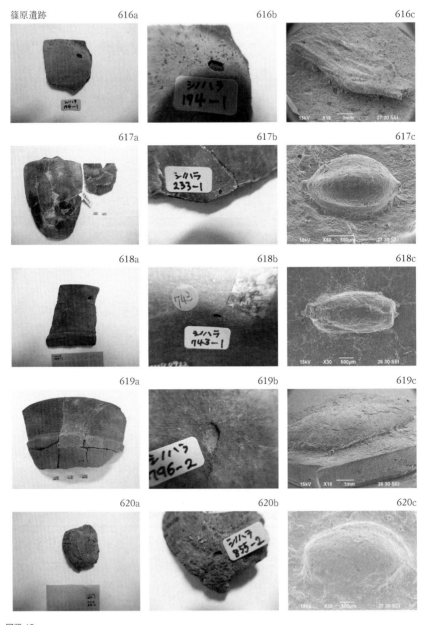

図版 48

図版集成1 植物種実圧痕検出土器写真とレプリカSEM写真図版 323

図版49

番号は、表3の圧痕番号と対応。
a:土器写真 b:土器圧痕部写真 c:SEM写真

324　第4章　日本列島における穀物栽培の起源を求めて―レプリカ法による土器圧痕調査結果報告―

図版50

図版集成 1 植物種実圧痕検出土器写真とレプリカ SEM 写真図版 325

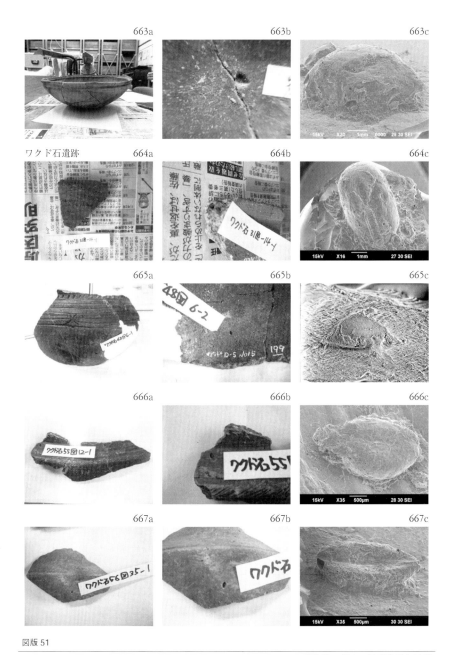

ワクド石遺跡

図版 51

番号は、表 3 の圧痕番号と対応。
a：土器写真　b：土器圧痕部写真　c：SEM 写真

326　第4章　日本列島における穀物栽培の起源を求めて—レプリカ法による土器圧痕調査結果報告—

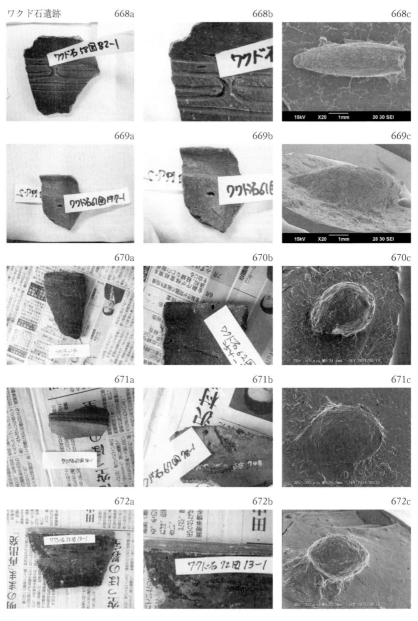

図版52

図版集成1 植物種実圧痕検出土器写真とレプリカSEM写真図版 327

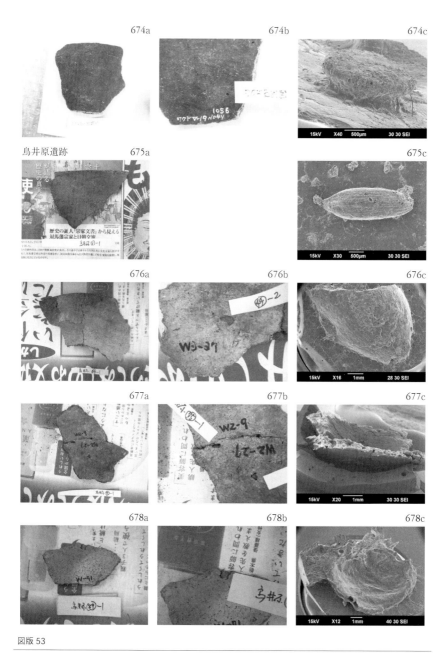

図版53

番号は、表3の圧痕番号と対応。
a：土器写真　b：土器圧痕部写真　c：SEM写真

328　第4章　日本列島における穀物栽培の起源を求めて—レプリカ法による土器圧痕調査結果報告—

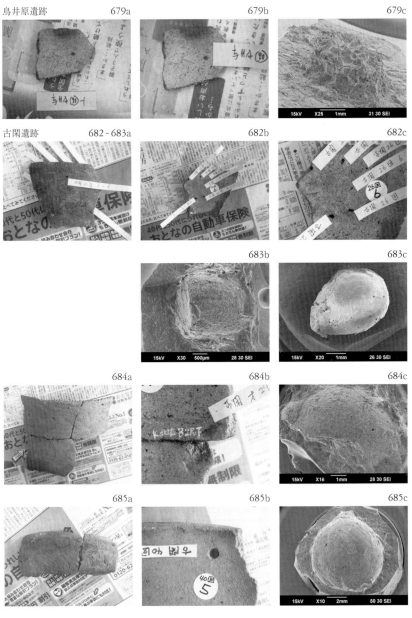

図版54

図版集成1　植物種実圧痕検出土器写真とレプリカSEM写真図版　329

686a	686b	686c
687a	687b	687c
688a	688b	688c
689a	689b	689c
690a	690b	690c

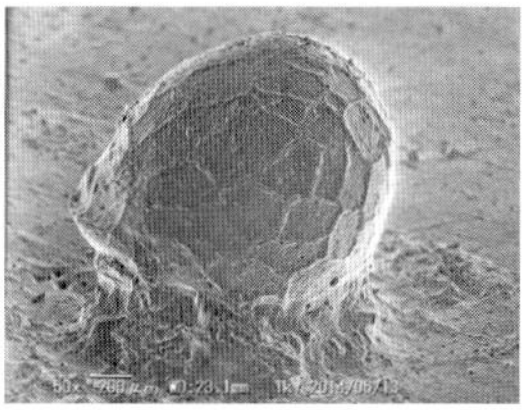

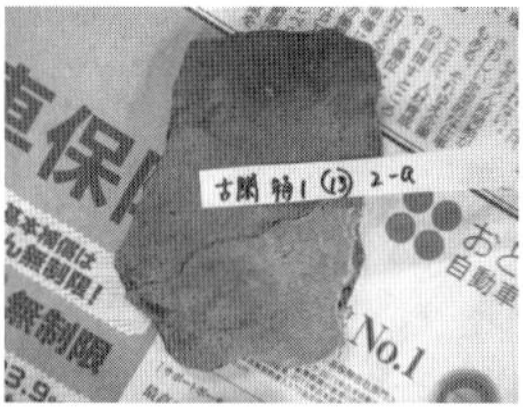

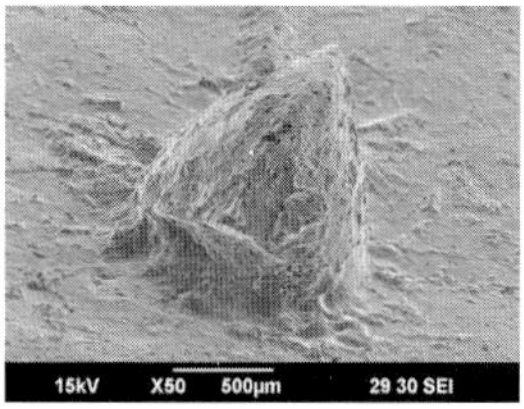

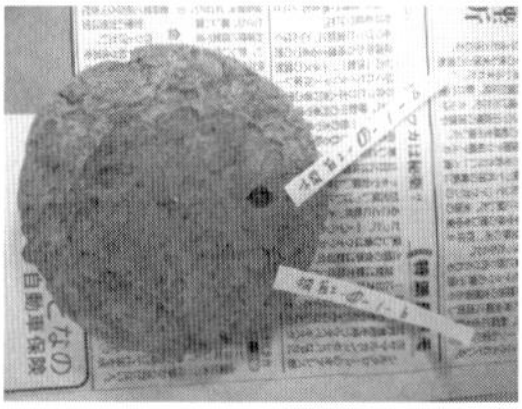

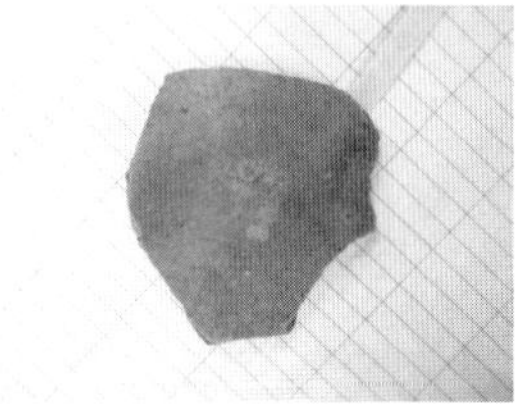

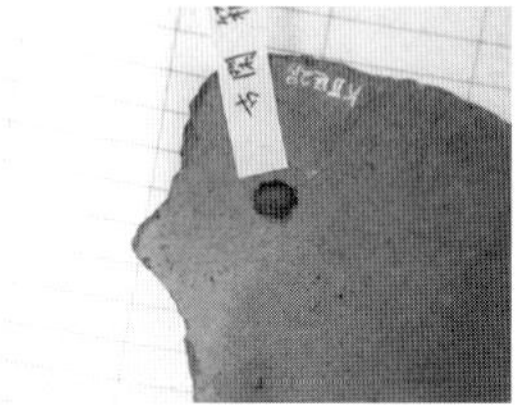

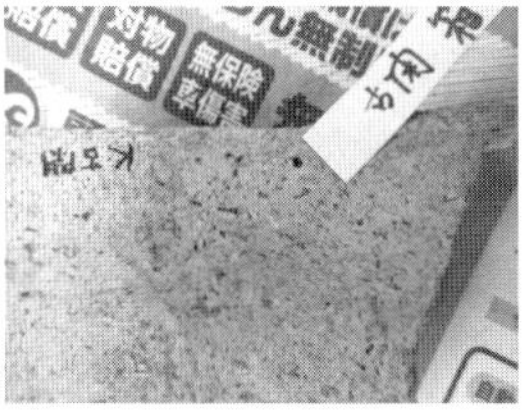

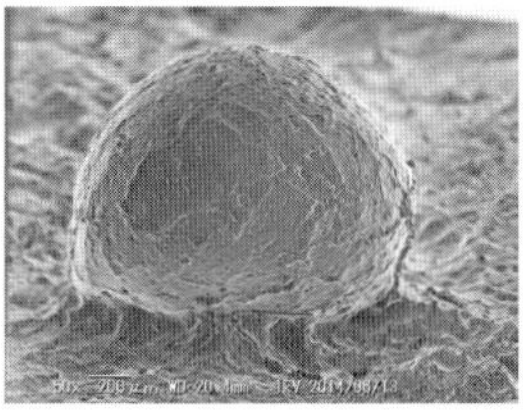

図版55

番号は、表3の圧痕番号と対応。
a：土器写真　b：土器圧痕部写真　c：SEM写真

330 第4章 日本列島における穀物栽培の起源を求めて─レプリカ法による土器圧痕調査結果報告─

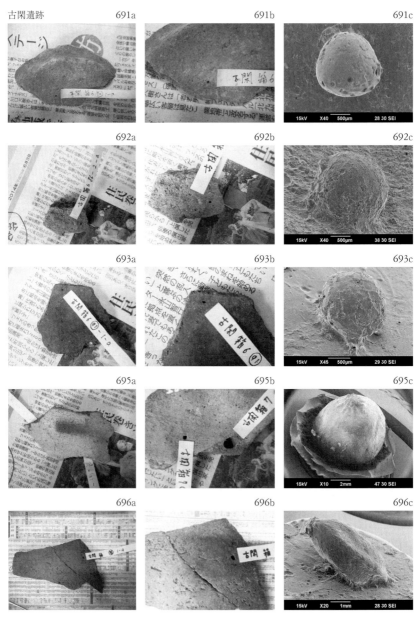

図版56

図版集成1 植物種実圧痕検出土器写真とレプリカSEM写真図版 331

図版57

番号は、表3の圧痕番号と対応。
a：土器写真　b：土器圧痕部写真　c：SEM写真

332　第4章　日本列島における穀物栽培の起源を求めて―レプリカ法による土器圧痕調査結果報告―

図版 58

図版集成1 植物種実圧痕検出土器写真とレプリカSEM写真図版 333

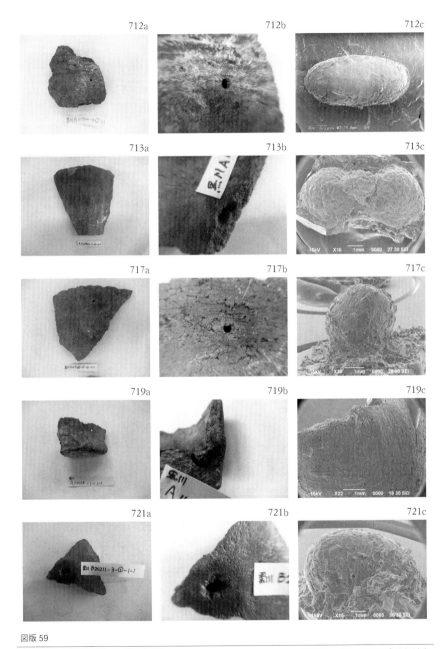

図版59

番号は、表3の圧痕番号と対応。
a：土器写真　b：土器圧痕部写真　c：SEM写真

334　第4章　日本列島における穀物栽培の起源を求めて―レプリカ法による土器圧痕調査結果報告―

図版60

図版集成 2　検出された植物種実圧痕の同定根拠図版

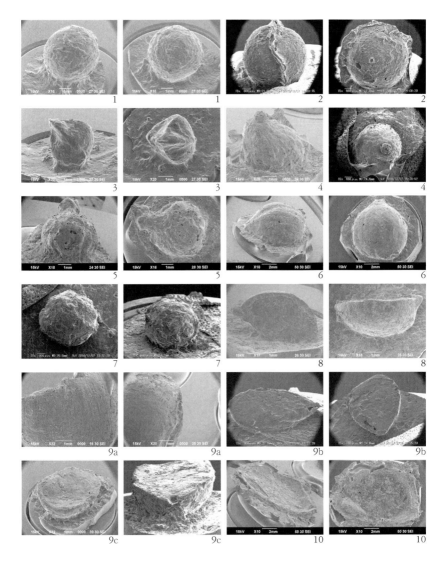

同定根拠図版 1

1：クロモジ属核　2：クスノキ科核？　3：ケヤキ果実　4：スダジイ核斗
5：コナラ属コナラ亜属幼果　6：イチイガシ子葉　7：コナラ属アカガシ亜属幼果
8：コナラ属子葉　9a：コナラ属 - シイノキ属果皮　9b-9c：コナラ属 - シイノキ属子葉
10：ブナ科堅果片

336　第4章　日本列島における穀物栽培の起源を求めて―レプリカ法による土器圧痕調査結果報告―

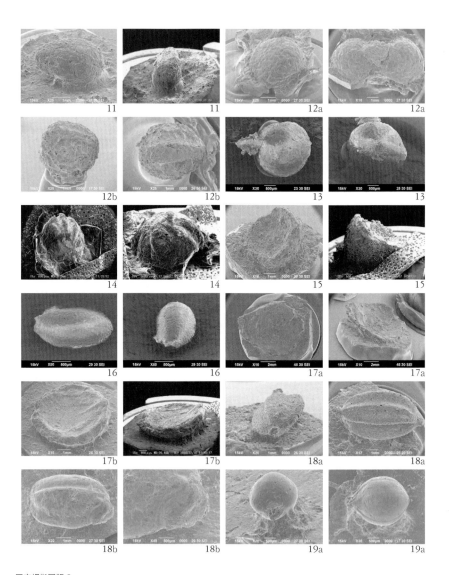

同定根拠図版2

　　11：イヌシデ果実　12a：カラスザンショウ果実　12b：カラスザンショウ種子
　　13：サンショウ種子　14：ミズキ核　15：クマノミズキ核　16：サルナシ種子
　　17a-17b：堅果類果皮　18aイネ有ふ果／籾　18b：イネ穎果　19aキビ有ふ果

図版集成2 検出された植物種実圧痕の同定根拠図版 337

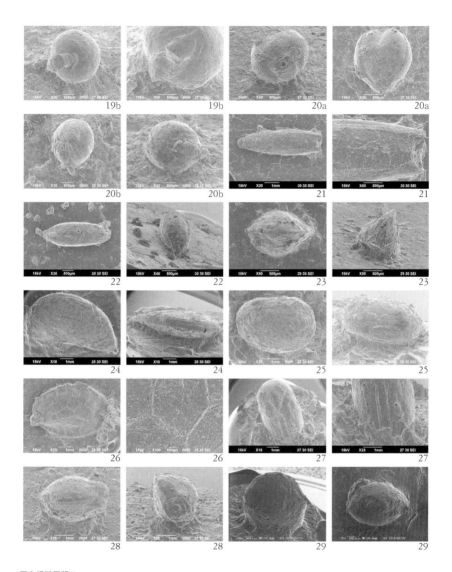

同定根拠図版 3

19b：キビ頴果　20a：アワ有ふ果　20b：アワ頴果　21：エゾムギ属有ふ果　22：イネ科有ふ果
23：スゲ属果実　24：ヌスビトハギ果実　25：ダイズ属種子　26：ヤマハギ果実
27：ササゲ属アズキ亜属種子　28：アサ核　29：カナムグラ核

338 第4章 日本列島における穀物栽培の起源を求めて―レプリカ法による土器圧痕調査結果報告―

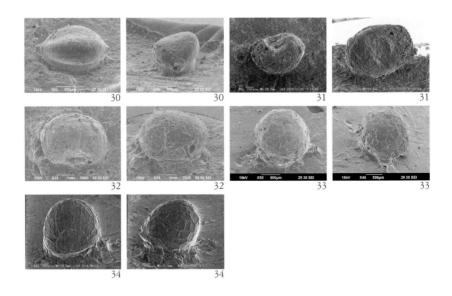

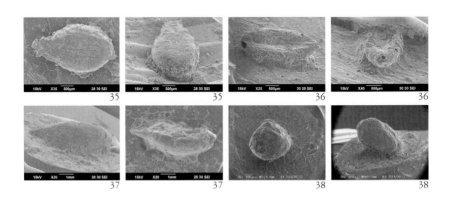

同定根拠図版4

30:イヌタデ属果実　31:ヤエムグラ属種子　32:アカネ科核
33:イヌコウジュ属またはシソ属果実　34:シソ属果実
35-38:不明種実

図版集成2　検出された植物種実圧痕の同定根拠図版　339

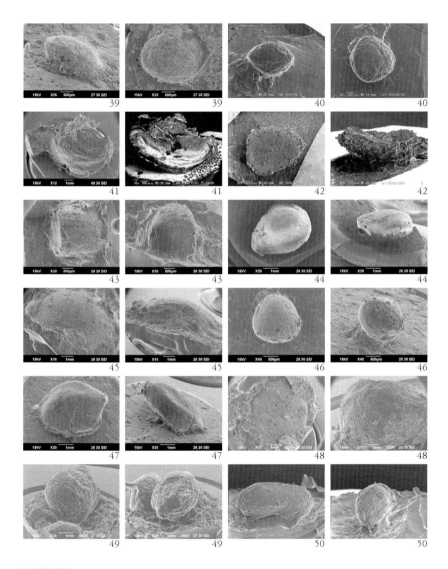

同定根拠図版5

39〜50：不明種実

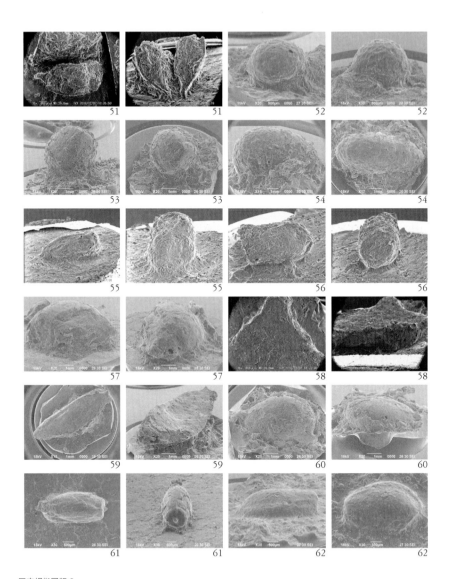

同定根拠図版6

51～62：不明種実

図版集成 2　検出された植物種実圧痕の同定根拠図版　341

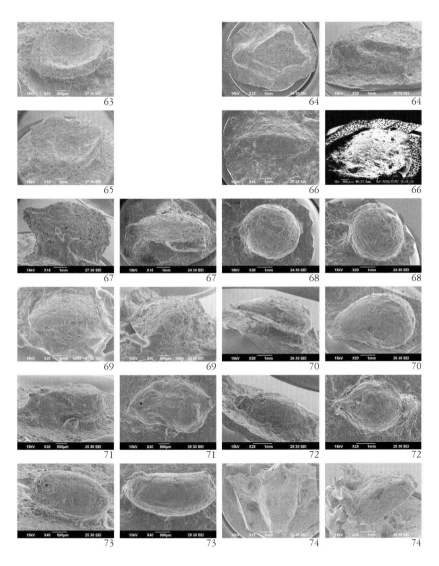

同定根拠図版 7

63〜74：不明種実

342 第4章 日本列島における穀物栽培の起源を求めて—レプリカ法による土器圧痕調査結果報告—

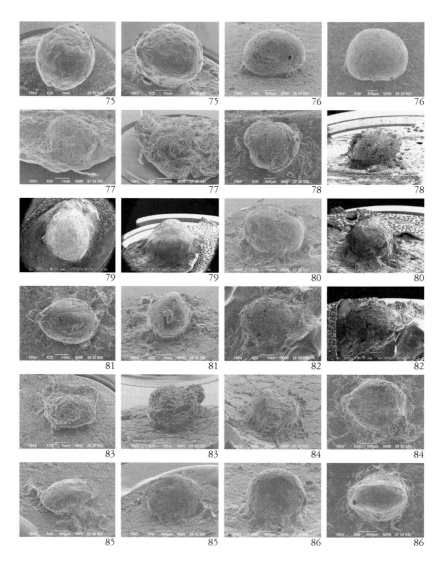

同定根拠図版8

75〜86：不明種実

図版集成2　検出された植物種実圧痕の同定根拠図版　343

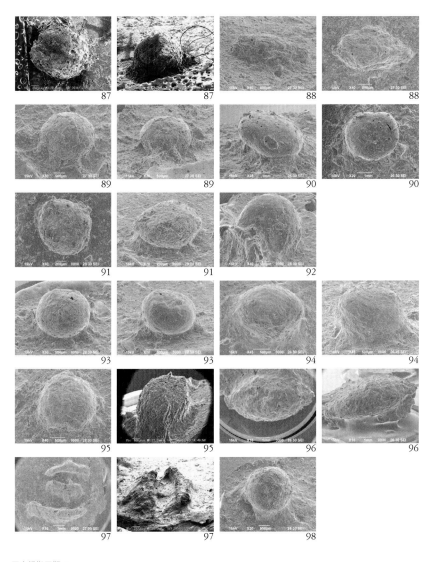

同定根拠図版 9

87～98：不明種実

344　第4章　日本列島における穀物栽培の起源を求めて―レプリカ法による土器圧痕調査結果報告―

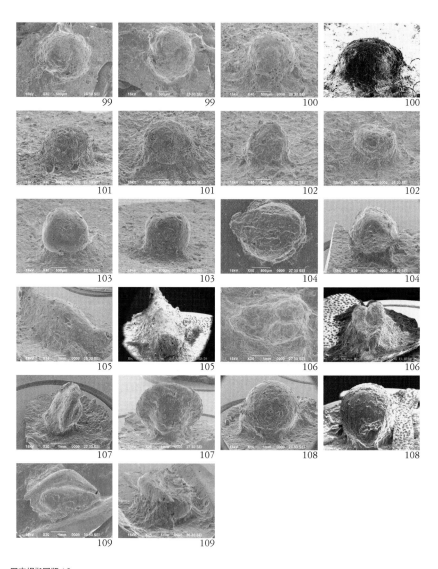

同定根拠図版10

99〜109：不明種実

文献リスト

13-1 調布市遺跡調査会 1978『調布市下布田遺跡　範囲確認調査』調布市埋蔵文化財調査報告5、調布市教育委員会

13-2 調布市遺跡調査会 1979『調布市下布田遺跡　54年度範囲確認調査　上石原(宮上)遺跡』調布市埋蔵文化財調査報告9、調布市教育委員会

13-3 調布市遺跡調査会 1980『調布市下布田遺跡　55年度範囲確認調査』調布市埋蔵文化財調査報告14、調布市教育委員会

13-4 調布市遺跡調査会 1981『調布市下布田遺跡　56年度範囲確認調査』調布市埋蔵文化財調査報告16、調布市教育委員会

13-5 調布市遺跡調査会 1982『調布市下布田遺跡　57年度範囲確認調査』調布市埋蔵文化財調査報告18、調布市教育委員会

20-1 松本市教育委員会 1972『長野県松本市女鳥羽川遺跡緊急発掘調査報告書』松本市教育委員会

20-2 大町市教育委員会 1980『借馬遺跡Ⅱ(付　トチガ原遺跡立ち合い調査報告)』大町市教育委員会

20-3 塩尻市教育委員会 1985『堂の前・福沢・青木沢』塩尻東地区県営圃場整備事業発掘調査報告書、塩尻市教育委員会

20-4 松本市教育委員会 1998『長野県松本市境窪遺跡・川西開田遺跡Ⅰ・Ⅱ緊急発掘調査報告書』松本市文化財調査報告130、松本市教育委員会

22-1 静岡市教区委員会 2008『清水天王山遺跡』第4次-5次発掘報告、静岡市教区委員会

22-2 静岡県埋蔵文化財センター 2014『御殿場市神山・駒門の遺跡群』静岡県埋蔵文化財センター調査報告42、静岡県埋蔵文化財センター

22-3 財団法人静岡県埋蔵文化財調査研究所 2001『大平遺跡Ⅱ』静岡県埋蔵文化財調査研究所調査報告129、財団法人静岡県埋蔵文化財調査研究所

22-4 財団法人静岡県埋蔵文化財調査研究所 2009『大平遺跡Ⅲ』静岡県埋蔵文化財調査研究所調査報告198、財団法人静岡県埋蔵文化財調査研究所

27-1 財団法人大阪府文化財センター 2009『讃良郡条里遺跡Ⅷ』大阪府文化財センター調査報告187、財団法人大阪府文化財センター

28-1 家根祥多 1994「篠原式の提唱」『縄紋晩期前葉‐中葉の広域編年』(平成4年度科学研究費補助(総合A)研究成果報告書)北海道大学文学部

43-1 熊本県教育委員会 1994『ワクド石遺跡』熊本県文化財調査報告144、熊本県教育委員会

43-2 熊本市教育委員会 1977『鳥井原遺跡発掘調査報告書　熊本市健軍町』熊本市教育委員会

43-3 熊本県教育委員会 1980『古保山・古閑・犬城』熊本県文化財調査報告47、熊本県教

346 第4章 日本列島における穀物栽培の起源を求めて―レプリカ法による土器圧痕調査結果報告―

育委員会

46-1 鹿児島県教育委員会 1987『榎木原遺跡』鹿児島県埋蔵文化財発掘調査報告書44、鹿児島県教育委員会

46-2 鹿児島県教育委員会 1990『榎木原遺跡Ⅲ』鹿児島県埋蔵文化財発掘調査報告書53、鹿児島県教育委員会

付表

植物種実圧痕の同定結果一覧
（第4章提示資料を除く）

本科研では、設楽博己、遠藤英子、小畑弘己、庄田慎矢、高瀬克範、轟 直行、中沢道彦、中村 豊、中山誠二、濱田竜彦が土器圧痕レプリカ法調査を実施した（本書「序」研究組織参照）。そこで、第4章「日本列島における穀物栽培の起源を求めて」（本書）に調査結果を掲載した設楽と、同定試料のうち種実が確認されなかった濱田以外の、レプリカ法調査実施者全員分の同定結果を本表にまとめた。表の様式は第4章の表3「各遺跡における植物種実圧痕の同定結果」とほぼ同様で、植物種実と同定された試料を抽出して掲載した。異なる点としては、調査者の区別のために「観察者」の項目の左列に「調査者」の項目を追加している。「観察者」とは、レプリカ試料の同定作業実施者を指し、「観察者」の項目が「調査者」と同じ試料は、調査者が同定作業まで実施したものである。写真図版は、各調査者が各々の論文内で示していることを考慮し、本項目では掲載していない。

348　付表　植物種実圧痕の同定結果一覧

北海道

圧痕番号	遺跡名	遺跡所在地	資料番号		時期	土器型式	器種	部位	圧痕残存部位
1	小幌洞窟	北海道豊浦町	01TKB	001	01	続縄文前半		深鉢	胴部	胴部
2	K435遺跡	北海道札幌市	01HDN	001	01	擦文前期		坏	完形	口縁部
3			01HDN	007	01	擦文前期		甕	完形	口縁部
4			01HDN	007	02	擦文前期		甕	完形	胴部
5			01HDN	008	01	擦文中期		坏	完形	口縁部
6			01HDN	009	01	擦文中期		坏	完形	胴部
7			01HDN	010	01	擦文前期		甕	完形	胴部
8			01HDN	011	01	擦文前期		甕	完形	胴部
9			01HDN	012	01	擦文前期		甕	完形	胴部
10			01HDN	013	01	擦文中期		甕	完形	胴部
11			01HDN	013	05	擦文中期		甕	完形	胴部
12			01HDN	014	01	擦文前期		坏	完形	胴部
13			01HDN	015	02	擦文前期		坏	完形	口縁部
14			01HDN	016	01	擦文前期		坏	完形	口縁部
15			01HDN	016	02	擦文前期		坏	完形	底部
16			01HDN	017	01	擦文前期		坏	完形	胴部
17			01HDN	018	01	擦文中期		甕	完形	口縁部
18			01HDN	020	01	擦文前期		甕	完形	胴部
19			01HDN	020	02	擦文前期		甕	完形	胴部
20			01HDN	021	01	擦文前期		甕	完形	口縁部
21			01HDN	021	02	擦文前期		甕	完形	口縁部
22			01HDN	022	01	擦文前期		甕	完形	胴部
23			01HDN	022	02	擦文前期		甕	完形	胴部
24			01HDN	022	03	擦文前期		甕	完形	胴部
25			01HDN	024	01	擦文前期		甕	ほぼ完形	胴部
26			01HDN	025	01	擦文前期		甕	口縁部	口縁部
27			01HDN	026	01	擦文前期		甕	口縁部	口縁部
28			01HDN	028	01	擦文中期		坏	完形	胴部
29	K39遺跡(6次調査)	北海道札幌市	01ELM	003	01	擦文前期～中期		甕	完形	胴部

岩手県

圧痕番号	遺跡名	遺跡所在地	資料番号		時期	土器型式	器種	部位	圧痕残存部位
30	川内遺跡	岩手県陸前高田市	03KWU	001	01	弥生中期中葉	桝形式	浅鉢	口縁部・胴部	口縁部

宮城県

圧痕番号	遺跡名	遺跡所在地	資料番号		時期	土器型式	器種	部位	圧痕残存部位
31	梅田遺跡	宮城県白石市	04UMD	001	01	古代(9世紀)	表杉ノ入式	甕	口縁部・胴部	胴部

福島県

圧痕番号	遺跡名	遺跡所在地	資料番号		時期	土器型式	器種	部位	圧痕残存部位
32	下谷ケ地平C遺跡	福島県大沼郡会津高田町	07SYD	007	01	縄文晩期後葉		深鉢	底部	底部
33			07SYD	011	01	縄文晩期後葉		深鉢	胴部	胴部
34			07SYD	011	02	縄文晩期後葉		深鉢	胴部	胴部
35			07SYD	014	01	縄文晩期後葉		深鉢	胴部	胴部
36	江平遺跡	福島県福島市	07EDR	001	01	弥生中期後葉		壺	胴部	胴部
37			07EDR	001	02	弥生中期後葉		壺	胴部	胴部
38			07EDR	003	03	弥生中期後葉		壺	胴部	胴部

茨城県

圧痕番号	遺跡名	遺跡所在地	資料番号		時期	土器型式	器種	部位	圧痕残存部位
39	殿内遺跡	茨城県稲敷市	08TNU	001	01	古墳?		土錘	完形	土錘

圧痕残存面	調査者	観察者	分類群	部位	分類群備考	所蔵者（土器）	報告書記載箇所あるいは注記番号	文献 No.
外面	高瀬	高瀬	ササ属			北海道大学大学院文学研究科	土器青コンテナ(7)より抜き出し	01-1
内面	高瀬	高瀬	ササ属			札幌市教育委員会	83 図 6	01-2
外面	高瀬	高瀬	ササ属				83 図 2	01-2
外面	高瀬	高瀬	ササ属				83 図 2	01-2
外面	高瀬	高瀬	ササ属				119 図 7	01-2
外面	高瀬	高瀬	アワ	穎果			116 図 16	01-2
外面	高瀬	高瀬	ササ属				86 図 4	01-2
外面	高瀬	高瀬	ササ属				88 図 15	01-2
外面	高瀬	高瀬	ササ属				86 図 1	01-2
外面	高瀬	高瀬	アワ	穎果			133 図 93	01-2
外面	高瀬	高瀬	キビ	穎果			133 図 93	01-2
内面	高瀬	高瀬	ササ属				91 図 40	01-2
内面	高瀬	高瀬	ササ属				91 図 37	01-2
内面	高瀬	高瀬	ササ属				91 図 41	01-2
内面	高瀬	高瀬	ササ属				91 図 41	01-2
内面	高瀬	高瀬	ササ属				83 図 5	01-2
外面	高瀬	高瀬	ササ属				78 図 1	01-2
外面	高瀬	高瀬	ブドウ属				88 図 11	01-2
内面	高瀬	高瀬	ブドウ属				88 図 11	01-2
内面	高瀬	高瀬	ササ属				87 図 7	01-2
内面	高瀬	高瀬	ササ属				87 図 7	01-2
外面	高瀬	高瀬	ササ属				87 図 5	01-2
内面	高瀬	高瀬	ササ属				87 図 5	01-2
内面	高瀬	高瀬	ササ属				87 図 5	01-2
内面	高瀬	高瀬	ササ属				90 図 29　D1 地点	01-2
内面	高瀬	高瀬	ササ属				87 図 9　D1 地点	01-2
内面	高瀬	高瀬	ササ属				87 図 10　D1 地点	01-2
内面	高瀬	高瀬	キビ	穎果			134 図 109　D3 地点	01-2
外面	高瀬	高瀬	ササ属			札幌市教育委員会		01-3

圧痕残存面	調査者	観察者	分類群	部位	分類群備考	所蔵者（土器）	報告書記載箇所あるいは注記番号	文献 No.
外面	高瀬	高瀬	イネ	籾		陸前高田市教育委員会		03-1

圧痕残存面	調査者	観察者	分類群	部位	分類群備考	所蔵者（土器）	報告書記載箇所あるいは注記番号	文献 No.
外面	高瀬	高瀬	イネ	籾		白石市教育委員会		04-1

圧痕残存面	調査者	観察者	分類群	部位	分類群備考	所蔵者（土器）	報告書記載箇所あるいは注記番号	文献 No.
内面	高瀬	高瀬	タデ科			福島県教育委員会		07-1・2
内面	高瀬	高瀬	不明	種子	アワ有ふ果内穎側の可能性あるが明確な乳頭状突起が観察されない			07-1・2
内面	高瀬	高瀬	不明	種子				07-1・2
内面	高瀬	高瀬	タデ科					07-1・2
内面剥落面	高瀬	高瀬	イネ	籾片		福島県教育委員会		07-3
内面剥落面	高瀬	高瀬	イネ	籾片		福島県教育委員会		07-3
内面剥落面	高瀬	高瀬	イネ	籾片		福島県教育委員会		07-3

圧痕残存面	調査者	観察者	分類群	部位	分類群備考	所蔵者（土器）	報告書記載箇所あるいは注記番号	文献 No.
外面	遠藤	遠藤	イネ	籾		明治大学博物館		08-1

350 付表 植物種実圧痕の同定結果一覧

圧痕番号	遺跡名	遺跡所在地	資料番号			時期	土器型式	器種	部位	圧痕残存部位
40	(殿内遺跡)	(茨城県稲敷市)	08TNU	002	01	弥生中期前半	岩櫃山式	壺	胴部	胴部
41			08TNU	003	01			注口?	口縁〜胴部	胴部
42			08TNU	005	01	弥生前期後半		甕	口縁〜底部	胴部
43			08TNU	006	01				胴部〜底部	底部外面
44			08TNU	007	01				胴部	胴部
45			08TNU	009	01				胴部	胴部
46			08TNU	010	01				胴部	胴部
47			08TNU	011	01				口縁〜胴部	口縁
48			08TNU	012	01				胴部	胴部
49			08TNU	013	01				口縁〜胴部	胴部
50			08TNU	015	01				胴部	胴部
51			08TNU	016	01					胴部
52			08TNU	017	01					胴部
53			08TNU	018	01					胴部
54			08TNU	019	01					胴部
55			08TNU	020	01					胴部
56			08TNU	022	01					胴部
57			08TNU	023	01					胴部
58			08TNU	024	01					胴部
59			08TNU	025	01			壺		胴部
60			08TNU	026	01					底部外面
61			08TNU	027	01					胴部
62			08TNU	028	01					胴部
63			08TNU	029	01					胴部
64			08TNU	030	01					胴部
65			08TNU	031	01					胴部
66			08TNU	032	01	弥生前期後半		壺		胴部

栃木県

圧痕番号	遺跡名	遺跡所在地	資料番号			時期	土器型式	器種	部位	圧痕残存部位
67	出流原遺跡	栃木県佐野市	09IZR	001	01	弥生中期中葉			胴部	胴部
68			09IZR	002	01	弥生中期中葉			胴部	胴部
69			09IZR	003	01	弥生中期中葉			底部	底部
70			09IZR	004	01	弥生中期中葉			口縁〜胴部	胴部
71			09IZR	005	01	弥生中期中葉		壺	胴部	胴部
72			09IZR	006	01	弥生中期中葉			胴部	胴部
73			09IZR	007	01	弥生中期中葉			胴部	胴部
74			09IZR	008	01	弥生中期中葉			胴部	胴部
75			09IZR	009	01	弥生中期中葉			胴部	胴部
76			09IZR	010	01	弥生中期中葉			胴部	胴部
77			09IZR	011	01	弥生中期中葉			胴部	胴部
78			09IZR	012	01	弥生中期中葉			胴部	胴部
79			09IZR	013	01	弥生中期中葉			胴部	胴部
80			09IZR	014	01	弥生中期中葉			胴部	胴部
81			09IZR	015	01	弥生中期中葉			胴部	胴部
82			09IZR	016	01	弥生中期中葉			胴部	胴部
83			09IZR	017	01	弥生中期中葉			胴部	胴部
84			09IZR	018	01	弥生中期中葉			口縁	口縁
85			09IZR	019	01	弥生中期中葉			胴部	胴部
86			09IZR	020	01	弥生中期中葉			胴部	胴部
87			09IZR	021	01	弥生中期中葉			胴部	胴部
88			09IZR	022	01	弥生中期中葉			胴部	胴部
89			09IZR	023	01	弥生中期中葉			胴部	胴部
90			09IZR	024	01	弥生中期中葉			胴部	胴部
91			09IZR	025	01	弥生中期中葉			胴部	胴部
92			09IZR	026	01	弥生中期中葉			胴部	胴部
93			09IZR	027	01	弥生中期中葉			胴部	胴部

圧痕残存面	調査者	観察者	分類群	部位	分類群備考	所蔵者(土器)	報告書記載箇所あるいは注記番号	文献 No.
外面	遠藤	遠藤	キビ	有ふ果		(明治大学博物館)	25図7	08·1
外面	遠藤	遠藤	イネ?					08·1
内面	遠藤	遠藤	イネ	籾			17図4	08·1
底部外面	遠藤	遠藤	イネ?					08·1
外面	遠藤	遠藤	不明	種子				08·1
外面	遠藤	遠藤	イネ	籾				08·1
内面	遠藤	遠藤	不明	種子				08·1
外面	遠藤	遠藤	不明	種子				08·1
外面	遠藤	遠藤	イネ	籾				08·1
断面	遠藤	遠藤	不明	種子				08·1
断面	遠藤	遠藤	不明	種子				08·1
内面	遠藤	遠藤	不明	種子				08·1
外面	遠藤	遠藤	不明	種子				08·1
内面	遠藤	遠藤	不明	種子				08·1
断面	遠藤	遠藤	不明	種子				08·1
外面	遠藤	遠藤	不明	種子				08·1
断面	遠藤	遠藤	不明	種子				08·1
外面	遠藤	遠藤	キビ?					08·1
外面	遠藤	遠藤	シソ属	分果				08·1
断面	遠藤	遠藤	イネ	籾				08·1
底部外面	遠藤	遠藤	イネ	頴果				08·1
内面	遠藤	遠藤	イネ	籾				08·1
外面	遠藤	遠藤	イネ	籾				08·1
断面	遠藤	遠藤	イネ	籾				08·1
内面	遠藤	遠藤	イネ	籾				08·1
外面	遠藤	遠藤	イネ	籾			23図11	08·1

圧痕残存面	調査者	観察者	分類群	部位	分類群備考	所蔵者(土器)	報告書記載箇所あるいは注記番号	文献 No.
外面	遠藤	遠藤	キビ?	有ふ果?		明治大学博物館	未報告資料	09·1
内面	遠藤	遠藤	不明	種実			未報告資料	09·1
断面	遠藤	遠藤	イネ	籾			未報告資料	09·1
外面	遠藤	遠藤	イネ	籾			未報告資料	09·1
外面	遠藤	遠藤	キビ	有ふ果			未報告資料	09·1
断面	遠藤	遠藤	イネ	籾			未報告資料	09·1
外面	遠藤	遠藤	イネ	籾			未報告資料	09·1
内面	遠藤	遠藤	キビ?	有ふ果?			未報告資料	09·1
内面	遠藤	遠藤	アワ	有ふ果			未報告資料	09·1
断面	遠藤	遠藤	シソ属	分果			未報告資料	09·1
外面	遠藤	遠藤	不明	種実			未報告資料	09·1
内面	遠藤	遠藤	イネ	籾			未報告資料	09·1
外面	遠藤	遠藤	アワ	有ふ果			未報告資料	09·1
内面	遠藤	遠藤	キビ	有ふ果			未報告資料	09·1
断面	遠藤	遠藤	イネ	籾			未報告資料	09·1
内面	遠藤	遠藤	不明	種実			未報告資料	09·1
断面	遠藤	遠藤	イネ	籾			未報告資料	09·1
内面	遠藤	遠藤	キビ?	有ふ果?			未報告資料	09·1
内面	遠藤	遠藤	イネ	籾			未報告資料	09·1
内面	遠藤	遠藤	アワ	有ふ種			未報告資料	09·1
外面	遠藤	遠藤	不明	種子			未報告資料	09·1
外面	遠藤	遠藤	イネ	籾			未報告資料	09·1
内面	遠藤	遠藤	イネ	籾			未報告資料	09·1
外面	遠藤	遠藤	アワ	有ふ果			未報告資料	09·1
外面	遠藤	遠藤	キビ	有ふ果			未報告資料	09·1
内面	遠藤	遠藤	アワ	有ふ果			未報告資料	09·1
外面	遠藤	遠藤	アワ	有ふ果			未報告資料	09·1

352 付表 植物種実圧痕の同定結果一覧

圧痕番号	遺跡名	遺跡所在地	資料番号			時期	土器型式	器種	部位	圧痕残存部位
94	(出流原遺跡)	(栃木県佐野市)	09IZR	028	01	弥生中期中葉			胴部	胴部
95			09IZR	029	01	弥生中期中葉			胴部	胴部

群馬県

圧痕番号	遺跡名	遺跡所在地	資料番号			時期	土器型式	器種	部位	圧痕残存部位
96	三ノ倉落合遺跡	群馬県高崎市	10SKO	001	01	縄文晩期後葉	氷I式並行	深鉢	口縁～胴部	胴部
97		(旧倉渕村)	10SKO	001	02	縄文晩期後葉	氷I式並行	深鉢	口縁～胴部	胴部
98			10SKO	002	01	縄文晩期後葉	氷I式並行	深鉢	底部	底部
99			10SKO	003	01	縄文晩期後葉	氷I式並行	深鉢	胴部	胴部
100			10SKO	004	01	縄文晩期後葉	氷I式並行	深鉢	胴部～底部	胴部～底部
101			10SKO	005	01	縄文晩期後葉	氷I式並行	浅鉢	胴部～底部	胴部～底部
102			10SKO	006	01	縄文晩期後葉	氷I式並行	浅鉢	口縁～胴部	胴部
103			10SKO	007	01	縄文晩期後葉	氷I式古段階並行	浅鉢	口縁～胴部	胴部
104			10SKO	008	01	縄文晩期後葉	氷I式並行	深鉢	底部	底部
105			10SKO	008	02	縄文晩期後葉	氷I式並行	深鉢	底部	胴部
106	中里原遺跡	群馬県富岡市	10NZH	001	01	弥生前期末	沖II式	甕	完形	底部外面
107			10NZH	001	02	弥生前期末	沖II式	甕	完形	底部外面
108			10NZH	001	03	弥生前期末	沖II式	甕	完形	胴部
109			10NZH	001	04	弥生前期末	沖II式	甕	完形	胴部
110			10NZH	001	05	弥生前期末	沖II式	甕	完形	胴部
111			10NZH	001	06	弥生前期末	沖II式	甕	完形	胴部
112			10NZH	001	07	弥生前期末	沖II式	甕	完形	胴部
113			10NZH	001	08	弥生前期末	沖II式	甕	完形	胴部
114			10NZH	001	09	弥生前期末	沖II式	甕	完形	胴部
115			10NZH	001	10	弥生前期末	沖II式	甕	完形	胴部
116			10NZH	001	11	弥生前期末	沖II式	甕	完形	胴部
117			10NZH	001	12	弥生前期末	沖II式	甕	完形	胴部
118			10NZH	001	13	弥生前期末	沖II式	甕	完形	胴部
119			10NZH	001	14	弥生前期末	沖II式	甕	完形	胴部
120			10NZH	001	15	弥生前期末	沖II式	甕	完形	胴部
121			10NZH	001	16	弥生前期末	沖II式	甕	完形	胴部
122			10NZH	001	17	弥生前期末	沖II式	甕	完形	胴部
123			10NZH	001	18	弥生前期末	沖II式	甕	完形	胴部
124			10NZH	001	19	弥生前期末	沖II式	甕	完形	胴部
125			10NZH	001	20	弥生前期末	沖II式	甕	完形	胴部
126			10NZH	001	21	弥生前期末	沖II式	甕	完形	胴部
127			10NZH	001	22	弥生前期末	沖II式	甕	完形	底部内面
128			10NZH	001	23	弥生前期末	沖II式	甕	完形	胴部
129			10NZH	001	24	弥生前期末	沖II式	甕	完形	胴部
130			10NZH	001	25	弥生前期末	沖II式	甕	完形	胴部
131			10NZH	001	26	弥生前期末	沖II式	甕	完形	胴部
132			10NZH	001	27	弥生前期末	沖II式	甕	完形	胴部
133			10NZH	002	01	弥生前期末	沖II式	甕	口縁～胴部	胴部
135	注連引原遺跡	群馬県安中市	10SMH	001	01	弥生前期		甕	胴部	胴部
136			10SMH	002	01	弥生前期		壺	頸部	頸部
137			10SMH	003	01	弥生前期		甕	胴部	胴部
138			10SMH	004	01	弥生前期		甕	口縁部	口縁部
139			10SMH	005	01	弥生前期		甕	胴部	胴部
140			10SMH	006	01	弥生前期		甕	胴部	胴部
141			10SMH	007	01	弥生前期		甕	底部	底部
142			10SMH	008	01	弥生前期		甕	口縁部～胴部	胴部
143			10SMH	011	01	弥生前期		鉢	口縁部	口縁部
144	大上遺跡	群馬県安中市	10OKM	002	01	弥生前～中期前葉		深鉢	口縁部	口縁部
145			10OKM	005	01	弥生前～中期前葉		鉢	口縁部	口縁部
146	上人見遺跡	群馬県安中市	10UHM	001	01	弥生中期前葉		鉢	口縁～底部	胴部
147			10UHM	001	02	弥生中期前葉		鉢	口縁～底部	底部
148			10UHM	002	01	弥生前期末		甕	口縁～胴部	胴部

圧痕残存面	調査者	観察者	分類群	部位	分類群備考	所蔵者(土器)	報告書記載箇所あるいは注記番号	文献No.
内面	遠藤	遠藤	キビ?	有ふ果?		(明治大学博物館)	未報告資料	09-1
外面	遠藤	遠藤	イネ?				未報告資料	09-1

圧痕残存面	調査者	観察者	分類群	部位	分類群備考	所蔵者(土器)	報告書記載箇所あるいは注記番号	文献No.
外面	遠藤	遠藤	アワ	有ふ果		高崎市教育委員会	13図79	10-1
内面	遠藤	遠藤	アワ	有ふ果			13図79	10-1
底部外面	遠藤	百原・佐々木・那須・守屋	アサ	核			15図111	10-1
外面	遠藤	遠藤	アワ	有ふ果			14図109	10-1
内面	遠藤	遠藤	アワ	有ふ果			12図77	10-1
外面	遠藤	遠藤	不明	種子			9図13	10-1
外面	遠藤	百原・佐々木・那須・守屋	ニワトコ				9図14	10-1
外面	遠藤	遠藤	アワ	有ふ果			10図21	10-1
外面	遠藤	遠藤	アワ	有ふ果			16図132	10-1
外面	遠藤	遠藤	キビ	有ふ果			16図132	10-1
底部外面	遠藤	遠藤	アワ	有ふ果		富岡市教育委員会	330図1	10-2
底部外面	遠藤	遠藤	キビ	有ふ果			330図1	10-2
外面	遠藤	遠藤	キビ	有ふ果			330図1	10-2
外面	遠藤	遠藤	キビ	有ふ果			330図1	10-2
外面	遠藤	遠藤	キビ?	有ふ果?			330図1	10-2
外面	遠藤	遠藤	キビ	有ふ果			330図1	10-2
外面	遠藤	遠藤	キビ	有ふ果			330図1	10-2
外面	遠藤	遠藤	アワ	有ふ果			330図1	10-2
外面	遠藤	遠藤	キビ	有ふ果			330図1	10-2
外面	遠藤	遠藤	不明	種子			330図1	10-2
外面	遠藤	遠藤	キビ	有ふ果			330図1	10-2
内面	遠藤	遠藤	キビ	有ふ果			330図1	10-2
内面	遠藤	遠藤	キビ	有ふ果			330図1	10-2
内面	遠藤	遠藤	キビ	有ふ果			330図1	10-2
内面	遠藤	遠藤	不明	種子			330図1	10-2
内面	遠藤	遠藤	キビ	有ふ果			330図1	10-2
内面	遠藤	遠藤	アワ	有ふ果			330図1	10-2
内面	遠藤	遠藤	キビ	有ふ果			330図1	10-2
内面	遠藤	遠藤	キビ	有ふ果			330図1	10-2
底部内面	遠藤	遠藤	アワ	有ふ果			330図1	10-2
	遠藤	遠藤	キビ	有ふ果			330図1	10-2
外面	遠藤	遠藤	アワ/エノコログサ	有ふ果			330図1	10-2
外面	遠藤	遠藤	不明	種子			330図1	10-2
外面	遠藤	遠藤	アワ	有ふ果			330図1	10-2
外面	遠藤	遠藤	キビ	有ふ果			330図1	10-2
外面	遠藤	遠藤	アワ	有ふ果			329図1	10-2
内面	高瀬	高瀬	アワ	有ふ果		安中市教育委員会		10-3
内面	高瀬	高瀬	不明	種子				10-3
外面	高瀬	高瀬	アワ	有ふ果				10-3
外面	高瀬	高瀬	アワ	有ふ果				10-3
内面	高瀬	高瀬	キビ	有ふ果				10-3
外面	高瀬	高瀬	キビ	有ふ果				10-3
断面	高瀬	高瀬	アワ?	頴果?				10-3
内面	高瀬	高瀬	不明	種子				10-3
内面	高瀬	高瀬	エノコログサ属					10-3
外面	高瀬	高瀬	アワ	有ふ果		安中市教育委員会		10-4
内面	高瀬	高瀬	アワ	有ふ果				10-4
外面	遠藤	遠藤	キビ	有ふ果		安中市教育委員会	542図190	10-5
外面	遠藤	遠藤	キビ	有ふ果			542図190	10-5
内面	遠藤	遠藤	キビ	有ふ果			535図86	10-5

354　付表　植物種実圧痕の同定結果一覧

圧痕番号	遺跡名	遺跡所在地	資料番号		時期	土器型式	器種	部位	圧痕残存部位
149	(上人見遺跡)	(群馬県安中市)	10UHM	003	01	弥生前期末	沖II式	甕	胴部	胴部
150			10UHM	004	01	弥生中期前半	岩櫃山式	甕	口縁～胴部	胴部
151			10UHM	005	01	弥生中期前半	岩櫃山式	甕	口縁～胴部	胴部
152			10UHM	006	01	弥生中期前半	岩櫃山式	甕	口縁～胴部	胴部
153			10UHM	007	01	弥生中期中葉		小型壺	底部	底部
154			10UHM	008	01	弥生前期末	沖II式	甕	胴部	胴部
155			10UHM	008	02	弥生前期末	沖II式	甕	胴部	胴部
156			10UHM	009	01	弥生前期末～中期前葉		甕	胴部	胴部
157			10UHM	010	01	弥生前期末～中期前葉		甕	胴部	胴部
158			10UHM	011	01	弥生中期前葉		壺	胴部	胴部
159			10UHM	011	02	弥生中期前葉		壺	胴部	胴部
160			10UHM	012	01	弥生中期前葉		壺	胴部～底部	胴部
161			10UHM	012	02	弥生中期前葉		壺	胴部～底部	底部
162			10UHM	013	01	弥生中期前葉		壺	胴部	胴部
163			10UHM	014	01	弥生前期末		浅鉢	胴部	胴部
134	七日市観音前遺跡	群馬県富岡市	10NKK	001	01	弥生中期前葉前半		壺	頸部～底部	胴部
164			10NKK	002	01	弥生中期前葉		壺	胴部	胴部
165			10NKK	003	01	弥生中期前葉		壺	胴部	胴部
166			10NKK	004	01	弥生中期前葉前半		壺	口縁～胴部	胴部
167			10NKK	004	02	弥生中期前葉前半		壺	頸部～底部	胴部
168			10NKK	004	03	弥生中期前葉前半		壺	頸部～底部	胴部
169			10NKK	004	04	弥生中期前葉前半		壺	頸部～底部	胴部
170			10NKK	004	05	弥生中期前葉前半		壺	頸部～底部	胴部
171			10NKK	004	06	弥生中期前葉前半		壺	頸部～底部	胴部
172			10NKK	004	07	弥生中期前葉前半		壺	頸部～底部	胴部
173			10NKK	005	01	弥生中期前葉前半		壺	完形	胴部
174			10NKK	005	02	弥生中期前葉前半		壺	完形	胴部
175			10NKK	005	03	弥生中期前葉前半		壺	完形	胴部
176			10NKK	005	04	弥生中期前葉前半		壺	完形	胴部
177			10NKK	005	05	弥生中期前葉前半		壺	完形	胴部
178			10NKK	005	06	弥生中期前葉前半		壺	完形	胴部
179			10NKK	005	07	弥生中期前葉前半		壺	完形	胴部
180			10NKK	005	08	弥生中期前葉前半		壺	完形	胴部
181			10NKK	006	01	弥生中期前葉前半		壺	完形	胴部
182			10NKK	006	02	弥生中期前葉前半		壺	完形	胴部
183			10NKK	007	01	弥生中期前葉前半		壺	頸部～底部	胴部
184			10NKK	008	01	弥生中期前葉前半		壺	ほぼ完形	胴部

埼玉県

圧痕番号	遺跡名	遺跡所在地	資料番号		時期	土器型式	器種	部位	圧痕残存部位
185	池上遺跡	埼玉県	11IKG	001	01	古墳前期	五領式	壺	頸部～底部	底部外面
186		熊谷市・行田市	11IKG	002	01	弥生中期中葉	池上式	甕	完形	胴部
187			11IKG	003	01	弥生中期中葉	池上式	壺	頸部～胴部	胴部
188			11IKG	004	01	弥生中期中葉	池上式	壺	胴部	胴部
189			11IKG	005	01	弥生中期中葉	池上式	壺	胴部	胴部
190			11IKG	006	01	弥生中期中葉	池上式	甕	口縁～胴部	胴部
191			11IKG	007	01	弥生中期中葉	池上式	甕	口縁～胴部	胴部
192			11IKG	007	02	弥生中期中葉	池上式	甕	口縁～胴部	胴部
193			11IKG	008	01	弥生中期中葉	池上式	甕	完形	胴部
194			11IKG	008	02	弥生中期中葉	池上式	甕	胴部	胴部
195			11IKG	009	01	弥生中期中葉	池上式	甕	完形	胴部
196			11IKG	010	01	弥生中期中葉	池上式	甕	完形	胴部
197			11IKG	011	01	弥生中期中葉	池上式	甕	完形	胴部
198			11IKG	012	01	弥生中期中葉	池上式	甕	口縁～胴部	胴部
199			11IKG	012	02	弥生中期中葉	池上式	甕	口縁～胴部	胴部
200			11IKG	013	01	弥生中期中葉	池上式	甕	口縁～胴部	胴部
201			11IKG	014	01	古墳前期	五領式	高坏	完形	脚部

圧痕残存面	調査者	観察者	分類群	部位	分類群備考	所蔵者（土器）	報告書記載箇所あるいは注記番号	文献 No.
外面	遠藤	遠藤	キビ	有ふ果		（安中市教育委員会）	535 図73	10·5
断面	遠藤	遠藤	アワ	有ふ果			536 図89	10·5
内面	遠藤	遠藤	アワ	有ふ果			536 図90	10·5
外面	遠藤	遠藤	アワ	有ふ果			536 図96	10·5
底部外面	遠藤	遠藤	アワ	有ふ果			542 図189	10·5
外面	遠藤	遠藤	アワ	有ふ果			535 図74	10·5
外面	遠藤	遠藤	アワ	有ふ果			535 図74	10·5
内面	遠藤	遠藤	キビ	有ふ果			537 図106	10·5
外面	遠藤	遠藤	キビ	有ふ果			537 図107	10·5
外面	遠藤	遠藤	シソ属?	分果?			534 図54	10·5
内面	遠藤	遠藤	キビ	有ふ果			534 図54	10·5
外面	遠藤	遠藤	アワ	有ふ果			534 図50	10·5
底部内面	遠藤	遠藤	キビ	有ふ果			534 図50	10·5
外面	遠藤	遠藤	キビ	有ふ果			534 図52	10·5
外面	遠藤	遠藤	アワ	有ふ果			542 図185	10·5
外面	遠藤	遠藤	アワ／キビ	穎果?		富岡市教育委員会	59 図5	10·6
外面	遠藤	遠藤	キビ	有ふ果				10·6
外面	遠藤	遠藤	キビ	有ふ果				10·6
内面	遠藤	遠藤	アワ	有ふ果			60 図7	10·6
外面	遠藤	遠藤	キビ	有ふ果			65 図17	10·6
外面	遠藤	遠藤	キビ?	有ふ果?			65 図17	10·6
外面	遠藤	遠藤	キビ	有ふ果			65 図17	10·6
外面	遠藤	遠藤	キビ	有ふ果			65 図17	10·6
外面	遠藤	遠藤	キビ	有ふ果			65 図17	10·6
外面	遠藤	遠藤	キビ	有ふ果			65 図17	10·6
外面	遠藤	遠藤	アワ	有ふ果			57 図3	10·6
外面	遠藤	遠藤	アワ	有ふ果			57 図3	10·6
外面	遠藤	遠藤	アワ	有ふ果			57 図3	10·6
外面	遠藤	遠藤	アワ	有ふ果			57 図3	10·6
外面	遠藤	遠藤	アワ	有ふ果			57 図3	10·6
外面	遠藤	遠藤	アワ	有ふ果			57 図3	10·6
内面	遠藤	遠藤	アワ	有ふ果			57 図3	10·6
外面	遠藤	遠藤	シソ属	分果			57 図3	10·6
外面	遠藤	遠藤	アワ	有ふ果			58 図4	10·6
外面	遠藤	遠藤	不明	種子			58 図4	10·6
外面	遠藤	遠藤	アワ	有ふ果			61 図10	10·6
外面剥離面	遠藤	遠藤	キビ	有ふ果			59 図6	10·6

圧痕残存面	調査者	観察者	分類群	部位	分類群備考	所蔵者（土器）	報告書記載箇所あるいは注記番号	文献 No.
底部外面	遠藤	遠藤	イネ	籾		埼玉県埋蔵文化財調査事業団	16 図2	11·1
外面	遠藤	遠藤	イネ?	穎果?			28 図3	11·1
外面	遠藤	遠藤	イネ?	穎果?			37 図1	11·1
内面	遠藤	遠藤	イネ	籾			38 図8	11·1
内面	遠藤	遠藤	キビ?	有ふ果?			39 図12	11·1
外面	遠藤	遠藤	イネ	籾			42 図30	11·1
外面	遠藤	遠藤	アワ	有ふ果			41 図29	11·1
外面	遠藤	遠藤	アワ	有ふ果			41 図29	11·1
外面	遠藤	遠藤	キビ	有ふ果			43 図36	11·1
外面	遠藤	遠藤	不明	種子			43 図35	11·1
内面	遠藤	遠藤	イネ	籾			45 図44	11·1
外面	遠藤	遠藤	イネ	籾			47 図56	11·1
外面	遠藤	遠藤	エノコログサ				45 図48	11·1
外面	遠藤	遠藤	イネ	籾			45 図46	11·1
内面	遠藤	遠藤	イネ	籾			45 図46	11·1
内面	遠藤	遠藤	イネ	穎果			45 図47	11·1
内面	遠藤	遠藤	イネ?	穎果?			16 図9	11·1

付表　植物種実圧痕の同定結果一覧

圧痕番号	遺跡名	遺跡所在地	資料番号			時期	土器型式	器種	部位	圧痕残存部位
202	(池上遺跡)	(埼玉県	11IKG	015	01	弥生中期中葉	池上式	壺	胴部	胴部
203		熊谷市・行田市)	11IKG	016	01	弥生中期中葉	池上式	壺	胴部	胴部
204			11IKG	017	01	弥生中期中葉	池上式	壺	胴部	胴部
205			11IKG	018	01	弥生中期中葉	池上式	甕	胴部	胴部
206			11IKG	019	01	弥生中期中葉	池上式		底部	底部外面
207			11IKG	020	01	弥生中期中葉	池上式		底部	底部外面
208			11IKG	021	01	弥生中期中葉	池上式		底部	底部外面
209			11IKG	022	01	弥生中期中葉	池上式		底部	底部外面
210			11IKG	023	01	弥生中期中葉	池上式		底部	底部外面
211			11IKG	024	01	弥生中期中葉	池上式		底部	底部外面
212			11IKG	025	01	弥生中期中葉	池上式		底部	底部外面
213			11IKG	025	02	弥生中期中葉	池上式		底部	底部外面
214			11IKG	025	03	弥生中期中葉	池上式	壺	胴部	胴部
215			11IKG	026	01	弥生中期中葉	池上式		胴部	胴部
216			11IKG	027	01	弥生中期中葉	池上式	甕	口縁～胴部	胴部
217			11IKG	028	01	弥生中期中葉	池上式	壺	胴部	胴部
218			11IKG	028	02	弥生中期中葉	池上式	壺	胴部	胴部
219			11IKG	028	03	弥生中期中葉	池上式	壺	胴部	胴部
220			11IKG	030	01	弥生中期中葉	池上式	甕	胴部	胴部
221			11IKG	031	01	弥生中期中葉	池上式		底部	底部外面
222	小敷田遺跡	埼玉県	11KSD	001	01	弥生中期中葉	小松式	甕	口縁～胴部	胴部
223		熊谷市・行田市	11KSD	002	01	弥生中期中葉	池上式	甕	口縁～胴部	胴部
224			11KSD	003	01			壺	頸部～底部	胴部
225			11KSD	004	01	弥生中期中葉	池上式	甕	口縁～胴部	胴部
226			11KSD	005	01	弥生中期中葉	池上式	甕	頸部～胴部	胴部
227			11KSD	005	02	弥生中期中葉	池上式	小型壺	頸部～胴部	胴部
228			11KSD	005	03	弥生中期中葉	池上式	小型壺	頸部～胴部	胴部
229			11KSD	006	01	弥生中期中葉	池上式	甕	口縁～胴部	胴部
230			11KSD	007	01	弥生中期中葉	池上式		胴部	胴部
231			11KSD	008	01	弥生中期中葉	池上式	甕	口縁～胴部	胴部
232			11KSD	008	02	弥生中期中葉	池上式	甕	口縁～胴部	胴部
233			11KSD	008	03	弥生中期中葉	池上式	甕	口縁～胴部	胴部
234			11KSD	008	04	弥生中期中葉	池上式	甕	口縁～胴部	胴部
235			11KSD	009	01	弥生中期中葉	池上式		胴部～底部	胴部
236			11KSD	010	01	弥生中期中葉	池上式		胴部～底部	胴部
237			11KSD	010	02	弥生中期中葉	池上式		胴部～底部	胴部
238			11KSD	011	01	弥生中期中葉	池上式		胴部	胴部
239			11KSD	012	01	弥生中期中葉	池上式	甕	口縁～胴部	胴部
240			11KSD	013	01	弥生中期中葉	池上式		胴部～底部	胴部
241			11KSD	014	01	弥生中期中葉	池上式		胴部	胴部
242			11KSD	015	01	弥生中期中葉			胴部～底部	底部外面
243			11KSD	015	02	弥生中期中葉			胴部～底部	底部外面
244			11KSD	015	03	弥生中期中葉			胴部～底部	底部外面
245			11KSD	016	01	弥生中期中葉	池上式	甕	胴部	胴部
246			11KSD	017	01	弥生中期中葉	池上式		胴部	胴部
247			11KSD	017	02	弥生中期中葉	池上式		胴部	胴部
248	北島遺跡	埼玉県熊谷市	11KTG	001	01	弥生中期後葉	栗林2式新	台付甕	胴部	胴部
249			11KTG	002	01	弥生中期後葉	北島式	壺	胴部	胴部
250			11KTG	003	02	弥生中期後葉	北島式	壺	胴部	胴部
251			11KTG	003	01	弥生中期後葉	北島式	壺	胴部	胴部
252			11KTG	004	01	弥生中期後葉	北島式	壺	胴部	胴部
253			11KTG	005	01	弥生中期後葉	北島式	壺	胴部	胴部
254			11KTG	006	01	弥生中期後葉	北島式(新)	壺	胴部	胴部
255			11KTG	007	01	弥生中期後葉	北島式	壺	胴部	胴部
256			11KTG	008	01	弥生中期後葉	栗林2式新	鉢?	胴部	胴部
257			11KTG	009	01	弥生中期後葉	北島式	壺	胴部	胴部
258			11KTG	010	01	弥生中期後葉	栗林2式新	壺	胴部	胴部

圧痕残存面	調査者	観察者	分類群	部位	分類群備考	所蔵者（土器）	報告書記載箇所あるいは注記番号	文献No.
内面	遠藤	遠藤	イネ	籾		（埼玉県埋蔵文化財	40 図21	11-1
外面	遠藤	遠藤	イネ	籾		調査事業団）	49, 図35	11-1
外面	遠藤	遠藤	アワ	有ふ果			50 図40	11-1
外面	遠藤	遠藤	イネ	籾			58 図217	11-1
底部外面	遠藤	遠藤	キビ？	有ふ果？			66 図42	11-1
底部外面	遠藤	遠藤	イネ	籾			66 図52	11-1
底部外面	遠藤	遠藤	不明	種子			67 図69	11-1
底部外面	遠藤	遠藤	イネ	籾			68 図84	11-1
底部外面	遠藤	遠藤	イネ	籾			68 図78	11-1
底部外面	遠藤	遠藤	イネ	籾			69 図107	11-1
底部外面	遠藤	遠藤	イネ	籾			69 図97	11-1
底部外面	遠藤	遠藤	イネ	籾			69 図97	11-1
外面	遠藤	遠藤	イネ	籾			89 図7	11-1
外面	遠藤	遠藤	イネ	籾			89 図20	11-1
断面	遠藤	遠藤	イネ？	籾？			90 図62	11-1
外面	遠藤	遠藤	イネ	籾			100 図1	11-1
外面	遠藤	遠藤	イネ	籾			100 図1	11-1
外面	遠藤	遠藤	アワ	有ふ果			100 図1	11-1
外面	遠藤	遠藤	イネ	籾			158 図1	11-1
底部外面	遠藤	遠藤	イネ？				118 図225	11-1
内面	遠藤	遠藤	イネ	籾		埼玉県埋蔵文化財	122 図2	11-2
外面	遠藤	遠藤	イネ	籾		調査事業団	80 図3	11-2
外面	遠藤	遠藤	イネ	籾			125 図1	11-2
内面	遠藤	遠藤	アワ	有ふ果？			80 図5	11-2
外面	遠藤	遠藤	イネ	籾			40 図2	11-2
外面	遠藤	遠藤	イネ	籾			40 図3	11-2
内面	遠藤	遠藤	イネ	籾			40 図3	11-2
内面	遠藤	遠藤	アワ	有ふ果			116 図2	11-2
外面	遠藤	遠藤	アワ／キビ	穎果			14 図24	11-2
外面	遠藤	遠藤	イネ	籾			80 図2	11-2
外面	遠藤	遠藤	イネ	籾			80 図2	11-2
外面	遠藤	遠藤	アワ／キビ	穎果			80 図2	11-2
内面	遠藤	遠藤	キビ	有ふ果			80 図2	11-2
外面	遠藤	遠藤	イネ	籾			74 図16	11-2
外面	遠藤	遠藤	アワ	有ふ果			77 図7	11-2
内面	遠藤	遠藤	イネ	籾			77 図7	11-2
内面	遠藤	遠藤	不明	種子			91 図66-1	11-2
内面	遠藤	百原・佐々木・那須・守屋	イヌシデ				135 図34	11-2
外面	遠藤	遠藤	イネ	籾			131 図SX5-2	11-2
断面	遠藤	遠藤	イネ	籾			129 図163-4	11-2
底部外面	遠藤	遠藤	イネ	籾			254 図203-12	11-2
底部外面	遠藤	遠藤	イネ	籾			254 図203-12	11-2
底部外面	遠藤	遠藤	イネ	籾			254 図203-12	11-2
外面	遠藤	遠藤	アワ	有ふ果			234 図5	11-2
外面	遠藤	遠藤	不明	種子			255 図206-6	11-2
内面	遠藤	遠藤	不明	種子			255 図206-6	11-2
断面	遠藤	遠藤	イネ	籾		埼玉県埋蔵文化財	24 図10	11-3
内面	遠藤	遠藤	アワ	有ふ果		調査事業団	27 図7	11-3
外面	遠藤	遠藤	アワ	有ふ果			27 図5	11-3
内面	遠藤	遠藤	アワ	有ふ果			27 図5	11-3
外面	遠藤	遠藤	アワ	有ふ果			62 図7	11-3
内面	遠藤	遠藤	イネ	籾			73 図33	11-3
外面	遠藤	遠藤	イネ	籾			82 図25	11-3
外面	遠藤	遠藤	アワ	有ふ果			86 図23	11-3
断面	遠藤	遠藤	キビ	有ふ果			87 図C57	11-3
内面	遠藤	遠藤	イネ？				119 図14	11-3
外面	遠藤	遠藤	アワ	有ふ果			119 図31	11-3

358　付表　植物種実圧痕の同定結果一覧

圧痕番号	遺跡名	遺跡所在地	資料番号			時期	土器型式	器種	部位	圧痕残存部位
259	(北島遺跡)	(埼玉県熊谷市)	11KTG	010	02	弥生中期後葉	栗林2式新	壺	胴部	胴部
260			11KTG	011	01	弥生中期後葉	栗林2式新	甕	胴部	胴部
261			11KTG	012	01	弥生中期後半			底部	底部
262			11KTG	013	01	弥生中期後葉	北島式	壺	胴部	胴部
263			11KTG	015	01	弥生中期後葉	北島式		底部	底部
264			11KTG	016	01	弥生中期後葉	北島式	壺	底部	底部
265			11KTG	017	01	弥生中期後葉	北島式	壺	胴部	胴部
266			11KTG	018	01	弥生中期後葉	北島式	壺	胴部	胴部
267			11KTG	020	01	弥生中期後半			底部	底部
268			11KTG	020	02	弥生中期後半			底部	底部
269			11KTG	021	01	弥生中期後葉	栗林3式新	甕	胴部	胴部
270			11KTG	023	01	弥生中期後葉	北島式	甕	胴部	胴部
271			11KTG	024	01	弥生中期後葉	北島式	甕	胴部	胴部
272			11KTG	025	01	弥生中期後葉	北島式	甕	胴部	胴部
273			11KTG	027	01	弥生中期後半			底部	底部
274			11KTG	030－	01	弥生中期後葉	栗林2式新	甕	胴部	胴部
275			11KTG	035	01	弥生中期後葉	栗林2式新	甕	口縁~胴部	胴部
276			11KTG	035	02	弥生中期後葉	栗林2式新	甕	口縁~胴部	胴部
277			11KTG	035	03	弥生中期後葉	栗林2式新	甕	口縁~胴部	胴部
278			11KTG	036	01	弥生中期後葉	栗林2式新	甕	口縁~胴部	胴部
279			11KTG	037	01	弥生中期後葉	栗林2式新	甕	口縁~胴部	胴部
280			11KTG	037	02	弥生中期後葉	栗林2式新	甕	口縁~胴部	胴部
281			11KTG	037	03	弥生中期後葉	栗林2式新	甕	口縁~胴部	胴部
282			11KTG	037	04	弥生中期後葉	栗林2式新	甕	口縁~胴部	胴部
283			11KTG	037	05	弥生中期後葉	栗林2式新	甕	口縁~胴部	胴部
284			11KTG	038	01	弥生中期後葉	北島式	壺	胴部	胴部
285			11KTG	039	01	弥生中期後葉	北島式	壺	胴部	胴部
286			11KTG	040	01	弥生中期後葉	北島式	壺	口縁~胴部	胴部
287			11KTG	041	01	弥生中期後半			底部	底部
288			11KTG	042	01	弥生中期後葉	北島式	壺	胴部	胴部
289			11KTG	043	01	弥生中期後葉	北島式	壺	胴部	胴部
290	向山遺跡	埼玉県朝霞市	11MKY	001	01	弥生中期後葉	宮ノ台式		胴部	胴部
291			11MKY	002	01	弥生中期後葉	宮ノ台式		胴部	胴部
292			11MKY	003	01	弥生中期後葉	宮ノ台式	壺	胴部	胴部
293			11MKY	004	01	弥生中期後葉	宮ノ台式	小型壺	胴部~底部	胴部
294			11MKY	005	01	弥生後期	菊川式系	高坏	口縁~胴部	胴部
295	前中西遺跡	埼玉県熊谷市	11MNS	001	01	弥生中期後	北島式新	甕	胴部~底部	底部
296			11MNS	002	01	弥生中期末		甕	胴部~底部	胴部
297			11MNS	002	02	弥生中期末		甕	胴部~底部	胴部
298			11MNS	003	01	弥生中期後半		甕	ほぼ完形	胴部
299			11MNS	004	01	弥生中期後半		壺	胴部	胴部
300			11MNS	005	01	弥生中期後半		壺	底部	底部
301			11MNS	006	01	弥生中期後半		壺	胴部	胴部
302			11MNS	008	01	弥生中期末		甕	胴部~底部	胴部
303			11MNS	009	01	弥生中期末		甕	ほぼ完形	胴部
304			11MNS	009	02	弥生中期末		甕	ほぼ完形	胴部
305			11MNS	010	01	弥生中期末		壺	完形	胴部
306			11MNS	010	02	弥生中期末		壺	完形	胴部
307			11MNS	011	01	弥生中期後半		壺	胴部	胴部
308			11MNS	012	01	弥生中期後	北島式新	甕	口縁~胴部	胴部
309			11MNS	013	01	弥生中期後		甕	胴部	胴部
310			11MNS	014	01	弥生中期後半		壺	頸部	胴部
311			11MNS	015	01	弥生中期後半		壺	胴部	胴部
312			11MNS	016	01	弥生中期後半 or 中期末		壺	口縁~胴部	胴部
313			11MNS	017	01	弥生中期後		壺	胴部~底部	底部外面
314			11MNS	017	02	弥生中期後		壺	胴部~底部	底部外面
315			11MNS	018	01	弥生中期後		甕	口縁~胴部	胴部
316			11MNS	019	01	弥生中期後半		壺	胴部	胴部
317			11MNS	020	01	弥生中期末		甕	胴部	胴部

圧痕残存面	調査者	観察者	分類群	部位	分類群備考	所蔵者（土器）	報告書記載箇所あるいは注記番号	文献 No.
内面	遠藤	遠藤	アワ	有ふ果		（埼玉県埋蔵文化財	119 図 31	11-3
断面	遠藤	遠藤	イネ	籾		調査事業団）	120 図 47	11-3
内面	遠藤	遠藤	アワ	有ふ果			120 図 60	11-3
外面	遠藤	遠藤	アワ	有ふ果			128 図 13	11-3
底部外面	遠藤	遠藤	イネ？				145 図 12	11-3
外面	遠藤	遠藤	アワ／エノコログサ？	有ふ果？			154 図 7	11-3
外面	遠藤	遠藤	アワ	有ふ果			168 図 20	11-3
外面	遠藤	遠藤	イネ	籾			173 図 12	11-3
底部外面	遠藤	遠藤	アワ	有ふ果			189 図 52	11-3
底部外面	遠藤	遠藤	アワ？				189 図 52	11-3
内面	遠藤	遠藤	イネ	籾			201 図 44	11-3
外面	遠藤	遠藤	不明	種子			206 図 36	11-3
内面	遠藤	遠藤	シソ属？	分果？			206 図 36	11-3
内面	遠藤	遠藤	イネ？	頴果？			207 図 12	11-3
底部外面	遠藤	遠藤	イネ	籾			207 図 45	11-3
外面	遠藤	遠藤	イネ	籾			224 図 29	11-3
外面	遠藤	遠藤	不明	頴果？			188 図 9	11-3
外面	遠藤	遠藤	アワ	有ふ果			188 図 9	11-3
外面	遠藤	遠藤	アワ	有ふ果			188 図 9	11-3
内面	遠藤	遠藤	アワ	有ふ果			188 図 9	11-3
内面	遠藤	遠藤	キビ？	有ふ果？			20 図 8	11-3
内面	遠藤	遠藤	アワ	有ふ果			20 図 8	11-3
外面	遠藤	遠藤	アワ	有ふ果			20 図 8	11-3
外面	遠藤	遠藤	アワ	有ふ果			20 図 8	11-3
外面	遠藤	遠藤	アワ	有ふ果			20 図 8	11-3
外面	遠藤	遠藤	キビ？	有ふ果？			239 図 14	11-3
外面	遠藤	遠藤	イネ	籾			252 図 1	11-3
断面	遠藤	遠藤	イネ	籾			257 図 2	11-3
外面	遠藤	遠藤	不明	種子			270 図 22	11-3
外面	遠藤	遠藤	アワ	有ふ果			96 図 1	11-3
内面	遠藤	遠藤	アワ	有ふ果			294 図 1	11-3
外面	遠藤	遠藤	イネ	籾		朝霞市教育委員会	未報告	
外面	遠藤	遠藤	イネ	籾			未報告	
内面	遠藤	遠藤	イネ	籾			未報告	
外面	遠藤	遠藤	アワ	有ふ果？			未報告	
外面	遠藤	遠藤	イネ	籾			未報告	
内面	遠藤	遠藤	イネ	籾		熊谷市江南	Ⅶ 6 図 3	11-4～7
外面	遠藤	遠藤	アワ	有ふ果		文化財センター	Ⅶ 11 図 25	11-4～7
外面	遠藤	遠藤	アワ	有ふ果			Ⅶ 11 図 25	11-4～7
外面	遠藤	遠藤	アワ／キビ？	有ふ果？			Ⅶ 30 図 25	11-4～7
内面	遠藤	遠藤	イネ？				Ⅶ 29 図 5	11-4～7
外面	遠藤	遠藤	アワ	有ふ果			Ⅶ 31 図 47	11-4～7
断面	遠藤	遠藤	イネ？				Ⅶ 33 図 132	11-4～7
外面	遠藤	遠藤	イネ	籾			Ⅶ 11 図 26	11-4～7
外面	遠藤	遠藤	アワ	有ふ果			Ⅶ 10 図 7	11-4～7
外面	遠藤	遠藤	アワ	有ふ果			Ⅶ 10 図 7	11-4～7
外面	遠藤	遠藤	イネ	籾			Ⅶ 10 図 1	11-4～7
外面	遠藤	遠藤	イネ	籾			Ⅶ 10 図 1	11-4～7
断面	遠藤	遠藤	イネ	籾			Ⅶ 48 図 21	11-4～7
外面	遠藤	遠藤	エノコログサ	有ふ果			Ⅶ 37 図 14	11-4～7
外面	遠藤	遠藤	ニワトコ				Ⅶ 38 図 47	11-4～7
内面	遠藤	遠藤	アワ	有ふ果			Ⅶ 43 図 2	11-4～7
断面	遠藤	遠藤	イネ	籾			Ⅶ 44 図 30	11-4～7
内面	遠藤	遠藤	アワ	有ふ果？			119 図 1	11-4～7
底部外面	遠藤	遠藤	イネ？				Ⅷ 8 図 13	11-4～7
底部外面	遠藤	遠藤	イネ？				Ⅷ 8 図 13	11-4～7
外面	遠藤	遠藤	イネ	籾			Ⅷ 14 図 13	11-4～7
外面	遠藤	遠藤	イネ	籾			Ⅶ 23 図 29	11-4～7
内面	遠藤	遠藤	アワ	有ふ果			Ⅷ 18 図 28	11-4～7

360　付表　植物種実圧痕の同定結果一覧

圧痕番号	遺跡名	遺跡所在地	資料番号			時期	土器型式	器種	部位	圧痕残存部位
318	(前中西遺跡)	(埼玉県熊谷市)	11MNS	021	01	弥生中期後		壺	胴部	胴部
319			11MNS	022	01	弥生中期後	北島式中	甕	底部	底部外面
320			11MNS	023	01	弥生中期後		甕	口縁～胴部	胴部
321			11MNS	024	01	弥生中期後		甕	胴部	胴部
322			11MNS	025	01	弥生中期後		甕	胴部	胴部
323			11MNS	025	02	弥生中期後		甕	胴部	胴部
324			11MNS	026	01	弥生中期後		高坏	脚部	脚部
325			11MNS	027	01	弥生中期後		甕	底部	底部外面
326			11MNS	028	01	弥生中期後		甕	胴部～底部	胴部
327			11MNS	029	01	弥生中期後		壺	胴部～底部	底部外面
328			11MNS	030	01	弥生中期後		壺	口縁～胴部	胴部
329			11MNS	031	01	弥生中期後～中期末		甕	胴部	胴部
330			11MNS	032	01	弥生中期後～中期末		甕	胴部	胴部
331			11MNS	033	01	弥生中期後		壺	胴部	胴部
332			11MNS	034	01	弥生中期後半	栗林Ⅱ式新	甕	胴部～底部	胴部
333			11MNS	034	02	弥生中期後半	栗林Ⅱ式新	甕	胴部～底部	胴部
334			11MNS	034	03	弥生中期後半	栗林Ⅱ式新	甕	胴部～底部	胴部
335			11MNS	034	04	弥生中期後半	栗林Ⅱ式新	甕	胴部～底部	底部外面
336			11MNS	035	01	弥生後期前葉			胴部	胴部
337			11MNS	036	01	弥生後期前葉			胴部	胴部
338			11MNS	037	01	弥生中期後半		小型甕	底部	底部外面
339			11MNS	037	02	弥生中期後半		小型甕	底部	底部外面
340			11MNS	038	01	弥生中期末		小型壺		底部外面
341			11MNS	039	01	弥生中期後半～末			底部	底部外面
342			11MNS	039	02	弥生中期後半～末			底部	底部外面
343			11MNS	040	01	弥生中期後半～末			底部	底部外面
344			11MNS	040	02	弥生中期後半～末			底部	底部外面
345			11MNS	041	01	弥生中期後半～末			底部	底部外面
346			11MNS	041	02	弥生中期後半～末			底部	底部外面
347			11MNS	041	03	弥生中期後半～末			底部	底部外面
348			11MNS	042	01			壺	胴部	胴部
349			11MNS	043	01	弥生中期後半	北島式段階	甕	胴部	胴部
350			11MNS	044	01	弥生中期後半	北島式段階		胴部	胴部
351			11MNS	045	01	弥生中期後半	北島式段階	壺	口縁	口縁
352			11MNS	046	01	弥生中期後半	北島式段階		胴部	胴部
353			11MNS	047	01	弥生中期後半	北島式段階	壺	胴部	胴部
354			11MNS	048	01	弥生後期前葉		甕	胴部	胴部
355			11MNS	049	01	弥生後期前葉		甕	胴部	胴部
356			11MNS	050	01	弥生後期前葉		甕	胴部	胴部
357			11MNS	051	01	弥生後期前葉		甕	胴部	胴部
358			11MNS	052	01	弥生後期前葉		壺	胴部	胴部
359			11MNS	053	01	弥生後期前葉		壺	胴部	胴部
360			11MNS	054	01	弥生後期前葉		甕	胴部	胴部
361			11MNS	055	01	弥生後期前葉		甕	胴部	胴部
362			11MNS	056	01	弥生後期前葉		甕	胴部	胴部
363	午王山遺跡	埼玉県和光市	11GBY	001	01	弥生後期	久ヶ原式	壺	胴部	胴部
364			11GBY	002	01	弥生後期前葉	岩鼻式	甕	ほぼ完形	胴部
365			11GBY	003	01	弥生後期	菊川式系	台付き甕	完形	胴部
366			11GBY	003	02	弥生後期	菊川式系	台付き甕	完形	胴部
367			11GBY	004	01	弥生後期前葉	岩鼻式	小型甕	ほぼ完形	胴部
368			11GBY	004	02	弥生後期前葉	岩鼻式	小型甕	ほぼ完形	胴部
369			11GBY	004	03	弥生後期前葉	岩鼻式	小型甕	ほぼ完形	胴部
370			11GBY	004	04	弥生後期前葉	岩鼻式	小型甕	ほぼ完形	胴部
371			11GBY	004	05	弥生後期前葉	岩鼻式	小型甕	ほぼ完形	胴部
372			11GBY	004	06	弥生後期前葉	岩鼻式	小型甕	ほぼ完形	胴部
373			11GBY	004	07	弥生後期前葉	岩鼻式	小型甕	ほぼ完形	胴部(上)
374			11GBY	004	08	弥生後期前葉	岩鼻式	小型甕	ほぼ完形	胴部(下)
375			11GBY	004	09	弥生後期前葉	岩鼻式	小型甕	ほぼ完形	胴部

圧痕残存面	調査者	観察者	分類群	部位	分類群備考	所蔵者（土器）	報告書記載箇所あるいは注記番号	文献 No.
剥離面	遠藤	遠藤	エノコログサ	有ふ果?		（熊谷市江南	Ⅷ 23 図 2 と同一?	11·4~7
底部外面	遠藤	遠藤	アワ	有ふ果		文化財センター）	Ⅷ 25 図 7	11·4~7
内面	遠藤	遠藤	アワ	有ふ果			Ⅷ 26 図 44	11·4~7
外面	遠藤	遠藤	アワ	有ふ果			Ⅷ 26 図 34	11·4~7
外面	遠藤	遠藤	イネ	籾			Ⅷ 33 図 9	11·4~7
外面	遠藤	遠藤	イネ	籾			Ⅷ 33 図 10	11·4~7
内面	遠藤	遠藤	アワ	有ふ果?			Ⅷ 34 図 28	11·4~7
底部外面	遠藤	遠藤	キビ?	有ふ果?			Ⅷ 41 図 25	11·4~7
剥離面	遠藤	遠藤	イネ?				Ⅷ 41 図 33	11·4~7
底部外面	遠藤	遠藤	イネ	籾			Ⅷ 41 図 15	11·4~7
外面	遠藤	遠藤	イネ	籾			Ⅷ 40 図 15	11·4~7
内面	遠藤	遠藤	イネ?				Ⅷ 77 図 40	11·4~7
外面	遠藤	遠藤	イネ	籾			Ⅷ 77 図 38	11·4~7
内面	遠藤	遠藤	アワ	有ふ果			Ⅷ 49 図 57	11·4~7
外面	遠藤	遠藤	アワ	有ふ果			Ⅱ 7 図 4	11·4~7
外面	遠藤	遠藤	アワ	有ふ果			Ⅱ 7 図 4	11·4~7
外面	遠藤	遠藤	アワ	有ふ果			Ⅱ 7 図 4	11·4~7
底部外面	遠藤	遠藤	アワ	有ふ果			Ⅱ 7 図 4	11·4~7
外面	遠藤	遠藤	アワ	有ふ果			Ⅲ 106·13·1	11·4~7
断面	遠藤	遠藤	アワ	有ふ果			Ⅲ 111·9·3	11·4~7
底部外面	遠藤	遠藤	キビ?	有ふ果?			Ⅱ 66 図 3	11·4~7
底部外面	遠藤	遠藤	キビ?	有ふ果?			Ⅱ 66 図 3	11·4~7
底部外面	遠藤	遠藤	イネ	籾			Ⅷ 23 図 5	11·4~7
底部外面	遠藤	遠藤	アワ	有ふ果			Ⅷ 9 図 19	11·4~7
底部外面	遠藤	遠藤	アワ	有ふ果?			Ⅷ 9 図 19	11·4~7
底部外面	遠藤	遠藤	イネ?	籾?			Ⅷ 8 図 13	11·4~7
底部外面	遠藤	遠藤	イネ	頴果			Ⅷ 8 図 13	11·4~7
底部外面	遠藤	遠藤	アワ	有ふ果			Ⅷ 8 図 11	11·4~7
底部外面	遠藤	遠藤	アワ	有ふ果			Ⅷ 8 図 11	11·4~7
底部外面	遠藤	遠藤	アワ	有ふ果			Ⅷ 8 図 11	11·4~7
外面	遠藤	遠藤	不明	種子			Ⅱ 66 図 1	11·4~7
内面	遠藤	遠藤	イネ	籾			Ⅱ 7 図 6	11·4~7
内面	遠藤	遠藤	アワ	有ふ果			Ⅱ 10 図 8	11·4~7
内面	遠藤	遠藤	アワ	有ふ果			Ⅱ 82 図 27	11·4~7
外面	遠藤	遠藤	アワ	有ふ果			Ⅱ 82 図 41	11·4~7
外面	遠藤	遠藤	イネ	頴果			Ⅱ 82 図 50	11·4~7
外面	遠藤	遠藤	シソ属	分果			Ⅱ 15 図 9	11·4~7
内面	遠藤	遠藤	アワ	有ふ果			Ⅱ 63 図 19	11·4~7
外面	遠藤	遠藤	アワ	有ふ果			Ⅲ 112 図 8	11·4~7
外面	遠藤	遠藤	アワ	有ふ果			Ⅴ 12 図 10	11·4~7
外面	遠藤	遠藤	アワ	有ふ果?			Ⅴ 35 図 35·8	11·4~7
外面	遠藤	遠藤	キビ?	有ふ果?			Ⅴ 36 図 35·44	11·4~7
断面	遠藤	遠藤	アワ	有ふ果			Ⅴ 46 図 49	11·4~7
内面	遠藤	遠藤	アワ	有ふ果			Ⅴ 46 図 43	11·4~7
内面	遠藤	遠藤	アワ	有ふ果			Ⅴ 57 図 111	11·4~7
内面	遠藤	遠藤	イネ	籾		和光市教育委員会	23 集 34 図 13	11·8~15
外面	遠藤	遠藤	イネ	籾			33 集 55 図 1	11·8~15
外面	遠藤	遠藤	キビ	有ふ果			33 集 39 図 4	11·8~15
外面	遠藤	遠藤	アワ	有ふ果			33 集 39 図 4	11·8~15
外面	遠藤	遠藤	キビ	有ふ果			33 集 71 図 1	11·8~15
外面	遠藤	遠藤	アワ	頴果			33 集 71 図 1	11·8~15
外面	遠藤	遠藤	キビ?	有ふ果?			33 集 71 図 1	11·8~15
外面	遠藤	遠藤	アワ	有ふ果?			33 集 71 図 1	11·8~15
外面	遠藤	遠藤	アワ	頴果			33 集 71 図 1	11·8~15
外面	遠藤	遠藤	キビ	有ふ果			33 集 71 図 1	11·8~15
内面	遠藤	遠藤	キビ?	有ふ果?			33 集 71 図 1	11·8~15
内面	遠藤	遠藤	イネ	籾			33 集 71 図 1	11·8~15
外面	遠藤	遠藤	キビ	有ふ果			33 集 71 図 1	11·8~15

362 付表 植物種実圧痕の同定結果一覧

圧痕番号	遺跡名	遺跡所在地	資料番号			時期	土器型式	器種	部位	圧痕残存部位
376	(午王山遺跡)	(埼玉県和光市)	11GBY	004	10	弥生後期前葉	岩鼻式	小型甕	ほぼ完形	胴部
377			11GBY	004	11	弥生後期前葉	岩鼻式	小型甕	ほぼ完形	胴部
378			11GBY	005	01			甕	口縁～胴部	胴部
379			11GBY	006	01	弥生後期	菊川式系	台付き甕	口縁～胴部	胴部
380			11GBY	007	01	弥生後期	久ヶ原式	輪積み甕	胴部	胴部
381			11GBY	007	02	弥生後期	久ヶ原式	輪積み甕	口縁～胴部	胴部
382			11GBY	007	03	弥生後期	久ヶ原式	輪積み甕	口縁～胴部	胴部
383			11GBY	008	01	弥生後期	久ヶ原式	輪積み甕	口縁～胴部	胴部
384			11GBY	008	01	弥生後期	久ヶ原式	輪積み甕	口縁～胴部	胴部
385			11GBY	009	01				胴部～底部	底部外面
386			11GBY	010	01				胴部～底部	底部外面
387			11GBY	011	01				胴部～底部	底部外面
388			11GBY	012	01				胴部～底部	底部外面
389			11GBY	013	01				胴部～底部	底部外面
390			11GBY	014	01				胴部～底部	底部
391			11GBY	015		弥生後期後半			胴部	胴部
392			11GBY	016	01	弥生後期後半			胴部～底部	底部外面
393			11GBY	002	02	弥生後期前葉	岩鼻式	甕	完形	胴部
394	吹上遺跡	埼玉県和光市	11FKA	001	01	弥生後期	菊川式系	壺	胴部～底部	胴部
395			11FKA	002	01	弥生後期	菊川式系	壺	口縁～底部	胴部
396			11FKA	003	01	弥生後期	菊川式系	壺	胴部～底部	胴部
397			11FKA	004	01	弥生後期	菊川式系	壺	完形	胴部
398			11FKA	005	01	弥生後期	菊川式系	台付き甕	完形	胴部
399			11FKA	006	01	弥生後期	菊川式系	甕	口縁～胴部	胴部
400			11FKA	007	01	弥生後期	菊川式系	甕	完形	胴部
401			11FKA	007	02	弥生後期	菊川式系	甕	完形	胴部
402			11FKA	008	01	弥生後期	久ヶ原式	壺	胴部～底部	底部外面
403			11FKA	008	02	弥生後期	久ヶ原式	壺	胴部～底部	胴部
404			11FKA	009	01	弥生後期	菊川式系	壺	頸部～底部	胴部
405			11FKA	009	02	弥生後期	菊川式系	壺	頸部～底部	胴部
406			11FKA	010	01	弥生後期	菊川式系	台付き甕	脚部	胴部
407			11FKA	011	01	弥生後期	菊川式系	台付き甕	胴部	胴部
408			11FKA	012	01	弥生後期	菊川式系	台付き甕	口縁～胴部	胴部
409			11FKA	013	01	弥生後期	菊川式系	甕	口縁～胴部	胴部
410			11FKA	014	01			壺	口縁～胴部	胴部
411			11FKA	015	01	弥生後期	菊川式系	甕	口縁～胴部	胴部
412	田子山遺跡	埼玉県志木市	11TGY	001	01	弥生後期中葉～後葉		高坏	完形	脚部
413			11TGY	002	01	弥生後期中葉～後葉		壺	胴部～底部	胴部
414			11TGY	002	02	弥生後期中葉～後葉		壺	胴部～底部	胴部
415			11TGY	001	02	弥生後期中葉～後葉		高坏	完形	脚部
416			11TGY	003	01	弥生後期中葉～後葉		広口壺	完形	胴部
417	市場峡遺跡	埼玉県和光市	11ITB	001	01	弥生後期中葉～後葉		壺	完形	胴部
418			11ITB	001	02	弥生後期中葉～後葉		壺	完形	胴部
419			11ITB	002	01	弥生後期中葉～後葉		広口壺	完形	胴部
420			11ITB	003	01	弥生後期中葉～後葉		壺	口縁～胴部	胴部
421			11ITB	004	01	弥生後期中葉～後葉		碗	口縁～底部	口縁
422	大野田西遺跡	埼玉県嵐山町	11OND	001	01	弥生後期	吉ヶ谷式		胴部～底部	底部外面
423			11OND	002	01	弥生後期	吉ヶ谷式		胴部～底部	胴部
424			11OND	003	01	弥生後期	吉ヶ谷式		胴部～底部	底部外面
425			11OND	004	01	弥生後期	吉ヶ谷式	壺	口縁～胴部	胴部
426			11OND	005	01	弥生後期	吉ヶ谷式	高坏	口縁～胴部	口唇
427			11OND	006	01	弥生後期	吉ヶ谷式	甕	胴部	胴部
428			11OND	007	01	弥生後期	吉ヶ谷式	高坏	脚部	脚部
429			11OND	008	01	弥生後期	吉ヶ谷式		底部	底部
430			11OND	009	01	弥生後期	吉ヶ谷式	壺	胴部	胴部
431			11OND	010	01	弥生後期	吉ヶ谷式		胴部～底部	胴部
432			11OND	011	01	弥生後期	吉ヶ谷式	壺	胴部	胴部
433			11OND	012	01	弥生後期	吉ヶ谷式	高坏	脚部	脚部

圧痕残存面	調査者	観察者	分類群	部位	分類群備考	所蔵者(土器)	報告書記載箇所あるいは注記番号	文献No.
内面	遠藤	遠藤	キビ	有ふ果		(和光市教育委員会)	33集71図1	11-8~15
外面	遠藤	遠藤	キビ	有ふ果			33集71図1	11-8~15
外面	遠藤	遠藤	イネ	籾			35集45図4	11-8~15
外面	遠藤	遠藤	イネ	籾			40集11図1	11-8~15
外面	遠藤	遠藤	イネ	籾			40集27図3	11-8~15
内面	遠藤	遠藤	イネ	籾			40集27図3	11-8~15
断面	遠藤	遠藤	イネ	籾			40集27図3	11-8~15
内面	遠藤	遠藤	イネ	籾			42集25図12	11-8~15
外面	遠藤	遠藤	イネ	籾			42集25図12	11-8~15
底部外面	遠藤	遠藤	イネ	籾			13集21図50	11-8~15
底部外面	遠藤	遠藤	イネ	籾			13集23図51	11-8~15
底部外面	遠藤	遠藤	アワ	有ふ果			13集37図56	11-8~15
底部外面	遠藤	遠藤	イネ?	籾?			13集25図7	11-8~15
底部外面	遠藤	遠藤	イネ	籾			18集23図30	11-8~15
内面	遠藤	遠藤	イネ	籾			42集5,14次9溝 58,20のシール	11-8~15
外面	遠藤	遠藤	イネ	籾			33集104住1 8のシール	11-8~15
底部外面	遠藤	遠藤	イネ	籾			33集101住 5,8次H13住 1のシール	11-8~15
断面	遠藤	遠藤	イネ	籾			33集55図1	11-8~15
外面	遠藤	遠藤	キビ	有ふ果		和光市教育委員会	23図11	11-16
外面	遠藤	遠藤	イネ	籾			22図10	11-16
外面	遠藤	遠藤	イネ	頴果			38図4	11-16
内面	遠藤	遠藤	キビ	有ふ果			89図23	11-16
外面	遠藤	遠藤	イネ?				43図5	11-16
内面	遠藤	遠藤	イネ?				22図7	11-16
内面	遠藤	遠藤	イネ?				84図4	11-16
外面	遠藤	遠藤	イネ	頴果			84図4	11-16
底部外面	遠藤	遠藤	アワ?				88図21	11-16
外面	遠藤	遠藤	アワ/キビ	頴果?			88図21	11-16
外面	遠藤	遠藤	キビ	有ふ果			88図20	11-16
外面	遠藤	遠藤	キビ	有ふ果			88図20	11-16
外面	遠藤	遠藤	イネ	籾			44図10	11-16
外面	遠藤	遠藤	アワ	有ふ果?			48図4	11-16
内面	遠藤	遠藤	イネ	籾			48図6	11-16
内面	遠藤	遠藤	イネ	籾			65図8	11-16
外面	遠藤	遠藤	イネ	頴果			65図4	11-16
内面	遠藤	遠藤	不明	種子	アサ?		85図8	11-16
外面	遠藤	遠藤	不明	種実		志木市教育委員会		11-17
外面	遠藤	遠藤	イネ	籾				11-17
外面	遠藤	遠藤	アワ	有ふ果				11-17
外面	遠藤	遠藤	不明	種実				11-17
		遠藤	不明	頴果				11-17
外面	遠藤	遠藤	イネ	頴果		和光市教育委員会	11図1	11-18
外面	遠藤	遠藤	イネ	籾			11図1	11-18
外面	遠藤	遠藤	イネ	頴果			12図8	11-18
断面	遠藤	遠藤	籾ガラ?				34図4	11-18
内面	遠藤	遠藤		籾			34図6	11-18
底部外面	遠藤	遠藤	イネ	籾		埼玉県埋蔵文化財	35図28	11-19
外面	遠藤	遠藤	アワ	有ふ果		調査事業団	40図14	11-19
底部外面	遠藤	遠藤	イネ	籾			40図12	11-19
内面	遠藤	遠藤	アワ	有ふ果			37図1	11-19
	遠藤	遠藤	不明	種子			28図10	11-19
内面	遠藤	遠藤	アワ	有ふ果			82図22	11-19
内面	遠藤	遠藤	イネ?	頴果?			82図3	11-19
内面	遠藤	遠藤	イネ	籾			56図63	11-19
外面	遠藤	遠藤	イネ	籾			56図87	11-19
内面	遠藤	遠藤	不明	種子			53図4	11-19
内面	遠藤	遠藤	イネ	頴果			67図9	11-19
端部	遠藤	遠藤	イネ?				64図8	11-19

364　付表　植物種実圧痕の同定結果一覧

圧痕番号	遺跡名	遺跡所在地	資料番号			時期	土器型式	器種	部位	圧痕残存部位
434	（大野田西遺跡）	（埼玉県嵐山町）	11OND	013	01	弥生後期	吉ヶ谷式		胴部～底部	底部外面
435			11OND	014	01	弥生後期	吉ヶ谷式	甕	完形	底部外面
436			11OND	015	01	弥生後期	吉ヶ谷式	高坏	完形	脚部
437			11OND	015	02	弥生後期	吉ヶ谷式	高坏	完形	胴部
438			11OND	013	02	弥生後期	吉ヶ谷式		胴部～底部	胴部
439			11OND	013	03	弥生後期	吉ヶ谷式		胴部～底部	胴部

千葉県

圧痕番号	遺跡名	遺跡所在地	資料番号			時期	土器型式	器種	部位	圧痕残存部位
440	武士遺跡	千葉県市原市	12TKS	001	01			浅鉢	口縁～胴部	胴部
441			12TKS	002	01	縄文晩期後半	氷Ⅰ式中段階並行	浅鉢	口縁～胴部	胴部
442			12TKS	002	02	縄文晩期後半	氷Ⅰ式中段階並行	浅鉢	口縁～底部	胴部
443			12TKS	004	01			深鉢	口縁～胴部	胴部
444			12TKS	005	01	弥生中期中葉後半		壺		胴部
445			12TKS	006	01	弥生中期中葉後半		壺	頸部～底部	胴部
446	塙台遺跡	千葉県多古町	12HNW	001	01			甕	胴部	胴部
447			12HNW	003	01			深鉢	胴部～底部	底部外面
448			12HNW	004	01	縄文晩期後半	氷Ⅰ式古段階並行	浅鉢	口縁～胴部	口縁
449			12HNW	005	01	弥生中期前葉後半		壺		胴部
450			12HNW	006	01	弥生中期中葉前半		壺		胴部
451			12HNW	007	01	弥生中期中葉前半		壺		胴部
452			12HNW	007	02	弥生中期中葉前半		壺		胴部
453			12HNW	007	03	弥生中期中葉前半		壺		胴部
454			12HNW	007	04	弥生中期中葉前半		壺		胴部
455			12HNW	008	01	弥生中期中葉前半		壺		底部外面
456			12HNW	009	01	弥生中期中葉前半		壺		底部外面
457			12HNW	010	01	弥生中期中葉前半		壺		胴部
458			12HNW	010	02	弥生中期中葉前半		壺		底部外面
459			12HNW	010	03	弥生中期中葉前半		壺		底部外面
460			12HNW	012	01	弥生中期中葉前半		壺		底部外面
461			12HNW	013	01	弥生前期後半～中期前葉前半		壺		胴部
462			12HNW	014	01	弥生中期中葉		壺		胴部
463	城之腰遺跡	千葉県千葉市	12JON	005	02	弥生中期末	宮ノ台式中頃	甕	完形	胴部
464			12JON	014	01	弥生中期末	宮ノ台式中頃	甕	口縁～胴部	胴部
465			12JON	016	02	弥生後期	在地系	甕	完形	胴部
466			12JON	017	02	弥生後期	在地系	甕	胴～底部	胴部
467	天神前遺跡	千葉県佐倉市	12TJM	001	01	弥生中期中葉		壺	胴部	胴部
468			12TJM	002	01	弥生中期中葉		壺	胴部	胴部
469			12TJM	003	01	弥生中期中葉		壺	胴部	胴部
470			12TJM	004	01	弥生中期中葉		壺	胴部	胴部
471			12TJM	005	01	弥生中期中葉		壺	胴部	胴部
472			12TJM	006	01	弥生中期中葉		壺	胴部	胴部
473			12TJM	007	01	弥生中期中葉		壺	完形	胴部
474			12TJM	007	02	弥生中期中葉		壺	完形	胴部
475			12TJM	007	03	弥生中期中葉		壺	完形	胴部
476			12TJM	007	04	弥生中期中葉		壺	完形	胴部
477			12TJM	007	05	弥生中期中葉		壺	完形	胴部
478			12TJM	007	06	弥生中期中葉		壺	完形	胴部
479			12TJM	008	01	弥生中期中葉		壺	胴部	胴部
480			12TJM	007	07	弥生中期中葉		壺	完形	胴部
481	関戸遺跡	千葉県成田市	12SEK	001	02	弥生中期末	不明	甕	胴～底部	胴部
482			12SEK	004	01	弥生後期前半	在地系	甕	胴～底部	底部
483			12SEK	004	02	弥生後期前半	在地系	甕	胴～底部	胴部
484			12SEK	010	01	弥生後期末	在地系	甕	口縁～胴部	口縁部
485			12SEK	012	01	弥生中期末	宮ノ台式	甕	口縁～胴部	口縁部
486			12SEK	013	02	弥生中期末	足洗2式	壺	頸部～底部	胴部
487			12SEK	014	01	弥生中期末	栃木県域の系統？	甕	口縁～胴部	頸部
488			12SEK	016	01	弥生中期末	阿玉台北式	壺	頸部	頸部

圧痕残存面	調査者	観察者	分類群	部位	分類群備考	所蔵者（土器）	報告書記載箇所あるいは注記番号	文献No.
底部外面	遠藤	遠藤	イネ?			(埼玉県埋蔵文化財 調査事業団)	74図4	11-19
底部外面	遠藤	遠藤	イネ	籾			15図1	11-19
外面	遠藤	遠藤	アワ	有ふ果			60図6	11-19
外面	遠藤	遠藤	アワ	有ふ果			60図6	11-19
内面	遠藤	遠藤	不明	種子			15図1	11-19
内面	遠藤	遠藤	不明	種子			15図1	11-19

圧痕残存面	調査者	観察者	分類群	部位	分類群備考	所蔵者（土器）	報告書記載箇所あるいは注記番号	文献No.
内面	遠藤	遠藤	不明	種子		千葉県文化財センター	13図9	12-1
内面	遠藤	遠藤	アワ	有ふ果			12図7	12-1
内面	遠藤	遠藤	アワ?				12図7	12-1
内面	遠藤	遠藤	不明	種子			61図1064	12-1
外面	遠藤	遠藤	イネ	籾			96図7	12-1
外面	遠藤	遠藤	イネ	籾			86図6	12-1
内面	遠藤	遠藤	不明	種子		多古町教育委員会	44図272	12-2
底部外面	遠藤	遠藤	不明	種子			50図470	12-2
断面	遠藤	遠藤	アワ	有ふ果			39図104	12-2
外面	遠藤	遠藤	アワ	有ふ果			97図36	12-2
外面	遠藤	遠藤	イネ	籾			89図20	12-2
外面	遠藤	遠藤	イネ	籾			95図28	12-2
外面	遠藤	遠藤	キビ	有ふ果			95図28	12-2
外面	遠藤	遠藤	キビ?				95図28	12-2
底部外面	遠藤	遠藤	イネ	籾			9図9	12-2
底部外面	遠藤	遠藤	イネ	頴果			87図14	12-2
外面	遠藤	遠藤	イネ	籾			91図21	12-2
底部外面	遠藤	遠藤	イネ	籾			91図21	12-2
底部外面	遠藤	遠藤	不明	種子			91図21	12-2
底部外面	遠藤	遠藤	イネ	籾			10図15	12-2
外面	遠藤	遠藤	イネ?				15図67	12-2
内面	遠藤	遠藤	不明	種子			13図42	12-2
内面	轟	百原・佐々木・那須・守屋	イネ	頴果	割れ		037号跡 No.19	12-3
内面	轟	守屋	イネ	有ふ果			063号跡 No.9	12-3
内面	轟	守屋	イネ	頴果			041号跡 No.2	12-3
外面	轟	守屋	イネ	頴果			041号跡 No.3	12-3
内面	遠藤	遠藤	キビ	有ふ果		明治大学博物館		12-4
内面	遠藤	遠藤	キビ	有ふ果				12-4
外面	遠藤	遠藤	アワ／キビ	有ふ果				12-4
外面	遠藤	遠藤	キビ?	有ふ果?				12-4
外面	遠藤	遠藤	キビ?	有ふ果?				12-4
外面	遠藤	遠藤	イネ	籾			FIG.5	12-4
外面	遠藤	遠藤	キビ	有ふ果			29図	12-4
外面	遠藤	遠藤	イネ	籾			29図	12-4
外面	遠藤	遠藤	キビ	頴果			29図	12-4
外面	遠藤	遠藤	不明	種子			29図	12-4
外面	遠藤	遠藤	アワ	有ふ果			29図	12-4
外面	遠藤	遠藤	キビ?	有ふ果?				12-4
外面	遠藤	遠藤	キビ				29図	12-4
外面	轟	百原・佐々木・那須・守屋	イネ	頴果?			第46図00301	12-5
外面	轟	守屋	イネ	有ふ果			第50図01003	12-5
内面	轟	百原・佐々木・那須・守屋	イネ	頴果	割れ		第50図01003	12-5
外面	轟	百原・佐々木・那須・守屋	イネ	頴果?	ごはん?		第55図01901	12-5
外面	轟	守屋	イネ	頴果			第58図03101	12-5
内面	轟	守屋	イネ	有ふ果	割れ		第62図04403	12-5
外面	轟	百原・佐々木・那須・守屋	イネ	頴果?	破片		第63図04501	12-5
外面	轟	百原・佐々木・那須・守屋	イネ	頴果?			第66図05802	12-5

366　付表　植物種実圧痕の同定結果一覧

圧痕番号	遺跡名	遺跡所在地	資料番号			時期	土器型式	器種	部位	圧痕残存部位
489	(関戸遺跡)	(千葉県成田市)	12SEK	016	02	弥生中期末	阿玉台北式	壺	頸部	頸部
490			12SEK	017	01	弥生中期末	阿玉台北式	甕	完形	
491			12SEK	019	01	弥生中期末	阿玉台北式	壺	頸部破片	頸部
492	阿玉台北遺跡	千葉県香取市	12ATA	003	01	弥生中期末	栃木県域の系統？	甕	口縁～胴部	胴部
493	栗谷遺跡	千葉県八千代市	12KRY	005	01	弥生中期末	宮ノ台式中頃	壺	底部付近	底部付近
494			12KRY	007	01	弥生後期後半	在地系	甕	頸部	頸部
495			12KRY	009	01	弥生後期後半	在地系	甕	胴部	胴部
496			12KRY	013	01	弥生後期後半	南関東系	壺	胴部	胴部
497			12KRY	015	01	弥生中期末	宮ノ台式中頃	甕	胴部	胴部
498			12KRY	021	01	弥生後期後半	在地系	甕	頸～胴部	頸部
499			12KRY	022	01	弥生後期後半	不明	甕	口縁～胴部	胴部
500			12KRY	027	01	弥生後期後半	在地系	甕	口縁～胴部	胴部
501			12KRY	028	01	弥生後期後半	南関東系	甕	完形	胴部
502			12KRY	028	03	弥生後期後半	南関東系	甕	完形	胴部
503	境堀遺跡	千葉県八千代市	12SAK	005	02	弥生後期後半	在地系	甕	完形	胴部
504			12SAK	005	03	弥生後期後半	在地系	甕	完形	胴部
505			12SAK	005	04	弥生後期後半	在地系	甕	完形	胴部
506			12SAK	006	01	弥生後期後半	在地系	甕	完形	胴部
507			12SAK	007	01	弥生後期後半	在地系	甕	完形	胴部
508			12SAK	007	02	弥生後期後半	在地系	甕	完形	胴部
509			12SAK	007	03	弥生後期後半	在地系	甕	完形	胴部
510			12SAK	007	05	弥生後期後半	在地系	甕	完形	胴部
511			12SAK	007	06	弥生後期後半	在地系	甕	完形	胴部
512			12SAK	007	07	弥生後期後半	在地系	甕	完形	胴部
513			12SAK	007	09	弥生後期後半	在地系	甕	完形	頸部
514	権現後遺跡	千葉県八千代市	12GON	001	01	弥生後期後半	南関東系	甕	口縁～胴部	胴部
515			12GON	002	01	弥生後期後半	南関東系	甕	胴部	胴部
516			12GON	003	01	弥生後期後半	南関東系	広口壺	完形	胴部
517			12GON	004	01	弥生後期後半	南関東系	甕	完形	底部
518			12GON	005	01	弥生後期後半	南関東系	甕	口縁～胴部	口縁部
519			12GON	006	01	弥生後期後半	南関東系	浅鉢	完形	胴部
520			12GON	007	01	弥生後期後半	在地系	甕	頸～底部	頸部
521			12GON	010	01	弥生後期後半	在地系	甕	胴～底部	胴部
522			12GON	011	01	弥生後期後半	在地系	甕	頸～胴部	頸部
523			12GON	012	01	弥生後期後半	在地系	甕	胴部	胴部
524			12GON	013	01	弥生後期後半～終末期	在地系	甕	口縁～胴部	胴部
525	平沢遺跡	千葉県八千代市	12HIR	002	02	弥生後期後半	在地系	甕	略完形	胴部
526			12HIR	003	01	弥生後期後半	在地系	甕	口縁～胴部	口縁部
527			12HIR	003	02	弥生後期後半	在地系	甕	口縁～胴部	口縁部
528			12HIR	003	03	弥生後期後半	在地系	甕	口縁～胴部	胴部
529			12HIR	003	04	弥生後期後半	在地系	甕	口縁～胴部	胴部
530			12HIR	003	05	弥生後期後半	在地系	甕	口縁～胴部	胴部
531			12HIR	005	01	弥生後期後半	在地系	甕	口縁～胴部	胴部
532			12HIR	005	02	弥生後期後半	在地系	甕	口縁～胴部	胴部
533			12HIR	005	03	弥生後期後半	在地系	甕	口縁～胴部	胴部
534			12HIR	005	04	弥生後期後半	在地系	甕	口縁～胴部	胴部
535			12HIR	005	05	弥生後期後半	在地系	甕	口縁～胴部	胴部
536			12HIR	005	06	弥生後期後半	在地系	甕	口縁～胴部	胴部
537			12HIR	005	07	弥生後期後半	在地系	甕	口縁～胴部	口縁部
538			12HIR	005	08	弥生後期後半	在地系	甕	口縁～胴部	口縁部
539			12HIR	005	09	弥生後期後半	在地系	甕	口縁～胴部	胴部
540	阿蘇中学校東側遺跡	千葉県八千代市	12ASO	001	01	弥生後期後半	南関東系	甕	胴～底部	胴部
541	(III次調査)		12ASO	002	01	弥生後期後半	南関東系	広口壺	胴部	胴部
542			12ASO	002	02	弥生後期後半	南関東系	広口壺	胴部	胴部
543			12ASO	002	03	弥生後期後半	南関東系	広口壺	胴部	胴部
544	岩名作遺跡9次	千葉県野田市	12IWA	004	01	弥生後期後半	在地系	甕	口縁～底部	胴部
545	中馬場遺跡	千葉県柏市	12NAK	002	02	弥生後期後半	在地系	甕	関係	胴部
546			12NAK	003	01	弥生後期後半	在地系	甕	口縁～胴部	胴部

圧痕残存面	調査者	観察者	分類群	部位	分類群備考	所蔵者(土器)	報告書記載箇所あるいは注記番号	文献No.
外面	轟	百原・佐々木・那須・守屋	イネ	頴果?			第66図 05802	12-5
内面	轟	百原・佐々木・那須・守屋	イネ	頴果			第66図 05804	12-5
断面	轟	百原・佐々木・那須・守屋	イネ	頴果?	割れ		第66図 05803	12-5
内面	轟	百原・佐々木・那須・守屋	不明	種実			014-4	12-6
外面	轟	百原・佐々木・那須・守屋	イネ	頴果			A053 No.2	12-7
外面	轟	百原・佐々木・那須・守屋	イネ	頴果			A057 No.1	12-7
内面	轟	百原・佐々木・那須・守屋	イネ	頴果?			A064 No.1	12-7
外面	轟	百原・佐々木・那須・守屋	不明	種実			A072 (12-015) No.8	12-7
外面	轟	佐々木・那須・守屋	イネ	籾			クリヤ18-8 遺構不明	未報告
内面	轟	百原・佐々木・那須・守屋	イネ	頴果?			A081 No10	12-7
外面	轟	百原・佐々木・那須・守屋	イネ	頴果			A081 No13	12-7
内面	轟	百原・佐々木・那須・守屋	不明	種実			A154 No.1	12-8
外面	轟	佐々木・那須・守屋	イネ	籾殻			A155 No.1	12-8
外面	轟	百原・佐々木・那須・守屋	キビ	有ふ果			A155 No.1	12-8
外面	轟	百原・佐々木・那須・守屋	イネ	頴果	破片		6-005-2(2)	12-9
外面	轟	佐々木・那須・守屋	イネ	頴果	割れ		6-005-2(3)	12-9
外面	轟	佐々木・那須・守屋	イネ	頴果?	割れ		6-005-2(4)	12-9
外面	轟	百原・佐々木・那須・守屋	イネ	頴果?			7-009-1	12-9
外面	轟	佐々木・那須・守屋	イネ	頴果?	割れ		6-005-2	12-9
外面	轟	百原・佐々木・那須・守屋	イネ	頴果	破片		6-005-2	12-9
外面	轟	百原・佐々木・那須・守屋	イネ	頴果	破片		6-005-2	12-9
外面	轟	百原・佐々木・那須・守屋	イネ	頴果	破片		6-005-2	12-9
外面	轟	百原・佐々木・那須・守屋	イネ	頴果	破片		6-005-2	12-9
内面	轟	守屋	イネ	頴果	割れ		6-005-2	12-9
内面	轟	百原・佐々木・那須・守屋	イネ	籾			D004-4	12-10
内面	轟	百原・佐々木・那須・守屋	コウホネ				D004- No.不明	12-10
外面	轟	百原・佐々木・那須・守屋	イネ	籾			D029-1	12-10
外面	轟	百原・佐々木・那須・守屋	イネ	頴果			D029-2	12-10
外面	轟	百原・佐々木・那須・守屋	不明	種実			D029-3	12-10
外面	轟	百原・佐々木・那須・守屋	イネ	籾			D075-5	12-10
外面	轟	百原・佐々木・那須・守屋	イネ	頴果	割れ		D115-7	12-10
外面	轟	百原・佐々木・那須・守屋	イネ	頴果			D118-1	12-10
外面	轟	百原・佐々木・那須・守屋	イネ	頴果	割れ		D122-1	12-10
内面	轟	百原・佐々木・那須・守屋	イネ	籾			D175-1	12-10
外面	轟	百原・佐々木・那須・守屋	イネ	頴果			D183-3	12-10
外面	轟	百原・佐々木・那須・守屋	イネ	頴果			01D No.7	12-11
外面	轟	百原・佐々木・那須・守屋	イネ	籾	不稔		01D No.8	12-11
内面	轟	百原・佐々木・那須・守屋	イネ	籾	不稔		01D No.8	12-11
外面	轟	百原・佐々木・那須・守屋	イネ	籾			01D No.8	12-11
内面	轟	百原・佐々木・那須・守屋	イネ	籾			01D No.8	12-11
外面	轟	守屋	イネ	有ふ果			04D No.4	12-11
外面	轟	守屋	イネ	有ふ果			04D No.4	12-11
外面	轟	守屋	イネ	有ふ果			04D No.4	12-11
外面	轟	守屋	イネ	有ふ果			04D No.4	12-11
断面	轟	守屋	イネ	有ふ果			04D No.4	12-11
内面	轟	守屋	イネ	有ふ果			04D No.4	12-11
内面	轟	守屋	イネ	有ふ果			04D No.4	12-11
内面	轟	守屋	イネ	有ふ果			04D No.4	12-11
外面	轟	百原・佐々木・那須・守屋	イネ	籾			SI-8 No.1	12-12
外面	轟	百原・佐々木・那須・守屋	キビ	有ふ果			SI-8 No.2	12-12
内面	轟	百原・佐々木・那須・守屋	イネ	籾			SI-8 No.2	12-12
内面	轟	百原・佐々木・那須・守屋	キビ	有ふ果	軸付き		SI-8 No.2	12-12
外面	轟	百原・佐々木・那須・守屋	イネ	籾			1	未刊行
外面	轟	百原・佐々木・那須・守屋	イネ	籾			第59号住居址 467	12-13
外面	轟	百原・佐々木・那須・守屋	イネ	籾			第64号住居址 482	12-13

368　付表　植物種実圧痕の同定結果一覧

圧痕番号	遺跡名	遺跡所在地	資料番号		時期	土器型式	器種	部位	圧痕残存部位
547	狸穴第1・第2遺跡	千葉県柏市	12MAM	002 01	弥生後期後半	在地系	甕	口縁〜頸部	口縁部
548			12MAM	002 04	弥生後期後半	在地系	甕		頸部
549			12MAM	003 01	弥生後期後半	在地系	甕	胴〜底部	底部
550			12MAM	004 01	弥生後期後半	在地系	甕	胴部	胴部
551			12MAM	005 01	弥生後期後半	在地系	甕	口縁〜胴部	胴部
552			12MAM	006 01	弥生後期後半	在地系	甕	底部	底部
553			12MAM	007 01	弥生後期後半	在地系	壺	底部	底部
554			12MAM	009 03	弥生後期後半	在地系	甕	胴〜底部	胴部
555			12MAM	012 01	弥生後期後半	在地系	甕	胴部	胴部
556			12MAM	013 01	弥生後期後半	在地系	壺	胴〜底部	底部
557			12MAM	014 01	弥生後期	在地系	甕	胴部	胴部
558			12MAM	015.5 01	弥生後期	在地系	甕	胴部	胴部
559			12MAM	016 01	弥生後期	在地系	甕	胴部	胴部
560			12MAM	018 03	弥生後期	在地系	甕	胴部	胴部
561			12MAM	019 04	弥生後期	在地系	甕	胴部	胴部
562			12MAM	020 05	弥生後期	在地系	甕	胴部	胴部
563	上谷遺跡	千葉県八千代市	12KAM	003 01	弥生終末期	在地系	甕	胴部	胴部
564			12KAM	006 01	弥生後期後半	在地系	甕	口縁〜胴部	口縁部
565			12KAM	006 02	弥生後期後半	在地系	甕	口縁〜胴部	胴部
566			12KAM	009 01	弥生終末期	在地系	甕	関係	胴部

東京都

圧痕番号	遺跡名	遺跡所在地	資料番号		時期	土器型式	器種	部位	圧痕残存部位
567	馬場遺跡	東京都青梅市	13BBA	001 01	弥生中期後半		甕	完形	胴部
568			13BBA	002 01	弥生中期後半	宮ノ台式	甕	口縁〜胴部	胴部
569	K-5遺跡	東京都青梅市	13KGO	001 01	弥生中期後半		甕	完形	胴部
570			13KGO	002 01	弥生中期後半		壺	胴部	胴部
571			13KGO	003 01	弥生中期後半		壺	胴部	胴部
572			13KGO	003 02	弥生中期後半		壺	胴部	胴部
573			13KGO	004 01	弥生中期後半		甕	胴部	胴部

神奈川県

圧痕番号	遺跡名	遺跡所在地	資料番号		時期	土器型式	器種	部位	圧痕残存部位
574	桂台遺跡	神奈川県横浜市	14KTD	004 01	不明	不明(無文)	深鉢?	底部	
575			14SGT	001 01	縄文晩期後半	前浦式	深鉢	口縁	
576	砂田台遺跡	神奈川県秦野市	14SND	001 01	弥生後期末		鉢	口縁〜胴部	胴部
577			14SND	002 01	弥生中期中葉		鉢	胴部	胴部
578			14SND	003 01	弥生中期中葉		鉢	胴部〜底部	底部外面
579			14SND	004 01	弥生中期中葉		甕	胴部	胴部
580			14SND	005 01	弥生中期後半		小型甕	完形	胴部
581			14SND	006 01	弥生後期末		甕	口縁〜胴部	胴部
582			14SND	007 01	弥生中期中葉		甕	胴部	胴部
583			14SND	008 01	弥生中期後半		甕	胴部	胴部
584			14SND	009 01	弥生中期後半		甕	口縁〜胴部	胴部
585			14SND	010 01	弥生中期後半		壺	胴部	胴部

新潟県

圧痕番号	遺跡名	遺跡所在地	資料番号		時期	土器型式	器種	部位	圧痕残存部位
586	和泉A遺跡	新潟県上越市	15IZA	002 01	縄文晩期末〜弥生前期	氷I式新〜氷II式併行	甕		
587			15IZA	009 01	縄文晩期末〜弥生前期	氷I式新〜氷II式併行	壺か甕	口縁	
588			15IZA	011 01	不明	不明	不明	底部	
589			15IZA	011 02	不明	不明	不明	底部	
590			15IZA	015 01	弥生前期	氷II式・緒立式併行	甕	口縁	
591			15IZA	015 02	弥生前期	氷II式・緒立式併行	甕	口縁	

圧痕残存面	調査者	観察者	分類群	部位	分類群備考	所蔵者(土器)	報告書記載箇所あるいは注記番号	文献No.
外面	轟	百原・佐々木・那須・守屋	イネ	頴果			SI08-1	12-14
断面	轟	百原・佐々木・那須・守屋	イネ	頴果?			SI08-1	12-14
外面	轟	百原・佐々木・那須・守屋	イネ	頴果			SI08-3	12-14
内面	轟	百原・佐々木・那須・守屋	イネ	籾			SI12-3	12-14
断面	轟	百原・佐々木・那須・守屋	イネ	頴果			SI12-4	12-14
外面	轟	百原・佐々木・那須・守屋	イネ	頴果			SI12-14	12-14
断面	轟	百原・佐々木・那須・守屋	イネ	籾			SI12-22	12-14
外面	轟	百原・佐々木・那須・守屋	不明	果実			SI20-1	12-14
内面	轟	百原・佐々木・那須・守屋	不明	種皮か果皮			SI22-10	12-14
外面	轟	百原・佐々木・那須・守屋	不明	種実			SI22-12	12-14
内面	轟	百原・佐々木・那須・守屋	不明	種実			SI8 未掲載1	12-14
外面	轟	守屋	イネ	有ふ果			SI8 未掲載4	12-14
内面	轟	守屋	イネ	頴果			SI10 3区中層 未掲載1	12-14
内面	轟	守屋	イネ	有ふ果			SI10 4区ベルト一括 未掲載3	12-14
外面	轟	守屋	イネ	頴果			SI12 4区下層 未掲載1	12-14
外面	轟	守屋	イネ	有ふ果			SI12 4区下層 未掲載2	12-14
内面	轟	百原・佐々木・那須・守屋	キビ	頴果			A234-4	12-15
断面	轟	守屋	イネ	有ふ果			A249-4	12-15
内面	轟	守屋	イネ	有ふ果			A249-4	12-15
内面	轟	守屋	イネ	頴果			A234-1	12-15

圧痕残存面	調査者	観察者	分類群	部位	分類群備考	所蔵者(土器)	報告書記載箇所あるいは注記番号	文献No.
外面	遠藤	遠藤	アワ	有ふ果		青梅市郷土博物館	37図	13-6
外面	遠藤	遠藤	イネ	籾			36図6	13-6
内面	遠藤	遠藤	イネ	籾		青梅市郷土博物館	39図1	13-7
内面	遠藤	遠藤	アワ?	有ふ果			39図12	13-7
外面	遠藤	遠藤	アワ	有ふ果			72図16	13-7
外面	遠藤	遠藤	アワ	有ふ果			72図16	13-7
内面	遠藤	遠藤	アワ?	有ふ果			72図2	13-7

圧痕残存面	調査者	観察者	分類群	部位	分類群備考	所蔵者(土器)	報告書記載箇所あるいは注記番号	文献No.
外面	中沢	佐々木・那須・守屋	不明	種実?			J32	14-1
内面	中沢	百原・佐々木・那須・守屋	ダイズ属?	子葉?	へそ無し(ダイズ属子葉の可能性)		J112-105	14-1
外面	遠藤	遠藤	イネ	頴果		神奈川県埋蔵	20図20	14-2
断面	遠藤	遠藤	イネ	籾		文化財センター	14図25	14-2
底部外面	遠藤	遠藤	イネ	籾			43図15	14-2
断面	遠藤	遠藤	イネ	籾			45図43	14-2
外面	遠藤	遠藤	イネ	籾			263図5	14-2
外面	遠藤	遠藤	アワ	有ふ果			310図7	14-2
断面	遠藤	遠藤	イネ	籾			91図19	14-2
外面	遠藤	遠藤	イネ	籾			206図46	14-2
内面	遠藤	遠藤	イネ	籾			204図1	14-2
外面	遠藤	遠藤	イネ?	頴果?			128図6	14-2

圧痕残存面	調査者	観察者	分類群	部位	分類群備考	所蔵者(土器)	報告書記載箇所あるいは注記番号	文献No.
内面	中沢	百原・佐々木・那須・守屋	アワ	有ふ果	内頴側		図版7-5	15-1
外面	中沢	百原・佐々木・那須・守屋	キビ	有ふ果			図版28-328	15-1
底面	中沢	那須・佐々木・守屋	キビ	有ふ果	内頴側			15-1
底面	中沢	百原・佐々木・那須・守屋	アワ	有ふ果	内頴側			15-1
口縁端部	中沢	那須・佐々木・守屋	アワ	有ふ果	内頴側		図版13-86	15-1
内面	中沢	百原・佐々木・那須・守屋	アワ	有ふ果	内頴側		図版13-86	15-1

370　付表　植物種実圧痕の同定結果一覧

圧痕番号	遺跡名	遺跡所在地	資料番号			時期	土器型式	器種	部位	圧痕残存部位
592	（和泉Ａ遺跡）	（新潟県上越市）	15IZA	017	01	縄文晩期後葉	女鳥羽川式併行	甕	口縁	
593			15IZA	030	01	弥生前期	氷Ⅱ式・緒立式併行	壺	胴部	
594			15IZA	030	03	弥生前期	氷Ⅱ式・緒立式併行	壺	胴部	
595			15IZA	030	04	弥生前期	氷Ⅱ式・緒立式併行	壺	胴部	
596			15IZA	030	05	弥生前期	氷Ⅱ式・緒立式併行	壺	胴部	
597			15IZA	030	06	弥生前期	氷Ⅱ式・緒立式併行	壺	胴部	
598			15IZA	030	07	弥生前期	氷Ⅱ式・緒立式併行	壺	胴部	
599			15IZA	030	11	弥生前期	氷Ⅱ式・緒立式併行	壺	胴部	
600			15IZA	031	01	弥生前期	氷Ⅱ式・緒立式併行	壺	胴部	
601			15IZA	031	02	弥生前期	氷Ⅱ式・緒立式併行	壺	胴部	
602			15IZA	031	03	弥生前期	氷Ⅱ式・緒立式併行	壺	胴部	
603			15IZA	031	05	弥生前期	氷Ⅱ式・緒立式併行	壺	胴部	
604			15IZA	032	02	弥生前期	氷Ⅱ式・緒立式併行	壺	胴部	
605			15IZA	032	04	弥生前期	氷Ⅱ式・緒立式併行	壺	胴部	
606			15IZA	033	01	弥生前期	氷Ⅱ式・緒立式併行	壺	胴部	
607			15IZA	035	01	弥生前期	氷Ⅱ式・緒立式併行	壺	胴部	
608			15IZA	036	01	弥生前期	氷Ⅱ式・緒立式併行	壺	胴部	
609			15IZA	038	01	縄文晩期末	氷Ⅰ式新段階併行	甕	口縁部	
610			15IZA	038	03	縄文晩期末	氷Ⅰ式新段階併行	甕	口縁部	
611			15IZA	038	04	縄文晩期末	氷Ⅰ式新段階併行	甕	口縁部	
612			15IZA	039	01	縄文晩期後葉	氷Ⅰ式併行	甕	口縁部	
613			15IZA	039	02	縄文晩期後葉	氷Ⅰ式併行	甕	口縁部	
614			15IZA	039	03	縄文晩期後葉	氷Ⅰ式併行	甕	口縁部	
615			15IZA	040	02	縄文晩期後葉	氷Ⅰ式併行	甕	口縁部	
616			15IZA	041	01	縄文晩期末～弥生前期	氷Ⅰ式新～氷Ⅱ式併行	甕	口縁	
617			15IZA	042	01	不明	不明	甕か底部	底部	
618			15IZA	042	08	不明	不明	甕か底部	底部	
619			15IZA	049	01	弥生前期	氷Ⅱ式・緒立式併行	不明	胴部	
620			15IZA	050	01	縄文晩期末～弥生前期	氷Ⅰ式新～氷Ⅱ式併行	甕	胴部	
621			15IZA	053	01	弥生前期	氷Ⅱ式・緒立式併行	甕	胴部	
622			15IZA	057	01	縄文晩期後葉	離山式併行	甕	胴部	
623			15IZA	058	01	弥生前期	氷Ⅱ式・緒立式併行	甕	口縁	
624			15IZA	059	02	縄文晩期末～弥生前期	氷Ⅰ式新～氷Ⅱ式	甕	胴部	
625			15IZA	062	01	縄文晩期前半？		浅鉢	口縁	
626			15IZA	062	02	縄文晩期前半？		浅鉢	口縁	
627			15IZA	062	04	縄文晩期前半？		浅鉢	口縁	
628			15IZA	062	05	縄文晩期前半？		浅鉢	口縁	
629			15IZA	062	06	縄文晩期前半？		浅鉢	口縁	
630			15IZA	077	02	弥生前期	氷Ⅱ式・緒立式併行	甕	胴部	
631			15IZA	078	01	弥生前期	氷Ⅱ式・緒立式併行	壺？	胴部	
632			15IZA	081	01	弥生前期	氷Ⅱ式・緒立式併行	甕	胴部	
633			15IZA	081	02	弥生前期	氷Ⅱ式・緒立式併行	甕	胴部	
634			15IZA	081	03	弥生前期	氷Ⅱ式・緒立式併行	甕	胴部	
635			15IZA	087	07	弥生前期	氷Ⅱ式・緒立式併行	蓋	口縁部	
636			15IZA	087	09	弥生前期	氷Ⅱ式・緒立式併行	蓋	口縁部	
637			15IZA	087	10	弥生前期	氷Ⅱ式・緒立式併行	蓋	口縁部	
638			15IZA	092	01	弥生前期	氷Ⅱ式・緒立式併行	甕	口縁部	
639			15IZA	092	02	弥生前期	氷Ⅱ式・緒立式併行	甕	口縁部	
640			15IZA	092	03	弥生前期	氷Ⅱ式・緒立式併行	甕	口縁部	
641			15IZA	092	05	弥生前期	氷Ⅱ式・緒立式併行	甕	口縁部	
642			15IZA	092	08	弥生前期	氷Ⅱ式・緒立式併行	甕	口縁部	
643			15IZA	092	09	弥生前期	氷Ⅱ式・緒立式併行	甕	口縁部	
644			15IZA	092	11	弥生前期	氷Ⅱ式・緒立式併行	甕	口縁部	
645			15IZA	092	12	弥生前期	氷Ⅱ式・緒立式併行	甕	口縁部	
646			15IZA	092	14	弥生前期	氷Ⅱ式・緒立式併行	甕	口縁部	
647			15IZA	095	01	弥生前期	氷Ⅱ式・緒立式併行	甕	底部	
648			15IZA	095	03	弥生前期	氷Ⅱ式・緒立式併行	甕	底部	
649			15IZA	101	01	弥生前期	氷Ⅱ式・緒立式併行	甕	胴部	

圧痕残存面	調査者	観察者	分類群	部位	分類群備考	所蔵者(土器)	報告書記載箇所あるいは注記番号	文献 No.
内面	中沢	百原・佐々木・那須・守屋	ヤブジラミ属	果実	オヤブジラミ？		図版 12-69	15-1
外面	中沢	那須・佐々木・守屋	キビ	有ふ果	内頴側		図版 17-170	15-1
外面	中沢	那須・佐々木・守屋	キビ	頴果			図版 17-170	15-1
外面	中沢	百原・佐々木・那須・守屋	キビ	頴果			図版 17-170	15-1
外面	中沢	百原・佐々木・那須・守屋	ヒエ属	苞頴			図版 17-170	15-1
外面	中沢	百原・佐々木・那須・守屋	アワ	頴果			図版 17-170	15-1
内面	中沢	百原・佐々木・那須・守屋	アワ	有ふ果	未熟果内頴側		図版 17-170	15-1
内面	中沢	佐々木・那須・守屋	不明	種実			図版 17-170	15-1
外面	中沢	那須・佐々木・守屋	アワ	有ふ果	外頴側		30 と同一個体	15-1
外面	中沢	那須・佐々木・守屋	キビ	有ふ果	内頴側		30 と同一個体	15-1
外面	中沢	那須・佐々木・守屋	キビ	有ふ果	内頴側		30 と同一個体	15-1
内面	中沢	那須・佐々木・守屋	キビ	有ふ果	内頴側		30 と同一個体	15-1
外面	中沢	那須・佐々木・守屋	キビ	有ふ果	内頴側		30 と同一個体	15-1
外面	中沢	那須・佐々木・守屋	アワ	有ふ果	未熟果内頴側		30 と同一個体	15-1
内面	中沢	那須・佐々木・守屋	アワ	有ふ果	内頴側		30 と同一個体	15-1
内面	中沢	百原・佐々木・那須・守屋	キビ	有ふ果			30 と同一個体	15-1
内面	中沢	那須・佐々木・守屋	アワ	有ふ果	内頴側		30 と同一個体	15-1
外面	中沢	那須・佐々木・守屋	アワ	有ふ果	外頴側		図版 17-155	15-1
外面	中沢	那須・佐々木・守屋	アワ	有ふ果	基部側		図版 17-155	15-1
外面	中沢	百原・佐々木・那須・守屋	アワ？				図版 17-155	15-1
外面	中沢	佐々木・那須・守屋	アワ	有ふ果	内頴側？		図版 17-153	15-1
口縁端部	中沢	那須・佐々木・守屋	アワ	有ふ果	内頴側		図版 17-153	15-1
内面	中沢	那須・佐々木・守屋	アワ？				図版 17-153	15-1
内面	中沢	那須・佐々木・守屋	アワ	有ふ果	先端		図版 17-153 と同一？	15-1
外面	中沢	那須・佐々木・守屋	キビ	有ふ果	側面		図版 18-190	15-1
内面	中沢	那須・佐々木・守屋	アワ	有ふ果	内頴側		図版 18-194	15-1
外面	中沢	那須・佐々木・守屋	アワ？	有ふ果？				15-1
外面	中沢	佐々木・那須・守屋	アワ	有ふ果			図版 18-188	15-1
内面	中沢	那須・佐々木・守屋	アワ	有ふ果	内頴側		図版 18-187	15-1
内面	中沢	百原・佐々木・那須・守屋	不明	種実	形状はイネ頴果に似る		図版 17-169 同一	15-1
内面	中沢	佐々木・那須・守屋	不明	種実			図版 19-200	15-1
外面	中沢	那須・佐々木・守屋	ヌスビトハギ属	種子			図版 21-226	15-1
断面	中沢	那須・佐々木・守屋	不明	種実			図版 20-225	15-1
外面	中沢	百原・佐々木・那須・守屋	エゴマ	果実			図版 34-398	15-1
外面	中沢	百原・佐々木・那須・守屋	エゴマ	果実			図版 34-398	15-1
断面	中沢	那須・佐々木・守屋	エゴマ	果実			図版 34-398	15-1
内面	中沢	那須・佐々木・守屋	エゴマ	果実			図版 34-398	15-1
内面	中沢	那須・佐々木・守屋	エゴマ	果実			図版 34-398	15-1
外面	中沢	佐々木・那須・守屋	不明	種実				15-1
外面	中沢	佐々木・那須・守屋	キビ	有ふ果			図版 22-234	15-1
外面	中沢	那須・佐々木・守屋	アワ	有ふ果	外頴側		箱 19 未発表	15-1
外面	中沢	百原・佐々木・那須・守屋	アワ	有ふ果			箱 19 未発表	15-1
外面	中沢	百原・佐々木・那須・守屋	アワ	有ふ果				15-1
内面	中沢	佐々木・那須・守屋	キビ	有ふ果			図版 23-260	15-1
内面	中沢	那須・佐々木・守屋	キビ	有ふ果			図版 23-260	15-1
内面	中沢	百原・佐々木・那須・守屋	不明	種実			図版 23-260	15-1
外面	中沢	百原・佐々木・那須・守屋	キビ	有ふ果			図版 24-271	15-1
外面	中沢	百原・佐々木・那須・守屋	不明	種実			図版 24-271	15-1
外面	中沢	佐々木・那須・守屋	キビ	有ふ果			図版 24-271	15-1
外面	中沢	佐々木・那須・守屋	アワ	有ふ果			図版 24-271	15-1
内面	中沢	佐々木・那須・守屋	キビ	有ふ果			図版 24-271 と同一個体	15-1
内面	中沢	佐々木・那須・守屋	アワ	有ふ果			図版 24-271 と同一個体	15-1
外面	中沢	佐々木・那須・守屋	アワ	有ふ果			図版 24-271 と同一個体	15-1
内面	中沢	百原・佐々木・那須・守屋	不明	種実			図版 24-271 と同一個体	15-1
外面	中沢	佐々木・那須・守屋	キビ	有ふ果			図版 24-271 と同一個体	15-1
外面	中沢	百原・佐々木・那須・守屋	イネ？	頴果？			図版 30-348	15-1
外面	中沢	百原・佐々木・那須・守屋	イネ	頴果			図版 30-348	15-1
外面	中沢	佐々木・那須・守屋	キビ	有ふ果			図版 28-333 の同一個体	15-1

372　付表　植物種実圧痕の同定結果一覧

圧痕番号	遺跡名	遺跡所在地	資料番号			時期	土器型式	器種	部位	圧痕残存部位
650	（和泉A遺跡）	（新潟県上越市）	15IZA	102	02	弥生前期	氷II式・緒立式併行	壺？	胴部	
651			15IZA	103	03	弥生前期	氷II式・緒立式併行	甕	口縁部	
652			15IZA	105	05	弥生前期	氷II式・緒立式併行	甕	体部	
653			15IZA	105	06	弥生前期	氷II式・緒立式併行	甕	体部	
654			15IZA	105	08	弥生前期	氷II式・緒立式併行	甕	断面	
655			15IZA	106	01	弥生前期	氷II式・緒立式併行	甕	口縁部	
656			15IZA	106	02	弥生前期	氷II式・緒立式併行	甕	口縁部	
657			15IZA	107	01	弥生前期	氷II式・緒立式併行	甕	体部	
658			15IZA	109	01	弥生前期	氷II式・緒立式併行	壺	口縁部	
659			15IZA	109	02	弥生前期	氷II式・緒立式併行	壺	口縁部	
660			15IZA	109	04	弥生前期	氷II式・緒立式併行	壺	口縁部	
661			15IZA	110	01	弥生前期	氷II式・緒立式併行	壺	口縁部	
662			15IZA	111	01	弥生前期	氷II式・緒立式併行	甕	口縁部	
663			15IZA	111	02	弥生前期	氷II式・緒立式併行	甕	口縁部	
664			15IZA	111	03	弥生前期	氷II式・緒立式併行	甕	口縁部	
665			15IZA	111	04	弥生前期	氷II式・緒立式併行	甕	口縁部	
666			15IZA	113	01	弥生前期	氷II式・緒立式併行	壺？	口縁部	
667			15IZA	125	01	縄文晩期後葉？	鳥屋2a式？併行	甕	口縁部	
668			15IZA	129	01	弥生前期	氷II式・緒立式併行	壺	胴部	

石川県

圧痕番号	遺跡名	遺跡所在地	資料番号			時期	土器型式	器種	部位	圧痕残存部位
669	八日市地方遺跡	石川県小松市	17YKJ	06		弥生II期	櫛描文系、地方5期	甕	口縁部	口縁部
670			17YKJ	08	1	弥生II期	櫛描文系、地方5期	甕	胴部	胴部
671			17YKJ	10		弥生II期	条痕文系(沈線文系)、地方5期	甕	胴(底)部	胴(底)部
672			17YKJ	12	1	弥生II期	櫛描文系、地方5期	甕	胴部	胴部
673			17YKJ	20	1	弥生II期	櫛描文系、地方4期	壺	頸部	頸部
674			17YKJ	24	2	弥生II期	櫛描文系、地方4期	甕	胴部	胴部
675			17YKJ	25	2	弥生II期	櫛描文系、地方4期	甕	胴部	胴部
676			17YKJ	25	3	弥生II期	櫛描文系、地方4期	甕	胴部	胴部
677			17YKJ	28	1	弥生II期	櫛描文系、地方4期	甕	底部	底部
678			17YKJ	30	3	弥生II期	櫛描文系、地方4期	甕	胴部	胴部
679			17YKJ	40	2	弥生II期	櫛描文系、地方5期	甕	口縁部	口縁部
680			17YKJ	51		縄文晩期末葉	浮線網状文、地方1～2期	鉢	胴部上半	胴部上半
681			17YKJ	52	1	弥生II期	櫛描文系、地方5期	壺	底部	底部
682			17YKJ	52	2	弥生II期	櫛描文系、地方5期	壺	底部	底部
683			17YKJ	52	4	弥生II期	櫛描文系、地方5期	壺	底部	底部
684			17YKJ	53	2	弥生II期	櫛描文系、地方5期	壺	底部	底部
685			17YKJ	53	3	弥生II期	櫛描文系、地方5期	壺	底部	底部
686			17YKJ	54	1	弥生III期	櫛描文系、地方6～10期	壺	底部	底部
687			17YKJ	54	3	弥生III期	櫛描文系、地方6～10期	壺	底部	底部
688			17YKJ	54	4	弥生III期	櫛描文系、地方6～10期	壺	底部	底部

長野県

圧痕番号	遺跡名	遺跡所在地	資料番号			時期	土器型式	器種	部位	圧痕残存部位
689	下境沢遺跡	長野県塩尻市	20SSZ	004	03	弥生前期末～中期初頭	氷II式～庄ノ畑式	甕？	底部	
690			20SSZ	006	02	弥生前期末	氷II式	甕	口縁部	
691			20SSZ	013	01	弥生中期初頭	岩滑式	鉢	口縁部	
692			20SSZ	018	04	弥生前期末～中期初頭	氷II式～庄ノ畑式	甕	胴部	
693			20SSZ	018	05	弥生前期末～中期初頭	氷II式～庄ノ畑式	甕？	胴部	
694			20SSZ	018	06	弥生前期末～中期初頭	氷II式～庄ノ畑式	甕？	胴部	
695	四王前田遺跡	長野県諏訪郡下諏訪町	20SMD	003	01	弥生中期初頭	庄ノ畑式	甕	胴部	
696			20SMD	003	02	弥生中期初頭	庄ノ畑式	甕	胴部	
697			20SMD	004	01	弥生中期初頭	庄ノ畑式	壺	胴部	
698			20SMD	006	01	弥生中期初頭	庄ノ畑式	甕	胴部	
699			20SMD	010	03	弥生中期初頭	庄ノ畑式	甕	口縁部	
670			20SMD	012	01	弥生中期初頭	庄ノ畑式	壺	口縁部	

圧痕残存面	調査者	観察者	分類群	部位	分類群備考	所蔵者(土器)	報告書記載箇所あるいは注記番号	文献No.
外面	中沢	佐々木・那須・守屋	不明	種実			図版28-329	15-1
内面	中沢	佐々木・那須・守屋	アワ	有ふ果			図版28-332	15-1
内面	中沢	佐々木・那須・守屋	アワ	有ふ果			図版29-338	15-1
内面	中沢	佐々木・那須・守屋	アワ	有ふ果			図版29-338	15-1
断面	中沢	佐々木・那須・守屋	アワ	有ふ果			図版29-338	15-1
外面	中沢	百原・佐々木・那須・守屋	不明	種実			図版30-346	15-1
外面	中沢	百原・佐々木・那須・守屋	アワ	種実			図版30-346	15-1
外面	中沢	百原・佐々木・那須・守屋	不明	種実			図版29-339	15-1
外面	中沢	百原・佐々木・那須・守屋	アワ	有ふ果	未熟果		図版32-364	15-1
外面	中沢	百原・佐々木・那須・守屋	アワ	有ふ果	未熟果		図版32-364	15-1
断面	中沢	百原・佐々木・那須・守屋	アワ	有ふ果			図版32-364	15-1
断面	中沢	佐々木・那須・守屋	アワ	有ふ果			図版32-374	15-1
外面	中沢	佐々木・那須・守屋	アワ	有ふ果			図版31-356	15-1
内面	中沢	佐々木・那須・守屋	アワ	有ふ果			図版31-356	15-1
内面	中沢	佐々木・那須・守屋	アワ	有ふ果			図版31-356	15-1
断面	中沢	佐々木・那須・守屋	キビ	有ふ果			図版31-356	15-1
外面	中沢	佐々木・那須・守屋	アワ	有ふ果			図版31-362	15-1
内面	中沢	百原・佐々木・那須・守屋	イヌタデ	果実			図版37-448	15-1
外面	中沢	佐々木・那須・守屋	キビ	有ふ果			図版38-461	15-1

圧痕残存面	調査者	観察者	分類群	部位	分類群備考	所蔵者(土器)	報告書記載箇所あるいは注記番号	文献No.
内面	中山	中山	イネ	籾		小松市埋蔵文化財センター	33図244	17-1
外面	中山	中山	ササ属?	頴果			38図280	17-1
外面	中山	中山	不明種				34図247	17-1
内面	中山	中山	イネ	籾			32図233	17-1
外面	中山	中山	不明種				38図40	17-2
内面	中山	中山	イネ	籾			34図11	17-2
内面	中山	中山	イネ	胚乳			35図15	17-2
内面	中山	中山	イネ	籾			35図15	17-2
外面	中山	中山	イネ	籾			36図29	17-2
外面	中山	中山	イネ	籾			36図27	17-2
内面	中山	中山	不明種				38図278	17-1
断面	中山	中山	エゴマ	果実			64図494	17-1
外面	中山	中山	イネ	籾			84図641	17-1
外面	中山	中山	不明種				84図641	17-1
外面	中山	中山	イネ	籾			84図641	17-1
外面	中山	中山	イネ?	籾			84図640	17-1
外面	中山	中山	イネ?	籾			84図640	17-1
外面	中山	中山	イネ	籾			84図638	17-1
外面	中山	中山	イネ?	籾			84図638	17-1
外面	中山	中山	イネ?	胚乳			84図638	17-1

圧痕残存面	調査者	観察者	分類群	部位	分類群備考	所蔵者(土器)	報告書記載箇所あるいは注記番号	文献No.
底面	中沢	百原・佐々木・那須・守屋	エノコログサ属	有ふ果	未熟果		第8図11	20-5
内面	中沢	佐々木・那須・守屋	キビ	有ふ果			第8図18	20-5
内面	中沢	百原・佐々木・那須・守屋	イネ	頴果			第10図49	20-5
外面	中沢	百原・佐々木・那須・守屋	キビ	有ふ果			第11図75	20-5
外面	中沢	百原・佐々木・那須・守屋	キビ	有ふ果			第11図75	20-5
外面	中沢	百原・佐々木・那須・守屋	キビ	有ふ果			第11図75	20-5
外面	中沢	佐々木・那須・守屋	キビ?	有ふ果?			13号土坑土器	20-6
外面	中沢	佐々木・那須・守屋	不明	種実			13号土坑土器	20-6
内面	中沢	佐々木・那須・守屋	ダイズ属?	子葉?			14号土坑土器 図64-1	20-6
内面	中沢	佐々木・那須・守屋	不明	種実?			16号土坑土器 図66-17	20-6
内面	中沢	佐々木・那須・守屋	不明	種実			6号住居址土器	20-6
口縁端部	中沢	佐々木・那須・守屋	シソ属?	果実?			6号住居址土器	20-6

374 付表 植物種実圧痕の同定結果一覧

静岡県

圧痕番号	遺跡名	遺跡所在地	資料番号			時期	土器型式	器種	部位	圧痕残存部位
671	中見代Ⅰ遺跡	静岡県沼津市	22NKM	002	1	弥生Ⅴ期	雌鹿塚Ⅱ式	台付甕	口縁部	口縁部
672			22NKM	002	2	弥生Ⅴ期	雌鹿塚Ⅱ式	台付甕	口縁部	口縁部
673			22NKM	003		弥生Ⅴ期	雌鹿塚Ⅱ式	台付甕	胴下半部	胴部
674			22NKM	004		弥生Ⅴ期	雌鹿塚Ⅱ式	台付甕	胴上半部	胴部
675	雌鹿塚遺跡	静岡県沼津市	22MGT	13		弥生後期後半		台付甕	脚部	脚部
676	植出北Ⅱ遺跡	静岡県沼津市	22UED	002		弥生Ⅴ期~古墳初頭	雌鹿塚Ⅲ式~Ⅳ式	壺	胴部上半	胴部
677			22UED	004		弥生Ⅴ期	雌鹿塚Ⅱ式~Ⅲ式	台付甕	胴部上半	頸部
678			22UED	005		古墳初頭	大廓Ⅱ式~Ⅲ式	壺	胴部	胴部
679			22UED	006		古墳初頭	大廓Ⅱ式~Ⅲ式	台付甕	底部	底部
680			22UED	013	1	古墳初頭	雌鹿塚Ⅳ式	壺	胴部	肩部
681			22UED	013	2	古墳初頭	雌鹿塚Ⅳ式	壺	口縁部	口縁部
682			22UED	014	1	古墳初頭	雌鹿塚Ⅳ式	壺	胴下半部	底部
683			22UED	014	2	古墳初頭	雌鹿塚Ⅳ式	壺	胴下半部	底部
684	八兵衛洞遺跡	静岡県沼津市	22HAC	0002		古墳初頭	大廓Ⅰ式	壺	胴下半部	底部
685	尾上川橋西遺跡	静岡県沼津市	22ONU	002		古墳初頭	大廓Ⅲ式	小型壺	胴部	底部

愛知県

圧痕番号	遺跡名	遺跡所在地	資料番号			時期	土器型式	器種	部位	圧痕残存部位
686	朝日遺跡	愛知県清須市・名古屋市西区	23ASH	01		弥生Ⅴ期		壺	胴上半部	口縁部
687			23ASH	07		弥生Ⅰ期	貝殻山式	壺	胴部	胴部
688			23ASH	13		弥生Ⅰ期	西志賀式	蓋	蓋部	蓋部
689			23ASH	15		弥生Ⅰ期	西志賀式	鉢	口縁部	口縁部
690			23ASH	16		弥生Ⅰ期	金剛坂式	甕	胴上半部	胴部
691			23ASH	20	1	弥生Ⅰ期	貝殻山式	壺	胴部	底部
692			23ASH	20	2	弥生Ⅰ期	貝殻山式	壺	胴部	胴部
693			23ASH	20	3	弥生Ⅰ期	貝殻山式	壺	胴部	胴部
694			23ASH	21		弥生Ⅰ期	西志賀式	壺	肩部	胴部
695			23ASH	25		弥生Ⅰ期	西志賀式	深鉢(三ツ井型)	胴上半部	胴部
696			23ASH	28		弥生Ⅰ期	水神平式	壺	胴部	胴部
697			23ASH	31		弥生Ⅰ期	西志賀式	蓋	蓋部	蓋部
698			23ASH	34	1	弥生Ⅰ期	西志賀式	壺	胴部	胴部
699			23ASH	35		弥生Ⅰ期	西志賀式	壺	胴部	胴部
700			23ASH	36	1	弥生Ⅰ期	西志賀式	壺	胴部	胴部
701			23ASH	36	2	弥生Ⅰ期	西志賀式	壺	胴部	胴部
702			23ASH	37		弥生Ⅰ期	西志賀式	壺	胴下半部	胴部
703			23ASH	39		弥生Ⅰ期	西志賀式	甕	胴部	胴部
704			23ASH	41		弥生Ⅰ期	西志賀式	壺	胴部	胴部
705			23ASH	44		弥生Ⅰ期	水神平式	深鉢	胴上半部	胴部
706			23ASH	47		弥生Ⅱ期	岩滑式	壺	口縁部	口縁部
707			23ASH	52		弥生Ⅰ期	金剛坂式	壺	口縁部	頸部
708			23ASH	54		弥生Ⅱ期	朝日式	壺	胴部	胴部
709			23ASH	61		弥生Ⅲ期	貝田町式	甕	胴部	胴部

大阪府

圧痕番号	遺跡名	遺跡所在地	資料番号			時期	土器型式	器種	部位	圧痕残存部位
710	水走・鬼虎川遺跡	大阪府東大阪市	27MHK	009	01	縄文晩期後葉	長原式	舟形土器	完形	
711			27MHK	009	2a	縄文晩期後葉	長原式	舟形土器	完形	
712			27MHK	009	2b	縄文晩期後葉	長原式	舟形土器	完形	
713			27MHK	009	03	縄文晩期後葉	長原式	舟形土器	完形	
714			27MHK	009	04	縄文晩期後葉	長原式	舟形土器	完形	
715			27MHK	010	01	縄文晩期後葉	長原式	大型壺	胴部	
716			27MHK	014	01	縄文晩期後葉	長原式	甕	口縁部	
717			27MHK	015	01	縄文晩期後葉	長原式	甕?	胴部	
718			27MHK	015	02	縄文晩期後葉	長原式	甕?	胴部	
719			27MHK	019	01	縄文晩期後葉	長原式	大型壺	胴部	

圧痕残存面	調査者	観察者	分類群	部位	分類群備考	所蔵者（土器）	報告書記載箇所あるいは注記番号	文献 No.
内面	中山	中山	アワ	有ふ果		沼津市教育委員会		22-5
外面	中山	中山	アワ	有ふ果				22-5
内面	中山	中山	イネ	籾				22-5
内面	中山	中山	イネ	籾				22-5
外面	中山	中山	イネ			沼津市教育委員会		22-6
内面	中山	中山	不明種			沼津市教育委員会		22-7
内面	中山	中山	不明種					22-7
内面	中山	中山	アワ	有ふ果				22-7
内面	中山	中山	不明種					22-7
外面	中山	中山	カラスザンショウ	果実				22-7
内面	中山	中山	不明種					22-7
外面	中山	中山	不明種					22-7
外面	中山	中山	不明種					22-7
外面	中山	中山	アワ	有ふ果		沼津市教育委員会		22-8
外面	中山	中山	不明種			沼津市教育委員会		22-9

圧痕残存面	調査者	観察者	分類群	部位	分類群備考	所蔵者（土器）	報告書記載箇所あるいは注記番号	文献 No.
内面	中山	中山	アワ	有ふ果		愛知県埋蔵文化財	SB07 ベルト	23-1
外面	中山	中山	イネ	籾殻		センター	SK118	23-1
外面	中山	中山	イネ	籾			SD45	23-1
内面	中山	中山	不明種				SD45	23-1
内面	中山	中山	イネ	籾			SD45	23-1
内面	中山	中山	イネ	籾			96 検出ほか	23-1
外面	中山	中山	イネ	玄米			96 検出ほか	23-1
外面	中山	中山	不明種				95 SD101 下層	23-1
内面	中山	中山	不明種				95 SD101 下層	23-1
外面	中山	中山	貝殻条痕	二枚貝			95 SD101 貝層	23-1
外面	中山	中山	イネ	籾			96 SD101 3 層	23-1
外面	中山	中山	イネ	籾			96 SD101 3 層	23-1
断面	中山	中山	平織痕	繊維			96 SD101 3 層	23-1
外面	中山	中山	イヌタデ属	有ふ果			96 SD101 3 層	23-1
外面	中山	中山	イヌタデ属	有ふ果			96 SD101 3 層	23-1
内面	中山	中山	イネ	籾			96 SD101 3 層	23-1
外面	中山	中山	イネ	籾			96 SD101 3 層	23-1
外面	中山	中山	イネ	籾殻			96 SD101 2 層	23-1
内面	中山	中山	イネ	籾			96 SD101 2 層	23-1
内面	中山	中山	アワ	有ふ果			96 SD101 2 層	23-1
内面	中山	中山	不明種				96 SD101 1 層	23-1
外面	中山	中山	イネ	籾			96 SD101 1 層	23-1
内面	中山	中山	不明種				95 SD102 上層ほか	23-1

圧痕残存面	調査者	観察者	分類群	部位	分類群備考	所蔵者（土器）	報告書記載箇所あるいは注記番号	文献 No.
底面	中沢	佐々木・那須	キビ	有ふ果				27-2
内面	中沢	佐々木・那須	キビ	有ふ果				27-2
内面	中沢	佐々木・那須	キビ	有ふ果				27-2
	中沢	佐々木・那須	キビ	有ふ果				27-2
	中沢	佐々木・那須	キビ	有ふ果				27-2
断面	中沢	百原	キビ	有ふ果			8 次　29 次	27-2
外面	中沢	百原	イネ？	顆米？				27-2
内面	中沢	佐々木・那須	キビ	有ふ果				27-2
内面	中沢	佐々木・那須	キビ	有ふ果				27-2
外面	中沢	佐々木・那須	キビ	有ふ果				27-2

376 付表 植物種実圧痕の同定結果一覧

兵庫県

圧痕番号	遺跡名	遺跡所在地	資料番号			時期	土器型式	器種	部位	圧痕残存部位
720	丁・柳ヶ瀬遺跡	兵庫県姫路市	28YYS	001	01	晩期後半	前池式	深鉢	胴部	
721			28YYS	002	01	晩期後葉	長原併行	深鉢	胴部	

和歌山県

圧痕番号	遺跡名	遺跡所在地	資料番号		時期	土器型式	器種	部位	圧痕残存部位
722	徳蔵遺跡	和歌山県日高郡			弥生前期	遠賀川式(古〜中)	壺	ほぼ完形	底部
723		みなべ町			弥生前期	遠賀川式(古〜中)	壺	底部	底部
724					弥生前期	長原式併行期	甕	底部	底部
725					弥生前期	遠賀川式(古〜中)	甕	底部	底部
726	立野遺跡	和歌山県西牟婁			弥生前期	遠賀川式(古〜中)	壺	ほぼ完形	口縁部
727		すさみ町			弥生前期	遠賀川式(古〜中)	壺	口縁部	口縁部
728					弥生前期	長原式併行期	甕	口縁部	口縁部
729					弥生前期	長原式併行期	甕	口縁部	口縁部
730					弥生前期	長原式併行期	甕	口縁部	口縁部
731					弥生前期	長原式併行期	甕	口縁部	口縁部

香川県

圧痕番号	遺跡名	遺跡所在地	資料番号	時期	土器型式	器種	部位	圧痕残存部位
732	東中筋遺跡	香川県高松市		縄文晩期後半	沢田式	変容壺	胴部	胴部下半

福岡県

圧痕番号	遺跡名	遺跡所在地	資料番号			時期	土器型式	器種	部位	圧痕残存部位
733	橋本一丁田遺跡	福岡県福岡市	HMI	0001		弥生早期	宮地Ⅱa期	丹塗浅鉢		胴部
734			HMI	0003		弥生早期	宮地Ⅱa期	深鉢		口縁部
735			HMI	0005		弥生早期		深鉢		底部
736			HMI	0006		弥生早期	宮地Ⅱa期	浅鉢		底部
737			HMI	0008		弥生早期	宮地Ⅱa期	深鉢		底部
738			HMI	0011		弥生早期	宮地Ⅱa期	深鉢		口縁部
739			HMI	0014		弥生早期	宮地Ⅱa期	鉢		胴部
740			HMI	0015		弥生早期	宮地Ⅱa期	深鉢		口縁部
741			HMI	0016		弥生早期	宮地Ⅱa期	丹塗壺		胴部
742			HMI	0017		弥生早期	宮地Ⅱa期	深鉢		底部
743			HMI	0018		弥生早期	宮地Ⅱa期	壺		底部付近
744			HMI	0019		弥生早期	宮地Ⅱa期	深鉢		底部
745			HMI	0020		弥生早期	宮地Ⅱa期	脚付深鉢		底部
746			HMI	0023		弥生早期	宮地Ⅱa期	浅鉢		底部
747			HMI	0025		弥生早期	宮地Ⅱa期	深鉢		底部
748			HMI	0026	01	弥生早期	宮地Ⅱa期	深鉢		胴部
749			HMI	0026	02	弥生早期	宮地Ⅱa期	深鉢		胴部
750			HMI	0026	03	弥生早期	宮地Ⅱa期	深鉢		胴部
751			HMI	0027	01	弥生早期	宮地Ⅱa期	深鉢		口縁部
752			HMI	0027	02	弥生早期	宮地Ⅱa期	深鉢		口縁部
753			HMI	0027	03	弥生早期	宮地Ⅱa期	深鉢		口縁部
754			HMI	0027	04	弥生早期	宮地Ⅱa期	深鉢		胴部
755			HMI	0028		弥生早期	宮地Ⅱa期	深鉢		胴部
756			HMI	0029		弥生早期	宮地Ⅱa期	深鉢		胴部

佐賀県

圧痕番号	遺跡名	遺跡所在地	資料番号		時期	土器型式	器種	部位	圧痕残存部位
757	東名遺跡	佐賀佐賀市	HGM	3001	縄文早期	塞ノ神式	深鉢		胴
758			HGM	3003	縄文早期	塞ノ神式	深鉢		胴
759			HGM	3004	縄文早期	塞ノ神式	深鉢		胴
760			HGM	3006	縄文早期	塞ノ神式	深鉢		胴

圧痕残存面	調査者	観察者	分類群	部位	分類群備考	所蔵者（土器）	報告書記載箇所あるいは注記番号	文献 No.
内面	中沢	佐々木・那須	不明	種実			第 8 図 A151	28-2
内面	中沢	佐々木・那須	不明	種実？			第 8 図 A153	28-2

圧痕残存面	調査者	観察者	分類群	部位	分類群備考	所蔵者（土器）	報告書記載箇所あるいは注記番号	文献 No.
外面	中村豊	中村	イネ	籾		みなべ町教育委員会	第 28 図 379	30-1
断面	中村豊	中村	イネ	籾			第 31 図 219	30-1
内面	中村豊	中村	アワ				第 34 図 322	30-1
外面	中村豊	中村	イネ	籾			第 66 図 846	30-1
内面	中村豊	中村	イネ	籾		すさみ町教育委員会	第 13 図 35	30-2
外面	中村豊	中村	キビ				第 13 図 46	30-2
断面	中村豊	中村	イネ	籾	瀬戸内系の文様		第 18 図 96	30-2
外面	中村豊	中村	アワ				第 18 図 110	30-2
外面	中村豊	中村	キビ				第 18 図 120	30-2
外面	中村豊	中村	アワ		SK302 第 3 層		未掲載	30-2

圧痕残存面	調査者	観察者	分類群	部位	分類群備考	所蔵者（土器）	報告書記載箇所あるいは注記番号	文献 No.
外面	中村豊	中村	イネ	玄米		高松市教育委員会	第 10 図 25	37-1

圧痕残存面	調査者	観察者	分類群	部位	分類群備考	所蔵者（土器）	報告書記載箇所あるいは注記番号	文献 No.
内面	小畑	小畑・真邉	イネ			福岡市埋蔵文化財センター	582 集図 50-245	40-1
外面	小畑	小畑・真邉	アワ				582 集図 48-190	40-1
外面	小畑	小畑・真邉	イネ他				582 集図 52-292	40-1
外面	小畑	小畑・真邉		籾（部分）			582 集図 53-325	40-1
外面	小畑	小畑・真邉	エゴマ？				582 集図 52-309	40-1
内面	小畑	小畑・真邉	イネ				582 集図 45-145	40-1
外面	小畑	小畑・真邉	イネ				582 集図 42-57	40-1
外面	小畑	小畑・真邉	イネ		小穂軸あり		582 集図 45-146	40-1
内面	小畑	小畑・真邉	イネ				582 集図 49-291	40-1
外面	小畑	小畑・真邉	イネその他				582 集図 43-90	40-1
外面	小畑	小畑・真邉	アワ				582 集図 62-576	40-1
外面	小畑	小畑・真邉	イネ科雑草				582 集図 52-285	40-1
外面	小畑	小畑・真邉	エノコログサ				582 集図 52-299	40-1
外面	小畑	小畑・真邉	イネ				816 集図 71-544	40-1
外面	小畑	小畑・真邉	イネ				816 集図 71-538	40-1
内面	小畑	小畑・真邉	イネ				816 集図 63-453	40-1
内面	小畑	小畑・真邉	イネ					40-1
内面	小畑	小畑・真邉	イネ					40-1
外面	小畑	小畑・真邉	アワ				816 集図 61-441	40-1
外面	小畑	小畑・真邉	アワ					40-1
突帯下	小畑	小畑・真邉	アワ					40-1
内面	小畑	小畑・真邉	アワ					40-1
外面	小畑	小畑・真邉	イネ				816 集図 67-468	40-1
外面	小畑	小畑・真邉	キビ？				816 集図 67-507	40-1

圧痕残存面	調査者	観察者	分類群	部位	分類群備考	所蔵者（土器）	報告書記載箇所あるいは注記番号	文献 No.
外	小畑	小畑・片山	不明	種子		佐賀市教育委員会		41-1
内	小畑	小畑・片山	堅果類	子葉				41-1
内	小畑	小畑・片山	不明	種子				41-1
内	小畑	小畑・片山	不明	種子	ホルトノキ似			41-1

378　付表　植物種実圧痕の同定結果一覧

圧痕番号	遺跡名	遺跡所在地	資料番号			時期	土器型式	器種	部位	圧痕残存部位
761	(東名遺跡)	(佐賀佐賀市)	HGM	3007		縄文早期	押型文	深鉢		胴
762			HGM	3010		縄文早期	塞ノ神式	深鉢		胴
763			HGM	3011		縄文早期	塞ノ神式	深鉢		胴
764			HGM	3015		縄文早期	塞ノ神式	深鉢		胴
765			HGM	3017		縄文早期	塞ノ神式	深鉢		胴
766			HGM	3023		縄文早期	塞ノ神式	深鉢		胴
767			HGM	3024		縄文早期	塞ノ神式	深鉢		胴
768			HGM	3027		縄文早期	塞ノ神式	深鉢		胴
769			HGM	3029		縄文早期	塞ノ神式	深鉢		胴

大分県

圧痕番号	遺跡名	遺跡所在地	資料番号			時期	土器型式	器種	部位	圧痕残存部位
770	上菅生B遺跡	大分県竹田市	KSB	1002		縄文晩期	黒川式古？	深鉢		口縁部
771			KSB	1003		縄文晩期	黒川式に近い無刻目突帯	深鉢		口縁部

鹿児島県

圧痕番号	遺跡名	遺跡所在地	資料番号			時期	土器型式	器種	部位	圧痕残存部位
772	稲荷迫遺跡	鹿児島県志	INZ	0001		縄文後期	丸尾式	深鉢		口縁部
773		志布志市	INZ	0002		縄文後期終末～晩期前半	入佐式新段階～黒川式	深鉢		口縁部
774			INZ	0004		弥生早期	夜臼式(丹塗り)	壺		頸部

大韓民国

圧痕番号	遺跡名	遺跡所在地	資料番号			時期	土器型式	器種	部位	圧痕残存部位
775	内洞貝塚	大韓民国全羅南道	K14NDS	1039	01	青銅器時代後期	二重口縁土器	深鉢	口縁部	口縁部
776	五福1貝塚	大韓民国全羅南道	K14OBS	244	01	青銅器時代後期	二重口縁土器	深鉢	口縁部	口縁部
777			K14OBS	244	02	青銅器時代後期	二重口縁土器	深鉢	口縁部	口縁部
778			K14OBS	257	01	青銅器時代後期	二重口縁土器	深鉢	口縁部	口縁部
779			K14OBS	257	03	青銅器時代後期	二重口縁土器	深鉢	口縁部	口縁部
780			K14OBS	555	01	青銅器時代後期	二重口縁土器	深鉢	口縁部	口縁部

中華人民共和国

圧痕番号	遺跡名	遺跡所在地	資料番号			時期	土器型式	器種	部位	圧痕残存部位
781	上馬石遺跡	中国	SMS	0001	02	青銅器時代	小珠山上層	壺		胴
782			SMS	0002		青銅器時代	小珠山上層	浅鉢		胴
783			SMS	0005	01	青銅器時代	小珠山上層	壺		胴
784			SMS	0006		青銅器時代	小珠山上層	壺		胴
785			SMS	0011	01	青銅器時代	小珠山上層	台付浅鉢？		胴
786			SMS	0011	02	青銅器時代	小珠山上層	台付浅鉢？		胴
787			SMS	0012		青銅器時代	小珠山上層	甕？		底
788			SMS	0014		青銅器時代	小珠山上層	壺		口縁
789			SMS	0015	01	青銅器時代	小珠山上層	壺		口縁
790			SMS	0015	02	青銅器時代	小珠山上層	壺		口縁
791			SMS	0019		青銅器時代	小珠山上層	壺		胴
792			SMS	0020		青銅器時代	小珠山上層	壺		胴
793			SMS	0021		青銅器時代	小珠山上層	壺		口縁
794			SMS	0022		青銅器時代	小珠山上層	壺		胴
795			SMS	0023		青銅器時代	小珠山上層	壺		胴
796			SMS	0027	01	青銅器時代	小珠山上層	不明(壺？)		底
797			SMS	0027	02	青銅器時代	小珠山上層	不明(壺？)		底
798			SMS	0027	07	青銅器時代	小珠山上層	不明(壺？)		底
799			SMS	0031	02	青銅器時代	小珠山上層	壺		胴
800			SMS	0038	01	青銅器時代	小珠山上層	壺		胴
801			SMS	0038	02	青銅器時代	小珠山上層	壺		胴
802			SMS	0038	03	青銅器時代	小珠山上層	壺		胴

圧痕残存面	調査者	観察者	分類群	部位	分類群備考	所蔵者	報告書記載箇所あるいは注記番号	文献No.
外	小畑	小畑・片山	堅果類	果皮	カヤ?	(佐賀市教育委員会)		41-1
外	小畑	小畑・片山	不明	種子	虫?			41-1
外	小畑	小畑・片山	ホルトノキ?					41-1
外	小畑	小畑・片山	堅果類?	子葉片?				41-1
内	小畑	小畑・片山	堅果類	子葉				41-1
内	小畑	小畑・片山	堅果類?	子葉?				41-1
内	小畑	小畑・片山	堅果類	子葉				41-1
内	小畑	小畑・片山	堅果類	果皮				41-1
外	小畑	小畑・片山	不明	種子				41-1

圧痕残存面	調査者	観察者	分類群	部位	分類群備考	所蔵者(土器)	報告書記載箇所あるいは注記番号	文献No.
外面	小畑	小畑	ユナラ			竹田市教育委員会		44-1
外面	小畑	小畑	カジノキ					44-1

圧痕残存面	調査者	観察者	分類群	部位	分類群備考	所蔵者(土器)	報告書記載箇所あるいは注記番号	文献No.
内面	小畑	小畑	クリガシ属	殻斗		鹿児島県立埋蔵	報告図74-140	46-2
外面	小畑	小畑	タデ科?	種子		文化財センター?	報告図81-195	46-2
外面	小畑	小畑	アワ	有ふ果			報告図102-387	46-2

圧痕残存面	調査者	観察者	分類群	部位	分類群備考	所蔵者(土器)	報告書記載箇所あるいは注記番号	文献No.
内面	庄田	百原・佐々木・那須・守屋	アワ	有ふ果				K14-1
内面	庄田	百原・佐々木・那須・守屋	アワ?	有ふ果?	未確定			K14-1
内面	庄田	百原・佐々木・那須・守屋	アワ	有ふ果				K14-1
内面	庄田	百原・佐々木・那須・守屋	アワ	有ふ果				K14-1
内面	庄田	百原・佐々木・那須・守屋	アワ	有ふ果				K14-1

圧痕残存面	調査者	観察者	分類群	部位	分類群備考	所蔵者(土器)	報告書記載箇所あるいは注記番号	文献No.
内	小畑	小畑・原	アワ	有ふ果	外頴側	九州大学考古学	図146-1	C21-1
内	小畑	小畑・原	エノコロ	有ふ果	外頴側	研究室	図146-2	C21-1
外	小畑	小畑・原	アワ	有ふ果	内頴側		図146-3	C21-1
外	小畑	小畑・原	アワ	有ふ果	外頴側		図146-4	C21-1
内	小畑	小畑・原	アワ	有ふ果	内頴側		図146-5	C21-1
内	小畑	小畑・原	キビ	有ふ果	内頴側		図146-6	C21-1
外	小畑	小畑・原	アワ	有ふ果	外頴側		図146-7	C21-1
内	小畑	小畑・原	アワ	頴果	腹面側		図147-8	C21-1
外	小畑	小畑・原	アワ	有ふ果	内頴側、穂軸一部残る		図147-9	C21-1
内	小畑	小畑・原	アワ	有ふ果	内頴側、穂軸一部残る		図147-10	C21-1
外	小畑	小畑・原	キビ	有ふ果	外頴側		図147-11	C21-1
外	小畑	小畑・原	アワ	有ふ果	内頴側、穂軸一部残る		図147-12	C21-1
外	小畑	小畑・原	エノコロ	有ふ果	外頴側、穂軸一部残る		図147-13	C21-1
内	小畑	小畑・原	キビ	有ふ果	外頴側		図147-14	C21-1
内	小畑	小畑・原	アワ	有ふ果	内面側		図148-15	C21-1
外	小畑	小畑・原	アワ(エノコロ)	有ふ果	内頴側		図148-16	C21-1
外	小畑	小畑・原	キビ	有ふ果	外頴側		図148-17	C21-1
外	小畑	小畑・原	アワ	有ふ果	外頴側		図148-18	C21-1
外	小畑	小畑・原	アワ	有ふ果	外頴側、穂軸一部残る		図148-19	C21-1
内	小畑	小畑・原	アワ	頴果	腹面側		図148-20	C21-1
内	小畑	小畑・原	アワ	有ふ果	内頴側		図148-21	C21-1
内	小畑	小畑・原	アワ	頴果	腹面側		図149-22	C21-1

380　付表　植物種実圧痕の同定結果一覧

圧痕番号	遺跡名	遺跡所在地	資料番号			時期	土器型式	器種	部位	圧痕残存部位
803	（上馬石遺跡）	（中国）	SMS	0039		青銅器時代	小珠山上層	壺		胴
804			SMS	0040		青銅器時代	小珠山上層	脚付浅鉢		胴
805			SMS	0041		青銅器時代	小珠山上層	壺		胴
806			SMS	0042		青銅器時代	小珠山上層	壺		胴
807			SMS	0043		青銅器時代	小珠山上層	壺		胴
808			SMS	0049		青銅器時代	小珠山上層	壺		口縁
809			SMS	0050		青銅器時代	小珠山上層	壺		胴
810			SMS	0051		青銅器時代	小珠山上層	壺		胴
811			SMS	0052		青銅器時代	小珠山上層	壺		口縁
812			SMS	0055		青銅器時代	小珠山上層	壺		底
813			SMS	0056		青銅器時代	小珠山上層	脚付浅鉢		底
814			SMS	0057		青銅器時代	小珠山上層	壺		胴
815			SMS	0058		青銅器時代	小珠山上層	壺		胴
816			SMS	0062		青銅器時代	小珠山上層	壺		胴
817			SMS	0063		青銅器時代	小珠山上層	壺		胴
818			SMS	0064		青銅器時代	小珠山上層	壺		胴
819			SMS	0065		青銅器時代	小珠山上層	壺		胴
820			SMS	0066		青銅器時代	小珠山上層	壺		胴
821			SMS	0070		青銅器時代	小珠山上層	豆		底
822			SMS	0071	01	青銅器時代	小珠山上層	豆		胴
823			SMS	0071	03	青銅器時代	小珠山上層	豆		胴
824			SMS	0071	05	青銅器時代	小珠山上層	豆		脚
825			SMS	0026		新石器時代	双砣子1期	壺		口縁
826			SMS	0074		新石器時代	双砣子1期	壺(大)		口縁
827			SMS	0029	01	新石器時代	偏堡類型	壺		胴
828			SMS	0033	01	青銅器時代	双砣子3期～上馬石A区下層	壺(小)		口縁
829			SMS	0033	02	青銅器時代	双砣子3期～上馬石A区下層	壺(小)		口縁
830			SMS	0033	03	青銅器時代	双砣子3期～上馬石A区下層	壺(小)		口縁
831			SMS	0008	01	青銅器時代	上馬石A区下層	鉢		把手
832			SMS	0034		青銅器時代	上馬石A区下層	壺		口縁
833			SMS	0035		青銅器時代	上馬石A区下層	壺		肩
834			SMS	0036		青銅器時代	上馬石A区下層	壺		肩
835			SMS	0037		青銅器時代	上馬石A区下層	鉢		口縁
836			SMS	0046		青銅器時代	上馬石A区下層	壺		口縁
837			SMS	0053	01	青銅器時代	双砣子3期～上馬石上層	鼎		脚
838			SMS	0047		青銅器時代	上馬石A区上層	壺(?)		底
839			SMS	0048		青銅器時代	上馬石A区上層	壺		口縁
840			SMS	0013		青銅器時代	上馬石BⅡ区	甕?		底
841			SMS	0017		青銅器時代	上馬石BⅡ区	鉢		胴
842			SMS	0018		青銅器時代	上馬石BⅡ区	鼎		脚
843			SMS	0024		青銅器時代	上馬石BⅡ区	壺		口縁
844			SMS	0028		青銅器時代	上馬石BⅡ区	壺		胴
845			SMS	0054		青銅器時代	上馬石BⅡ区	壺		口縁
846			SMS	0068		青銅器時代	上馬石BⅡ区	壺		底
847			SMS	0069		青銅器時代	上馬石BⅡ区	壺		底
848			SMS	0072	01	青銅器時代	上馬石BⅡ区	壺		胴
849			SMS	0072	02	青銅器時代	上馬石BⅡ区	壺		胴
850			SMS	0004		不明	不明	不明		底
851			SMS	0010		不明	不明	不明		胴
852			SMS	0016		不明	不明	加工円盤		胴
853			SMS	0032	03	不明	不明	壺		底
854			SMS	0045	01	不明	不明	甕?		底
855			SMS	0045	02	不明	不明	甕?		底
856			SMS	0045	03	不明	不明	甕?		底
857			SMS	0060	01	不明	不明	壺?		胴
858			SMS	0060	02	不明	不明	壺?		胴
859			SMS	0061	01	不明	不明	壺?		胴
860			SMS	0061	02	不明	不明	壺?		胴

圧痕残存面	調査者	観察者	分類群	部位	分類群備考	所蔵者(土器)	報告書記載箇所あるいは注記番号	文献No.
外	小畑	小畑・原	アワ	有ふ果	外頴側、穂軸一部残る	(九州大学考古学研究室)	図149-23	C21-1
内	小畑	小畑・原	アワ(エノコロ)	有ふ果	内頴側、しいな		図149-24	C21-1
外	小畑	小畑・原	アワ	有ふ果	内頴のみ残存		図149-25	C21-1
内	小畑	小畑・原	アワ	頴果	背面		図149-26	C21-1
外	小畑	小畑・原	アワ	頴果	腹面側		図149-27	C21-1
外	小畑	小畑・原	キビ	有ふ果	内頴側		図149-28	C21-1
外	小畑	小畑・原	キビ	有ふ果	内頴側		図151-29	C21-1
内	小畑	小畑・原	アワ	頴果	背面側		図151-30	C21-1
外	小畑	小畑・原	アワ	有ふ果	外頴側		図151-31	C21-1
外	小畑	小畑・原	キビ	有ふ果	内頴側		図151-32	C21-1
内	小畑	小畑・原	アワ	有ふ果	外頴側(発泡状態?)		図151-33	C21-1
外	小畑	小畑・原	アワ	有ふ果	側面		図151-34	C21-1
外	小畑	小畑・原	アワ	有ふ果	外頴側、穂軸一部残る		図151-35	C21-1
内	小畑	小畑・原	アワ	有ふ果	頭部側		図152-36	C21-1
内	小畑	小畑・原	アワ	頴果?			図152-37	C21-1
内	小畑	小畑・原	アワ	有ふ果	内頴側		図152-38	C21-1
内	小畑	小畑・原	キビ	有ふ果	外頴側		図152-39	C21-1
外	小畑	小畑・原	不明	種子			図152-40	C21-1
外	小畑	小畑・原	アワ	有ふ果	外頴側		図152-41	C21-1
内	小畑	小畑・原	アワ	有ふ果	外頴側、穂軸一部残る		図152-42	C21-1
外	小畑	小畑・原	キビ	有ふ果	内頴側		図153-43	C21-1
外	小畑	小畑・原	アワ	有ふ果	外頴側		図153-44	C21-1
内	小畑	小畑・原	ウリ科	種子	側面		図153-45	C21-1
内	小畑	小畑・原	キビ	有ふ果	外頴側		図153-46	C21-1
外	小畑	小畑・原	アワ	有ふ果	外頴側		図153-47	C21-1
外	小畑	小畑・原	アワ	頴果	背面側		図153-48	C21-1
外	小畑	小畑・原	ダイズ属	種子	側面		図153-49	C21-1
内	小畑	小畑・原	キビ	頴果	腹面側		図154-50	C21-1
外	小畑	小畑・原	アワ	有ふ果	外頴側		図154-51	C21-1
断	小畑	小畑・原	キビ	有ふ果	側面		図154-52	C21-1
断	小畑	小畑・原	キビ	有ふ果	基部側		図154-53	C21-1
断	小畑	小畑・原	アワ	頴果	頭部側		図154-54	C21-1
外	小畑	小畑・原	アワ(エノコロ)		側面向		図154-55	C21-1
内	小畑	小畑・原	アズキ	種子	側面		図154-56	C21-1
断	小畑	小畑・原	アワ	有ふ果	内頴側		図155-57	C21-1
内	小畑	小畑・原	イネ	果実	頭部側		図155-58	C21-1
外	小畑	小畑・原	アワ	頴果	腹面		図155-59	C21-1
外	小畑	小畑・原	アワ	有ふ果	外頴側		図155-60	C21-1
内	小畑	小畑・原	キビ	有ふ果	外頴側		図155-61	C21-1
外	小畑	小畑・原	アワ	有ふ果	外頴側		図155-62	C21-1
外	小畑	小畑・原	アワ	有ふ果	基部側		図155-63	C21-1
外	小畑	小畑・原	キビ	有ふ果	側面側		図156-64	C21-1
外	小畑	小畑・原	アワ	有ふ果	外頴側		図156-65	C21-1
底部付近外面	小畑	小畑・原	キビ	有ふ果	内頴側		図156-66	C21-1
内	小畑	小畑・原	アワ(エノコロ)	有ふ果	内頴側		図156-67	C21-1
外	小畑	小畑・原	アワ	有ふ果	外頴側		図156-68	C21-1
外	小畑	小畑・原	キビ	有ふ果	内頴側		図156-69	C21-1
内	小畑	小畑・原	キビ	頴果	背面		図156-70	C21-1
内	小畑	小畑・原	アワ	有ふ果	外頴側(発泡状態?)		図157-71	C21-1
外	小畑	小畑・原	アワ	有ふ果	外頴側、穂軸一部残る		図157-72	C21-1
外	小畑	小畑・原	キビ	有ふ果	外頴側		図157-73	C21-1
外	小畑	小畑・原	アワ	有ふ果	内頴側		図157-74	C21-1
外	小畑	小畑・原	アワ	有ふ果	内頴側		図157-75	C21-1
外	小畑	小畑・原	アワ	有ふ果	側面		図157-76	C21-1
外	小畑	小畑・原	エノコロ	有ふ果	外頴側		図157-77	C21-1
外	小畑	小畑・原	アワ	有ふ果	外頴側		図158-78	C21-1
外	小畑	小畑・原	キビ	有ふ果	外頴側		図158-79	C21-1
外	小畑	小畑・原	キビ	有ふ果	外頴側		図158-80	C21-1

382　付表　植物種実圧痕の同定結果一覧

ロシア連邦共和国

圧痕番号	遺跡名	遺跡所在地	資料番号			時期	土器型式	器種	部位	圧痕残存部位
861	Zhertyj Yar 遺跡	ロシア連邦	R02ZhY	001	01	初期鉄器時代	ポリツェ	深鉢か甕	破片	底部外面
862		ユダヤ自治州	R02ZhY	001	02	初期鉄器時代	ポリツェ	深鉢か甕	破片	底部外面
863		ジョルトゥイヤル村	R02ZhY	002	01	初期鉄器時代	ポリツェ	深鉢か甕	破片	胴部
864			R02ZhY	003	01	初期鉄器時代	ポリツェ	深鉢	完形	底部外面
865			R02ZhY	003	02	初期鉄器時代	ポリツェ	深鉢	完形	底部外面
866			R02ZhY	003	03	初期鉄器時代	ポリツェ	深鉢	完形	胴部
867			R02ZhY	003	04	初期鉄器時代	ポリツェ	深鉢	完形	胴部
868			R02ZhY	004	01	初期鉄器時代	ポリツェ？	壺		胴部
869			R02ZhY	006	01	初期鉄器時代	ポリツェ	深鉢or壺？	破片	胴部
870			R02ZhY	007	01	初期鉄器時代	ポリツェ	深鉢	器形復元可	胴部
871			R02ZhY	008	01	初期鉄器時代	ポリツェ	深鉢？	破片	胴部
872			R02ZhY	009	01	初期鉄器時代	ポリツェ	深鉢？	破片	胴部
873			R02ZhY	011	01	初期鉄器時代	ポリツェ	壺	器形復元可	胴部
874			R02ZhY	012	01	初期鉄器時代	ポリツェ	壺	破片	胴部
875			R02ZhY	012	03	初期鉄器時代	ポリツェ	壺	破片	胴部
876			R02ZhY	013	01	初期鉄器時代	ポリツェ	深鉢？	破片	胴部
877			R02ZhY	014	01	初期鉄器時代	ポリツェ	皿	破片	胴部
878			R02ZhY	015	01	初期鉄器時代	ポリツェ	壺か深鉢	破片	胴部
879			R02ZhY	016	01	初期鉄器時代	ポリツェ	深鉢？	破片	胴部
880			R02ZhY	017	01	初期鉄器時代	？	深鉢？	破片	胴部
881			R02ZhY	018	01	初期鉄器時代	ポリツェ	深鉢	破片	胴部
882			R02ZhY	019	01	初期鉄器時代	ポリツェ	深鉢？	破片	胴部
883			R02ZhY	020	01	初期鉄器時代	ポリツェ	深鉢	破片	胴部
884			R02ZhY	021	02	初期鉄器時代	ポリツェ	深鉢？	破片	底部外面
885			R02ZhY	022	01	初期鉄器時代	ポリツェ	壺		口縁部
886			R02ZhY	023	01	初期鉄器時代	ポリツェ	深鉢		胴部
887			R02ZhY	024	01	初期鉄器時代	ポリツェ	深鉢？		胴部
888			R02ZhY	025	01	初期鉄器時代	ポリツェ	壺？		口縁部
889			R02ZhY	026	01	初期鉄器時代	？	深鉢か壺		胴部
890			R02ZhY	027	01	初期鉄器時代	ポリツェ	深鉢？		底部外面
891			R02ZhY	027	02	初期鉄器時代	ポリツェ	深鉢？		底部外面
892			R02ZhY	027	03	初期鉄器時代	ポリツェ	深鉢？	破片	底部外面
893	Malmyzh-1 遺跡	ロシア連邦ハバ	R02MM1	002	01	初期鉄器時代	？	深鉢？	破片	胴部
894		ロフスク地方ナ	R02MM1	003	01	初期鉄器時代	？	深鉢？	破片	胴部
895		ナイスキー地区	R02MM1	004	01	初期鉄器時代	？	深鉢？	破片	胴部
896		マルムジ村	R02MM1	005	01	初期鉄器時代	？	深鉢	破片	胴部
897			R02MM1	007	01	初期鉄器時代	？	深鉢	破片	胴部内面
898			R02MM1	009	01	初期鉄器時代	？	深鉢	破片	胴部内面
899			R02MM1	012	01	初期鉄器時代	ウリル？	深鉢	破片	底部外面
900			R02MM1	013	01	初期鉄器時代	ウリル？	深鉢	破片	口縁部
901			R02MM1	018	01	初期鉄器時代	？	深鉢	破片	胴部
902			R02MM1	021	01	初期鉄器時代	ポリツェ	深鉢？	破片	胴部

圧痕残存面	調査者	観察者	分類群	部位	分類群備考	所蔵者（土器）	報告書記載箇所あるいは注記番号	文献No.
底部外面	遠藤	百原・佐々木・那須・守屋	アワ	有ふ果		ハバロフスク地方	XKM-HB-12223-90-382	R02-1
底部外面	遠藤	百原・佐々木・那須・守屋	アワ	有ふ果		郷土誌博物館	XKM-HB-12223-90-382	R02-1
外面	遠藤	百原・佐々木・那須・守屋	アワ	有ふ果	破け		XKM-HB-12223-76	R02-1
底部外面	遠藤	百原・佐々木・那須・守屋	アワ	有ふ果			XKM-HB-12981	R02-1
底部外面	遠藤	百原・佐々木・那須・守屋	アワ	有ふ果			XKM-HB-12981	R02-1
外面	遠藤	百原・佐々木・那須・守屋	アワ	有ふ果			XKM-HB-12981	R02-1
外面	遠藤	百原・佐々木・那須・守屋	キビ	有ふ果			XKM-HB-12981	R02-1
外面	遠藤	百原・佐々木・那須・守屋	キビ	有ふ果			XKM-HB-12223-117	R02-1
外面	遠藤	百原・佐々木・那須・守屋	アワ	有ふ果			XKM-HB-12223-63	R02-1
内面	遠藤	百原・佐々木・那須・守屋	アワ	有ふ果			XKM-HB-12223-368	R02-1
内面	遠藤	百原・佐々木・那須・守屋	アワ	有ふ果			XKM-HB-12223-667	R02-1
外面	遠藤	百原・佐々木・那須・守屋	アワ	有ふ果			XKM-HB-12223-56	R02-1
外面	遠藤	百原・佐々木・那須・守屋	アワ	有ふ果			XKM-HB-12223-600	R02-1
外面	遠藤	百原・佐々木・那須・守屋	アワ	有ふ果			XKM-HB-12223-589	R02-1
外面	遠藤	百原・佐々木・那須・守屋	アワ	有ふ果			XKM-HB-12223-589	R02-1
内面	遠藤	百原・佐々木・那須・守屋	アワ	有ふ果			XKM-HB-12223-315-664	R02-1
内面	遠藤	百原・佐々木・那須・守屋	イヌタデ属	果実			XKM-HB-12223-321-908	R02-1
外面	遠藤	百原・佐々木・那須・守屋	アワ	有ふ果			XKM-HB-12223-754	R02-1
外面	遠藤	百原・佐々木・那須・守屋	アワ	有ふ果			XKM-HB-12223-696	R02-1
外面	遠藤	百原・佐々木・那須・守屋	キビ	有ふ果			XKM-HB-12223-533	R02-1
外面	遠藤	百原・佐々木・那須・守屋	アワ	有ふ果			XKM-HB-12223-133-486	R02-1
内面	遠藤	百原・佐々木・那須・守屋	アワ	有ふ果			XKM-HB-12223-196-419	R02-1
内面	遠藤	百原・佐々木・那須・守屋	不明	種実			XKM-HB-12223-214-428	R02-1
底部外面	遠藤	百原・佐々木・那須・守屋	アワ	有ふ果			XKM-HB-12223-211	R02-1
断面	遠藤	百原・佐々木・那須・守屋	キビ	有ふ果			XKM-HB-12223-269-613	R02-1
外面	遠藤	百原・佐々木・那須・守屋	アワ	有ふ果			XKM-HB-12223-296-691	R02-1
外面	遠藤	百原・佐々木・那須・守屋	キビ連	頴果			XKM-HB-12223-831	R02-1
外面	遠藤	百原・佐々木・那須・守屋	アワ	有ふ果			XKM-HB-12223-254-596	R02-1
外面	遠藤	百原・佐々木・那須・守屋	アワ	有ふ果			XKM-HB-12223-253-748	R02-1
底部外面	遠藤	百原・佐々木・那須・守屋	アワ	頴果			XKM-HB-12223-443	R02-1
底部外面	遠藤	百原・佐々木・那須・守屋	アワ	有ふ果			XKM-HB-12223-443	R02-1
底部外面	遠藤	百原・佐々木・那須・守屋	アワ	有ふ果			XKM-HB-12223-443	R02-1
外面	遠藤	百原・佐々木・那須・守屋	アワ	有ふ果		ハバロフスク地方	XKM-HB-12000-29	R02-2
内面	遠藤	百原・佐々木・那須・守屋	アワ	頴果		郷土誌博物館	XKM-HB-12000-35	R02-2
内面	遠藤	百原・佐々木・那須・守屋	アワ	有ふ果			XKM-HB-12000-61	R02-2
外面	遠藤	百原・佐々木・那須・守屋	ヒエ属	有ふ果	下側に苞頴残る		XKM-HB-12000-233	R02-2
内面	遠藤	百原・佐々木・那須・守屋	アカザ科・ヒユ科	種子			XKM-HB-12000-143	R02-2
内面	遠藤	百原・佐々木・那須・守屋	アワ	有ふ果			XKM-HB-12000-186	R02-2
底部外面	遠藤	百原・佐々木・那須・守屋	アワ	有ふ果			XKM-HB-12001-653	R02-2
外面	遠藤	百原・佐々木・那須・守屋	キビ連	頴果			XKM-HB-12001-593	R02-2
外面	遠藤	百原・佐々木・那須・守屋	アワ	有ふ果			XKM-HB-12000	R02-2
外面	遠藤	百原・佐々木・那須・守屋	キビ	有ふ果			XKM-HB-12000-253	R02-2

384　付表　植物種実圧痕の同定結果一覧

文献リスト —

01-1　北大解剖教室調査団 1963「小幌洞窟遺跡」『北方文化研究報告』18、北海道大学

01-2　上野秀一・仙庭伸久 1993『K 四三五遺跡』札幌市教育委員会

01-3　藤井誠二 2001『K39 遺跡　第 6 次調査』札幌市教育委員会

03-1　陸前高田市教育委員会 2003『川内遺跡発掘調査報告書』

04-1　日下和寿ほか 2013『市内遺跡発掘調査報告書 8』白石市教育委員会

07-1　福島県教育委員会 1985『国営会津農業水利事業関連遺跡調査報告書 III』

07-2　福島県教育委員会 1986『国営会津農業水利事業関連遺跡調査報告書 IV』

07-3　財団法人福島県文化振興事業団遺跡調査課 2002『福島空港・あぶくま南道路遺跡発掘調査報告 12』福島県教育委員会・財団法人福島県文化振興事業団・福島県土木部

08-1　杉原荘介・戸沢充則・小林三郎 1969「茨城県・殿内(浮島)における縄文・弥生両時代の遺跡」『考古学集刊』4−3、明治大学

09-1　杉原荘介 1981「栃木県出流原における弥生時代の再葬墓群」『明治大学文学部研究報告　考古学』8、明治大学文学部

10-1　山武考古学研究所 1997『三ノ倉落合遺跡』

10-2　富岡市教育委員会　2017『中里下原遺跡 II・中里中原遺跡 II(縄文時代編)・中里宮平遺跡・中里原遺跡・二本杉遺跡』

10-3　安中市教育委員会 1988『注連引原 II 遺跡−すみれヶ丘公園造成事業に伴う埋蔵文化財発掘調査報告書−』安中市教育委員会・安中市建設部

10-4　安中市教育委員会 2003『大上原地区遺跡群−団体営農業基盤整備促進事業大上原地区能動整備工事に伴う埋蔵文化財発掘調査報告書−』

10-5　安中市教育委員会 2014『西横野東部地区遺跡群 県営農地整備事業松義東部地区に伴う埋蔵文化財発掘調査報告書』

10-6　富岡市教育委員会 1994『七日市観音前遺跡 県営農地整備事業松義東部地区に伴う埋蔵文化財発掘調査報告書』

11-1　埼玉県教育委員会 1984『池守・池上　一般国道 125 号埋蔵文化財発掘調査報告書』

11-2　埼玉県埋蔵文化財調査事業団 1991『小敷田遺跡』埼玉県埋蔵文化財調査事業団報告書 95

11-3　埼玉県埋蔵文化財調査事業団 2003『北島遺跡 VI』埼玉県埋蔵文化財調査事業団報告書 286

11-4　熊谷市教育委員会 2002『前中西遺跡 II』平成 13 年度熊谷市埋蔵文化財調査報告書

11-5　熊谷市教育委員会 2010『前中西遺跡 V』熊谷市埋蔵文化財調査報告書 7

11-6　熊谷市教育委員会 2012『前中西遺跡 VII』熊谷市埋蔵文化財調査報告書 12

11-7　熊谷市教育委員会 2013『前中西遺跡 VIII』熊谷市埋蔵文化財調査報告書 16

11-8　和光市教育委員会 1993『午王山遺跡、市内遺跡発掘調査報告書』和光市埋蔵文化財

調査報告書 9

11-9 和光市教育委員会 1994『午王山遺跡、市内遺跡発掘調査報告書』和光市埋蔵文化財
調査報告書 13

11-10 和光市教育委員会 1996『午王山遺跡、市内遺跡発掘調査報告書』和光市埋蔵文化財
調査報告書 18

11-11 和光市教育委員会 2000『午王山遺跡、市内遺跡発掘調査報告書』和光市埋蔵文化財
調査報告書 23

11-12 和光市教育委員会 2004『午王山遺跡、市内遺跡発掘調査報告書』和光市埋蔵文化財
調査報告書 33

11-13 和光市教育委員会 2005『午王山遺跡、市内遺跡発掘調査報告書』和光市埋蔵文化財
調査報告書 35

11-14 和光市教育委員会 2009『午王山遺跡、市内遺跡発掘調査報告書』和光市埋蔵文化財
調査報告書 40

11-15 和光市教育委員会 2010『午王山遺跡、市内遺跡発掘調査報告書』和光市埋蔵文化財
調査報告書 42

11-16 和光市遺跡調査会・和光市教育委員会 2003『吹上遺跡(第 3 次)』和光市埋蔵文化財
調査報告書 30

11-17 尾形則敏 1998「志木市田子山遺跡の弥生時代後期の事例について－田子山遺跡第 31
地点の弥生時代 21 号住居出土の資料－」『あらかわ』創刊号、あらかわ考古学談話会

11-18 和光市遺跡調査会・和光市教育委員会 2013『市場峡・市場上遺跡(第 18 次・第 19
次調査)』和光市埋蔵文化財調査報告書 51

11-19 埼玉県埋蔵文化財調査事業団 1994『大野田西遺跡』埼玉県埋蔵文化財調査事業団報
告書 138

12-1 千葉県文化財センター 1996『市原市武士遺跡 1』千葉県文化財センター調査報告 289

12-2 財団法人香取郡市文化財センター 2006『志摩城跡・二ノ台遺跡Ⅰ』香取郡市文化財
センター調査報告書 99

12-3 谷 旬・矢戸三男 1979『千葉市城の腰遺跡－千葉東金道路建設工事に伴う埋蔵文化
財調査報告 3－』日本道路公団東京第一建設局・㈶千葉県文化財センター

12-4 杉原荘介・大塚初重 1974『千葉県天神前における弥生時代中期の墓址群』『明治大学
文学部研究報告 考古学』4

12-5 谷 旬 1983『成田新線建設事業地内埋蔵文化財発掘調査報告書Ⅱ （関戸遺跡)』日
本鉄道建設公団・㈶千葉県文化財センター

12-6 矢戸三男・菊池真太郎・深沢克友・斉木 勝 編 1975『阿玉台北遺跡』房総考古資料
刊行会

12-7 宮澤久史・朝比奈竹男 編 2003『千葉県八千代市栗谷遺跡』(仮称)八千代カルチャー

　　　　タウン開発事業関連埋蔵文化財調査報告書 I 　　第 2 分冊、大成建設㈱

12-8 　宮澤久史 編 2004 『千葉県八千代市栗谷遺跡』(仮称)八千代カルチャータウン開発事業関連埋蔵文化財調査報告書 I 　第 3 分冊、大成建設㈱

12-9 　宮澤久史 編 2005 『千葉県八千代市境堀遺跡』(仮称)八千代カルチャータウン開発事業埋蔵文化財調査報告書Ⅳ、大成建設㈱

12-10 阪田正一 編 1984 『八千代市権現後遺跡』萱田地区埋蔵文化財調査報告書 I 、㈶千葉県文化財センター

12-11 森　竜哉 編 2013 『千葉県八千代市　平沢遺跡 a 地点・殿台遺跡 a 地点　都市計画道路 3・4・9 号線建設地内埋蔵文化財調査報告書』八千代市教育委員会

12-12 朝比奈竹男・藤原　均 1984 『千葉県八千代市　阿蘇中学校東側遺跡Ⅲ』八千代市遺跡調査会

12-13 古宮隆信 編 1976 『中馬場遺跡第三次発掘調査報告書』千葉県柏市教育委員会

12-14 篠原　正・鈴木　徹 編 2015 『狸穴第 1 遺跡(第 2 次)・狸穴第 2 遺跡(第 3 次)』柏埋蔵文化財調査報告書 81、㈲勾玉工房 Mogi

12-15 朝比奈竹男 編 2005 『千葉県八千代市上谷遺跡』(仮称)八千代カルチャータウン開発事業埋蔵文化財調査報告書Ⅱ　第 5 分冊、大成建設㈱

13-6 　青梅市史編さん委員会 1995 『青梅市史　上巻』

13-7 　加藤建設(株) 2001 『K-5 遺跡』(株)新日本建物・加藤建設(株)

14-1 　玉川文化財研究所編 2004 『神奈川県横浜市栄区桂台北遺跡発掘調査報告書』桂台北遺跡発掘調査団

14-2 　神奈川県立埋蔵文化財センター 1991 『砂田台遺跡 I 、Ⅱ』神奈川県埋蔵文化財センター調査報告書 20

15-1 　荒川隆史・加藤　学・寺崎裕介 1999 『和泉 A 遺跡』新潟県埋蔵文化財調査事業団

17-1 　小松市教育委員会 2003 『八日市地方遺跡 I 』

17-2 　小松市教育委員会 2008 『八日市地方遺跡Ⅲ』

20-5 　小口達志・小松　学・設楽博己 1998 『下境沢遺跡』長野県塩尻市教育委員会

20-6 　宮坂　清 編 2009 『長野県下諏訪町四王前田遺跡発掘調査報告書』下諏訪町教育委員会

22-5 　沼津市教育委員会 2009 『中見代第 I 遺跡発掘調査報告書(2)第二東名 No.6 地点』沼津市文化財報告書 97

22-6 　沼津市教育委員会 1990 『雌鹿塚遺跡発掘調査報告書 遺物編』沼津市文化財報告書 51

22-7 　沼津市教育委員会 2011 『二ツ塚南・植出Ⅱ遺跡　第二東名 No.4・5 地点』沼津市文化財報告書 102

22-8 　沼津市教育委員会 2010 『八兵衛洞遺跡(第 3 次)第二東名 No.9・10・11・12 地点』沼津市文化財報告書 99

22-9 　沼津市教育委員会 1994 『寺林遺跡、白髭神社遺跡、東原 5 号墳、双葉町遺跡、尾上

Ⅲ遺橋西遺跡　埋蔵文化財発掘調査報告書』沼津市文化財報告書 58

23-1　宮腰健司 2000『朝日遺跡Ⅵ』愛知県埋蔵文化財センター調査報告書 83、愛知県埋蔵文化財センター

27-2　東大阪市文化財協会・東大阪市教育委員会 1998『水走・鬼虎川遺跡発掘調査報告：水走遺跡第 8 次・第 9 次調査, 鬼虎川遺跡第 27・28 次調査』

28-2　兵庫県教育委員会 1985『丁・柳ケ瀬発掘調査報告書』兵庫県教育委員会

30-1　渋谷高秀・佐伯和也編 2005『徳蔵地区遺跡』(財)和歌山県文化財センター

30-2　川崎雅史編 2013『立野遺跡』(財)和歌山県文化財センター

37-1　小川　賢編 2004『東中筋遺跡－第 2 次調査－』高松市埋蔵文化財調査報告 70、高松市教育委員会

40-1　小畑弘己 2018「北部九州における弥生時代開始期の穀物組成－福岡市橋本一丁田・那珂遺跡における土器圧痕調査の成果－」『市史研究ふくおか』13、福岡市史編纂室

41-1　小畑弘己・真邉　彩・百原　新 2016「東名遺跡出土土器の圧痕調査」『東名遺跡群Ⅳ　第一分冊　堆積層・遺構編』東名遺跡再整理事業に伴う埋蔵文化財発掘調査報告書 2、佐賀市教育委員会

44-1　小畑弘己 2015「植物考古学からみた九州縄文晩期農耕論の課題」『第 25 回九州縄文研究会研究発表要旨集』九州縄文研究会

46-2　小畑弘己 2015「植物考古学からみた九州縄文晩期農耕論の課題」『第 25 回九州縄文研究会研究発表要旨集』九州縄文研究会

K14-1　湖南文化財研究院 2014『麗水　鏡島　新石器時代　貝塚－内洞・外洞・五福 1・五福 2 貝塚』

C21-1　小畑弘己 2015「上馬石貝塚出土土器圧痕調査の成果」宮本一夫編『遼東半島上馬石貝塚の研究』九州大学出版会

R02-1　Яншина, О. В. 2010 Поселение Жёлтый Яр: к проблеме соотношения польцевских и ольгинских памятников, *Приоткрывая завесу тысячелетий: к 80-летию Жанны Васильевны Андреевой*, ООО «Рея», pp.259-272

R02-2　Дерюгин, В. А. 2009 Результаты раскопок на поселении Малмыж 1 в 1992-1993 гг., *Культурная хронология и другие проблемы в исследованиях древностей востока Азии*, ХКМ им. Гродекова, pp.165-171

執筆者一覧 (掲載順)

大貫静夫（おおぬき・しずお） 國學院大學客員教授

庄田慎矢（しょうだ・しんや） 奈良文化財研究所 国際遺跡研究室長

福田正宏（ふくだ・まさひろ） 東京大学准教授

國木田大（くにきた・だい） 東京大学特任助教

遠藤英子（えんどう・えいこ） 明治大学黒耀石研究センター

ゴルシュコフ，M グロデコフ記念ハバロフスク地方郷土誌博物館

那須浩郎（なす・ひろお） 岡山理科大学准教授

北野博司（きたの・ひろし） 東北芸術工科大学教授

高瀬克範（たかせ・かつのり） 北海道大学准教授

中山誠二（なかやま・せいじ） 帝京大学文化財研究所客員教授／

南アルプス市ふるさと文化伝承館館長

濱田竜彦（はまだ・たつひこ） 鳥取県埋蔵文化財センター

小畑弘己（おばた・ひろき） 熊本大学教授

守屋 亮（もりや・りょう） 東京都埋蔵文化財センター

佐々木由香（ささき・ゆか） 株式会社パレオ・ラボ／明治大学黒耀石研究センター

百原 新（ももはら・あらた） 千葉大学教授

編者紹介

設楽 博己（したら　ひろみ）

1956 年群馬県生まれ。

静岡大学人文学部卒業後、筑波大学大学院歴史人類学研究科博士課程単位
　取得退学。

国立歴史民俗博物館考古研究部助手、同助教授、駒澤大学文学部助教授、
　教授を経て、現在東京大学大学院人文社会系研究科教授。博士（文学）。

【主な著作】『弥生文化形成論』（塙書房、2017 年）、『弥生時代人物造形品
　の研究』（共著、同成社、2017 年）、『複雑採集狩猟民とはなにか―アメ
　リカ北西海岸の先史考古学』（訳、雄山閣、2016 年）、『縄文社会と弥生
　社会』（敬文舎、2014 年）、「特集：弥生文化のはじまり」『季刊考古学』
　138 号（編集、雄山閣、2017 年）など

2019年5月25日　　初版発行　　　　　　　　　　　　　《検印省略》

農耕文化複合形成の考古学 ⊕
―農耕のはじまり―

編　者	設楽博己
発行者	宮田哲男
発行所	株式会社　雄山閣

〒 102-0071　東京都千代田区富士見 2-6-9
TEL　03-3262-3231 ／ FAX　03-3262-6938
URL　http://www.yuzankaku.co.jp
e-mail　info@yuzankaku.co.jp
振　替：00130-5-1685
印刷・製本　株式会社ティーケー出版印刷

Ⓒ Hiromi Shitara 2019　　　　　　　　ISBN978-4-639-02628-0 C3021
Printed in Japan　　　　　　　　　　　 N.D.C.210　396p　22cm